政协文史“亲历、亲见、亲闻”文库

辛亥革命

·第七辑·

《“三亲”文库》编纂工作委员会　编

中国文史出版社

1911 年 11 月 9 日，广东宣布独立。次日，成立广东都督府。图为广东都督府旧址。

潮州民军预备进攻府署。

1911年11月4日晚，浙江革命党人攻占巡抚衙门。次日，杭州“光复”。图为被起义军攻破的浙江巡抚衙门。

浙江省临时议会全体议员合影。

1911 年 11 月 7 日，广西宣布独立。图为 10 月 30 日广西桂林新军从李家村出发进军省城途经的将军桥。

广西桂林新军混成旅的起义地——离城 20 里的李家村。

1911 年 11 月 8 日，安徽独立。图为培养革命力量的安徽公学。

1911 年 12 月 16 日，安徽宿州“光复”。图为辛亥革命时期的宿州。

目　录

第七辑　各方响应

（广东、浙江、广西、安徽）

武昌起义后粤军北伐始末

姚雨平[*]

一 北伐前的形势

自经广东的庚戌新军起义和辛亥三月二十九日起义，事虽未成，而革命潮流已弥漫全国。故八月十九日武汉义旗一举，全国各地次第响应，不百日南京临时中央政府成立，清朝倾覆，建立民国，遂告成功。

广东原是革命势力最活跃的省份，但因连年起义失败，两次炸李准又未成功，清吏搜捕极严，革命活动极其艰难，因此广东“光复”，反居其他各省之后。李准固一镇压革命活动最力之人，但因

* 姚雨平：时任广州起义调度课长，后任广东北伐军司令。
新中国成立后，任民革中央委员，广东省政协常委，广东省人民政府参事室主任。

经两次被炸，已心惊胆战，迨闻武汉起义，全国景从，知清朝大势已去，为保全生命、财产，拟向党人投降。当由其幕友谢质我（字义谦）的介绍，派其八弟李次武赴港见胡汉民。胡要李准先有所表示，才能获得党人的相信和谅解，并作书晓以大义，略谓：“吾党与子为敌，非敌个人，敌助满洲政府之有势力人耳。若能翻然改图，舍昔日之助满政府者而助民国，则去敌而为友，党人当知此义。”李接书后，乃一面派人劝说总督张鸣岐及统制龙济光，一面决献虎门要塞，以示输诚。张鸣岐初尚欲借伪装独立，示好党人，以观动静，至此亦只得潜逃香港了。以是广州于九月十九日兵不血刃，便告“光复”。谘议局当即公推胡汉民为都督。胡未到前，以协统蒋尊簋为临时都督，并即将中华民国国旗悬于谘议局屋顶之上，人心大快，全城绅商，纷纷志庆，一时鼓掌声、欢呼声、爆竹声，响彻云天，亦可见人心之归向革命久矣。

九月二十日晨，胡汉民偕同志多人抵省，就任都督，成立广东军政府，并委蒋尊簋为军政部长，魏邦平副之；李煜堂为财政部长，廖仲恺副之；黎国廉为民政部长，伍藉槃副之；王宠惠为司法部长，汪祖泽副之；伍廷芳为外交部长，陈少白副之；梁如浩为交通部长（副未定）；王宠祐为实业部长，利寅副之；丘仓海为教育部长；朱执信为总参议。是月二十七日，又推举陈炯明为副都督，黄士龙为参都督。

我自黄花岗之役失败后，即前往南洋英荷各属；嗣得武汉起义消息，遂兼程返港，转赴广州。广州“光复”后，各地民军麇集，司令多至数十人，一时秩序相当混乱。党人因过去历次起义，屡为李准所败，对李仇恨甚深。此次“光复”，虽因李之输诚而得以迅告成功，但其中经过，外间尚鲜知之者，以是李之部属频遭各地民军殴打。李乃向胡汉民哭诉，胡即派我查办此事。我查询之下，始悉挂我的名义的亦不少，当中有赖三其人。经我将李准输诚反正经过向大众说明后，殴打之事遂渐停止。李于感激之余，亲送自用长柄驳壳枪两支给我。

二　北伐军的组织及其内部关系

胡汉民就广东都督职后，约我到其寓所商谈。我因事遗忘，届时胡又遣马锦春（江苏人，为新军中外省人领袖）来敦促。见面后，胡询我对大局有何意见。我答云："现在各省迭电到粤，催促出兵，武汉形势危急，待援尤亟。革命前途，尚未可乐观。我省此时应速出兵北伐，支援武汉，进而会合各省革命军，彻底消灭清军，推翻清朝政权，建立民国。"胡表示同意，并说："现在约你来谈，正为此事，想请你担任总司令之职。"翌日，各同志又会商于军政部蒋尊簋处。有人主张俟广东秩序稍定，将军队训练好后，再行北伐。我即以太平天国的失败为鉴，主张立即组编军队北伐，直捣燕云，促清室瓦解。众皆赞成，并即公推我为广东北伐军总司令，随由军政府正式任命。我以事机急迫，就职后即星夜筹备。当时组织兵力，计有步兵二团（新军编制，每营 500 人），防营二团，炮兵、机枪、轻重、工程、卫队各一营，学生地雷队、华侨炸弹队（后改营）、宪兵队、卫生队各一队，约共 8000 人。其重要官佐，有林震、张文、罗炽扬、李济深、陈铭枢、杨刚、吴庆思等。军械有管退炮 18 尊（当时广东全省只有 54 尊，皆系最新式德国造）、步枪弹 300 万发、机枪弹 50 万发、炮弹 1 万余发，实力颇雄厚。

华侨炸弹队系由归国参加革命之南洋侨胞组成。南洋各地侨胞一向热爱祖国，对国内革命运动以及教育、慈善福利事业等，莫不尽其力之所能及，出钱出人。武昌举义后，南洋侨胞闻风兴起，不少人自动返国，参加实际行动。其陆续在香港集合的百余人，成立华侨炸弹队，拟进攻广州。旋以广州反正，乃改为北伐华侨炸弹队，公推周达为队长，编入广东北伐军建制，受我指挥。北伐军至南京后，周达以炸弹失慎殉难，全队改推其父周辉浦接充队长。“父袭子职”，军中一时传为佳话。随将队改为营，合原有员兵及以后陆续加入者，共达 300 余人。嗣营长周辉浦因事去职，公推钟良材接充，岑寿阶为副营长，林德谦等为连长。其官兵 2/3 均为嘉应州属及大埔客属，北伐作战时，立功甚伟。

兹将广东北伐军总司令部编制与重要官佐姓名列下：

总　司　令：姚雨平　副总司令：马锦春

参　谋　长：陈雄洲（至南京后，陈以丁忧去职，派张文继任，并派杨刚为副）

高级参谋：林　震（固宿战后，调任师长）

副　官　长：李民雨　机要课长：丘徽五

秘　书　长：叶楚伧　秘书：谢星桥

经理部长：邹　鲁　副部长：曾能（伯锷）　吴倚沧

军需部长：姚海珊　军需：王锡民　姚雨香

管理部长：汪 ××　姚右军

军法部长：陈耿夫

军医部长：陈任樑　军医：李实充（李至宿州时调充卫生队长）

交通部长：郭健霄

此外，尚有间谍、马医、稽核3部（负责人姓名已忘），并在上海设经理局，派邹鲁为局长，经理部事由副部长曾能负责。当时规模草创，司令部的组织与人事，均未臻健全，且时有更动。部署略定，我即派高级参谋林震先率领一团赶上海、南京筹备。大队旋于十月十八日由广州乘船出发。抵沪时，沪军都督陈其美派张群招待，全市民众热烈欢迎。到南京后，驻碑亭巷协统衙门。

大军由粤出发，先后3批，声势甚壮。曾颁发誓师文，为秘书长叶楚伧手笔。其词云：

维黄帝四千六百零九年十月某日，雨平、锦春奉大义北征虏巢，谨集师旅，以誓于汝有众曰：

吁嚱武哉，粤军人！洪军搴帜，蔚郁风云。赤符北指，涤荡胡氛。衣冠文物，开十三年汉家陵阙之金陵。越五十年，广惠钦廉，海波茫淼，皇遹返天。洎乎新军倡议，春茁继葩，血埋碧草，魂祀黄花。此俦非吾粤英雄之陈迹，为吾诸将士烈所必继、仇所必报者哉。今江汉炳灵，义师四举，一战而戮荫昌之尸，再战而尽张铁之众。金陵舻舳，重建降幡；万里长江，还于故主。三矢告庙之日，去今非遥；然北未捣幽燕之巢，南未歼汉襄之贼，吾将士岂能戢矢镭剑，不与中原豪杰共竟斯功耶？雨平、锦春猥荷司令，传曰："师克在和不在众。"庄子曰："两军相遇，哀者胜矣。"吾将士上庇黄帝之灵，下集风云之佐，愿共勉之！

北伐军副司令兼团长马锦春，江苏镇江人，为人热衷权位，时存非分之想，一意培植私人势力。在出发途中，他曾要求准他率原带一团到镇江，企图借机谋取镇江都督，遭到林震反对，未遂所欲。到南京后，他又向我介绍五六人做团营长。他说："我军现在就快要开往津浦路前线作战，作战总是副司令往前线指挥的。我军官佐多半未带过兵、打过仗，缺乏经验，恐怕到火线上站不住。我现介绍的几位，都是打过仗、有经验的。"我反驳他说："我们的军队是革命军队，勇敢能战，谁说我们的官佐火线上站不住脚？"我同时还问他："你到京后，既未来总部办公，又不往团部办公，你现在究竟愿意做副司令呢，还是愿意做团长，必须有所抉择。"随后，他就离开军队，一去不回，几次战役都没有参与，但战后我仍代他补升少将。此外，参谋长陈雄洲亦发生过类似情形。他到南京后不到总部办公，另在别处自设参谋部，要把总部的公事送到他那里去办，我未予同意。过后不久，他以丁忧去职。

三　北伐作战部署和主要战役

广东北伐军到南京后不久，孙中山先生便于十一月初六日从海外回到上海，我由南京赴沪欢迎。当见面时，他曾问我带兵若干，枪弹若干。我据实相告，并以枪弹缺乏，请求设法补充。中山先生即列举欧美各国革命军以少胜多的事实，说明我军械弹已甚充裕，无须补充，并指示我宜督率士兵勤加操练，使皆能弹无虚发，自然战无不胜。我以军务倥偬，即辞别返南京。

北伐军以仓促组织，编制及人事仅初具规模，未尽完善，全军齐集南京后，以作战在迩，即进行调整，重新部署。南京临时政府于十一月十三日（1912 年元旦）成立后，南北和议未成，武汉告急，我军于 1912 年 1 月上旬奉命循津浦铁路进兵北伐，并先派李济深到浦口筹备营房，又与皖军柏文蔚筹组联合参谋团。

在此之前，有淮军陈干（山东人）及柏文蔚第一军旧部葛应龙，经邹鲁介绍前来投降，并谓可召集军队，协助北伐。我即为之代请政府予以淮军、镇军等名义，发给经费，受广东北伐军指挥。北伐作战时，此一部分部队亦颇出力。

继后我复派高级参谋林震为前敌总指挥，设总司令部于蚌埠车站。全军作战计划由参谋长张文拟定，前线和行营各设指挥部，由李济深、张文分任之，遇重大事项，始由总司令裁决。作战前，我军约 8000 人，编组概况如下：总司令下设两旅、4 团，未设师（战后始成立师）。旅长为张我权（新军）、隆世储（防营）。团长为张桓杰、吴庆恩、曾传范、张定国。另炮兵一营，营长陈佑卿，战后扩充为团，团长由炮兵指挥罗炽扬升任，陈佑卿副之。机关枪营，营长谢达文，战后扩充为团，即由谢达文升团长。我军初未设置骑兵，仅有战马数匹，追战后俘获战马 800 余匹，乃成立骑兵团，以李廷良为团长。盖此时南北议和尚未成功，战士斗志昂扬，因而积极扩充军力，准备再接再厉，继续北伐，肃清北方清军残余。岂料不久之后，竟因军费无着，不得不自请裁军（详后）。

北伐军作战部署既定，为了牵制武汉敌人，完成革命大业，即率军前进。至固镇，便与清军张勋、倪嗣冲所部发生遭遇战。我军士气旺盛，大破之，追敌至宿州城外。此为北伐军第一次战役。时宿州知州李维源（广东嘉应人）倾向革命，来见，并以徐、宿一带兵要地理相告，我军颇得其助力。至是复与清军大战。此役清军炮兵、骑兵均占优势。我亲临前线指挥，军心益壮，冲锋陷阵，无不一以当百。当敌军出动骑兵时，我军以机枪扫射，敌骑兵纷纷坠马。敌军用野炮，利于远地战；我军用山炮，利于近地战。以我军士气旺盛，频频冲锋前进，致使敌军野炮失其作用。敌军见我军如此勇敢，颇为震慑，咸谓“民军（敌人称革命军为民军）不怕死”。自拂晓接触，战至下午3时，清军复大败，退出宿州。事后闻北洋五镇正式陆军曾加入此次作战，以致此役战况远较前激烈。我军乘胜北进，追至徐州南之夹沟。此为北伐军第二次战役，也是3次战役中的主要战役。

经此战役后，敌军胆寒，张勋派代表乞和。我要求清军退出徐州100里以外，张仅允由夹沟退至曹庄，以夹、曹间为中立地带。双方代表复于2月10日会商于符离集车站，亦未能达成协议。和议破裂后，我军复北进，一战而占徐州，追至徐州以北30里。张勋走济南，革命军声势大振。此为北伐军第三次战役，亦可说是最后一次战役，从此东线即无战事。各路北伐军受此役鼓舞，亦同谋大举北伐，京津震动。清廷迫于大势，乃于2月12日下诏宣布退位，南北和议告成。

徐州攻下后，我军升林震为师长，李济深为该师参谋长。我军自作战以来，计阵亡将士20人，伤者百余人。即将忠骸运回，葬于南京莫愁湖畔，名曰建国粤军烈士墓。孙中山亲题“建国成仁”四字勒石。我曾作一联曰：

渡江率子弟八千，淮上收功，破虏永除专制政；

流血数健儿二十，国殇不死，雄风长在莫愁湖。

四　北伐军的遣散

南北和议告成后，南京临时政府以北伐军名义已不适用，乃改为讨虏军，派我为总司令。旋以所部将士多为粤籍，且有不少南洋华侨子弟，颇不耐北方气候，又以徐州驻地卑湿，将士多病，我乃请准陆军总长黄兴，由徐州班师回南京。不久，南京临时政府复将军队改编，参谋部颁下命令云："准3月30日陆军部咨开：粤省军队应编成军，非遴选统将，不足以资整理。兹经本部申请大总统，以广东讨虏军编为第二十二师，以钟鼎基所统一师编为第二十四师。以二十二、二十四两师编为第四军；以广东讨虏军总司令姚雨平为第四军军长，张文为参谋长，林震为第二十二师师长，李济深为参谋长……"自是年4月底，我即就任第四军军长，又称军司令。孙中山辞总统职后，我仍统军驻南京，受南京留守黄兴节制。迨南京临时政府裁撤后，我军即自动请求解散。

我军请求解散，原因颇为复杂。当孙中山就任临时总统，调胡汉民为总统府秘书长，其广东都督一职，由副都督陈炯明代理。陈素自私，我任北伐军总司令后，他颇为觖望，及彼继任粤督，对北伐军军费与械弹的接济，遂多方掣肘。迨我改任第四军军长，胡汉民复任广东都督，陈炯明为经略，第四军军费由广东与中央政府分担。此时统一初成，国库支绌，财政部与4国银行磋商垫款，条件颇苛，舆论哗然。南京留守黄兴发起国民捐，以资救济。全国各军师旅团营长、留守府参谋长、各处处长及各军事学校校长等69人，由第一军军长柏文蔚领衔，于5月9日由南京发出通电，略谓："民国方成，万事待举，外国借款，百端要挟。财政困难，已达极点。

非竭力节流，不足以救危亡。拟请中央颁布减俸章程，此间军人当首先实行”等语。我与所部师旅长均列名其中。国务院亦通电规定，全院各部总、次长概不发薪，其余员司概给津贴60元。当时财政既如此困难，裁兵减饷，各方咸认为当务之急。且江苏地方又歧视客军。我乃与胡汉民往返电商，拟将军队调回广东高州、廉州一带驻防，筹建营房。本已有成议，岂知又为陈炯明所阻挠而中辍。我迫于情势，即以全军解散之议商之所部，各官佐多表赞成。复与南京留守黄兴商，黄亦深以为然。乃于5月12日、13日、15日、21日，陆续发出裁军节饷通电，为天下倡。原电今已无存，兹将各方赞成之复电择录如下：

1912年5月16日广东都督胡汉民电：

南京粤军司令姚雨平鉴：元、删两电均悉。裁一分兵，即少担一分饷，亦可少借一分债，语语透辟精到，曷胜敬佩。旅宁军官，当能共体斯意。粤省财力虽绌，定当悉索敝赋，以助进行。若能全师遣散，解甲归农，不特为吾粤军人之望，且功成身退，高风所在，抑亦全国观感所关。尚望实力为之，至深翘盼。前定汇款，经催财政司陆续汇宁，断不迁延贻误。专此敬复。胡汉民　铣

同年5月19日江西都督李烈钧电：

南京第四军姚军长诸公均鉴：文电敬悉。吾国饷累财绌，险象环生。裁军节饷，实为目前救亡至计。来电言之痛切，足以警醒军界同胞，烈钧五体投地，无任钦仰。赣省光复以来，兵数倍增，已

达十七标以上。钧莅事后，即从此入手，除第一期遣散万余人外，近复将步炮工辎各营次第设法裁并，持以定力，务达实行。刻已通电全国，共谋裁撤，计邀洞鉴。尊电所论，实获同心。如有良谋，尚希随时赐教，不胜盼祷。赣都督李烈钧叩　效

同年5月23日国务院电：

南京第四军姚军长：奉大总统令：“个电悉。该军长捍卫江淮，声勋卓著；民国肇兴，论功盖伟。兹复悼怀时变，倡议撤军，以顾国储，而消隐患。仁心义向，懋树风声；全国安危，系兹枢纽，嘉赖曷可胜言。惟大局方定，人心□□，正需豪俊，相与维持。部署定后，望即揽辔入京，借图良觌，以慰企怀，无任殷盼”等因，合行电达遵照。国务院　漾

同年5月23日陆军总长段祺瑞电：

南京第四军姚军长鉴：个电祗悉。举债养兵，危阽万状。公首倡解甲之议，以身作则，敬佩无涯。时事艰虞，需贤而理，幸勿遽怀高蹈也。祺瑞　漾

在这里需要指出的是，当时我们南方革命军人主张裁军，目的是为了节饷，是为了减轻国库开支和人民负担；而袁世凯、段祺瑞虽然复电表示支持，措辞也很冠冕堂皇，其实他们是别有用心，不过企图借此来削弱南方的革命力量而已。

当全军解散时，我因炮兵培训实不容易，乃保留炮兵一营，调回广东。讵知该营回抵虎门时，即被陈炯明派兵缴械。由此可见，日后陈之排胡叛孙，此时已露端倪了。

（选自全国政协文史资料研究委员会编《辛亥革命回忆录》第1集，中国文史出版社2012年6月第2版）

广东新军与辛亥革命

莫　雄*

一　清末广东的防军

1840 年鸦片战争失败之后，帝国主义的炮舰横行南海，广东成为国防前线。但清廷腐败无能，军队颓废不堪，国防设施是有名无实的。关于清末广东防军的具体情况，据我所知有巡防营、水师、新军、满汉八旗兵各种。全省之巡防营、水师、新军的最高指挥权属于两广总督，满汉八旗军的最高指挥权则属于镇粤将军。满汉八旗军共有 8 旗，每旗兵力千余人，全部皆为新式枪械。

---

* 莫雄：时任广东北伐军连长，后任国民革命军第四军第十一师中将师长，第四战区北江挺进纵队、第七战区挺进第二纵队司令。
新中国成立后，任第五届全国政协委员，广东省人民政府参事室副主任，广东省政协副主席，民革中央委员。

辛亥革命时，陆路提督为秦炳直，督署设于惠州，大部分军队驻防海丰、陆丰、潮州、汕头及香山（即中山县）之前山一带。在海丰的碣石镇，设镇台指挥驻军；香山县之前山与澳门毗邻，亦设镇台镇守之。潮州设镇台，汕头设总兵，分别统率所属巡防营及绿营镇守边防，这种军队，当时叫作“粮子”。

此外，有武匡军、武备军，分防省内各重要地方。这是因应地方情况，由清廷从别省调来协防的部队。

水师提督为李准，督署设于东莞的虎门太平寨，在广州长堤则设有水师行营。所辖海防舰只有宝璧、舞凤、伏波等舰；江防舰只有江大、江清（“光复”后改为江汉）、江巩、江固及其他小兵舰 30 多艘。在东、西、北各江河的险要地方，设汛地扒船防守，委派把总指挥之。

陆军和水师的武器都是很落后的，步枪多是单响毛瑟、村田，好一些的算是双筒德造八八式七九步枪了。军队的服装也不像样，简直可以说没有军服，每兵只有一件传统式的红布镶黑边前后书“勇”字的号褂一件。官兵平日均不穿军服，出兵出差或者有军事行动，才穿上“勇”字的号褂。军风纪尤为败坏，不少官兵在营盘之内，公开吸食鸦片，有的官长公然贩卖鸦片和开设赌局赚钱。至于在防区包庇烟赌，收受规费，甚至借剿匪而掳掠，借捕盗而抢劫的事情，是常见迭出的。

这种军队腐败透顶，与其说卫国的，毋宁说是害民的。

二　将弁学堂与新军

广东新军始建于 1903 年，是张之洞奉清朝的命令，在武备军、武匡军的基础上整编建成的。但官兵的旧习惯重，质素很差，名为新军，实与旧军无异。张之洞有鉴于此，乃于建立新军的同时，筹办黄埔武备学堂和将弁学堂，培养新军官，以接替旧军官；实行征兵制度，征抽精壮青年入伍，以接替老兵。他还认为珠江、韩江、三角洲的人民，生活优游，不够刻苦，故不在这地区征兵，而专向嘉属（兴梅区）、高、雷、钦、廉及韶连各属征兵，又设广东督练公所，专司训练新军职责。张之洞是想从官兵的挑选、训练、武器、服装、给养等方面，着手改善，逐渐把新军巩固提高起来，为保护清朝统治效忠的。张之洞之后的历任两广总督如岑春煊、周馥、袁树勋、张鸣岐等，都是照样办理，岑春煊曾把陆军中学改为陆军速成，以加速新军的建成发展。广东新军是成立和发展起来了，但是革命潮流所趋，张之洞、岑春煊、周馥、张鸣岐办新军、办军官学堂的目的都彻底失败了。新军不仅不能替他们效忠清朝，而且成为推翻清朝江山的一支力量，这是他们始料不到的。

黄埔武备学堂是1903年筹办的。后来与陆军中学合并，改为陆军速成。将弁学堂是在1904年正式成立的，设于广州北横街。初办时以李湛阳为总办（山西银号大老板），周善培为监督（号孝怀，留日士官生），训练仿照日本军制、军学，而且聘了不少日本人当教官，成立步、骑、炮、工、辎5个兵种的学兵营。以韦汝聪（中山人，留日士官生）为指挥官。上校营长黄士龙（广东花县人，江南水师学堂毕业），第二任营长王体端（东莞人，留日士官生）。学兵营步兵队第一队少校队官陈昌言（将弁学堂毕业），第二队队官邓拔（惠阳人），炮兵少校队官杨其伟（字定斋，广州人）。邓铿（字仲元，惠阳人）、李济深（字任潮，广西苍梧人）、叶举（字若卿，惠阳人）、伍冠球（字庸伯，番禺人）等人都是学兵营的排长，张文（字香池，梅县人）、梁鸿楷（新兴人）、梁士锋（阳江人）、杨锦龙（茂名人）、徐维扬（花县人）等都是学兵营的学兵。

将弁学生和学兵毕业后，均派新军见习队官，陆军速成学生毕业后，也多派充新军充下级军官，因而使新军起着重要的变化。上述将弁学兵营的队官和学兵，多是同盟会员，而陆军速成的学生姚雨平、张醁村、张我权、何克夫、林震、刘古香等人也是同盟会员。他们参加新军之后，新军的革命运动逐渐扩张活跃起来。

三　新军概况

光绪三十一年（1905 年）已成立新军一个混成协（相当于一个混成旅）。第一任协统（红顶将官）崔祥奎，第二任协统赵会鹏，第三任协统张哲培（闽人，日本士官生），第四任协统蒋尊簋（浙江人，日本士官生）。混成协之下辖有步兵第一标（团下仿此），标统初为张哲培，后为何猛；第二标标统黄余庆，后为赵声；第三标标统黄士龙；第四标缺两个营，后来所谓 4 标营是也。骑兵未成立，马匹附属辎重兵营。炮兵团团长秦觉（士官生）辖两个营，第一营营长初为齐汝汉，后为陈元泳（阳江人）；炮第二营营长林金镜（山东人），是御前侍卫又是武探花。张哲培任协统时，协统司令部驻燕塘，附驻步兵第一、二标，炮兵两个营，工、辎各一个营。后调第一标驻北校场新营房，淘金坑驻一个标。

步兵一个标组织（团）：上校标统 1 人，中校教练官 1 人（即中校团附），上尉军需、上尉书记各 1 人。中尉掌旗官（团旗）1 人，准尉司号长 1 人，马弁 6 人（即卫士），乘马 4 匹，饲养兵 2 人，炊事兵 2 人。

营之编制：少校管带（营长）1 人，上尉督队官 1 人（即副营长），上尉军需、上尉书记各 1 人，上士司号长 1 人，护兵（上）中士 1 人，护兵若干人，炊事兵 2 人，饲养兵 1 人，乘马 2 匹。

营以下编制为队（即连队），分前、左、右、后 4 个队，每队分 3 排，每排分 3 班，每班中士正目 1 人，下士副目 1 人，正兵 4 人，副兵 8 人。每个队设准尉司务长 1 人，管理内务、服装、粮秣、武器、厨房、伙食、清洁等事宜，每队有护兵兼传达 4 名，伙夫 9 名。营内清洁卫生由士兵轮值清理。

兵员武器方面：步兵标营每队 3 排 9 个班，每班 14 人，有汉阳七九步枪 14 支，每队有步枪 126 支，配刺刀，每营有步枪 504 支，每标（团）有 1512 支，每个带兵官有白郎林曲尺手枪一支及腰配日式指挥刀一把。

生活方面：军官佐夏天穿黄斜军服，秋冬春穿厚薄绒黑呢或黄呢军服，冬天黄呢外套大衣，黑皮靴鞋。士兵夏天穿青斜军服，冬天穿黄呢军服，大衣皮靴及黄绒脚绑，布鞋布袜。手巾牙刷，脸盆毛毡，被褥席枕，漱口盅及帆布，统由公家发给。并有冬夏天衬衣底衣。伙食亦甚讲究，每周由军医开列菜单，规定什么适合的猪牛肉、鲜咸鱼类、豆类、瓜菜、麦饭、牛猪骨煲黄豆汤等。每周亦有文娱活动，打球、游戏、捉迷藏、魔术，等等。

训练术科方面：入伍 6 个月内都是徒手体操，立正稍息，开步走各种操法，单人教练以至制式教练。步法分正步走，便步走，跑步走。每周亦有器械体操，如天桥、浪桥、单双木杠及铁杠、木马、平台、单竹、单索、双杠、秋千、跳远、跳高、举重、赛跑等运动。6个月后转入持枪训练，包括沙包架上瞄准检查。学科方面，主要是上讲堂课,军队内务,步兵操典,射击教范,野外勤务,战斗演习……9个月后渐渐开始实弹射击，打纸环靶或钢靶，固定或移动目标，人头或半身靶。入伍一年后开始野外或夜间教练或演习，或以空包演习突击或班排连营对抗。半年以后，注重战斗教练，野外或夜间教育诸科学，战备行军之前卫，尖兵排，侦探斥候驻定哨、游动哨，并进行步测、目测、音测，判断敌人征候等技术训练。新军标营很注意卫生清洁和身体清洁，每半个月剃头发一次，用茶麸洗头，勤剪指甲。起床后整顿内务，叠折毡被，一律整齐美观。并随时举行对兵室内外及士兵身体之细密检查，检查之官长，戴白手套，故意摸摸枪机及床板底、桌底，发现污点，便受处罚。记得当时的军歌有："打倒列强，打倒列强，齐奋斗！齐奋斗！"和"二十世纪谁为主，是我神明胄"的词句，显示着民族主义和爱国主义精神。

四　新军的革命活动

清末张之洞、岑春煊等封疆大吏，在广东办军官学堂和建立新军的时候，正是广东革命运动由宣传而转入行动，风潮逐渐激烈的时候，庚子（1900年）八月间，有惠州三洲田人民武装起义，博罗人民武装起义;同年九月间有史坚如等在广州谋炸巡抚德寿的壮举。壬寅（1902年）广州有大明顺天国兴汉军准备于除夕起义的活动，乙巳（1905年）有潮州第一次起义的活动，丁未（1907年）又有潮州第二次、第三次起义，惠州七女湖起义，防城起义，镇南关起义，等等。所有这些武装起义，都因革命党人的经验不足和接济困难而失败了。而革命的风暴则方兴未减，党人从失败中吸取了教训，认识到钻入清军，在清军中发展革命势力，组织有觉悟的官兵，反过枪头来推翻清朝，是比较艰难却是比较见效的手段。中国同盟会在东京成立后，各省革命党都很重视钻入新军的活动。中国同盟会香港分会成立后，中山先生指定胡汉民、汪精卫、朱执信、冯自由、邓泽如等人主持运动广东新军及巡防营参加革命的工作。参加运动新军的主要人物有赵声（字伯先，江苏镇江人）和倪映典（皖人），他们在新军革命官兵中威信很高，又是最崇拜孙中山先生的同盟会员。姚雨平、张醁村、林震、刘灏、罗炽扬、张我权、李济民（均嘉属人）、何子衡、马雄韬、丘锦芳、邓醁、邓拔、邓挺（均惠州人）、何克夫、莫飞熊（连阳人）、吴敬如、巫绍光（英德人）、钟智仁（始兴人）、杨定斋、苏慎初、黄明堂、王和顺（钦廉人），等等。他们都是同盟会员中积极参加新军和巡防营的革命活动的骨干人员。他们运动新军及巡防营士兵参加同盟会革命的口号很单纯而有力，口号是："推倒清廷，建立民国。"赞成这个口号的人就可以加盟，加盟者先要求一个半身一寸照片，加盟时举右手宣誓签名按指模于誓词上。誓词是："驱除鞑虏，恢复中华，创立民国，平均地权，矢信矢忠，有始有卒，如或渝此，任众处罚。"我和第一标第一营左队队官陈远瞻、排长邓挺、马雄韬、黄定中，是直接归宪兵队队官钟智仁领导的。他的秘密机关在广州市今之中山四路，旧时叫秉政街拾桂坊十九号一间普通平房内。我当时是在第一标第一营第三排第九班当正目（班长），经我介绍加盟的人有一二百人，可见新军中倾向革命的人是不少的。

加盟的人只有直属的关系，没有横的联系，所以盟员多数互不相识，但也有一些识别同志的暗号，如试探对方是否同志就一连拿几种众所共知的洋货问他，对方若不假思索，一口咬定连答是中国做的，就知对方是同志，否则就不是了。还有每每与人相见握手为礼时，彼此五指并拢一握的，如欲试探对方是否同志，只要将手轻轻作拉回状，如果是同志自然会在轻轻拉回之际，用四指一屈（暗示四万万同胞），两手仍握紧，否则就不是同志了。

我们经常利用星期、假日邀约官兵去白云山附近地方集会，演讲鸦片战争、中法战争、山东黄海之战、八国联军进攻天津、北京，火烧圆明园及扬州十日、嘉定三屠、两王入粤等惨痛史实，其目的都在于揭发清廷腐败，辱师丧国，必须推倒。这样的演讲，常常感动得新军们抱头痛哭。

五　庚戌新军起义

同盟会组织在新军中的发展和新军士兵群众的革命倾向，日益加强，广州附近各地的民军活动又颇活跃，加以巡防营方面也有不少官兵倾向革命，与党人往来联系，同盟会南方支部认为大举起义的时机已到。于是一面向远游美国的中山先生报告，请他筹款接济，另一方面，又电邀黄兴、赵声、谭人凤等人来港主持大计。从己酉（1909年）十月间开始，姚雨平、倪映典就紧锣密鼓地策动新军起义，并从香港《中国日报》运来很多宣传品和盟单在军中散发，甚至半公开地征求兵士加盟革命。在短短的一两个月时间内，使新军群众的革命气氛更加浓厚起来，党人尤为意气风发，恨不得立即开炮打垮清朝。这样起义的风声很快就走漏了，使得昏聩的清吏也注意起来，秘密地将新军的枪弹、炮弹运走，并把步枪枪机和火炮撞针拆掉，使得新军有枪无弹，有弹也不能发射。清政府的这种秘密措施，党人没有注意到，仍然积极准备在庚戌（1910年）正月初旬大举起义。己酉年十二月底姚雨平去惠州运动会党起义和策动陆路提督秦炳直的部属起义响应，同时还由李福林、陆领等人策动广州附近的会党民军，准备入城支援新军起义。如果这三方面都能按计划实行，互相配合起义的话，那么新军庚戌起义是很可能成功的，最低限度也不会失败得那么快。

不料己酉年十二月除夕之夜，竟发生新军第二标第三营后队士兵吴元英因印名片与店主发生争执，遭巡警干涉将士兵拘去，因而引起新军愤怒，集队围攻巡警局，夺回被拘士兵，捣毁警署，演变成军警冲突的严重局面。倪映典担心起义的计划将被暴露，遭到清政府的破坏压迫，于是匆匆去香港和黄兴、赵声商量，议定提前起义。但当倪映典于庚戌正月初二日从香港回到广州的时候，新军与巡警局的冲突已经演变成为暴动的局面，清政府的军政大员，已调动李准水师巡防营的军队，准备镇压新军了。倪映典在群众已经行动起来的情况下，无法改变局势，只好挺身而出，领导起义。初三日他径入燕塘军营，先杀反抗革命的管带齐汝汉、队长胡恩深等，然后率领炮、工、辎各营和其他新军向清军进攻，在牛王庙一带展开战斗，节节胜利。清军曾派人前来劝降，给倪映典骂走之后，就疯狂地开炮轰击，新军死伤枕藉，倪映典中炮阵亡，壮烈牺牲（一说在阵前与巡防营的代表童常标对话时被敌方无耻地暗枪杀害）。这样，新军指挥无人，加以子弹告乏，不能继续战斗，因而败退。

此次新军起义，阵亡者数百人，因伤被俘遭杀害者有黄洪昆、王占魁、江运等数十人。党人的牺牲是惨重的，但霹雳一声，已予清朝的统治以严重打击，并为辛亥革命开辟了先河！

六　刺孚琦与三月二十九起义

庚戌新军起义虽然失败了，但全国革命的风暴却愈趋紧张。1911 年——辛亥的正月，同盟会在香港跑马地，设立革命军统筹部，由黄兴、赵声、胡汉民等领导，分 8 个课负责筹划工作。同时又在广州、香港设立了几十个机关，分别集合党人，组织选锋（敢死队），运储枪弹，运动新军及巡防营军队，准备配合选锋一同起义，先推倒广东清政府，建立革命根据地。然后由黄兴、赵声分别率领胜利的革命军出师湘赣，带动长江各省起义，进而推动北方各省起义，推翻清室中央政权。计划是很宏伟的，这个计划是中山先生在槟榔屿召集党人会议决定的。辛亥二、三月间，各省革命党人、海外华侨、革命志士来到省港两地集中准备参加起义的已达数百人。新军中的党人因庚戌失败，枪械已被收缴，赤手空拳，但得悉党人准备起义消息，人人都摩拳擦掌，扭心想计，希望弄得“家伙”来参加战斗，为庚戌牺牲的新军复仇。

三月初十日，飞机师冯如在燕塘大操场作飞行表演（一说为比国某洋行飞机表演），满洲将军孚琦携同家人、妻子到来观看。冯如所驾驶的飞机刚刚起飞，即碰着竹林坠毁，机碎人亡。孚琦即乘 8 人抬绿呢大轿前呼后拥地回城，由于看飞机的人成千上万，不能清道，轿经省谘议局门前（即今之广州起义烈士陵园正门东校场北边），忽然嘉应州华侨革命壮士温生才从人群中拔出手枪，左手抓住轿杠，以六轮手枪向孚琦连续射击，当场把这个狗将军枪杀了。这是大快人心的壮举。温生才亦因此被捕，慷慨就义。温生才这一壮举，事前并未与党人联系，他亦不知党人正在密谋大举。由于孚琦被杀，文武官员，异常惊恐，全城戒严，军警四处搜查，捕捉可疑群众，起义的机关有多处遭到破坏，这就直接影响到三月二十九日起义的失败。

七　“光复”广东与北伐

庚戌正月新军起义和辛亥三月二十九起义的失败，党人牺牲很多，元气损伤颇重。黄兴与不少党人，都认为两次均败于水师提督李准之手，因而十分痛恨他，咸欲食其肉而寝其皮，主张实行暗杀，铲除凶暴，以利革命进行。黄兴本人因三月二十九起义失败，悲愤万分，甚至想亲自潜入广州，暗杀李准。经中山先生再三劝阻，他才放弃亲自动手的念头，而派刘思复潜入广州，组织支那暗杀团，乃有六月间，陈敬岳、林冠慈等于广州双门底行刺李准又遭失败的事件。林冠慈当场殉难，陈敬岳随亦被捕就义，同葬于红花岗（烈士陵园正门右 侧）。暗杀行动是革命运动受到挫折后的一种个人虚无主义表现，但他们与反革命势力誓不两立，不共戴天的英烈气概，是义薄云天的。

广东的革命运动虽然遭到一时挫折，而各省革命风潮，却继长增高。八月间武昌胜利起义，东南各省纷纷响应，宣布独立，予清廷致命打击。清朝王室为了挽救垂危的统治，乃派将军凤山前来广州，企图坐镇广东，安定南方。党人于是再接再厉，在凤山到任之前，就布下炸弹阵来欢迎他，主持这件事的是李应生、周之贞。据周之贞事后对我说："党人知道凤山将来之后，即积极准备暗杀他的工作，鉴于陈敬岳、林冠慈用手枪刺杀，威力不大，也不易达到目的，故改用炸弹轰炸的办法。"布置是极秘密和周密的，在天字码头（接官船的码头，即今永汉南路口对正的码头），沿永清门的一条长街仓前街（即今永汉南路东边平行的仓前街），开设了几家店铺——有理发店和杂货店，埋伏党人，预储炸弹，专等凤山经过时轰炸他。辛亥九月初四日，凤山果然威风凛凛，乘着兵舰来到广州，并在天字码头登岸。他与欢迎官员作揖后，即乘 8 人绿呢大轿，前呼后拥向将军衙门进发。将到永清门，炸弹一响，就把这位清朝派来镇压南方革命的奴才炸得血肉模糊、骸骨纷飞了。

凤山将军被炸之后，清政府的文武官员极其惶恐，局面极其混乱。两广总督张鸣岐惊慌失措，水师提督李准频频向革命党人接洽投降，陆军总镇龙济光态度暧昧，广州绅商主张独立，各地军民纷纷起义，新军协统蒋尊簋积极主张独立，张鸣岐知道大势已去，逃入沙面托庇于帝国主义。农历九月十八日广州宣布独立。九月十九日军、政、商、工、学各界代表会议举胡汉民为都督，陈炯明为副都督，全城悬民国新旗，张灯结彩，炮竹连天，喜气洋溢，广州"光复"了。

广州"光复"后，以新军各标营为基础，组成广东北伐军，姚雨平被任为北伐军总司令，林震、张我权、钟鼎基为师长。马锦芳、吴庆恩、刘灏等为团长。建制方面除由新军各标改编的 4 个团外，还有炮兵、骑兵各一团，辎重、工兵各一营，另有华侨炸弹队，随师北伐。

北伐军循海道乘船北上，先至上海，再到南京，随即进军安徽宿州、徐州，与各省革命军合作，把进攻南京的极端反动的张勋打走，为安定南京临时革命政府的立脚点做出贡献。这是辛亥革命史册上值得大书一笔的。

（选自全国政协文史资料研究委员会编《辛亥革命回忆录》第7集，中国文史出版社2012年6月第2版）

辛亥革命时期广东民军概况

李朗如　陆　满*

辛亥年三月二十九日广州起义以前，广东各地的民军便已非常活跃。到了武昌起义，他们纷纷在各地响应，对广东的“光复”起了很大的作用。现在就记忆所及，将广东各地民军的组织成分、领导人物和起义情况以及最后被遣散的经过分述如下。

一　广东民军的来源

广东各地民军的成分，据我们了解，绝大多数是农民，尤其是

---

* 李朗如：曾任中华民国临时大总统府参军兼卫队长，后任国民革命军第五军党代表，南京国民政府财政部广东省银行监察。
新中国成立后，任广州市副市长，广东省政协副主席。
陆满：时任两广广义堂主席，后任广州大元帅府军事委员会委员，国民革命军第五军第十六师一团团长。
新中国成立后，任广东省政协委员，广东省政协文史资料委员会委员。

以贫雇农占多数。也有一部分小手工业工人或一些从海外回来的工人，因为生活困苦而参加了民军的。总之，参加民军的人可说绝大部分是劳苦大众。此外，还有一些是从清军中起义转变过来的，如洪兆麟是清季的巡防营管带，在惠州三多祝起义转过来的；任鹤年也是清季的巡防营管带，在香山县属起义转过来的。

在清末时期，农民和其他劳苦大众在封建统治下，为生活所迫，铤而走险，变为绿林豪杰的比比皆是。他们起初行动十分秘密，昼伏夜出，但为时稍久，就难免被土劣侦悉，向清廷告密，致被悬红缉拿，迫得他们不得已作公开行动，扯出“劫富济贫”的旗帜，和统治阶级作殊死斗争。一些胆小的土豪，便由攻“匪”转变而为庇“匪”。亦有一些土劣在勒索不遂时，将善良的农民亦作为“匪”而向他们“进剿”。例如南海县上淇乡秀才陆信义乘辛亥三月二十九日顺德乐从圩起义失败后大部分领导人都逃避到香港、澳门的机会，肆无忌惮地霸占了族内的财产，更分头向参加起义的各家按家产多少进行勒索，稍有不遂，即报告驻扎的巡防营或县衙派兵捉拿，弄得全族兄弟生命朝不保夕。被迫离乡背井，远走他方者甚众，其中因年老体弱，无力逃避，被指为乱党而加以捕杀的亦复不少，总计不下百余人。至同年农历八月间，陆领等奉命回乡准备起义，陆信义自知不能立足，星夜潜逃至南海市陆氏合族祠里暂避，候搭轮渡转往广州。但陆领已于此时分派兄弟四处搜捕并分别扼守各交通路线截缉，结果将他在陆氏合族祠内捕获，经各兄弟指证确凿，遂当众宣布罪状，并将他活埋。陆信义处决后，不仅陆氏合族兄弟为之大快，即邻近乡村农民亦大大增加了革命斗志。到了辛亥革命时，上淇乡陆氏兄弟就纷纷起来参加。

在绿林豪杰中有不少曾被清政府悬红购缉，如陆兰清被悬红10000元缉拿，李福林3000元，陆钦6000元，其余被出重赏缉拿的，在海南番禺各属尚有数十人。但这笔花红奖金并不是由清政府支出，而是责令被购缉者的族人按亲疏关系分派负担，如仍不足，则由全族兄弟筹足，预先缴交清政府，实际上这是另一种名目的勒索。各族中如有人被清政府购缉时，往往牵累到全族的人卖田地，拆房屋，卖砖瓦旧料，以偿分摊的款项，不但祖尝弄光，连清明祭扫的胙肉也停止分派。清政府这种横暴措施，更加引起农民的愤恨。在这种情况下，广东各地的绿林和农民便打成一片，组成民军，于辛亥革命时在各地纷纷起义，对“光复”广东起了巨大的作用。

二　各地民军起义和广东“光复”后进驻广州的情况

广东“光复”前，各地民军已有了相当的基础，并陆续在各地起义，如陆领、陆常、何江、何梦等，在顺德乐从圩起义；陆兰清、陆兰福、郭某（已忘其名）、潘锦、黎炳球、黎义（又名志荣）等，在南海县属西樵乡和三水县交界的地方起义；李福林、李湛、李雍等在番禺属的禺南、禺东、大塘乡一带起义；周康、冯扶汉等在顺德县属陈村镇一带起义；谭义在新会县属天河乡和猪头山一带起义；张炳、邓江、王会等在顺德县属龙江、龙山一带起义；林义顺、刘世杰、任鹤年、李就等在香山（后改名中山）县属各地起义；陈炯明、王和顺、廖竹彬、林海山、关仁甫、石锦全、洪兆麟等在东江惠州、海丰、河源等县起义；黄明堂在钦州、防城一带起义。潮州府嘉应州各属也有很多民军起义，但他们的领导人姓名，就不大了解了。

广东“光复”后，各地民军纷纷开进广州，兹将其情况分述如下。

1. 陈炯明所部之民军称为循军，陈任总司令，钟鼎基、苏慎初、王肇基、莫擎宇、张我权、洪兆麟等分任司令或统领，官兵共万余人。

2. 王和顺、廖竹斌、林海山称为惠军，王和顺为司令，官兵共3000余人。

3. 黄明堂称为明字顺军司令，有官兵2000余人。

4. 关仁甫称仁字营统领，有官兵数千人。

5. 陆兰清称兰字营镇统，所部两协，每协两标，每标三营，每营四连，每连三排，每排四列（即班）。以陆兰福、郭某（已忘其名）为协统，陆兰培、潘锦、谭世昭、黄晚为标统，共有官兵3000余人。

6. 陆领称领字营协统，以陆常、陆养为标统，共有官兵2000余人。

7. 李福林称福字营统领，以李湛、李雍分任标统，有官兵2000余人。

8. 张炳称炳字营标统，有官兵900余人。

9. 黎炳球称黎字营标统，约有官兵1000人。

10. 何江称江字营统领，有官兵700余人。

11. 何梦称梦字营统领，有官兵600余人。

12. 邓江称邓字营统领，有官兵500余人。

13. 黎义称荣字营统领，有官兵400余人。

14. 林义顺、任鹤年、刘世杰称香字顺军，以林义顺为司令，任鹤年、刘世杰、何振分任标统，有官兵3000余人。

15. 谭义称谭字营统领，有官兵1000余人。

16. 李就称就字营统领，有官兵600余人。

17. 周康称康字营协统，以冯扶汉、张某（忘其名）分任标统，有官兵2000余人。

18. 石锦泉称石字营统领，有官兵1000余人。

以上所述，只凭记忆，错漏难免。

各地民军，由于平日缺乏训练，装备又很差，当他们开到广州各自觅地驻扎后，许久也没有领到军服，一部分民军只得印发布质符号给各官兵佩戴，以资识别。然大多数之民军，连这种布质符号也没有佩戴。他们的武器更为复杂，七九、毛瑟、十三响、驳壳、左轮、曲尺，各种各样，无所不有。有的连枪支也没有，仅佩几个自制的炸弹或腰刀、长剑之类。他们穿着便衣，携带武器，四处游荡，歹徒乘机混迹其中，因而更形成兵匪难分的现象。民军的领导人物一到广东“光复”之后，由绿林豪杰一变而为民军领导人物，于是大多数都沉迷于嫖、赌、饮、吹的堕落腐化生活。官兵管教无人负责，因而各营号民军一般都是毫无纪律，行动自由，营伍都不成样子，好像散兵游勇。到了1912年1月间，各民军营号机关部都派驻军事人员负责训练，而且领到服装，从此以后，军风纪就比初入城时稍为好了一点。但各部的军官，虽在整队行进中仍旧穿着便服，一望而知不是正式陆军队伍。

三　胡汉民、陈炯明遣散民军的经过

广东各地民军开进广州后，呈现了一片混乱状态。都督府就对民军分别进行整顿和编练，以维持军风纪，统一军令。石字营统领石锦泉和他的参谋长（统领部编制没有参谋长，这是他自封的），某日手携土制炸弹，冲进都督府，气势汹汹，要求立刻发给饷项，当被卫队官兵捆起，当日下午执行枪毙，石字营撤销，所属队伍分别编遣。兰字营镇统陆兰清有浮报军额、骗领军饷、克扣伙食种种侵吞行为，被部下报告都督府。胡汉民接到报告后，即派员前往秘密调查属实，查出陆兰清骗领军饷和克扣军饷的数日甚巨。陆兰清自知证据确凿，罪不容诛，遂秘密潜逃到广西，投靠陆荣廷。胡汉民只得将陆兰清的镇统职务撤去，并将兰字营所属部队分批遣散，把没有参加舞弊的军官分别安置。

陈炯明率领所部循字军万余人开进省城后，就一意排除异己，扩大势力，以谋夺取广东大都督的职位。1912 年春间，他暗调循军开往王和顺所部惠军所驻的禺东乌涌和广州东堤各地，将他们分别包围，勒令缴械遣散。惠军顽强抵抗，但结果失败。这次战斗中，东堤自广舞台起和以西一带的壮丽楼宇都烧毁殆尽。

孙大总统退位后，陈炯明勾结袁世凯，得任广东大都督。陈就职后，立即将所部循军改编为正规军，以钟鼎基、苏慎初、张我权、王肇基、莫擎宇、洪兆麟各人分任师、旅、团长。其他各字营的民军，除李福林、谭义等极少数部分没有遣散外，其余的都一律遣散回籍。被遣散的民军，各携自备武器回到家乡后，因地少人多，无从耕作，生活困难，大多数又被迫变为土匪。因此，各属遍地皆匪，治安都无法维持，尤其是珠江三角洲一带更为猖獗。这是陈炯明排除异己、遣散民军所造成的恶果。

陈炯明自取得广东大都督的职权后，就立即报告袁世凯说胡汉民已去，但余孽尚存，请即拨巨款来粤，以便将他们派遣出国。袁世凯接电，即汇给陈炯明光洋40万元。陈将款分派李朗如折实港币17000元，朱执信、林云陔各5000元，黄梦熊等则每人3000元，以作出国留学费用。各人领到款项后，各自离粤出国。孙中山先生派李朗如赴日本将黎仲实经手秘密取得的日本制造迫击炮的图形抄了回来以便仿制，供给革命军使用。李朗如到日本后，很快就被日本政府发觉，只得逃回上海。1913年，中山先生领导二次革命的时候，黄兴向中山先生报告吴淞炮台和肇和军舰已经运动成功，但需大笔款项应用，他们才能够起义。中山先生以一时难以筹出巨款，焦灼万分。李朗如便将港币17000元取出送给中山先生，解决了吴淞炮台和肇和军舰起义的需款问题。其后朱执信、古应芬也各将陈炯明发给的留学费用5000元送给中山先生充作革命经费。

1913年夏间，陈炯明的部下师长钟鼎基、苏慎初、张我权等在袁世凯所派黄士龙的策动下，叛变了陈炯明，陈炯明仓促逃亡。同年8月袁世凯任命龙济光为广东都督，率军入粤，将陈炯明所部缴械遣散，并将不少官兵吊打杀害。

（选自全国政协文史资料研究委员会编《辛亥革命回忆录》第2集，中国文史出版社2012年6月第2版）

辛亥革命时期的广东北伐学生军

陆精治 *

一 北伐学生军的发起和组织

辛亥武昌起义不到一月，东南半壁已还我河山，革命之风潮，如波涛澎湃，不可阻挡。广东于九月十九日（1911 年 11 月 9 日）宣告独立，成立军政府，推胡汉民任都督，胡即下令组织北伐军，大举北伐。两广方言学堂和广东农林讲习所等校师生如李壮吾、李怀新、吴沏已、李广馨、杜书魁、雷昆山、王家驹、陈文钰、沈琼楼、沈鹏飞、郑鸿光、黄绍培、龚武宁、张衡、林淑穗、徐韵泉、许振民、吴砚池、孔君炼、李自芳、刘奋等多人集议，认为上海、武昌

* 陆精治：时为广东学生军士兵。

等地已有北伐学生军团之成立，我广东是革命策源地，不应后人，遂即席决议，组织广东北伐学生军，在两广方言学堂内设立筹备北伐学生军办事处。推定李壮吾等负责办理呈请军政府立案等项事务。经军政府批准后，办事处即登报发表宣言，说：“自川鄂起义，天下响应，不匝月而恢复10多省，壮矣哉！非我同胞之热血，而能成此伟业乎？夫绿林豪杰，犹肯从戎，红粉佳人，亦知杀敌，矧文明开通三育兼备之学生，宁肯伏案呫哔，以槁死于三尺篙下，为红粉绿林所窃笑耶？而况鄂沪学生，既发起于前，各省同人亦奋起于后，吾粤闻知，窃为羞之。吾愿一般有志之士，投笔奋袂而起也。行矣勉之，驱除满虏，唾手燕云，还我河山，复我自由，振大汉之天声，成共和之政府，将于今日基之矣。”

学生军组织简章有9条，其中比较主要的为第二、四、五、六、八条，述之如下：

第二条　部队　幽燕未下，国基未固，我粤各属犹未统一，本军依此情势，分为北伐军与分巡队两个部分。

第四条　资格　本军纯由学生编成，以国文明达，具有普通知识，年在十六岁以上，能耐劳强壮者为合格。

第五条　军需　本军所需饷械等项，概由粤军政府发给，但不给薪。

第六条　恤典　如有战伤成残废者，由粤军政府养其终身，并酌赡其父母，战死者养其父母妻室终身，但不愿受恤者于报名时填明。

第八条　报名　现借双门底方言学堂为办事处，如有合格之同志，可到该处报名，愿入何队于报名时填明。

二　北伐学生军的招考及入伍

辛亥九月二十六日（1911 年 11 月 16 日）军政府批准后，即登报招考，招考情况如下：

1. 报名　自登报日起报名，限一星期截止。报名者踊跃，户限为穿，截止之日已不下数千人，而后来者只能望门兴叹。报名者均志切北伐，对于分巡队不感兴趣，没人报名，因此，只成立北伐军，没有成立分巡队。

2. 考试　作文一篇，作文题为《投考北伐学生军之志愿》。

3. 体格检查　由医生检查，注重眼、耳、胸部及手足之健康。

报名、考试、体格检查均借用双门底两广方言学堂办理，该学堂地方宽敞，楼舍多幢，林木花卉，布置清幽，是一所读书环境很好的地方。

4. 放榜　考检后约五天放榜，取录人数实共529 人，被取录者无不欢天喜地，兴奋有加，而榜上无名的落第者则垂头丧气，久久不愿离开。

榜上注明取录者限 3 天内到东郊广东省农林试验场报到入伍，否则以备取者递补，报到入伍时每人领取哔叽绒军服一套，军帽一件，哔叽绒大衣一件。

5. 营地　借用广州东郊广东省农林试验场为训练营地（即现在东山农林上下路一带），地方辽阔，房舍足用，相连一带有平原、有山野，直达沙河，为军事训练的好适地。

6. 训练　分术科与学科两种，术科与学科训练时数的比例，大约为 7 与 3 之比，每日晨天未发亮即起来操练，在白天或者在半夜里，有随时鸣笛召集进行野战演习，或宣布急行军等操练，全军兴奋，绝无倦容。

术科教练是：体操、队伍前进、变队、急散开、急集合、架枪、持枪、射击（企立、跪倒、卧倒、伏下等动作）、冲锋、野战作战演习，及行军、爬山等项动作的训练。

学科教练是：上讲堂听讲步兵操典、唱歌（《新战死》《中国男儿》等歌）、精神讲话等活动。

（甲）《新战死》歌词

我有宝刀真利市，快活沙场死，短衣匹马出都门，喇叭铜鼓声，赴战地，临大敌，战袍滴滴胡儿血，自问生平博得荣名，头颅一掷轻。

（乙）《中国男儿》歌词

中国男儿，中国男儿，睡狮千年，睡狮千年……

7. 隶属　学生军奉政府批准隶属邓铿率领的第一师，编为独立营。

三　参加北伐学生军的人员

招考入伍者 480 人，长官及职工 49 人，合计总共 529 人，这 529 人中我回忆得起的开列如下：

李壮吾（广西梧州人）、陈灏（广东南海县里水乡人）、董琳、缪霖雨、伍蕃（番禺人）、沈鹏飞（当时用沈璆之名）、张苇山（梅县人）、陆精治（南海县盐步乡人，当时用陆少雄之名）、沈琼楼、卓振雄（广东中山县人）、苏志毅（高要县人）、陈公博（乳源县人寄籍南海），陈策（海南岛文昌县人）、林捷三、王德光、梁作光、陈秋霖、曹达夫（中山县人，是海外华侨归来报名投军者）、鲍 × ×（名字忘记了，中山县人，也是海外华侨归来报名投军者）、陆耀华（新会县人）、陈俊生、李励文、黎哲民（当时是用黎恩流名字，海南县西甫黎基乡人）、邓达名、邓聘儒、何鉴端（南海县盐步乡人）、霍日明（南海县盐步乡人）、陈启勋、曹纪棠、冯秉刚、龚武宁、肖尚猷、张允广、张允实、刘百寿、何江、关崇谟、张铮、潘雄、潘子麟、区谦、罗衍南、谢泮池、梁国棠、梁承勤、曾耀光、梁沛霖、韦立卿等。

四　广东北伐学生军的编制系统图

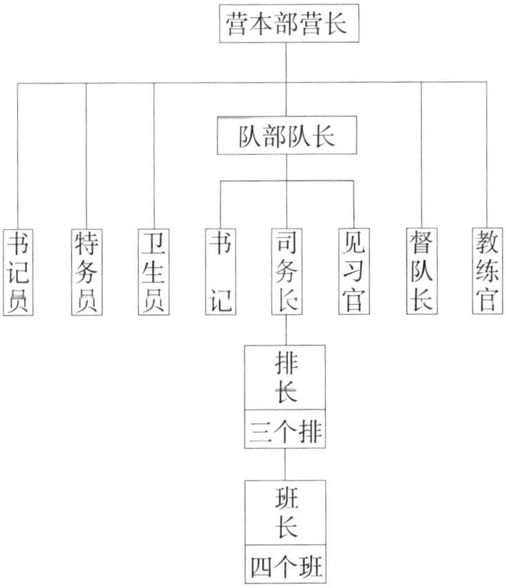

说明：营本部设营长 1 人，队部设队长 1 人，分前队、后队、左队、右队 4 个队部，合为 1 营。营设教练官 1 人，督队长 1 人，卫生员 2 人，特务（即庶务）员 2 人，书记员 1 人。队部除队长外设司务长 1 人，见习官 2 人、书记 1 人。每一队设 3 个排，每一排人数 40 人，连排长共 41 人，每一排设 4 个班，每一班人数 10 人，包括班长在内，每一队设伙夫2人，一个队部的官兵伕役合计共130人，营部还设传达兵1人，全营人数总计共529人。

五　长官姓名及简历

营长李壮吾，广西梧州人，日本士官学校毕业，两广方言学堂等校体育教员；前队队长陈灏，字子刚，广东省南海县里水乡人，广东陆军速成学堂毕业，在中学堂任体育教员；后队队长董琳；左队队长缪霖雨及右队队长伍蕃（番禺人）都是保定陆军军官学堂出身；教练官（姓名忘记了）是北方人也是保定军校出身的；督队长梁作光是陆军学堂（校名记不清了）出身的；特务员一是赖×辉，增城县人，另一名的姓名记不起了；司务长张允广和张允实的出身历史记不起了，陈公博的司务长是由学生军士提升的，还有一个司务长的姓名忘记了；见习官8名中只记得起左队的何江一人；排长9人中只记得张苇山（广东海军学堂毕业）、肖尚猷、梁承勤3人，其余都记不起了；班长12人都是由学生军士挑选出来担任的；营本部和各队部的书记姓名均记不起了。

六　学生军的遣散

学生军入伍后即加紧训练，原定训练三个月于辛亥年十二月底出发北伐。后因所领弹药以及其他各种军备未足齐全，稽延出发。不久南北议和又告成立。于是军政府发出通令，所有准备出发北伐的各军都停止出发。当时全体学生军联名请求转入陆军或海军学堂继续深造，以备将来为国效劳，但当时的执政者陈炯明不批准，各人以所望不遂，深为愤懑，但没有办法，只得等待结束。在遣散时执政者对学生没有做什么安排，只每人发给“广东北伐学生军勋章”一枚，作为纪念。这个勋章我一直保留至1958年，后因搬动书籍时不知如何失掉，深以为憾！

1963年7月

（选自广东省政协文史资料研究委员会编《广东文史第68辑·辛亥革命与广东》，广东人民出版社1991年9月第1版）

记广东瀛字敢死军

胡汉贤*

辛亥三月二十九日之役后，谭瀛（惠州人）等组织了瀛字敢死军。同时，我也组织了昭字营革命军。我的基本队伍是广九路筑路工人，驻扎在新安、岗头等地的义勇军（即护路军）和驻防东莞、石龙与四邑中路巡防营的防军。谭瀛的队伍则包括部分居留港九、惠州等地的工人和一些樟木头、增城等地的被压迫的农民。队伍秘密组成后，大都就地潜伏待命。

武昌起义后，农历九月初旬接到机关总动员令，要求各地迅即组成革命队伍，并限于5日内赶赴省城郊外秘密集中，以便待命攻城。我当即先率路工300余人，携带早已领到的旗帜、长短枪、炸弹和

* 胡汉贤：时为昭字营革命军组织者，后任广东航空学校校长。新中国成立后，任广东省政协委员，广东省人民政府参事室参事。

弹药先行起程，又饬令郑昭杰等率领南头护路军百余人（佩带新式九响毛瑟枪）于九月初十日到达广州小北郊外龙眼洞各乡潜伏。谭瀛和李毅夫等也按时率队抵达长湴、元岗各乡。会合后，有千余人左右，同时，石锦泉也率所部进驻。我和谭瀛先混入省内，向城内的革命指挥机关报到，和同盟会会员黄世仲取得联系。为了统一指挥，我和谭瀛协商后，同意将昭字营革命军和瀛字敢死军合并，并决定以瀛字敢死军担任攻城敢死先锋队，而昭字营革命军后来也采用瀛字敢死军旗号。

粤督张鸣岐于九月十八日夜逃遁后，我革命军乃于十九日长驱入城，全市商民热烈欢迎。

入城后，瀛字敢死军分驻于大佛寺、小北濠贤路等地，担任维持秩序。各路民军，也纷纷进驻省城。胡汉民自香港率领同盟会南方支部总机关和一些领导成员抵穗就任都督职务后，本拟委任黄士龙负责军事方面事宜，黄不就，于是委邓铿为陆军司司长，以黄世仲为民团总局局长。陈炯明则发起组织军团协会，希图借以扩大军团力量，来威胁胡汉民。石锦泉恃军团协会为后盾，不服从胡汉民的命令，索械索饷，后为胡汉民所枪决，他所统率的石字营解散。瀛字敢死军则奉命收编了其中的一些优秀兵士。稍后，瀛字敢死军扩编为瀛字北伐军混成旅，谭瀛被委为协统，李毅夫和我被委为标统。正在组军准备北伐之际，南北和议告成，事遂中止。

当时，广东民军约有 14 万以上。陈炯明在胡汉民调任南京总统府秘书长后，代理都督职务。他首先解散军团协会，接着又不与民军领袖会商而遽行宣布解散民军。而在不久后召集的裁军会议上，又大肆排除异己，裁撤别人的部队，扩充自己的实力。各军首脑各有戒心。民军领袖如王和顺、黄明堂乃以裁军不公平为理由，反对陈炯明的裁军计划，并将部队退驻广州东关一带。陈炯明刚愎自用，竟与王和顺火并，闭城数日，炮声隆隆，东关戏院和东园附近房屋毁坏不少，居民生命财产遭到损失。后由大总统从南京饬令改善裁军计划，双方才各释争端。

陈炯明所拟定的裁军计划也遭到黄世仲的反对。黄世仲主张裁弱留强，合理编遣，不得裁减他人部队，扩充自己实力。陈炯明竟然妄加罪名，把黄世仲枪决。黄世仲为老同盟会会员，曾积极进行革命宣传工作，又为南方支部充当联络员，“光复”前夕便在广州设立机关，运动民军起义。因此，陈炯明的暴行引起了人们的反对，部分革命党人主张声罪致讨，为黄世仲申冤。只是因为大局未定，恐内部纷争将给帝制余孽造成可乘之机，所以将这个问题暂时搁置。

后来，南京总统府决定，广东民军自愿裁撤者，发给裁遣费6个月，遣散回乡。其余部队则裁弱留强，将省内陆军、防营等编为两师和一个混成旅。钟鼎基为第一师师长，苏慎初为第二师师长，张我权为混成旅旅长。瀛字军自愿呈请遣散，我也于1912年冬被派往加拿大联系华侨，并自谋生活。

（选自全国政协文史资料研究委员会编《辛亥革命回忆录》第2集，中国文史出版社2012年6月第2版）

同盟会在港澳的活动和广东妇女界参加革命的回忆

赵连城*

辛亥革命之前，大约是光绪三十四年（戊申，1908 年）间，我随姐姐由香山（后改中山）县大赤坎原籍来澳门居住。那时我还是一个十五六岁的女孩子。抵澳不久，便以赵璧如名字入培基小学读书。由于受到孙中山先生革命思想的影响，入校不久我便和一批培基同学参加反清宣传活动，以后又参加了同盟会，初在濠镜阅书报社工作，后转到香港实践女校，并参加石龙“光复”和广州会师之役。因为我过去在澳门居留活动的时间较长，知道的较多，在香港则为期较暂，且接触面不广，了解较少，故本文关于港澳同盟会活动的回忆叙述，仍以澳门方面为主。同时，由于自己身为妇女，对当时广东

* 赵连城：时在香港实践女校任职，后任广东妇女传艺所主任。
新中国成立后，任广州市妇女代表。

同盟会女同志的活动和各种遭遇也比较了解，因此也着重在这一方面加以忆述。唯事隔 50 年，凭个人记忆，挂一漏万，谅所不免。据了解，本文所提及的一些当年同盟会同志，目前健在海内或海外的还有郑彼岸、冯秋雪、冯印雪、何国材、梁国体等，希望有机会能由他们或其他了解情况的人士加以指正或补充，使这一段史料能更详确、更完整地被保存下来，这是个人在文前提出的一点愿望。以下，先从澳门方面辛亥革命前的情况说起。

一　保皇会与同盟会在澳门势力的消长

清光绪十八年（壬辰，1892 年），孙中山先生毕业于香港雅丽医学院，旋即到澳门行医（当时系用孙逸仙名字），先后在高尾街、草堆街开设中西医药局，但为时不过半年，便离澳转到广州开业。以后，中山先生创立兴中会，进行反清革命活动，他的名字逐渐受到海内外的注意。由于中山先生是香山县的翠亨乡人，那地方离澳门很近，兴中会组织初期，很多主要人物（如杨衢云、杨鹤龄等）都是中山先生的香山同乡，经常来往于香山与港澳之间，在澳门也有很多社会关系，加上中山先生又曾在澳门开业行医，因此，那时澳门各界人士对中山先生提倡的反清革命运动是有一定的印象和同情的。但在兴中会活动时期，中山先生在澳门并没有进行过什么组织活动，直至清光绪三十一年（乙巳，1905 年）同盟会在日本东京成立，香港很快就成为同盟会的重要革命根据地之一，而同盟会有组织的活动在澳门还是发展得很慢。

可以这么说，在 1898 年戊戌政变到同盟会成立这六七年间，康

（有为）、梁（启超）的保皇会对澳门社会的影响，比中山先生的革命派的影响还大。康有为在戊戌前就曾到澳门活动，在宜安公司（当时澳门一些大商人所组织的俱乐部）出入。康的“学者”外衣和改良主义的君主立宪政治主张，当时颇受到澳门资产阶级和上层小资产阶级人物的欢迎。戊戌政变失败后，康、梁的保皇会即在澳门先后出版了《知新报》和《镜海丛报》等，和梁启超在日本办的《新民丛报》互相呼应，对澳门工商界和知识界都起过一定的思想影响。在澳门教育界方面，保皇会的势力也很突出，康有为的万木草堂入室弟子之一陈子褒（号荣衮）办的子褒学塾（后改为灌根学校）当时在澳门享有很高的声誉，学生人数达到百余人。陈子褒还编印了一些称为《三字书》《四字书》《五字书》的国文课本，来代替旧的《三字经》等，有意识地向学生介绍康、梁的维新思想和保皇观点。如《三字书》中就有“戊戌年，朝政变，康有为，一出现”和什么“光绪皇，好皇帝”“愿我皇，万万岁”的句子。《四字书》《五字书》的内容都是根据康、梁的学说和游记来介绍西方的科学和外国风土民情。这些课本当时曾被港澳甚至广州一些学校采用（其时清政府已解除所谓戊戌党禁），各地还有翻版，可见康、梁思想在教育界方面影响是不小的。清末，小学是九年制，九年内要读完四书五经才准毕业，学生年龄一般都较大，高年级生由十六七岁到 20 多岁的也不少。当时澳门主要的、规模较好的学校除上述子褒学塾外，还有一个培基两等小学堂，该校也拥有学生 100 多人。培基学堂是港澳两地唯一曾获得清政府核准立案的学校。主持人潘才华曾留学日本，闻他在东京曾参加了同盟会，但回国后却忙于经商，不仅没有负责搞同盟会的活动，甚至连校务也不大过问，把实际责任托付给总理容泮池。容的思想见解是和陈子褒一鼻孔出气的，校中教师多半也服膺康、梁学说。其时，学校每逢星期六下午都举行演说会，开始是一些学术性质的演讲辩论，由“性善性恶”之争发展到“尊孔与反对尊孔”之争。那时，我参加这些辩论会很积极，还和冯秋雪（原名宗檝，后来在澳门任佩文中学校长、澳门教育会会长）、古桂芬（民国后长期任岭南大学农学院院长）、冯印雪（后任越南河内华侨公立中华中学校长，现任澳门书画研究会副主席）、周树芬四人组织了一个“非偶会”，先后参加的同学还有何国材、梁雪君（女）、赵仕、李文海、李文偕、陈霞裳（女）、陈咏裳（女）、李伯陶（女）、陈秀姬（女）、何玉卿（女）、何妙仙（女）、叶崇志、蔡惠桢、周璧华（女）等共19人，与另一派主张尊孔的同学文瑞昌、区韶凤、黎延禧等经常展开论战。以后这种反对尊孔、反对封建礼教的辩论，又逐步和国内反清革命运动合流，学生们把演说会的政治性逐步加强，甚至公开谈论革命了。记得当时曾有一个著名的广州粤剧戏班，由著名的小武周瑜利和武生公爷创领衔到澳门演出《说岳传》的《金兀术入寇中原》和《岳飞报国仇》两折戏。由于演员演技的成功，在澳门社会曾掀起一阵民族主义和爱国主义思想的高潮。我们学校里的同学都废寝忘食地前往看戏，回到学校谈论起来，不少人热泪纵横，把岳飞的抗金和当前的反清运动很自然地联系起来。宣统元年（1909年）间，香港同盟会的活动加强，宣传方面除原有机关报《中国日报》之外，还先后出版了《世界公益报》和《有所谓报》（小型报），行销澳门数量日增。这些刊物具体阐扬了同盟会的“驱除鞑虏，恢复中华，建立民国，平均地权”的革命主张，同时也不断和康、梁保皇会所办报刊进行笔战，展开斗争。在戊戌政变后，社会上很多人不仅受了康、梁学说的迷惑，对君主立宪存有幻想，而且康、梁等也常常在海外宣扬自己是“借名保皇，实则革命”，俨然以革命党自居，企图鱼目混珠，模糊革命主义与改良主义的思想界限。经过同盟会报刊的宣传，群众便逐渐认识救中国必须推翻腐朽透顶、丧权辱国的清朝政府，要立宪也不是康、梁派所主张的君主立宪，而是根据中山先生民权主义思想的民主立宪。改良和革命的界限逐步划清了，同盟会的革命宣传对澳门的影响也开始逐步扩大，树立了优势。

二　同盟会的革命宣传和在澳门掀起的反清活动

清宣统年间，来往香港—澳门航线的有“瑞安”“瑞泰”“泉州”各轮船，船上经常有人随船宣传推销成药或食品，同盟会的反清革命宣传逐步和船上的卖药宣传结合在一起。当时各船的卖药宣传员中有刘卓凡（后为广州著名的灵芝药房的老板）、陈峰海、李醒魂、区大球、王岐生等都先后参加了同盟会，并成为宣传革命的积极分子。他们以推销成药为掩护，鼓吹民族革命，反对保皇思想，提倡男女平权和婚姻自由，反迷信，反缠足，很受旅客群众的欢迎。清政府为了对抗革命宣传，也暗中收买了一些卖药者在船上大讲忠君孝亲的封建道德，但不能引起群众的兴趣。由于同盟会宣传人员出色的通俗宣传，同盟会的革命主张就在港澳各阶层中一天天地深入人心了。

清宣统二年（庚戌，1910 年）春，培基学堂的演说会开始邀请区大球、王岐生、陈峰海、李醒魂、刘卓凡等到校演讲。这个演说会很快就成为一个同盟会的革命讲坛，香港同盟会的主盟人谢英伯（号抱香，梅县人，后为广东司法界名人）也经常参加演说会。由于演说会不断宣传革命，培基学堂当局就开始干涉学生的行动，演说会遂被迫停止举行。但倾向革命的学生都采取郊游会等形式跟同盟会的人员经常联系，谈论革命。就是这样，在同盟会的影响下，学生们终于走出课室，掀起了一些政治性的社会活动。

辛亥年的春节期间，一群培基学堂学生到营地大街宝衡银号抗议悬挂清朝的龙旗，和店方面的主事人发生争执，并向龙旗扔掷石块。该银号请葡警弹压，澳门的华探目刘康善带警探来到现场，见到所谓肇事的学生很多是当地绅商的子弟,就一面劝导学生守秩序，一面劝告该银铺把龙旗取下。学生在这一次抗议中取得了胜利。

培基学生接受革命宣传后，把辫子看成为亡国奴才的标志，先后剪掉辫发的为数不少。那时（武昌起义前）港澳方面剪辫的风气还未普遍，社会上剪掉辫子的人，除了到过外洋回来的之外，只有一些在港澳政府机关的华籍文员。至于大多数人，则由于误认剪辫就非穿洋服不可，因此，不愿穿或穿不起洋服的人对剪辫都还有顾虑（当然，剪辫与反清有关系，大家也有政治上的顾虑）。谢英伯等针对群众的上述顾虑，开始提倡“华服剪发”宣传，除了发动培基学生参加宣传之外，还争取了一些当地各界上层人士的支持。那时同盟会已开始在澳门发展组织，当地已故著名富商卢九的第三子卢怡若（又名新仔）、工程师刘公裕、牙医刘大同、国民兴书局司理邓继明等都已先后参加了同盟会。在这些社会上层人士的号召下，“澳门华服剪辫会”在当时最大的戏院——清平大戏院举行了一次群众性大会，到会人数约达千人。已剪去辫发的人都穿着华服到会作为示范，会上演讲的都是同盟会会员，群众当场剪去辫子的有 100 多人。这一次大会无异是对清政府公开示威，使当地的群众也受了一次反清革命的政治教育。从此剪辫子的人一天天地多起来，一些过去同情保皇会的人也受到当时内地革命形势的推动，逐步把同情转向于中山先生领导的革命，保皇会的影响相对地缩小，连子褒学塾的学生也逐步脱离康、梁的影响，有些人先后还积极参加了同盟会的辛亥革命活动。

三　濠镜阅书报社——澳门同盟会革命活动机关

辛亥年三月二十九日黄花岗之役对澳门社会影响很大，清政府对革命党人的种种诬蔑、丑诋在群众中已不很能起作用。各阶层社会人士对为革命英勇牺牲的七十二烈士一致赞叹。曾参加是役起义的同盟会人物如谢英伯、高剑父（广东同盟会主盟人，以创立“岭南画派”著名的国画家）等也常到澳门联系活动，受到各方面尤其是青年学生的欢迎。不久，在谢英伯的策划下，同盟会在澳门开始发展组织，在南环 41 号秘密设立了同盟会支部的机关，同时还参照当时同盟会在海外工作所采用的“书报社”形式（香港设有“民生书报社”），在白马行街钓鱼台的一座三层大楼成立了“濠镜阅书报社”（澳门旧称“濠镜”）。该社由卢怡若以“绅商”资格取得澳门葡政府批准立案，并向各界发动募款捐书，以供群众借阅。

阅书报社成立后即公开征求社员，又在社员中发展同盟会会员。那时同盟会也很重视青年工作，在过去积极参加反清宣传活动的培基学校学生中有 6 人（古桂芬、冯秋雪、冯印雪、区韶风、何国材和我）首先被接受加盟。由于我是唯一的女会员，当时很受同盟会领导的重视。记得当濠镜阅书报社筹备举行成立大会的时候，澳门同盟会主盟人谢英伯认为很需要对妇女做些宣传工作，要我准备在成立大会上演说，鼓吹女权。记得成立大会那天，参加人数有二三百人，其中也有一些女学生和家庭妇女。在几个同盟会主事人和来宾演讲过后，我登台发言，从反清的革命大道理说到提倡女权，照准备好的稿子讲了一遍，引起了全场听众的注意。由于心情过分紧张，我把清朝统治 260 多年错说为“620 多年”。当我讲完返回座位的时候，座后有人笑说：“这位女士把亡国时间拖长几百年了。”我的演讲对群众起了一定的影响，开幕典礼过后，女子演说鼓吹反清居然成为一项社会新闻，还说这是澳门有史以来的第一次。

我们 6 个培基同学参加同盟会以后，还在会内成立了一个小组织——“锄异社”，取“诛锄异族”的意义。我们用这个小组织的名义，向亲友筹集款项，用以支持阅书报社的经费。

阅书报社经常吸引一些女学生或家庭妇女到那里阅读书报，但同盟会要向妇女发展组织并不容易。有些人初时对谈政治、讲自由很有兴趣，但听到加盟后就要绝对服从组织命令，随时准备牺牲个人的一切，便多观望不前了。有一次，同盟会为了筹集基金，香港同盟会方面先后派女同志钟廷芬（入民国后，她与曾任岭南大学校长的钟荣光结婚，冲破了封建社会同姓不婚的禁律，曾轰动一时）、张竹君（女医生）到澳门活动。我充任钟的向导，分头拜访一些富室大户，向太太、小姐们募款。工作完毕，钟廷芬便回到香港去。张竹君留澳门住在南环 41 号同盟会机关内，不久到上海当某医院的院长，又兼上海红十字会会长。辛亥武昌起义时，她还带领红十字会的救伤队在武汉前方工作，成为当时妇女界很活跃的人物。

澳门同盟会支部的工作当时是接受香港方面领导的，澳门的主盟人初由谢英伯兼任，谢一度奉派去檀香山，乃改由“香军”参谋林君复继任主盟人。当时支部的主要负责人还有刘公裕、卢怡若、陈峰海、刘卓凡、陈卓平（财务）、林了依、梁倚神、刘大同等。新会员加盟要经过举手宣誓仪式，当时加盟一般称为“举手”。“举手”地点初在南环41号，后来改在阅书报社。那时阅书报社实际上已成为同盟会的一个半公开的机关。同盟会组织内部初期为了保密，有各种特定隐语和暗号，会员之间相见，都常用隐语对答。如问询籍贯，要回答“中国人”；问询职业，回答“办中国事”，等等；握手亦规定特殊的曲指形式。同盟会除筹集革命活动费外，还募集救济穷困会员的经费。当时由于革命形势的推动，筹款工作一般是进行顺利的，会员中有财力的人都按月认捐。有一个水上居民梁镜清参加同盟会后，初时便经常用自己的渔船秘密为党人输送弹械，接济内地民军，还介绍了一个香山县的著名绿林头目梁义参加同盟会，利用他所部绿林的力量配合“香军”活动（梁义为人很豪侠，他在澳门的寓所是白鸽巢由义巷11号，当时也成为澳门同盟会人士开会和通信的地点）。后来梁镜清听说支部经费有困难，就变卖了自己的一艘渔船，将价款全部捐送给支部，以后又将家人的另外两艘渔船也全部变卖捐献。他自己对人说：“我们水上人受尽了屈气，非革命不可。”那时他把全部希望都寄托在革命的成功，变卖了三条渔船以后，一家生活虽日趋穷困，他也毫无怨言。主盟人谢英伯对梁镜清的热心革命，慷慨输将，常公开加以赞扬，称梁不愧为“疍家之王”（过去广东水上居民被称为“疍家”）。在辛亥革命时期，以一个水上居民能够这样地毁家纾难，确实不可多得。

同盟会澳门支部曾对清政府的海军做过策动反正工作。当时我有一个姐姐住在广州，我常常回省探望她。由于有这个关系可掩护行动，组织就常派我跑广州秘密传递书信。有一次，我在省澳轮船上偶然认识广福兵舰的管带（舰长）盛怀瑜（字麦秋），他的兵舰驻泊长堤一景楼前河面，经常因公差往来香山县前山一带，他本人也常到澳门。我把情况报告给谢英伯等，他们指示我继续与盛来往，策动他率兵舰反正。我对他做了一些工作，还利用兵舰掩护了一些交通活动。到辛亥广州“光复”时，广福兵舰在省河易帜反正。

自濠镜阅书报社成立后，逐步引起清政府的注意，并曾被个别清方密探混入了组织。我们发觉后，即由高剑父、梁倚神、陆萨尘等（他们都是同盟会暗杀机关的负责人）将该密探计诱到三角亭菩提巷梁倚神的住宅加以处决。据梁倚神事后说，尸体就埋在住宅的地下。这是澳门同盟会所作的一次暗杀行动。

大约是辛亥闰六月间，我奉派到香港工作，名义上是香港实践女学校的教员，实际上是负责港澳之间的交通，经常回澳门。那时培基学校女同学梁雪君的养母贪图金钱，和媒人勾结，拟骗梁去新加坡嫁人作妾。培基校董兼义务英文教员吴节微（中山先生在澳门设医局时，吴曾为中山先生作揭借款项的保人；他是澳门一个社会名流，同情反清，却不参加同盟会，在澳门活到90多岁，1959年病故）获悉此事，便和学校里的同盟会师生商量，劝梁不应上当。林君复（澳门同盟会主盟人）主张她到香港暂避，要我回香港和谢英伯商量。谢同意让她到香港实践女校读书。梁在大家帮助之下，便决心离家参加同盟会，在离澳赴港的前一天，到南环 41 号“举手”，成为同盟会在澳门发展的第二个女同志。

辛亥革命前夕，一些原在澳门子褒学塾读书的女学生也先后参加了同盟会，她们是许剑魂、梁国体、陈秉卿、严淑姬等。此外，还有一个梁荃芳，她是澳门退休华籍探目梁金福的孙女，也因家庭压迫而毅然参加了同盟会。她们五人和梁雪君以后都参加了广东女子北伐队。

濠镜阅书报社成立以后，除了在群众中做了不少反清革命宣传工作之外，还负有一项秘密的任务——为“光复”香山做准备。通过书报社各种活动，刘思复、林警魂等的“香军”在人力、物力方面获得过不少支持。我们几个培基同学，年纪虽轻，但也十分热情，积极参加各方面的工作。冯秋雪被组织指派担任与前山、湾仔（都是离澳门很近的香山县地区）方面的“香军”的交通联络工作，几次受到清政府兵勇的盘问，仍能机智地逃过，完成了任务。区韶凤奉派回自己的原籍（新会潮涟）发动乡人组织民军，自己还当了队长。古桂芬年纪最小，大家没有让她去内地。她把家里藏的一支手枪也偷偷地拿来献给组织。书报社的工作持续了半年多，后来广东“光复”，主要负责人都先后回内地，社的组织便无形中陷于涣散。澳门的同盟会主盟人林君复回内地后郁郁不得志，不久便削发为僧，从此脱离政治。其余的会员干部，在听到中山先生让大总统给袁世凯以后，大家对国事都很消极。所谓“革命军兴，革命党消”，澳门情况也是如此。

四　香港实践女学校——同盟会女同志活动的中心

同盟会在香港的机关一般是以商行、住宅或文化机关为掩护。实践女学校当时是同盟会在港主要机关之一，地址在中环结志街25号。邹鲁、陈景华、徐维扬、谢英伯、高剑父、冯自由、莫纪彭、邓慕韩、陈哲梅、曾伯谔、郑彼岸、李思辕等都经常在学校出入；除邹鲁、陈景华外，他们都曾在学校兼任教员。女同志梁绮川出名向港政府注册，并挂名为校长。梁是一放脚的妇女，从外表上很难看出她是一个参加政治活动的人物。教学方面由男同志陈自觉（陈景华之弟）主持。女教员有徐慕兰（又名宗汉）、宋铭黄（后与高剑父结婚）、周紫明（后与林直勉结婚）、庄汉翘等。由于工作关系，学校教职员的流动性很大，一些挂名教员往往临时缺课；我除了跑交通之外，有时也得代课。

宣统年间，来往香港和惠州、东莞、宝安各乡的轮渡，一般是深夜。那时，同盟会会员来来往往，乘轮渡深夜抵港后，便到学校度宿。“实践”是女学校，很自然地成为女同志活动的中心，也是当时逃避封建压迫妇女的一个收容和教育的场所。当时同盟会的宣传，除了侧重于“驱除鞑虏，恢复中华”之外，也涉及反封建的社会改革问题，如反对家庭专制，主张婚姻自由，提倡女权，反对作妾，反对缠足之类，这对当时青年妇女来说，都是具有一定吸引力的。加上光绪三十三年（丁未，1907年）光复会女志士秋瑾的英勇牺牲，对省（广东，下同）、港、澳妇女知识界也有影响。一些觉悟的妇女相率投身到辛亥革命的行列。她们一般出身于封建家庭或资产阶级家庭，其中包括有女学生、家庭妇女和职业妇女；有些还是富商的寡妇或侍妾（姨太太），也有一些是逃避盲婚的少女。如女教职员中的梁绮川、徐慕兰、宋铭黄、庄汉翘等，都是富室的寡妇。她们每人都是背着辛酸包袱而走出家庭的。在学生中有些也和梁雪君一样，为了反抗封建家庭压迫，走投无路，找到同盟会关系，便被送到实践女校来“出家革命”的。因此，实践女校当局有时还得应付一些顽固家长的上门吵闹。这里可以举出两个例子：一个是黄扶庸（后改名秋心），她生长在广西梧州一个清政府海关官吏的家庭，原在广州洁芳女校读书。她的生母是侍妾，家里大权操在嫂子手上，父亲听嫂子唆弄，硬要她嫁一个富室子弟。她为了反抗盲婚，便通过宋铭黄（当时任洁芳女校刺绣教员）的介绍，参加了同盟会，被送到实践女校读书和工作。另一女生梁国体（后改名定慧，与邹鲁结婚）是香山县唐家湾人，由父母作主，被迫与同乡富室子弟唐铁魂成婚，但双方没有感情。梁终于出走逃到她姐姐梁绮川那里，在梁绮川的帮助下参加了同盟会，入实践女校读书。她的丈夫唐铁魂跟踪到港，力劝梁随他回家。梁坚决拒绝，最后提出要唐参加同盟会作为维持夫妇关系的条件，结果唐同意加盟。不久，夫妇二人被派往惠州工作，唐在行动中牺牲。此外，还有女生余琼玉是香港某富商的寡媳；郭玉生是西环生生金铺老板的宠妾；麦兴华是陈李济药商的寡媳；麦兴连是麦兴华的金兰姊妹，也是寡妇。她们都是为了追求解放而“出家革命”的。

同盟会通过实践女校也发展了一些女会员，其中有黎金庭和郑妙卿，都是富室的寡妇，她们加盟后便踊跃捐献军饷。记得黎金庭加盟时，实践学校负责人陈自觉要我做她加盟的介绍人。陈说：“黎是宝安县某富室的寡妇，手上财产很多，捐献给同盟会不少，大家同意她加盟。”我虽然过去不认识黎，也就签名做黎的介绍人。以后民国成立，黎金庭、郑妙卿和梁绮川、庄汉翘一道被推为广东省议员，听说黎还一度被推为宝安县的女县长。

实践女校的一个女工友唐玉兰是同盟会会员，她是梁绮川的表姐，也是一个寡妇，虽然40多岁，对反清活动却很热情，对来往的同盟会会员照料得很好。

在实践女校的同盟会发展组织活动，比较突出的是发展一批香港大酒店的男职工。计有吴铁眉、阮季洪等30多人，都是秘密到学校“举手”加盟的。

此外，实践女校在湾仔鹅颈桥附近设有一个秘密机关，表面上是一个住宅，梁雪君有一时期被派到那边居住。同住的还有两个妇女，她们是同盟会会员梁倚神的母亲和妻子，大家叫她们为三婆、三嫂。她们都很机智，和大家工作上配合得很好。

五　参加“光复”石龙之役的见闻

辛亥八月十九日武昌起义成功，全国震动。九月初，广州将军凤山为李沛基炸毙。跟着，同盟会的陈炯明、王和顺率民军起义于东江（那时称为“惠军”，我们在港时则称它为“东军”），由淡水圩分4路向惠州、博罗进攻，与清陆路提督秦炳直所部鏖战甚烈。香港同盟会南方支部所属各机关均奉命组织队伍配合“东军”行动。实践女校亦组队分两路出发惠州和石龙。惠州一路由陈自觉、陈逸川等率领，女同志参加的有余琼玉、郭玉生、程文华和陈志德等。石龙一路由谢英伯、高剑父等率领，女同志有韩玉贞（广州夏葛医院女医生）、梁雪君和我 3 人。

在出发之前，大家都心情兴奋，大有“风萧萧兮易水寒，壮士一去兮不复还”之概。一些没有被派出发的女同志也纷纷捐献金饰或现款，为大家添置行装。我所参加的石龙一路，人数共约百人，队伍中有商界、学界、新闻界。香港大酒店 30 多个职工也参加了，他们的决心很大，接到出发通知后，为了避免外界察觉，静悄悄地连夜不辞而行，甚至随身衣物也不带走一件。他们走后第二天，酒店主事人才发觉。因为他们走了，酒店里没有人开工，事情就在香港社会哄传开来。

领队谢英伯、高剑父被大家戏称为“大都督”“二都督”。队里的主要人物还有刘兆槐（有“三都督”之称）、李杞堂、刘一伟、朱述堂、陈哲梅、梁倚神等。全队于夜间分批在湾仔海边下小电船向宝安海岸偷渡，登陆后即取道黄冈、黎村、棠下等地翻山越岭向石龙进发。队里曾雇了 3 乘山轿，说要照顾我们 3 个女同志，但我们拒绝乘坐，把轿子让给谢英伯、刘一伟（队里的两个大胖子）和高剑父 3 人。行军过程是紧张的，但是出乎原来意料之外，并没有和清军遭遇。沿途所过乡镇，人民群众夹道欢迎。乡绅们穿着蓝布长衫，用红线绳结着辫子，出面殷勤招待。各地爆竹喧天，悬旗结彩。沿途乡民都热情地为民军引路，还协助把我们的同志预先在山边田头埋藏的武器弹药掘出，交回民军使用。由于我们队伍有妇女参加，老乡们见了很觉稀罕，我们常在休息时被他们包围观看。有人还摇头叹息说：“女人也出来造反，世界变了！”

由于清军自动撤退，“光复”石龙没有经过战斗。队伍到达时，镇上商户照常营业，到处飘扬着同盟会的青天白日旗帜，墙上张贴

“中华民国万岁”“民国军万岁”的欢迎标语。那时王和顺的民军已先期到达。他们队里也有一些女同志，其中有刘守初（王和顺的妻子）和凌云两人是我们认识的。实践女校出发惠州的一路队伍也到达了。那时惠州、博罗已“光复”，东江各方面民军都先后向石龙集中，为数达三四千人。一时镇上熙来攘往，尽是民军，好些队伍都有三五个女同志参加，其中我认识的有广州光华医院的女医生刘佩华和徐惠颐（她们在民国成立后转到澳门开业，当产科医师），此外还遇见刘师复（“香军”——香山县民军领导人之一）的妻子丁湘田（刘师复后来成为著名无政府主义分子，他在香山县秘密制作炸弹，左手手指俱被炸断，丁湘田经常与刘一起秘密工作）。

石龙“光复”后，镇上人民纷纷剪掉辫子，原来民军中不少人也是拖着辫子的，此时也纷纷剪掉。女同志一般都成为临时的剪发师。

留石龙期间，民军曾得探报说，广州有火车开来。我们以为是清廷两广总督张鸣岐派来反攻的军队，大家立刻紧张起来，搬运大量木石堵塞广九铁路。事实上火车并没有载来清兵，下车的是一批广州各界“绅商”代表和几个天主教的神父（有中国人，也有外国人）。他们告诉民军说，张鸣岐逃走了，本省已宣告“和平独立”，请民军不必前进，以免影响省城的秩序。那些天主教神父们还抬出帝国主义来威胁民军，口口声声要求民军注意保护外侨和教民的生命、财产，以免引起列强干涉。民军方面坚决表示要向广州会师之后，他们才改口欢迎民军到省。民军由于人数众多，分批乘火车或民船向省城进发。

民军来自四面八方，成分复杂，组织松懈。同盟会对政治工作也没有抓紧，加上“光复”的胜利又是那么出乎意料地轻易取得的，因而大家都滋长了骄气。一些同盟会的领导干部也飘飘然起来，脱离群众，甚至威风十足。最突出的事是出发前强迫封用民船，见船就拉，一共封了10多艘，但又嫌民船太慢，便四处找小汽轮做拖带。我们队中被称为“三都督”的刘兆槐，乘着几分酒意，带领武装民军沿河面追封过往的小汽船，遇到不接受任务的小汽船，就鸣枪射击。一时河面呼救之声不绝，汽船上的一些人害怕得跪在甲板上向民军哀求饶命。结果一批小汽船被迫充当了民船的拖带。这一幕粗暴横霸的封船插曲，在群众中留下很坏的印象。

六　广东女子北伐队

广州“光复”后，胡汉民在广州就任了广东军政府都督，陈炯明任副都督，同盟会算是从清廷手中和平接收了广东省的政权。我们一班由香港回来的女同志都兴高采烈，对“革命成功”存有各种各样的美好梦想：有些人希望出国留学，有些人希望在社会上获得适当的工作，有些过去受过家庭委屈的人，也存有自己已身为“女志士”（那时社会上都称同盟会的人为志士），回家可以扬眉吐气的想法。但时间一天天过去，同盟会的领导人物各忙各的，和我们见面的机会不多。我们一批女同志被安置在河南一所大房子里，连吃饭也得各自到亲友家或上馆子。大家有时候也过河到南关太平沙的孔家花园（同盟会省机关所在地）打听消息，希望能分配到一些具体工作。但事情老是拖着，负责人的回答也不着边际。在孔家花园每人交了毫洋两元，总算领到一张同盟会证书和一枚黄铜质的证章（圆形，三条凸线边围着一个篆体的“民”字，比现时的五分辅币略小），但始终没有得到适当的工作安排。

不久，广东军政府组织了“广东北伐军”，跟着社会上又出现“学生北伐队”“华侨敢死队”等民众组织。大约是辛亥年农历十月间，邹鲁、高剑父等也发起组织“广东女子北伐队”（上海也有一个“女子北伐队”，但听说那是与江亢虎的社会党有关，不属于同盟会的组织）。从港、澳回到广州的女同志，由于工作迟迟没有安排，情绪已十分疲沓，有些人失望之余已自动回家，剩下来的人听说北伐，又振奋起来。初时报名参加的有三四十人，以后因为筹备出发期间发生波折，一时说出发，一时又说不出发，时间拖了差不多两个月，一些人的情绪又逐渐冷了下来，到了出发时全队只有 20 余人。我和余琼玉、郭玉生、麦兴华、麦兴连等原来已报了名，那时也因事或因病没有成行。队伍全体名单是：徐慕兰、宋铭黄（以上两人年纪较长，又都是早加盟的女同志，因此被选为领队）、邓慕芬、黄扶庸、许剑魂、陈秉卿、谭锦蓉、梁英颜、黎兴汉、赖军华、陈振权、梁国体、严淑姬、梁雪君、刘伟明、陈汉兴、梁荃芳、汤莲、陈志德等。这名单中有 1/3 以上是实践女校的教职员或学生，其他也有好些人是在港、澳加盟，参加广东“光复”的。出发前，全队经过短期集训，每天到东校场练习兵操、骑术和射击，个个戎装赳赳，被群众称为“今之木兰从军”。由于当时历史条件的限制，同时也由于她们都是出身于资产阶级家庭或封建家庭，参加同盟会后又没有得到较多的教育与帮助，政治觉悟不高，卫生医护常识也不够，真正上前线也是作用不大的。但就政治意义上说来，数千年来在封建制度和重男轻女思想习俗压迫下的中国妇女，通过辛亥革命，第一次组成了女子队伍，打起反封建、反男尊女卑的旗帜，用行动向古老中国社会示威抗议，她们不失为在曲折的历史道路上摸索前进的一群先驱者。

1921 年 2 月 22 日，广东女子北伐队由广州出发南京，以后又由南京出发徐州前线，为期大约一个月；4 月间全队奉调返回广州，不久便宣告结束。一些同志回来见面时慨叹说：出发时抱“马革裹尸”的决心，谁知到前方竟是“春郊试马”。事实上，在女子北伐队出发前后一段期间，领导辛亥革命的资产阶级已和封建势力妥协，中途放弃了革命。孙中山于 2 月 13 日已被迫辞去临时大总统，让位于北洋军阀头子袁世凯，辛亥革命已被以袁世凯为代表的反动派所篡夺，广东北伐军也被迫要班师南回，“解甲归田”了。在这种形势下，女子北伐队到前方无事可为，请缨无路，是完全可以理解的。这时候，一群满怀热望要为国家、为人民、为妇女解放、为个人寻出路而投身北伐队的青年妇女，又重新陷入彷徨苦闷的深渊，她们美好的理想幻灭了。

女子北伐队中和我感情最好的黄扶庸，在出发前知我不参加该队，曾写信严词责备我说：“姊曾云北上，今怯而不来耶？闻姊婚期将迩，谅姊必以为乐事。呜呼！胡虏未获歼尽，而世俗纷纷结婴，国破家亡在迩，亦置脑后。吁！是可忍也孰不可忍也！”（辛亥年十一月初五日函）。当她从南京回来广州以后，她又来信（1912 年 5 月 2 日）给我说：“此行北上，一事无成，羞为故人陈也。果如姊潜居向学，余暑课授生徒，其乐胜妹等徒劳跋涉，思之能不悲乎？”前一封信何等悲歌慷慨，后一封信却充满了失望悲哀，女子北伐队同志们当时一般心情大体上就是如此。那时所谓“革命军兴，革命党消”的形势越来越明显了。同盟会的组织也日趋涣散，广东政权虽先后由胡汉民、陈炯明等出面撑持，但封建军阀官僚的潜势力仍然很大，同盟会一些领导人物很多也郁郁不得志，女同志当然不用说了。女子北伐队结束以后，一些人彷徨之余便和一些要员结婚（如徐宗汉与黄克强，宋铭黄与高剑父，许剑魂与邹鲁，陈秉卿与冯祝万等），算是解决了个人的“出路”问题。此外，绝大多数的女同志（包括未参加北伐队的）在工作上、生活上都没有受到军政府的适当照顾。一些人原来是逃避封建家庭压迫而“出家革命”的，回家却更加受到封建家长们的奚落，被压迫的地位丝毫没有改变。比如黄扶庸原来是反抗盲婚而投身加盟的，回家后顽固的家长们仍不断胁迫她盲目出嫁，使她不得不经常离家逃避。她本来想远赴日本留学，但那时负责选派留学生的邹鲁因过去追求她不遂，怀恨在心，把她的护照扣留不发，使她无法成行。以后陈景华创办广东女子教育院，徐慕兰任院长，她才被安置在该院工作。另一女子北伐队队员邓慕芬（后改名秋零），原是徐慕兰家中的女佣，跟徐出来一道加盟。她是顺德人，独身不嫁，家中有七旬老父，生活困苦，“光复”后，觉得身为“女志士”，当然不甘愿再做人家女佣。她和黄扶庸本来同被安置在女子教育院工作的，但到了 1913 年 9 月讨袁军事失败，龙济光入粤大批捕杀同盟会员，她们两人避祸走港澳，从此失业。两人平时感情很好，此时无家可归，彼此感怀身世，同病相怜，结果便相约到肇庆鼎湖山上，携手同沉于飞水潭。那是 1914 年 12 月间的事。这一幕悲剧当时引起社会各方面的震动，港澳各报均有消息报道，刊出不少哀挽她们的诗文。到鼎湖游览的人士，多到她俩葬在狮山的墓前凭吊。事隔两年以后，1917 年春，潘达微（以收殓七十二烈士忠骸著名的同盟会人士，与黄、邓两人曾在广东女子教育院共事）主编的《天荒》杂志第一期发表了她们自杀的经过，刊出她们的照片和遗书以及各方面的悼念诗文。潘达微以“影庐”的笔名写了一篇《寒潭陨玉记》，文章的末尾写道：“影庐曰：二女死得所矣，尘尘孽识，有生便是烦恼，求大能脱，惟真是归……死为安乐，灭度涅槃，二人同心，一朝如梦。屈骚云：世与我而相违兮，吾将从彭咸之所居，余念此，又不仅为二女爽然失矣。”潘达微在辛亥革命后是郁郁不得志的，他在女子教育院时就常对黄、邓两人大讲庄子和佛学，助长了两人对人生的消极悲观思想。他这一段大谈佛学的文章固然是借酒浇愁,但读来却成为对死者说风凉话，恰恰暴露了旧社会“人间何世”的残酷本质。

辛亥革命以革命始，以妥协终，根本没有触动过旧封建的专制统治基础，这就当然不可能给妇女带来真正的解放和幸福。黄、邓两人初时轰轰烈烈投身加盟，参加北伐，结果却是悲惨的自杀下场，这就清楚说明了这一问题。她们两人到鼎湖自杀前，曾到澳门住在我家盘桓了一个多月。有一次，黄扶庸买回一些红色的内衣裤，半严肃半开玩笑地对我说：“穿红的死了可以成为厉鬼，报复一切。”今天回忆起来，她们对辛亥革命后原封不动的黑暗社会制度确是怀着深仇大恨的。黄扶庸从南京回来后便来信慨叹说：“家庭专制，无可革命，只可远离，以避其锋！”（1912 年 5 月 19 日函）袁世凯上台后，她又有函大发政治牢骚：“嗟夫，已死志士，昔之革命希望共和者，其结果今竟留与他人乐帝王矣，可胜慨哉！”（1913 年 12 月 20 日函）这些未经发表的死者遗书，充分说明她们之自杀正是针对当时黑暗政治的一个悲愤的抗议。值得注意的是，当时像她们这样有觉悟、有勇气的青年妇女，企图借助革命，为自己解除封建枷锁，但结果还是无法挣脱，大失所望，其他广大妇女更无论矣。

由此可见，悲剧本身固然暴露了小资产阶级的脆弱性，但同时也深刻地揭露了辛亥旧民主革命的不彻底性，是对当时的所谓“革命成功”的辛辣讽刺。

除了黄、邓两人以自杀悲剧为结局外，还有一些女子北伐队员的结局也很悲惨。例如，许剑魂在与邹鲁结婚数年后，忽然在港被人谋杀。梁荃芬北伐回来没有工作，流浪香港，沦为妓女。

（选自全国政协文史资料研究委员会编《辛亥革命回忆录》第2集，中国文史出版社2012年6月第2版）

清末民初的广东议会政治

王鸿鉴 *

清末民初广东也如其他各省一样，实行所谓议会政治。表面上似乎顺从民意，设立民意机关，实则从谘议局到议会，都是派系斗争和欺骗人民的工具。兹就我亲身经历及见闻，简述其内幕，借供参考。

一　清末的广东谘议局

清朝末叶，经过鸦片战争、中法、中日及八国联军之役迭次失败后，丧权辱国，割地赔款，国势日弱，民愤日亟。清朝光绪皇帝

---

*　王鸿鉴：时任广东省议会议员。

软弱无能，内受慈禧太后的掣肘，外受帝国主义的侵凌。当时一般爱国之士，为挽救危亡，纷纷奏陈修明政治，充实防务，发愤图强，以雪国耻的对策；其中以维新派康有为、梁启超等创议仿效西欧，实行君主立宪等主张为最力。光绪皇帝采纳康、梁条陈，欲变法维新，事为慈禧太后所反对而失败。慈禧太后死后，宣统元年摄政王载沣以迫于形势，鉴于民情，不得不稍为迁就，乃在各省筹设所谓谘议局，罗致一些进士、举人、贡生等为谘议员，以笼络人心而缓和情势。广东的谘议局是光绪末宣统初年由两广总督张人骏等着手筹设的。在广州大东门外建筑一座圆顶的宏敞的会场，会场两边建厢楼，为办公及住宿的地方，规模相当巨大，迄今仍屹立于广州起义烈士陵园西侧，已改为广东革命历史博物馆。广东谘议局成立于宣统二年（1910 年），议长易学清（鹤山人，进士，羊城书院山长），副议长丘逢甲（蕉岭人，进士），卢乃潼（顺德人，举人）；谘议员陈炯明（海丰县举人）、周廷励（茂名县举人）、林绳武（信宜县优贡）、江慎中（廉江县举人）等 72 人。谘议员中多数属守旧派，其中唯有丘逢甲、周廷励、陈炯明等为维新派。谘议局成立后仅开过二三次会，所通过提案较重大的有开赌（番摊）筹集海防经费及征兵条例等。所谓开赌筹集海防经费案，一面假借民意以建设海军，充实国防为名，迷惑视听，以榨取民脂民膏，供其挥霍；一面利用赌博来诱惑人民，使其沉迷于博弈陷阱,转移人民对封建统治的反感而巩固其统治权。这案是在专制皇权的高压下通过的，虽有少数谘议员如陈炯明等反对，极力主张禁赌，卒以寡不敌众，无法否决，当时就有可否议员之称。陈炯明因反对开赌颇负时誉，为其以后政治活动的资本。

谘议局所通过的征兵条例，划分为惠潮嘉区、广肇区、罗阳区、高雷区及琼崖区等，派出征兵官数人分到各区会同道、府、县，出告示晓谕各县乡长，每乡要征兵若干名。当时各区应征的都很踊跃，甚至生员、廪生等也有应征的，如茂名杨锦龙（后为旅长）、雷州陈友山等，就是当时应征入伍的。各区征兵集中省城沙河燕塘新军营训练。当时标统赵声曾在新军营鼓吹革命，反对清廷，因之被撤职。宣统二年庚戌（1910 年）倪映典新军起义，新军营多数附和参加。这可说是征兵条例实施的后果，可见当时清朝欲借新军以巩固其统治地位，反被革命党人所利用作为推翻清朝的实力。

二　民国成立后的广东临时议会

辛亥广东“光复”后，依照临时约法 3 权（行政、立法、司法）鼎立的规定，于民国元年（1912 年）成立广东省临时议会。议长黄锡铨（梅县人，前清广西候补道），副议长卢信（顺德人，同盟会会员，曾任唐绍仪经办的金星保险公司经理）；谢已原（基督教徒），代议士邓慕韩、李思辕、周孔博、杨永泰、司徒颖、王鸿鉴等 96 人。其中有女代议士 10 人：庄汉翘（早岁参加同盟会、任同盟会炸弹队女队长，勇敢过人，曾参加炸清将军凤山的工作）、伦耀华（东莞人，清举人北京大学教授伦明之妹，文才敏捷，时称女才子）、易粤英（仪容标致，态度大方，被称为议会之花）、李佩兰（华侨妇女，代表华侨）、文翔凤（女子师范学堂毕业，代表女学界）、张沅、廖冰筠、邓惠芳、汪兆锵等，代表妇女各方面势力，称盛一时。

妇女参加政治活动，在当时是较为突出的。这 10 位女代议士在议会中，颇为活跃。由于中国几千年来封建传统，重男轻女，妇女过去很少有参加政治的机会。辛亥革命后，打破了男女授受不亲的习俗，妇女参加了政治活动，因之也发生一些笑话和佳话。议会开会时，男议士中常有故意同女议士取闹的，彼此争吵不休，反唇相讥，会场哄然，有如戏院。这说明当时一些人对妇女参政的看法，也说明当时所谓民主的议会，不过是装饰品而已。

广东省临时议会曾选出杨永泰、徐傅霖、司徒颖、卢信为临时参议员赴南京开会，南北议和后又赴北京开会。数月后，依照宪法规定另行改选参众两院议员。

在临时议会期间，广东都督胡汉民曾利用议会以筹集革命活动费为名，提出160万元的筹款议案。在该案未表决之前，胡汉民恐怕有议员反对，便派出亲信向各议员拉拢，并以2万元贿赂反对派议员而获得通过。由这议案所筹集的巨款，一部分用来派遣大批学生分赴英、美、德、法、日等国留学，如刘纪文、林云陔、丁颖等就是当时官费派送留学的；其余款项则以种种名目开消，从中饱了胡系私囊。

三　第一届广东省议会和竞选国会议员

民国2年（1913年）北京中央政府公布临时宪法，依照宪法规定，中央政府设有参议院和众议院。两院议员由各省选出，广东省占众议院议员名额30名，由省内各区选出；广东省占参议院议员名额10名，由省议会选出。各省设立议会，广东省临时议会改组为正式议会，议员总数为120名，由各县选出。第一届省议会议长罗晓峰（高明县人，前清生员）、副议长陆孟飞（鹤山县人，日本留学生，后任琼崖海关监督），议员陈鸿铨、梁典章、彭建标、李英铨、黄锡铨、王鸿鉴等120人，没有女议员；因为当时各县选举议员时竞争甚烈，参加竞选的都是当地有势力的人，所以临时议会的10位女代议士都没有当选。

广东省第一届议会正式成立后，即进行选举参议院议员，广东仅占10名，竞选者多，角逐剧烈。都督胡汉民曾指定圈选温雄飞、杨永泰、卢信等10名国民党人为参议院议员，但为各县多数议员所反对，尤其是南路八属议员反对最烈，乃联同潮州、惠州和北江各属议员共约60多名与胡系议员展开竞争。选举结果南路八属等地方占6名，即南路八属周廷励、王鸿庞，东江惠州黄锡铨、彭建标，潮州何士果，北江李英铨，胡系仅占4名，即温雄飞、冯自由、卢信及杨永泰。温雄飞原为同盟会重要成员，当选为参议院议员后到北京却受进步党每月500元津贴，并得贿选票价10000元。杨永泰原系广东省临时议会议员，后被选为临时参议员到南京开会；他这次得胡汉民支持当选为参议院议员，到北京后接受进步党每月500元津贴，并得贿选票款10000元，且脱离国民党参加政学会。

四　广东省议会的解散和恢复

民国2年（1913年）秋，袁世凯被选为总统，解散了国会和各省议会，排除异己，培植党羽，图谋复辟，便派广西标统龙济光统兵入粤，驱走了广东都督陈炯明，任命龙济光为广东督军，李国杰为广东巡按使。龙济光入粤后，即解散广东省议会，捕杀了国会议员林格兰，扣押了参议员周廷励等。此段期间，广东由龙济光统治。

民国4年（1915年）袁世凯称帝，改元洪宪；蔡锷在云南起义讨袁，各省纷纷响应，不久袁世凯惊惧而死，取消帝制，恢复民国。黎元洪继任总统后，即通令各省恢复议会，以推行所谓议会政治。当时广东督军莫荣新乘机拉拢省议员，借以巩固其统治地位，便通知已被解散的广东省第一届议会议长罗晓峰、副议长陆孟飞等召集各地议员回穗，恢复议会职权，议长议员的职能和待遇照旧，并进一步收买利用议员作为御用工具，以扩充其势力。

督军莫荣新于恢复第一届省议会之后，积极利用议会来欺骗民众，而达到榨取民脂民膏以充军饷而饱私囊，曾要求省议会提出和通过为筹集军饷实行开赌，征收番摊、山票、铺票等赌捐的议案，进行收买议员，答应于议会通过开赌案之后，由赌捐承商送给议员每人5000元。在他的威逼利诱之下，议会终于通过了开赌案。当时，虽有少数议员不受利诱，坚持反对，但寡不敌众，徒叹奈何而已。

省议会通过了开赌筹饷的议案之后，即招商投标承办，标高者得（自然要多方贿赂，答允分肥）。全省赌捐先由苏星衢投得，再转让给杨梅宾承办，每年缴纳番摊捐800万元，连同山票、铺票等捐，每年共达1000多万元之巨。从此之后，广东各地赌馆林立，城乡市镇，大街小巷到处充满了番摊、山票、铺票等赌馆，用布帘制成的“银牌”招牌，迎风招展，赌风盛极一时，破家荡产者不知凡几，接着发生的是匪盗横行，人心惶惶。

在省议会开会时，忽有潮梅民众和高雷民众各20余人前来包围会场，各举出代表4人进入会场递交请愿书，并当面陈明高雷镇守使车驾龙（茂名人，日本士官毕业）贪污、无能，潮梅镇守使莫擎宇（东莞人，日本士官毕业，龙济光部下的团长，驻防汕头，各省讨袁军兴，他乘机响应，脱离龙济光在汕头独立，袁世凯被推倒，黎元洪继任总统后，他便任潮梅镇守使）恃功骄横，压榨人民，请求惩办，即由议会接受，经审查后开会讨论，结果得多数通过弹劾，咨会省长和督军办理，后得省长和督军咨复已将该两镇守使撤职。表面上是接受了民意，实则是统治者狗咬狗的斗争，利用议会来达到排除异己的目的而已。

民国5年北洋军阀段祺瑞等破坏宪法，贿赂国会议员，操纵国会，孙中山便联络各省的参众两院议员进行护法斗争。在广州召开国会，制定护法军政府组织大纲，选举孙中山为海陆军大元帅，设大元帅府于广州河南士敏土厂。当时广东省议会正在开会，对孙中山护法运动表示热烈欢迎和拥护，绝大多数议员都表示坚决参加护法运动，只有陈念典（前清进士）、陈鸿铨（前清知府）等极少数的进步党的议员尚持犹豫态度，另有三几个北洋军阀的走狗议员表面拥护而暗中反对和破坏。

五　李耀汉与胡汉民在议会中的斗争

民国5年（1916年）冬，广东省长朱庆澜因与督军莫荣新不合而去职后，由当时肇阳罗镇守使李耀汉升任省长。李耀汉，字子云，新兴县天堂人，清朝末年他是著匪李北海的部下，出没于广肇各县乡间，与当时著匪陆兰清齐名（陆加入同盟会，在莫荣新任督军时出任琼崖镇守使）。后来李北海被清朝水师提督李准招安为管带（相当于营长），李耀汉则在其属下任外委武官（相当于副官）。李北海驻防肇庆，不安于位，怀有异志，李准侦知后便利用李耀汉引诱李北海来广州水师提督衙内，扣押杀了，改由李耀汉接任其职而统领其众。辛亥革命后，李耀汉率众反正，被任为肇庆镇守使。

李耀汉接任省长后不久，适值孙中山护法南来，国民党在广州的势力因而大增，军政方面争夺甚为剧烈，尤其对省长一职的角逐更为尖锐，其中以胡汉民、伍廷芳两人谋夺省长职位最为积极。李耀汉曾与直系军阀吴佩孚有过联系，恐因通敌之嫌而被推倒，便密集其亲信商量对策，咸认为被人推倒，不如自己先向省议会提出辞职，回任肇庆镇守使，保存实力，徐图东山再起。李耀汉赞同此议，便向省议会提出辞职，随又反悔，亟欲设法挽救，于是连夜密集其亲信议员商讨善后，当时议员陈鸿铨等献计以退为进，即在省议会开会时，布置议员提出李耀汉省长既已提出辞职，自然不愿再干，议会应当通过准其辞职，但照官场习惯，于人情上给他一些体面，照例先去电慰留，然后再推选胡汉民接任省长。这样的提议必得众议员赞成，既属顺水人情，何乐不为。待议会通过去电慰留后，省长即可回穗继续干下去，下一步推选胡汉民为省长的提案自然不能再提出了。李氏闻说拍案叫绝，当即决定由陈鸿铨等积极联络各议员，缜密布置。李耀汉当即赶回肇庆等候好消息。在省议会开会时，陈鸿铨等依计提出先电慰留李省长，议员王鸿鉴等首先表示赞成，大家认为这样使李省长好下台，胡汉民好上台，双方都过得去。当时胡汉民及其嫡系的议员均不知是计，一致赞成通过先电慰留李耀汉省长，然后再推选胡汉民为省长的议案。议案通过后，李系的议员即向江防司令申保藩借用一艘内河小舰，连夜赶到肇庆迎接李耀汉回穗继续担任省长，胡汉民及其嫡系的议员才知上了大当。

六　第二届广东省议会的丑剧

民国6年（1917年）冬，第一届省议会任期已满，便进行选举第二届省议会议员和议长。120名议员由各县选出后，再由议员选举议长。议长对议会的控制有很大关系，因此角逐议长的甚为剧烈。当权派的李耀汉、翟汪要控制议会以装饰门面而巩固其统治地位，便提出选举黄嵩龄为议长。政学系的岑春煊、杨永泰为了将来竞选省长着想，便支持林正煊竞选议长。在选举前，双方组织人马，积极活动。李耀汉、翟汪（当时代理李耀汉为省长）所支持的黄嵩龄以广肇、琼崖各属议员为基础，实力不小；岑春煊（当时军政府7总裁之一）、杨永泰（当时广东省财政厅厅长）所支持的林正煊拥有南路高、雷、钦、廉等属的议员为班底，且财雄势大，势在必得，已收买了60多个议员，就是取得了60多张选票，已占120张选票的较多数，以为十拿九稳，便大宴宾客，并定了10多只紫洞艇作庆祝竞选胜利宴客之用。黄嵩龄看见林正煊先声夺人，不甘示弱，频频与李耀汉、翟汪等密商计策，结果由李耀汉再花费10多万元来收买议员，以3000～5000元一张选票的高价贿买了原来被林正煊所收买的几张选票。

在选举议长前一刻，议会空气十分紧张，双方积极活动，互不相让。林正煊以为自己收买了60多张选票，当选议长自无问题，于是趾高气扬，准备了搭彩牌和挂横额庆祝。黄嵩龄高价收买了选票后，心中有数，沉着应战。选举完毕，当众开票，由1～58票都是选林正煊为议长的，再有3票林正煊便正式当选，林正煊及其亲信议员听了唱票，满怀高兴，黄嵩龄及其亲信议员则听得一身冷汗，恐怕内中有变。可是由 59 ~ 120 票尽为黄嵩龄所得，结果黄嵩龄当选为议长。林正煊当场气极晕倒，由其亲信扶持回去。

黄嵩龄当选为议长后，李耀汉、翟汪等和岑春煊、杨永泰等两派的明争暗斗更加尖锐化，甚至由议场转入战场。岑春煊、杨永泰等原属政学系，他们与桂系陆荣廷、莫荣新有密切关系，在省议会中斗争失败后，便从军事、政治方面来推倒李、翟，夺取广东政权。于是杨永泰（当时广东省财政厅长，是由岑春煊介绍于莫荣新推荐的）即与莫荣新密商进行。李耀汉在桂系的优势军事压力下，为图自救，便与粤军将领驻防省城河南的福军司令李福林，巩卫广州的警察厅长魏邦平勾结，互相呼应以与桂系抗衡。广东督军莫荣新采取了杨永泰“假途灭虢”的计策，密令琼崖镇守使沈鸿英（莫荣新部下，当时沈部仍驻防广州，未开往琼崖）以调防为名，和江防司令申保藩及蒙仁潜等袭击肇庆镇守使李耀汉的部队，李部猝然被袭，结果被包围缴械，李耀汉仅得身免，潜逃香港。

李耀汉兵败潜逃香港之后，代理省长翟汪失了靠山，难保省长宝座，各方逐鹿的纷至沓来。其中以伍廷芳（当时为军政府 7 总裁之一，为国民党及一部分政客所支持）和杨永泰（政学系和桂系所支持，当时是广东省财政厅长）谋夺最力。伍廷芳暗中收买群众包围省议会，借名请愿，欲迫省议会选伍廷芳为省长。杨永泰以桂系莫荣新等的实力为后台，又有部分议员支持，势在必得省长宝座而后已。代理省长翟汪在此情势下，进退维谷，便密集谋士商量退计，其秘书献议找一适当人士为过渡，既好下台又免纷争，翟汪采纳其议后，认为当时粤海道尹张锦芳（原为广西镇南关的偷鸡窃匪，曾被安南法军捕获，后来逃脱投奔莫荣新，由莫推荐任东莞县长，不久又调升为粤海道尹）较为适当，他既与莫荣新有关系，由粤海道尹提升为代理省长又合情理，便暗中授意张锦芳请求莫荣新支持，张得莫荣新同意后，双方洽商结果，张锦芳付给翟汪港币 10 多万元为代价，翟汪便向省议会提出因病请假去港疗治，暂由张锦芳代理省长职务。这场价让省长的买卖成交后，财政、警察厅长皆仍旧任职，一场政争风波，暂告平息。

（选自广东省政协文史资料研究委员会编《广东辛亥革命史料》，广东人民出版社 1981 年 7 月第 1 版）

朱执信革命事迹述略

朱秩如*

先兄执信，为人峭直严正，一生只问是非，不计利害，义之所在，虽死不辞。他这种性格，受先父的影响颇深。先父名启连，号棣垞，赋性耿介拔俗，硁硁自守，虽做幕僚数十年，依然读书人本色。执信在给我们弟兄的一封信中曾说："先人初无他贻，惟此耿介之性，实赋诸我，傥觍颜苟活，岂不有忝于祖。"先母为名儒汪毅庵先生之女，常为儿女讲说文天祥、史可法、陈子壮等民族英雄的故事。先舅父汪莘伯（名兆铨）也每于茶余饭后，向我等弟兄备述明季亡国痛史和清朝压迫汉人的种种暴政。执信的民族意识和"排满"革命思想的形成，得之于家庭教育的启发甚大。

* 朱秩如：朱执信之弟。

执信在十八九岁时，即与古勷勤（曾参与1900年史坚如炸德寿的谋划）、胡汉民、从舅父汪精卫等交游，成立群智社，共同集资购阅新学书报，对于达尔文、亚当·斯密、卢梭、孟德斯鸠等西方学者著作钻研甚精。吴稚晖于清末曾在巴黎创办了一份用真笔版印刷的刊物，宣传巴枯宁的无政府主义，文字流畅，颇有煽动力，执信也受了它的一定影响。

执信20岁时，应粤省留日考试及格，东渡学习法政，得识孙中山先生，并加入了同盟会。他留日学成归国，回到广州后，即在广东高等学堂和法政学堂任教；嗣因宣传革命，为高等学堂所罢退，复兼任方言学堂教席。他在法政和方言两校吸收了不少革命同志。当时他经常在课后到设在旗下街的革命党机关参与各项秘密策划，往往到四五更才回家。他与新军中的党人赵声、倪映典联系甚密。赵、倪常到我家与执信聚议。庚戌年（1910年）新军起义之前数日，倪映典曾在我家留宿数宵，并与执信商定，由执信赴顺德联络陆领所部民军，于新军起义时来省响应。倪于除夕夜即由我家径入新军营中发动起事。新军起义后，为水师提督李准所部清军击败，倪受重伤被执。时我舅父在水师提督衙门任文案，据他说，倪被执不屈，拒绝招供，被清军在阵前斩决。起义既失败，执信联络民军响应之预定计划亦因而未能实现。

辛亥年（1911年）三月二十九日之役，执信于当日（或先一日，已不能确记）离家不知何往。二十九日，忽有人持一字条来觅执信，谓胡毅生已率队到省，问执信应扎何处。家人闻之，惊愕不已。当晚举事后，多日未见执信回家，阖家更为忧惧。一两星期后，方言学堂学生高州人林云陔来报信说，执信已脱险落乡，家人始稍放心。

执信参加此役经过，民国元年曾亲为我谈及。当日起义时，他与黄兴率领党人进攻总督衙门。因起事前一两日有党人机关被破获，清军防备甚严，为便于进入督署，乃决定由4个通晓日语之人乘轿假充日本人来谒总督，并与做内应的督署辕门卫兵约定，下轿后即挥白布为信号。届时黄兴乘第一轿，执信乘第三轿，既至督署，不料辕门卫兵变计，开枪射击。党人击破督署卫队抵抗后，直入署内，遍寻总督张鸣岐不获（张已事先穿后墙逃走）。督署已因党人投掷炸弹起火，道路又为坍墙阻断，当即向左冲出东辕门。甫出辕门，即遇候补道台李象宸乘四人轿而来。党人闻轿夫连声吆喝"李大人来"，误以为是水师提督李准，齐举枪向之射击，李象宸即时中弹殒命。此时李准所部已经开到，四面合围。党人众寡悬殊，相继战死。执信身亦受伤，且又弹尽，乃弃枪折入横巷，辗转逃至双门底附近流水井街方言学堂学生林云陔家的宗族书塾匿居数夜；待大南门、太平门开放后，即出城避往香港，寄寓胡汉民家。有的史料谓执信在此役担当守大南门任务；或谓于三月二十九日之次日，乘夜深人静，由暂避处外出，经潼关（或称铜关）废渠道出至东门外城濠，雇得在濠内兜揽乘客的小艇载往珠江搭船赴香港。此两说皆不确。不久，他写信回家说，他已决意牺牲，望家人视为已死，将其妻女暂寄外家，弟妹暂寄舅父家。又说：他愿作江子一①，但不愿诸弟作江子四、江子五等语。

武昌起义后，广东也在农历九月十九日独立，举胡汉民为粤都督，陈炯明为副都督，执信任总参议，并负责统率李福林、陆领、

① 梁侯景之乱，江子一与弟子四、子五同殉节，事见《梁书》卷四十三。

黎义、张炳等部民军。当时因政局变动，各地不良分子乘机活动，地方秩序颇受影响。胡汉民乃下令将粤省所有各部民军都归陈炯明统辖。民军首领王和顺、杨万夫不受陈炯明号令，据省城及虎门抵抗，广州附近各民军也跃跃欲动。执信不避危险，亲赴各军疏通制止，并亲自指挥何江、张炳、黎义等民军，收复长洲、鱼珠各要塞，王、杨之变得以迅速平定。乱事既定，陈炯明以民军不易控制，乃设广阳军务处（后改称广阳绥靖处），任执信为督办，统率民军，绥靖地方。执信就任后，调遣民军分段驻防，积极恢复各地秩序，疏通河道，整顿各地交通。其时香顺属东海十六沙匪风甚炽，他曾亲自督率队伍前往剿平之。

各地秩序逐渐恢复之后，执信就向胡汉民、陈炯明提出3项建议。第一件是裁减军队。他建议将广东省军队裁去2/3，他自己并以身作则，将所辖民军裁了很多，连广阳绥靖处也裁撤了。因此，他这个建议获得了很大效果。第二件是振兴教育。他本拟兴办大学一所，因人才缺乏，未能办成。这年广东派了许多人到欧美各国和日本留学，也是出之于执信的建议。第三件是整顿金融。他打算把当时在市场上八折使用的纸币收回，为袁世凯所阻挠，未能实现。

广阳绥靖处裁撤后，执信任广东核计院长。他为了使收支平衡，对于各机关、部队浮冒的开支，极力加以裁抑，虽对拥兵最多、势力最大的陈炯明，也无所顾忌。

1913年，袁世凯向各国借得巨款后，就大肆收买各地军队，粤军也在其列。执信曾对胡汉民、陈炯明说过："我们以前跑进不相干的军队里运动革命，他们便能诚心诚意同我们一齐革命。现在军队是我们自己统辖着的，却反而要去提防他们被别人用金钱收买，这不是怪事吗？不是怪事，是因为我们灌输主义的勇气衰退了。你们若把这事交给我，由我天天到军队里宣传革命道理，将主义来与袁世凯的金钱恶战，保管广东无事。”不久，胡汉民被袁世凯撤职，胡于卸职前，即批准执信辞核计院长职，并给资赴日本留学。执信见袁世凯帝制阴谋日益显露，乃督促陈炯明独立，起兵讨伐，炯明不从。他又向陈建议用重兵扼守西江方面，以防龙济光东下。陈恃暗中与袁妥协，亦不肯听。他见粤事已无可为，乃离粤赴沪。适值讨袁兵起，钮永建在吴淞举义，他就罄其所领得的留学金，捐作守护吴淞炮台之用。后吴淞既不能守，广东也被龙济光攻据，于是他又得胡汉民资助，离沪赴日。

执信到日本后，1914 年秋间曾向孙中山先生献议回粤驱逐龙济光，取得粤省作讨袁的根据地。孙先生同意，即派他返粤主持此事，并指定邓仲元、李海云二人协助进行。于是他先赴香港，设机关于马里氏山夹道，不久又迁到澳门。邓仲元专门负责东江方面，设机关于港坚道。执信以台山属李海云，以南番顺三县属陆领，以中山属林景云、梁德，以新会属梁成，至于高雷阳方面，也分派该属同志李奇、梁树熊、林树巍等分别负责，又分派同志潜入广州投掷炸弹，瓦解龙部军心。龙济光见情势紧张，将驻防各地的军队调返广州近郊。各路民军纷纷乘机进攻。梁成克三埠，复江门；陆领部李雄克容奇，复陈村，攻大良；林景云、梁德复前山，李奇克阳江；林树巍部邹武等克石城。但因各路民军械弹无法获得接济，不能持久，且举义时间又不一致，终于被龙济光各个击破。此次失败后，执信赴南洋各埠，发动同志筹款，以图再举；事毕赴日本东京谒孙中山先生，报告粤事失败经过，并由中山先生主盟，加入中华革命党。旋又奉中山先生命，返澳门进行联络各方的工作。在此期间，他努力延揽人才，吸收了不少有为之士参加革命。

粤省举义虽已失败，但党人暗中活动仍甚活跃，省城屡有暗掷炸弹等事发生。龙济光乃电请袁世凯派肇和、应瑞两舰南下震慑，泊在黄埔。执信与戴季陶由沪派来的邵元冲、杨虎、孙祥夫等合谋袭取肇和舰。其计划是用一艘轮船载同志前往，与潜伏在舰内的党人里应外合，攻占该舰。惜因南来同志事先未查明珠江潮水涨落情况，当轮船驶至肇和舰停泊的江面时，正值潮退水急，无法接近该舰，轮内同志不能过舰袭击，且为舰上哨兵所觉，鸣号告警，以致功败垂成。

1916 年护国之役，执信奉孙中山先生命，在东莞、阳江、雷州等处起义。有肇军统领李耀汉者，原是清末水师提督李准所招抚的绿林。当龙济光于 1913 年由桂攻粤时，他曾开肇庆城门纳龙军，自此即与龙济光相勾结。这时他一面受到广西陆荣廷的攻击，一面又受粤省义师威胁，彷徨无措。执信乘机派人前往说服，使其弃邪归正，得李应允。因此，龙济光迫于形势，终于不得不宣布独立。

1917 年，孙中山先生率领海军南下，在广州河南士敏土厂成立大元帅府，执信在府内担任军事联络及掌管机要文书的职务。时桂系莫荣新为广东督军，不受孙中山先生节制，且视广东为其私人地盘，开赌开烟，无所不为，广东人咸深痛恨。孙中山先生愤其专横，拟一面亲自督率同安舰舰长温树德炮击督军署，一面命执信联络李福林部福军及李耀汉部肇军，令肇军届时闻炮声即出动围攻督署，缴桂军械，执信则率福军渡江策应。当孙先生作此决定时，重要同志都表示反对，并以利害劝阻执信。但执信不顾，答道："孙先生愿为党死，我是党员，愿随党魁死，其他利害在所不计。”当孙中山先生亲自督率同安舰向督军署发炮后，执信即率领福军出动。正在渡江间，接到探报，知道肇军并没有动静，李福林恐孤军难支，请求中止待机，执信不得已乃止。莫荣新自知理屈，不久就亲进士敏土厂大元帅府，向孙先生谢罪。事后，重要同志都劝执信离粤，以免危险。他不以为意，仍然奉孙先生命联络各方。

袁世凯死后，黎元洪继为总统，嗣因张勋复辟之变，被迫退位。粤省长朱庆澜本为黎所任命，每有所为，皆受桂系掣肘。黎退位后，朱自知难保省长之位，乃谋培养武力为将来之计。朱打算任命陈炯明为省府亲军统领，陈因曾做过都督兼省长，不愿就此职。执信鉴于护法之失败，是由于没有基本部队，于是献计于孙中山先生，令陈接受此职，借作基础，徐图扩充。陈始允就任。但桂军势盛，陈部在粤不易发展。执信再献策于孙先生，派胡汉民西上见陆荣廷，要求陈炯明部编配后，予以援闽名义，以便在闽发展，得陆同意。同时并由朱庆澜暗中与闽督军李厚基商妥，借漳、泉两州为陈部驻地。

1918 年 5 月，孙中山先生辞大元帅职，离粤赴沪。执信奉中山先生命，赴福建漳州襄助陈炯明，不久亦由漳赴沪。他到沪后，协助孙中山先生做了不少宣传工作。中山先生撰写《孙文学说》《建国方略》等著作时，他都参加过工作。他还和廖仲恺、胡汉民、戴季陶等主办《建设杂志》及《星期评论》，发表文章，阐发革命理论，抨击军阀统治。此时苏联十月革命已经成功，执信曾著文赞颂，并学习俄文，以便深入研究社会主义理论。

在沪期间，执信还协助孙中山先生办理海外侨胞捐款事宜，并担任与福军及陈炯明军的联络。他于 1919 年秋至 1920 年夏间，曾屡次衔中山先生命，赴漳州与陈炯明商议驱逐桂军阀莫荣新的计划，同时又与在粤的魏邦平、李福林相联络。

1920 年夏秋之交，孙中山先生决定回粤驱莫，任陈炯明为粤军总司令兼第一军长，率部由东路返粤；任许崇智为粤军第二军长，由北路返粤；执信则负责联络广州魏、李等部，以为声援。回粤后，为时仅半月，就底定潮汕，进逼惠州城下。可是粤军人数比起桂军来，还不及 1/3，莫荣新大军一到，就被阻不能前进，魏邦平、李福林又不能如期起事。正在这时，有人来告执信，谓虎门要塞司令邱渭南要背桂系独立，请他前往主持。他因同志劝其慎重行事，本不拟去，后来鉴于战事紧迫，不能坐视，遂于 9 月 6 日冒险进入虎门，招降守军，占领要塞。至 9 月 21 日，伪降的炮台军突来攻袭，他被执不屈，频呼“要救广东呀”而遇害。

执信遇难后，中山先生在沪闻耗，伤痛万状。及至由香港运柩返穗举行会葬的时候，中山先生悲痛地说：“今桂贼虽已除去而执信已经牺牲，损失何能相偿？”自后，中山先生常常举执信为榜样来激励同志，并设立执信纪念学校来纪念他。

（选自全国政协文史资料研究委员会编《辛亥革命回忆录》第 2 集，中国文史出版社 2012 年 6 月第 2 版）

梅州“光复”回忆

温翀远*

梅州（今梅县）“光复”是孙中山先生所领导的同盟会所发动和完成的。它与饶平和黄冈起义又有着历史的联系，所以本文从饶平、黄冈起义写起。当时同盟会的核心在松口体育会，革命人才的培育锻炼，也是在体育会这个名义下进行的。后来梅县“光复”，体育会的人就起着一定的作用。各地起义乃至三月二十九日广州起义，体育会的学生也都有人参加，其影响是比较深远的。为了说明历史的因果联系，本文对体育会的叙述给予了较重要的分量。

---

* 温翀远：时为印尼华侨，后任北洋政府广东省议会议员。新中国成立后，任广州市人民政府参事室参事。

一　饶平、黄冈起义失败原因

1905 年冬同盟会在日本东京成立后，首先派回岭东地区从事革命联络运动兼主盟的，当以谢逸桥为第一人。谢逸桥，嘉应州（今梅县）松口人，家为华侨巨富。1906 年 1 月，谢逸桥回到家乡，行装甫卸，即与温靖侯（松口人）同赴长乐（今五华）联络张谷山、李济民，兴宁萧惠畅，平远林鲁传、姚希尧，镇平（今蕉岭）丘仙根，大埔郭志陆，上杭丘学尧以及州属比较开明、在地方上较有声望的人士吴登初、卢耕甫、江柏坚、谢鲁传等。时值松口师范学校开学，谢逸桥、张谷山、温靖侯均在校担任职务，至秋该校毕业时，选择学生中较有革命意识的丘映芙（丘哲）、陈笑桥、温翀远 3 人加入同盟会，还有梁龙也在这个时候入盟。以前到各县联系的人除张谷山加盟外，其余都是口头赞助，未曾加盟。是年冬，张谷山到广州（住旧仓巷凌霄里）与当时新办的学校学生联系，已取得相当成就。同盟会认为凭这些力量，可以作起义尝试。

1907 年 1 月，东京同盟会派陈芸生发动饶平起义，党人张喻人、郭公楫、梁鸣九、李思唐 4 人参加，并通知谢逸桥，由谢派丘映芙、陈笑桥、温翀远到潮州府城共谋起事。当时陈芸生的主要力量，系以洪门会为基础，由于缺乏组织和纪律，在饶平凤凰山指定地点集合时，尚未集合完毕，已纷纷散去，此役就此告终。

饶平起义失败后，张喻人、郭公楫、李思唐、梁鸣九和丘映芙、陈笑桥、温翀远回到松口，张、郭、丘、温 4 人旋即前往松源、上杭等处从事宣传工作，并在上杭师范学校内发动一些学生参加。同年 4 月，许雪秋又由同盟会派回汕头，在饶平属之黄冈起义，又派熊越山、乔仲生协助，郭公楫、温翀远、李次温亦参与其事。此次起义，比较成熟，支持了5天。到了广东水师提督李准派了一营水师到汕头后，因估计不能一战，又各自散去。黄冈起义也就这样失败了。

二　松口体育会设立的由来及其对革命所发生的影响

饶平、黄冈两役失败以后，谢逸桥发觉进行起义，如果没有训练士兵和指挥军事的人才，就没有取得胜利的希望，于是商同温靖侯起而组织松口体育会，作为集中党人初步训练的学校，即以温靖侯父亲新建而未迁入之广厦及新建之温氏精庐为校舍。恰好其时广东陆军中学有一批已经加盟的学生姚雨平、张醁村、张则通、张莘田、廖益通、廖挺伦、陈次牧等退学回家，在日本留学的林修明、温奋立等人也回乡，与谢逸桥等会商之后，均集中到松口体育会当教师。学校就这样办了起来。根据学校设立目的和当时革命要求，校中设了专修、普通、简易3科。党人及准备联系的志士编入专修科，文字较有根底而愿从事教育事业的编入普通科；各路洪门会的青年准备参加革命工作的编入简易科。专修科教以战术、筑城、行军、攻击、战斗等军事知识和技术；普通科教以一般体育动作；简易科教以持枪、射击各项技术动作。自从有了这间学校，并将学生训练出来之后，同盟会的革命运动就有了新的发展。当时学校还没有固定经费，但学校采取了一面从事教学工作，一面从事革命运动的方式，克服了困难，收到了效果。等到结业之后，梁鸣九、张醁村、姚雨平、谢良牧就分别到广州、香港等地与各方联系，做更大规模的革命活动，同时与州属革命党人互通声气。在此前后，李少枚在香港组设了梅州商学公所，作为接待回国华侨革命党人的机关（招待处所设在他开设的公同信字号内，温生才、陈敬岳、林冠慈经香港时均曾在此受到招待）。在三月二十九日广州起义以前，曾伯谔在广州高第街设了梅州瓷器公司，作为党人联络的处所。他们与谢逸桥等互有联系，对于梅州以及其他各地的革命运动都起到支援作用。所以后来河口之役、新军之役、三月二十九日广州之役，直至武昌起义，都莫不有体育会的人参加。其中如林修明、周增因参加三月二十九日广州起义之役而牺牲，郭典三、李济民也为革命斗争献出自己的生命。其他如廖叔唐、黄嵩南、叶菊生、古公愚、张作新、梁树谦、梁伯仰、林一声、丘映芙、温翀远，以及大埔林靄凡、郭志陆，上杭丘仰飞等人，都成为当时革命运动的骨干。

三　梅州"光复"的情况

松口体育会结束后，梁鸣九得到南洋亲友接济一些款项，在松口镇设了一间米铺，作为来往革命党人接待及内外通信机关，主持人为丘映芙。

当时革命力量除联络青年、扩大队伍外，主要还是与洪门相结合。其时在梅东拥有势力的洪门如许亚能、黎亚常、曾国欧，以及镇平曾吉夫，长乐张玉堂均受到革命影响，愿为革命效力。

武昌起义以后，形势急转直下，革命党人李思唐、温翀远、廖叔唐接得香港党人指示后，就加紧在本属筹划"光复"工作。一个月左右，筹划初步就绪。廖叔唐在州城得到拥有商团武装的邓华甫的赞同，准备及时举事。温翀远、李思唐就在松口调动原洪门会的人马约 300 人，于 1911 年 11 月 11 日由松口星夜驰赴梅州准备以武力摧毁清朝统治。恰巧钟动、曾涌甫两人于 11 日晚回到州城，说服了巡防营管带熊佐臣（本县泮坑村人）同意放弃抵抗。等到 12 日正午温翀远与李思唐率队到达州城时，城头已经挂起了青天白日旗，宣告和平“光复”了。曾涌甫任总指挥，钟动任秘书长，邓硕甫任军事，邓华甫仍统率商团。温翀远、李思唐所率之松军队伍，则驻在城隍庙一带。此为梅州“光复”初期情况。

越二日，即 11 月 14 日，熊越山率其旧日在汕头联络的志士 20 余人由兴宁返抵州城，发现“光复”后的州城毫无革命气象。他曾在松军办事处愤激地说：“辟生（钟动别字）一个书生，没有革命气魄；曾涌甫少不经事，哪能领导革命！”言罢，即向松军取去手枪五支，率其同来志士直趋旧游府衙门，把压迫人民多年的游府白如镜枪决了，并没收其所藏的银器两箱，抬到明伦堂交由总指挥部接收。接着熊越山就清算知州陈寿璃所掌管的库存，清算出白银 50000 余两，随取得存放商号刘振大所出之提单一纸收执。临行之日，熊越山就将这些提单完整地交给温翀远。越山在州城时间极为短暂，但其行动却如飘风疾雨，扫过梅州，使人震动。

15 日，松军看见曾涌甫、钟动等人没有安排松军打算，温翀远就亲到北门“冷圃”见钟动，说明松军来城目的是为了“光复”州城，现在州城已经“光复”，目的已达，队伍应该回到松口，并将清算出库存 50000 余两情形告知。商量之后，钟动同意在库存 50000 余两内提出 15000 元，作为松军暂时给养以及清偿松军筹备“光复”时所借债务之用，其余库存交由钟动作为维持州城费用，同时并发给了毛瑟枪 40 支（10 支交西洋，10 支交丙村，20 支交松口，作为维持地方治安之用）。17 日，温翀远、李思唐便率松军回到松口。

梅州“光复”以后，在曾涌甫、钟动行使职权时期，由梅属三十六堡各选派代表二人组成州议会，并由州议会选举卢耕甫为州长。梅州“光复”，至此本可告一结束，但却意外地发生了一场风波。

2 月 8 日、9 日，曾涌甫、钟动与邓硕甫失和，急于离梅，打电报给温翀远、李思唐回城主持。温、李二人如约到城时，邓硕甫已被扣留，而曾、钟则已离去。此后一段时间，县城秩序由温、李负责维持，邓硕甫问题交由州议会和平解决。

温、李在城时，曾制止洪门会张星伯部下向商家打单勒索的骚扰行为，消除了廖叔唐率领巡防营维持社会秩序时与惠军所发生的误会。秩序已定，这一临时任务就交由州长卢耕甫及州议会组织人员接替。廖叔唐、温翀远随于 1912 年元旦庆祝孙中山先生就任总统职之翌日回到松口。

卢耕甫是当时梅州的上层人物，不是革命党人，他的当选显示出同盟会组织力量的薄弱和党人对于革命意义认识的肤浅。他们以为推翻了清朝统治，便算达到革命目的，可以万事大吉了，所以政权就落到卢耕甫手里。曾经使人惊心动魄的革命浪潮，转瞬之间竟消失殆尽了。至于后来陈炯明派钟景棠来梅县当督办接替卢耕甫职务，那就连一点革命气象都没有了。

四　梅州“光复”后党人的动向

辛亥革命时期，同盟会组织就很涣散，一切革命活动可以说全凭党人意气相号召，而无纪律约束，其参加与否，大都依其本人自行决定。结果，使领导人很难确实估计和掌握自己的力量，约定行动往往及期改变，出现步骤凌乱的现象。全国“光复”以后，由于同盟会对于党人没有怎样关怀，于是他们就各自寻求出路去了。有的人出洋谋生，有的人回到教育岗位；另有一部分青年学生如廖叔唐、陈倜修、黄嵩南、温翀远、郑任良、温泰华、谢嵩生、谢达夫、丘健军、李果、林根、廖叔夫、张英士、吴雨苍（倚沧）、谢适群、梁龙、饶士彝等20人，则由广东省公费遣送到日本、欧美留学去了（当时遣送去日本的48人，遣送去欧美的21人，嘉属地区被派遣人数占总人数30%，可见当时这一地区参加革命人士不少）。同盟会原来就组织涣散，到了这个时候，党人各自为谋，与同盟会联系无形脱节，也就不足为怪了。

五　值得怀念的几位死友

谢逸桥——辛亥革命时期，曾出钱出力，事成之日，不自矜伐，不求仕进，读书作画，以终其生（谢之墨兰，造诣颇高）。1918年粤军将入闽时，中山先生巡视到大埔县属之三河坝，事毕，探知该地距松口不过数十华里，而谢逸桥、谢良牧兄弟又适在家，因即挈胡汉民专船赴松口造访，驻节在谢之爱春楼上，盘桓数日，曾集中松口中小学生讲述革命立身大道，并为该楼作一联，文曰：“博爱从吾志，宜春有此家”，且为之亲书以赠。孙中山先生对谢氏兄弟眷念前劳，不遗隐逸，其情感之深厚如此。

熊越山——家非富有，对财物取予极严。梅州“光复”时亲手清算出库存50000余两，分文不取，连自己旅费也不动用公款。后于二次革命时在汉口牺牲。

温靖侯——为办理松口体育会，不惜冒巨大危险，将自己父亲的藏书精庐及新建广厦作为校舍，使革命人才得以培育，革命思想得以传播。

上述诸人，其所具有的高尚革命品德，昭昭在人耳目，故乐书数言于此，以志不忘。

（选自全国政协文史资料研究委员会编《辛亥革命回忆录》第2集，中国文史出版社2012年6月第2版）

陆丰“光复”记

陆　安*

一　“光复”前之革命形势

辛亥年三月二十九日，革命党在广州起义，焚攻两广总督衙门，陆丰人罗应平参与其役。起义失败后，罗应平与惠州人黄伯群等脱险逃至南洋各地，继续宣传革命，筹集经费，以图再举。不久，罗应平秘密潜返陆丰，极力宣扬革命党人之勇敢牺牲及立志驱除鞑虏，恢复中华。又阐明非革命即不能挽救危亡之原因。全县有志之士，无不奋起响应，纷纷加入同盟会，而尤以曾国琮能负起革命事业之重任。罗应平为陆丰之吉康黄圹人，肄业于惠州府中学堂，后又肄

* 陆安：时为广东陆丰龙山高等小学堂教员。

业于广东高等巡警学堂。他参加革命是受同学黄伯群之影响，参加辛亥年三月二十九之役，亦为黄所介绍。曾国琮为陆丰坊廓西山人，陆丰县廪生。罗、曾二人在县内均负有名望，所以革命之进行，遂极为顺利。在陆丰辛亥革命前，即潜伏极大之革命力量，初则秘密进行，渐而筹备武装起义，以图夺取县内军事要点。

陆丰县内之碣石卫为广东东部之海防重镇。位于县城东南部一半岛上，有山伸出海面，环抱成港，形势天成，十分险要，清廷置重兵于此，设总兵一员、副将一员以总军务，设通判一员以管民政。清末更兴办巡警，设巡警区官一员以管理地方治安。罗应平、曾国琮因碣石为陆丰之要区，而碣石清军之械弹甚多，遂决定以夺取碣石卫为起义之第一步计划，并与碣石人陈竹樵秘密进行。陈最熟识碣石地方情形，又曾任清朝之游击（约等于团长），有胆识，能任劳，当其加入革命后，即设计鼓动碣石组织渔户，聘请曾国琮主持其事，以渔业组织为革命之基本力量，更借渔船之来往以交通联络，运送军械。罗应平因是广东高等巡警学堂学生，乃借此资格，夤缘清吏，得充碣石卫巡警区官，于是以所属巡警为革命之武装力量。不久，罗即受革命党委充陆丰革命军司令。碣石初等小学堂教习洪书舫、黄秩夫、陈墨林、杨应原等，由曾、罗之介绍均加入同盟会。罗应平更运动邮政局书记胡郁周加入同盟会，以利于秘密文件之投递。

碣石镇总兵李梦说，山东人；副将张颉堂，嘉应州人；通判安钟恺，旗籍人。罗应平等既谋夺取碣石，自然先要想办法对付此 3 人。此 3 人中因张颉堂为嘉应州人，有邻属关系，又任碣石官吏，遂多与往还。不久张颉堂即为罗、曾等之革命思想所感动，加入了同盟会。唯李梦说人颇顽固，且官阶亦高，不易向其游说。

革命党人吴道周由汕头往海丰运动革命，路经陆丰，与曾、罗各人联络，交换革命进行之形势及协议互相援助。于是陆丰革命势力进展极速。罗、曾二人见形势日益顺利，遂决定暗杀总兵李梦说，由副将张颉堂率防营，罗应平率巡警乘机起义，以夺取其他防营枪械。知县沈秉鉷风闻革命党有行刺李总兵之阴谋，然亦无法破获革命党之机关，只有通知李总兵严加戒备而已。

辛亥革命前一年夏天，龙山小学学生黄跃龙、欧阳衡在龙山山麓吹箫唱曲，讽刺清政，鼓吹革命，引动途人麇集，被校长陈月樵处罚记过。黄、欧阳复于是年中秋节开茶会，以演说比赛为名，鼓吹革命为实，一时听者大集。事后被陈月樵所闻，即具禀县衙，将黄、欧阳二人开除学籍。其时校中各生已大部分倾向革命，遂联合罢课以为黄等后援，更相率从校中宿舍迁至黄姓忠贞祠居住，以示抵抗。曾国琮以各生热心革命，一经联络，即可以增加革命势力不少，于是以绅士（廪生）资格，出为调人，请准沈知县恢复黄、欧阳二人学籍。此二人以得曾国琮之介绍，即加入同盟会。从而龙山小学学生几乎全部亦加入。此即县城方面在辛亥“光复”前之革命情形也。

辛亥八月十九日武昌新军起义，广东各地革命党亦积极密谋响应。陆丰旅省学生如教忠师范学堂学生马桐轩、法政学堂学生曾小苏、林蕴川等即迫不及待，于九月十一日由省城往香港，面受陈炯明之起义计划，回到陆丰与罗应平、曾国琮等密谋起义。并以新圩之天主教堂为机关部，以王子汤长财政，蔡麟书为副。陈访箕为干事，邹聘之为副。

陆丰全属形势，南北延长，东西狭短，军事重镇为碣石卫。其次则为甲子所。清朝于甲子所设都习一员，以资震慑。碣石卫、甲子所、县城3个要点形同品字。甲子所在陆丰县城之东，为惠州与潮州交界之点，革命党人陈竹轩在此方面组织革命力量，俟机起义而占领之。博美在碣石之北，由曾国琮在此运动革命，组织力量，负责起义。大安、河口在县城之西北，由叶德修、曾小苏负责起义。上埔在县城之西南，由林蕴川负责起义。其中秘密沟通消息，则由柯树棠、李祖强、罗一东、庄接祉四人担任。全邑的起义计划，都已部署严密，只是等待时机。

二 “光复”碣石卫及“光复”后之混乱

辛亥年农历九月二十日，王焜元、吴国昌等举义于大安，清吏大安司巡检潜逃，于是立即占领大安司。丘覲文、欧阳衡等举义于河田，清吏河田巡检被驱逐，于是立即占领河田。范妈鲁、范十二等亦于同日在甲子所举义，清朝巡检、都司均闻风先遁，即日“光复”了甲子所。曾国琮、林鸣銮、林守平、林程之等亦“光复”了博美市，博美千总潜逃，曾国琮率队进驻千总衙门。

曾国琮“光复”博美后，即率大队民军进攻碣石，至碣石外围之六里山，同时北湖陈子和、侨涌、卓乾初各率民军来会。曾国琮与各路民军会合后，即在六里山等候碣石城里罗应平、张颉堂等之消息，以期里应外合，一举而夺取碣石。

其始革命党夺取碣石之计划，系以运动碣石镇防营入手，防营原为刘永福任碣石镇总兵时的官兵，有些年老的哨官、哨长和兵丁，曾参加过中法、台湾抗日等战役，深知清朝政治腐败，更富有民族思想。刘永福卸任后，仍留碣石，由后任接统。罗应平遂先向彼等运动。果然很快就得到彼等之赞成，大部分都热心参加革命。罗应平又因总兵李梦说既为清廷之二品大员，又是武状元，不易受运动，唯有将他暗杀，则较易成功。于是派罗安、李悌二人混进总兵衙门，不久即为李之亲兵，等待时机将李刺杀。迨至农历九月二十日曾国琮等率各路民军直抵外围之六里山。罗应平以时机已至，即率全部巡官、巡警，会合副将张颉堂所率之一部分巡防营官兵，与城里革命党人陈梓园、陈竹樵等在城里起义响应。全城绅、商、居民一闻起义消息，均悬旗鸣炮，热烈庆祝。此时李梦说见人心倾向革命，大势已去，遂立即召集一部分绅商，对众发誓，表示真心服从革命党，又敦请罗应平至总兵衙门商议独立后之善后事宜。罗应平乃急命罗安、李悌停止暗杀李梦说。至是碣石独立成功，时在农历辛亥九月二十日也。

曾国琮、陈子和等在六里山，仍未知城里罗应平已起义，张颉堂已反正，李梦说已投降之消息。及至夜深三鼓，始接罗应平之快报，乃急整队入城，以龙山小学之学生数十人为前队，陈子和、卓乾初各路民军继之。全城文武官员，绅商各界夹道欢迎，异常热闹。大安之王焜元、吴国昌，河田之丘觐文，甲子所之欧阳衡、范妈鲁、范十二等各路民军，亦从各地开至，陆续入城。曾国琮等各路民军入城后即与罗应平、张颉堂、李梦说、陈梓园、陈竹樵等会合，以通判衙门为司令部。李梦说自愿交出全部枪械，要求罗应平签约，担保他的身家安全，罗应平等均一致赞成。事为陈竹轩所闻，立即率领各地会党、绿林蜂拥入城，以图独占巡防营之军械，违反与曾国琮、罗应平等限会党300人入城之原定计划。自是陈竹轩之势力，遂驾乎曾、罗之上。而李梦说因所部巡防营已全部响应革命，又不知民军各部之内里情形，只见各路民军纷至沓来，预料自己必不能久留，恐民军加害，遂重申前约，请保护其身家安全。经罗、曾各人之允许后，即命部属开列官兵花名册，械弹清册以及印信、案卷、公物等各项移交清册，请民军接收。然李梦说心怀叵测，预先暗中将枪支撞针锉短，使民军得之亦无所用。罗、曾各人既接李梦说之移交通知，即派林程之、范马鲁、刘陆阶、范十二、方国忠等办理其事。林等接收清楚后，即将全部枪械储存司令部，而不知陈竹轩有独占枪械之阴谋。

罗应平、曾国琮等召集各路民军会议，推举碣石镇民军司令。罗应平以李梦说要离碣石，应共推深明大义、及时反正之张颉堂为民军司令。林程之、胡之桢则极力反对此项提议。林、程之所以反对张颉堂为司令，实因与张初见面时，受张之轻视，不以礼相接之私怨而已。此次会议，终未能举出民军司令。张颉堂见有人反对他为司令，亦不敢再留，竟潜逃而去。

农历九月二十五日，陈竹轩自称为民军司令，突率大部会党入据司令部。复密令各会党虚报名额，开列官兵花名册，到司令部领取枪械。于是把李梦说所移交之械弹即时领尽。其他各部民军则一无所得，无不愤愤不平。司令部参谋陈培恩，私将各路民军名册，取回家中，增添名额，希图侵吞虚额饷项。及至二十六日发饷之期，仍未将册携回，以致无从发放。各路民军又因领不到饷项，于是军心更加愤怒，继之以暴动。甲子所之范十二、陈妈来、范妈天等蜂拥冲入镇台衙门，欲杀李梦说。陈竹轩亲自劝阻，亦不能制止。李闻报，即从衙后越墙避入民居。范等之仇李，实因领不到枪械、饷项，而误会以为李所摆布也。未几，驻防司令部附近之民军，又起而冲入司令部，欲夺取饷械。司令部军需司长林拱初、副司长李云阶为保卫饷糈军实计，即下令开枪抵御，击毙民军数十人。碣石民众见各路民军之自相残杀情形，恐治安受到破坏，人心大愤，纷纷商议自卫及制裁此等以革命为名，以争权夺利为实之假民军。于是公推李梦说再出而维持地方秩序。李梦说既得地方人士拥戴，又以所交出之枪械，民军得之亦无所用，遂贾勇负起绅商各界之委托，立即下令："如拿获假民军一名，赏银 10 元。"于是原有之防营兵丁以及孔武有力者，遂纷纷响应。陈竹轩等会党之枪械，多得自防营，至使用时，方知不能发射，于是多数被捕。其他各部民军亦被捕不少。不费半天工夫，被拿到总兵衙门之民军，已有数百人。李梦说即将被捕者提出 3 人枪决示威。一时秩序大乱，人人自危，纷纷逃命。曾国琮则匿于雇彦家中，林程之、黄秩夫则避于陈墨林家中，陈竹轩则避于赵阿荣家中，林拱初则避于王梦逸家中，黄斗南则避于何阿抱家中。民军中之重要人物罗应平，次要人物萧妈天、曾木根、方兴邦、胡之桢、陈凤泉等均已被捕。时有曾映斗者，为曾国琮之弟，已被提出准备枪决，被总兵衙门修理枪械工匠陈耀廷所见，立即走报李梦说。李闻报出视，忽见罗应平亦杂在被拘之丛中，乃大惊失色，即立趋前亲解其缚，又将曾映斗释放。罗以如此乱捕乱杀，实属不当，主张立即将所捕一律释放。李因罗为民军首领，不能不听其主张，乃下令将所捕一律释放，并令停止拘捕，一场风浪，乃告平息。李梦说终以自己为山东人，不敢与地方人士多所结怨，而且地方纷乱，亦感无法维持，遂乘间偕同陈书舫于十月初一日离开碣石。罗应平亦觉形势恶劣，无法收拾，径赴惠州，后充北伐军谍报处长。碣石卫以无人主持，各会党、各民军如群龙无首，又陷于混乱状态之中。

幸而抢劫、仇杀之事尚不多见。曾国琮初则逃于雇彦家中，其后即逃至博美、湖口等地，陆续收集从碣石避出之民军。十月初二日，曾国琮、陈竹轩、陈月樵再纠合六路民军自陆丰县城（陆丰于九月二十二日独立）再攻碣石。碣石民众见民军大至，恐报复拘捕假民军之仇，遂立即紧闭各城门。其后经过城内、城外各士绅极力调处，乃开城迎曾国琮等各路民军进城。碣石之混乱状态，至此遂告平息。

三 陆丰县城“光复”之经过

陆丰县知县沈秉鉷闻悉县属大安、河田、甲子所各司，博美市及军事重镇之碣石卫，均于九月二十日（农历）反正，所有各司巡检、博美守备，均已弃职潜逃，碣石卫之总兵、副将、通判、巡警区官都已起义、反正、投降，事机危急，遂于九月二十二日宣布陆丰独立。沈秉鉷于宣布独立前，即召集县城及附近绅商各界人士集议，当众举手发誓，脱离清廷，响应革命党，宣布陆丰独立，又当众将自己脑后之发辫剪掉，以示诚意。与会者见沈如此深明大义，皆大欢喜。会议散后，各界民众知此消息，无不喜形于色。翌日清朝海丰县游击（等于团长）黄森泉，因海丰民军起义，不敢抵御，率巡防营逃至陆丰城附近的龙山，又闻陆丰亦已起义，遂不敢前进，驻兵于龙山小学。龙山小学校长罗起元本已响应独立，唯力不敌黄森泉，只得离开学校，以避其锋。黄森泉的巡防营，军纪极坏，非常野蛮，将校舍、校具、书籍任意破坏，或作柴薪。沈秉鉷见黄森泉率兵至境，即派员携带亲笔信访黄，劝黄反正。陈访箕更愿为黄筹划饷糈。但黄执意效忠清室，拒绝沈、陈之劝告。各路民军闻悉，无不愤恨。于是大安司之王焜元、吴国昌、陈文周，石寨司之黄锦江、黄礼旭、黄祖忠，河田司之叶德修，西山之曾于，鹿林之刘玉翎，三溪之刘庆升，上埔之林蕴川，俱各率所部民军会于县城，准备大举进攻黄森泉。唯在县城起义之马桐轩、陈访箕等畏黄之兵力，则主张未可轻动，须等待碣石、湖口两路民军到齐，然后发动。沈秉鉷遂于九月二十五日派巡警区官谢龙章和颜翊臣往海丰观察起义后的情形，又请学董陈月樵、陈文石往碣石卫联络，请其派兵增援县城，对付黄森泉。

陈月樵、陈文石二人来到碣石，不料入城后而李梦说大捕假民军之风潮即起，秩序大乱，即急急逃出，回返县城，将碣石于独立后又陷入互相争夺之混乱情形，告知沈秉鉷。

谢龙章、颜翊臣二人于往海丰途中，在湖口遇着陈月波，陈月波有妹好佛，曾往南洋募款修建斋堂于湖口，陈即以斋堂为机关部，策划“光复”陆丰。陈正欲乘机起义，不料黄森泉率巡防营驻于龙山，因此未敢轻动。谢龙章知陈已聚集不少民军于湖口，即欲利用陈以抵制陈访箕。陈月波又欲利用谢龙章之巡警以为入陆丰城之助。此时黄森泉既不敢轻进，陈月波遂亲率各地会党及绿林蜂拥开入陆丰县城。陈访箕以沈秉鉷既宣布独立，各地民军只应合力对付黄森泉，不应开入县城，遂出而制止，陈月波置之不理。沈秉鉷因碣石已发生民军互相争夺之事，诚恐县城又发生事故，遂急派劝业所长罗辅平前往迎接陈月波。盘踞龙山小学之黄森泉闻有民军进城，亦即派出大队兵勇总进，一直进至县衙门前，放枪数十发。一时全城震动，店户居民无不惊惶奔避，县署人员则逾场逃入民居，陈月波之民军则分散避入各商店住宅。黄森泉之清军因不知民军之虚实，亦未敢进入县署，只分布于各主要街道，持枪警戒。相持至 4 小时后，黄军不敢久留，仍退回龙山小学。陈月波自知所部民军，不过是临时集合，实不能与黄军对抗，闻黄军退后，亦乘机集合退回湖口。陈回湖口后，急派人往海丰请钟景棠派兵援助，以谋再占县城。其时大安、石寨、西山、鹿林、三溪、上埔各地开来之民军，亦只麇聚于湖口，未敢开入县城。曾国琮从碣石逃出后，再收集队伍又来至湖口。于是湖口之民军大集，声势大振。而黄森泉所部营勇，大部分为惠州、潮州、嘉应州各属人民，到龙山后，因受陆丰绅商运动，不愿再为黄森泉效力，陆续携械潜逃。黄森泉知大势已去，于九月二十八日早，将不能携带之辎重器械毁弃，率亲信及残余，拔队向潮州退去，退至东海时，尚有40余人，及至博美市，则仅余数人而已。

马桐轩见黄森泉已率部离去，又想兼并民军中之较弱者，以扩张自己势力。于是包围驻新圩文昌宫之巡警，希图缴其枪械。巡官岑建荣首率巡警多名开枪抵御，当场击毙军士一名。马桐轩不能取胜，岑建荣且战且退，与巡警区官谢龙章会合。九月二十八日晚，集结在湖口之民军，全数集队开进洛洲，洛洲距县城更为接近，中间只隔一小河。沈秉錤鉴于上次陈月波率各会党、绿林入城，清军黄森泉又率部入城示威之混乱，乃急下令紧闭各城门，由谢龙章率全部巡警登城固守。各民军进入洛洲后，正准备攻城，至夜深三鼓，突有来自归善县三多祝之民军百余人，统领为朱意之，参谋为赖家鹏，不动声色闯入民军驻地。时已夜深，又无灯火，彼此言语不通。洛洲各民军皆惊慌失措。其后方知彼此皆为民军，经马桐轩、陈访箕、陈月波等与朱意之商定，黎明一齐向县城进攻。又连夜部署战斗序列，以大安、石寨、上埔各路民军进驻新圩黄姓忠贞祠；西山、鹿林、三溪各路民军进驻旧圩旧考棚。九月二十九日各路民军开始攻击。曾国琮从城上传语，大意是：彼此皆为民军，不应互相攻击；并提议于明日 7 时彼此集合商议，解决一切争执。马桐轩、陈访箕则坚要在即晚 8 时，请曾国琮亲身出城至新圩会商。经曾国琮应允后，各路民军即停止攻城，退回原驻地。曾国琮、谢龙章、沈秉鉷等以风潮解决，遂将各城门开放，不料又有海丰民军统领钟景棠突率民军数百人入城。马桐轩、陈访箕等遂乘机总进。于是钟景棠、马桐轩、陈访箕等联成一气，在陆丰把持一切。陈月波心里极为不快。沈秉鉷更不能过问。谢龙章又组织旧圩之团勇，以增强自己势力，与陈访箕等分裂。从而钟景棠、陈访箕、陈月波、谢龙章各成一系，几至互相攻击。幸得曾国琮极力调处，始得勉强相安无事。

十月初二日，曾国琮率同陈竹轩、陈月波各路民军拔队出发，再攻碣石。沈秉以 1000 元犒赏朱意之之民军。朱率部回归善。十月初五日，陈访箕挟钟景棠之力，强迫新旧两圩富商缴纳军饷 5000 元，强提关税千余元后，即开回海丰。

在钟景棠未离开陆丰时，陈访箕借其势力，独行独断，宣布陆丰政府之组织及推定负责人。以沈秉鉷为行政官，陈访箕为军法长，陈树之为委员，陈庆虞、王廷桢为财政长，邹聘之、林程之、罗江为安民局长。但为各方面所反对，竟不能实现。驻在县城之民军，曾国琮率一部分攻碣石，朱意之一部回三多祝，钟景棠回海丰，数量陆续减少。其后渐次解散。陆丰“光复”后之混乱局面，始渐告平息。

（选自全国政协文史资料研究委员会编《辛亥革命回忆录》第 7 集，中国文史出版社 2012 年 6 月第 2 版）

碣石“光复”回忆

马柳庭*

我原名马文英，字桐轩，后改名柳庭，广东省陆丰县东海人，弱冠肄业于广州教忠完全科初级师范，暗中加入同盟会，在校联络同志，以图共同参加革命大业。

民国前一年，即辛亥年八月四日（1911年9月25日），早膳后，校中海陆丰同学五六人，在我宿舍内谈论时局，其中一同学说：“予想明年暑假，吾辈毕业后各奔前程，真似劳燕分飞。”我说：“毕业又如何？慨中国之衰弱，愤异族之专横，以为澄清斯过非革命不可。”正谈论间，忽然香港总公司写来一信，内云：“见字即来港，勿延。”于是，我乃向校方请假，翌日到港，径往总公司，会晤邓铿、

* 马柳庭：时为广东陆丰碣石起义领导者之一，后任南京国民政府广东省陆丰县参议会副议长兼县救济院院长。

钟秀南二同志。他俩密告我云："日间公司有任务派你去干，你可在港候命。"继即着钟作新带我到湾仔居利臣街22号暂住。次日，早饭后发给港毫5元，着我去看戏饮茶及游花园。第三、四日也如是。我乃对负责人云："我假期三天已满，若要延长，须回校续假方可，因教忠校规严格，现我已读第九学期，离毕业仅有半年。若在港停留，既无任务，而荒废学业，未免功亏一篑，倘献身革命，驱逐鞑虏，还我山河，则又当别论。"第五日下午4时，钟作新同志带我到总公司见邓铿同志，邓云："现有任务给你，今晚可搭汕尾轮潜回陆丰，招集民军，伺机起义响应惠州，此系命令，不能违抗。"面授机宜后，邓给我会旗一面，炸弹两颗，广毫200元。我请示云："招集民军只此200元如何做法？"邓云："做一个革命党人，为国为民，要以极少的本钱立极大的功劳，你回去想办法，由你去做可也。"原来，民国前二年庚戌，倪映典在粤运动新军起来革命，一面通知惠州各党人响应，但匆促起事，不幸失败，倪等死亡。此时，各省革命党（民）军风起云涌，形势十分紧张，此次陈炯明欲攻惠州，恐碣石镇出兵救援而腹背受敌，势必须在海陆丰组织民军声援牵制，以阻止碣石镇守敌袭击。此次行动十分重要，余既身许党国，故毅然受命，赴汤蹈火，在所不辞，于初九（9月30日）夜乘轮起程返县。

当时香港往来汕尾汽轮搭客行李搜查极严，我乃在事前将两颗鹅蛋大之炸弹分装在竹篓两株玉兰树苗根部薄土中，令旗则密藏于棉枕内，避过差人检查。当我在船上床中卧下时，便默想往年寒暑假回县必到碣石旅行，藉以密结同志，运动团队，如镇台属下的营长刘介臣、哨官邹品三以及海陆丰籍之士兵等，他们对革命运动，早有默契，此次前往策动反正，想必可水到渠成。

我回县次早，即潜往碣石，是夜在上帝教堂秘密开会，讨论起义响应如何部署？结果商定：碣石镇之东北路南塘方面须武装革命军五六百人浩浩荡荡向碣石进攻；南路即碣石港外，要有小船七八十艘，遍插革命军旗在海面活动，以壮声势；碣石城内，以刘营长为内应，此即外攻内应之计也。决定后，即宣誓保密，先是，由总公司派罗应平同志渗透充任碣石警察局长。我到碣石时，彼适因公起程回县，我便将详情告彼，并请严守机密，以利行事。

晚饭后，我到绅士王廷桢处坐谈，适陈氏族富有号召力之拔贡陈洪涛表叔、绅士邹席珍、天主教传道员蔡麟书均在座，彼等见面便问：“非假期回家来是何缘故？”我沉吟片刻，陈表叔已猜到几分，说：“近来革命风潮如此澎湃，具有光复大志者，正是血性男儿。照我看来，你今必为此而回。”邹、王亦云：“你若有任务回来，是要大家同心协力，矢志实行，决不能一人单独行动。”继云：“如有任务，不妨密商，我等或可帮助。”蔡原为我邻居，已知我日来行踪。便问：“何以前日返县，昨日往碣石，今日又回来，其匆忙乃尔？”我闻之默思再三，尚未回答，陈洪涛表叔说：“今晚在座诸君系志同道合，证之平日言论可以知矣。”我道：“既然如此，就欢迎诸公即晚宣誓，加紧团结，组织起来。”于是由长至少，依次歃血宣誓毕，我始将奉命回县任务一一报告，大家听后甚为兴奋，公推我为临时司令，以便筹饷招兵起义，陈洪涛任顾问，邹席珍任秘书，王廷桢任财政，蔡麟书任庶务长。陈云：“我写信给你带去北湖亲兄陈子和先生，共同起义，因他拥有碣石南塘一带民间实力枪械武器。”王云：“我给你一信亲带交博美林导纯，便可筹得现款以应饷糈。”次日八月十二日（10月3日）9时许，我到博美会晤林导纯，他看信后，即答应300元（此款结果无需要，故未取分文），并复信王廷桢说：“如要用时，可在县城对汇提取。”此事办完，我便匆匆告别，赶往北湖会晤陈子和先生，将来意说明，陈先生即答应举本旗五六百人响应，唯声明必须事前预先通知召集，始能应付。十三日我回城顺道入水墘访陈三宝，约请其帮忙将塭港捕鱼小舟连同水手借出七八十艘。回到县城，探知罗应平尚未返碣石住所，遂密往访他，告知陈子和、陈三宝已答应。罗云：“凡谋大事，成于周密，败于疏忽，应万分小心谨慎。”我承诺后辞出，乃赶往王廷桢处与诸同志密商招兵事。邹席珍云：“招兵可分两种，一是本部基本兵，必经招募训练；一是各乡族子弟兵由各乡族于祖尝项下，自备饷糈，化‘乌红旗’之械斗而为救国行动，只需联络得人，说服各乡族，便可大收其效。”于是决定马上实行，由各同志就平日所有密切关系，与其所信赖之乡族，分头组织起来，并由各乡首领挑选壮丁应募民兵，不十日间已有300余人，成立3个中队，第一中队长庄鹤沼，第二中队长陈五福，第三中队长王文生，但全队仅借到枪支57杆。大家一面秘密加紧训练，一面暗中调查防军与县衙门游击队实力。当时驻龙山营长黄森泉所属官兵实额计237人，其中半为潮籍，本县占三成，余则为海丰人，武器配有日造村田步枪224杆，粤造小型火炮一门，正副炮手皆为闽人，且属瘾君子。县知事沈秉鉷所辖游击队45人，刀矛杂枪参半，如是衙营情形了如指掌矣。因此次起义，只许成功，不许失败。所以一面扩大宣传，即定官兵私逃离营者，我方负责供给其生活，如带枪来投者，每杆赏10元，并云不日革命大军临境，保其本人及家属安然无事，一面晓以民族大义，运动其官兵反正，并父喻其子，兄诫其弟，以血肉亲情之关系，破坏黄营之组织，仅七八日之间，还收到黄营士兵挟械来归者，计有步枪60余杆，潮海籍者保其出境，本籍者暂安置西北区。至此，黄营士兵，逃之已达1/3，军心大为动摇。九月中旬，钟作新由淡水（惠阳县属）送来总公司临时办事处命令，限3天内集中全力进攻碣石镇，响应惠州，当晚即集中各同志密商，决定二十日在碣石起义，于是分头通知各路民军首领陈子和、林守平、曾享平等，率队于二十一日午夜12时齐集土地岭，进攻碣石镇，同时，秘密通知刘介臣营长、罗应平局长、邹品三哨官，准时响应。当民军临城下，城上哨兵早受运动，诈为不知，警队遂开城门迎接民军入城，因此不发一弹已将镇台衙门团团围住，遂高喊：“李梦说（镇台）缴枪投降！”李从梦中惊起，对着哨官邹品三大骂道：“逆党闯上来为何不发一弹，将彼等捕杀？且看我一刀。”遂将邹哨官劈成二段。当民军冲入围墙，李氏卫队即开机枪扫射，我方伤亡数十。随即退出碣石镇，李氏想令刘营与警队追杀民军，但刘营部竖起白旗，宣布独立，同时警队也已反正。

兵贵神速，收复碣石后，即开会表决。罗应平、陈子和、刘介臣等负责碣石城善后工作，马柳庭率三中队回攻县城。二十六日下午，进到磨海村时，龙山驻军营长黄森泉，派其书记刘晓帆为代表，前来求和。我对他说：“汉满不两立，准降不准和。”他要求回营复命，待当晚说服黄森泉，明早就来投降，我一面准其回去，一面恐其有诈，即挥军占领鸡笼山、福字山一带高地。二十七日早命小队长化装前往窥探，旋即回报，该营官兵逃走一空，营内只遗下步枪12支、子弹甚多云。于是我命第一中队马上开上龙山，占领营部，竖起我军大旗；第三中队徒涉后溪仔；第二中队由后町经迎仙桥，形成钳形进攻县衙门，始悉县知事沈秉鉷早已逃走。即飞报军务处长邓铿。至12月全国革命大功告成，毋须长养民军，乃向邓处长呈报解散，蒙发给解散银3000元，并颁银质功牌300面，奖状300纸，分别转发后，我为学业前途，迳蒙政府遣送日本明治大学深造矣。

（选自广东省政协文史资料研究委员会编《广东文史第68辑·辛亥革命与广东》，广东人民出版社1991年9月第1版）

潮汕“光复”回忆

张醁村*

辛亥年三月二十九日广州起义爆发后，清政府为了加强广州中心地区的防卫，总督张鸣岐调广西陆路提督龙济光率济军来粤与广东新军合并成镇，委龙济光为镇统，又委江孔殷为广州区的清乡督办。革命党人遂决定暂时将革命运动转移到西江的高要、南路的高州、韩江的潮汕以及北江、香山、顺德方面去，同时并在广州采取了镇压手段对付反动头子。接着武昌起义爆发，革命形势遂愈益发展，全省各地区都纷纷起来响应，宣布“光复”独立。值得注意的是，由于革命党人愿意接受清吏反正方式的和平独立，因而使地方封建

---

* 张醁村：曾任广东汕头民军司令兼统筹部长，后任广东北伐军独立第五旅旅长，第七战区司令部中将顾问。

新中国成立后，任第三、四届全国政协委员，广东省人民政府委员，广东省政协副主席。

势力和立宪改良派得以互相勾结，暗中进行各种活动。我在“光复”潮汕前后所经历的事实，就足以充分说明这一点。

三月二十九日之役失败后，我筹得一些钱，在香港威灵顿街开了一间编织藤器的商店，以备容纳一些参加过起义的选锋人员，并进行藤业工人的组织工作。同时我并亲赴韩江上游和潮汕地区开展地下工作，以汕头正始小学为中心机关（因为当时该校教职员如张则通、蔡鹤田、黄 ×× 等，均为同盟会会员，而且张则通早在松口体育会时已是革命同志）。武昌起义后，我曾返香港联系，因得到印度尼西亚吧城书报社革命党人吴伟康带回的华侨捐款港币 20000 元的接济，当即决定拨 8000 元交熊越山负责策动梅县起义工作，其余 12000 元由我负责在港购买驳壳、左轮手枪。我把这些枪支藏在沙发床、沙发椅内秘密运入汕头，准备起义之用。我返汕头后，为统一领导起见，当即召集党人开会，成立统筹部，我被举为统筹部部长兼起义军临时司令，孙丹崖为副司令，陈励吾为军务处长。当时在汕头革命党人属孙丹崖一派的，有许无畏、萧公溥、王翼黄、林贤绍、方宏藻、方次后、何子因、黄虞石、吴子寿、卢青海等（俱潮州人，他们或是士绅的子弟，或是士大夫阶级，不一定是同盟会会员）。另外，还有梁金鳌（洋行职员，广州人）一派，以及叶楚伧、林伯渠、饶小田、陈迪予、谢逸桥等人（俱《大风报》的董事、编辑或记者），但主要力量在我和孙丹崖方面。会后我并将所带款项分发负责的党人作为行动的费用，并通知各党人随时准备，一俟时机成熟，命令下达后即投入起义行列，和清知府陈兆棠、镇台赵国贤进行武装斗争。

1911 年 11 月 8 日下午，我和孙丹崖、陈励吾等分别率领所部围缴驻汕头巡防营和警察局的枪械，占领电局、银行、盐运使署、道署和交通运输机关，主要是控制潮汕铁路。当缴获枪械五六百支，并即以道台衙门为司令部，随即准备进攻潮州（今潮安县）。但是时广州宣布和平独立，李准反正，张鸣岐潜逃，胡汉民任都督，陈炯明任副都督，黄士龙任参都督等消息，接连传到潮州，同时广西巡抚沈秉堃、臬台王芝祥、镇台陆荣廷，于11月7日宣布反正的消息也已传到。此时知府陈兆棠亦勾结潮州士绅巨贾，妄图以反正方式来保持其反动统治。陈并取得了镇台赵国贤（满人）所辖巡防营的兵权，于11月10日在潮州宣布反正，赵国贤在兵权交出后离署赴汕，因潮汕火车不通，折返署内自缢而死。陈宣布反正后，以电报欢迎革命军部队进驻潮州，声称交代，实则企图篡夺。我得电后不为所惑，仍照预定计划，于11月11日又与副司令孙丹崖率部赴潮。但孙却麻痹大意，以为陈已反正，赵又自缢，不但可免武装冲突，而且可以径行接管，因而对率部进军之举表示踌躇，似不愿与我同行。我告以此举大家已经决定，不应再有分歧，孙始无异议，一同率部赴潮。不料他到潮后，又分道扬镳，在镇台衙门驻定后，翌晨即亟亟派员与陈兆棠接洽，迫其交代。但陈以我未派人前来为词，加以拒绝，同时派兵两哨进驻镇台衙门后面高地，以示威胁。我闻讯，亟派秘书谢鲁倩和陈兆棠交涉。他仍借词延宕，迟迟不愿将兵权交出。孙丹崖见陈如此嚣张，乃急来求助于我，并建议将我所部移驻镇台衙门，以便联系和指挥。我见孙已醒悟，便欣然应允，即日率部由道台衙移驻镇台衙与孙共处，以备应付随时变化的军事局面。

11月14日，接到我部革命党人郭典三在揭阳牺牲的消息（郭系在揭阳起义军迫令驻揭阳的巡防营缴械时，被清军反扑而牺牲），这个消息说明起义的形势是严重的，应当提高警惕。我当即再派秘书谢鲁倩促陈兆棠即日交出兵权。他不但不答允，反来信质问揭阳缴械事，提出“既已反正，何又缴械？”且有“此种行动，形同土匪”之语，态度殊为顽强。同时，他又纵部杀害学生军数人。至此，我见陈心怀叵测，已不能再事容忍，立即部署兵力，并下令于当天夜间 1 时发动军事进攻，具体步骤是：

（一）围缴镇台衙门附近敌军共一个营；

（二）进攻知府衙和潮阳县衙（今潮安县）；

（三）监视和相机围缴驻城内各地巡防哨兵。

战斗开始后，镇署附近敌军一经接触，即纷纷投降，并自动剪辫和缴械，我部仅牺牲军士一人。围攻知府衙一路，清军抵抗稍为顽强。道镇台衙一路解决后，转移向知府衙增援，这才迫使他们全部投降。我们入衙搜索，知陈兆棠已越后墙逃走，只见炊熟米饭数大锅，煮熟鸡鸭蛋二三十只和一些鸡鸭，显然本有准备饭后大举反扑的迹象。幸我方已先行一着，否则，后果将不堪设想。是役，所有巡防清军除驻城外一营通过与我和孙丹崖联系，准其反正外，其余全部被缴械，战斗至中午 12 时结束。略事休息后，即派兵扼守各城门，严密检查行人，并悬赏 5000 元购缉陈兆棠。是日下午六七时，海阳县衙内起火，有人报告陈兆棠现匿某处，即派萧公溥率兵前往查拿，回报已不见人。旋又来报，陈已迁移某处，追萧率部到达时又已不见。萧率兵经东门返，见守门士兵正在检查一伙行人，其中有一剪辫穿漂亮西服者即陈兆棠。萧公与陈兆棠相识，当即将陈逮解司令部，羁押数日，群众纷纷要求镇压，随即将陈枪决。消息传出，大快人心。

潮汕“光复”后，集中汕头方面的民军有梁金鳌、许雪秋、陈云生、陈涌波、刘任臣等部，每部二三百人不等，而且人多枪少。我虽奉都督胡汉民任命为潮汕区第四军司令，并负维持地方之责，但对这些民军也一时无法加以控制。许雪秋、陈云生、陈涌波等人，都曾领导或参加黄冈起义，和农村会党颇为接近，士绅巨贾等上层人物对他们心存戒备，畏之如虎。这些上层人物，已先通过代理都督陈炯明，先委旧军官日本士官学校毕业生陈宏萼（潮州人）为宣慰使，并调我军参加北伐，委我为独立第五旅旅长。此时，这些上层人物见我已调省，陈宏萼又未到达，乃由商会等机关推出澄海的大商（买办出身）高绳之为民政长官，暂时担任维持地方之责。高接任民政长官后，即以“秩序紊乱，无法维持”为词危言耸听，向陈炯明陈诉。在此复杂环境中，我既不能使许、陈等部民军事事就范，又不愿以武力加诸许、陈等部，迫不得已，奉命离开潮汕，并将所部调省改编。陈宏萼到潮汕后，因惠州民军司令林激真擅自行动，率部由惠州开赴潮州，引起土客军冲突，使陈宏萼不安于位。而士绅巨贾亦以地方秩序日趋混乱为名，向各方奔走活动。陈炯明徇其请，决定解散民军。当即委已反正的吴祥达为潮汕绥靖主任，率部两营开赴潮汕，责令吴将许雪秋、陈云生、梁金鳌等部民军包围缴械，并将许雪秋、陈云生、陈涌波3人就地枪决。陈炯明在广州亦采取同样措施解散民军，枪毙民军首领。所以当日有“革命成功，革命党人死亡”的歌谣出现。

可以说，辛亥革命时期，革命党人与封建势力始终不能一刀两断，总还有千丝万缕的关系，因为他们本身的革命动机就不纯，他们是为自己，而不是为人民，所以敌我不分，而且为了争权夺利，不惜残杀。如陈兆棠在惠州和潮州知府任内，办理所谓清乡，曾残杀无数群众，满手血腥。但陈被拿获后，邹鲁即首先来电请求将其释放。即此一例，可概其余。

（选自全国政协文史资料研究委员会编《辛亥革命回忆录》第2集，中国文史出版社2012年6月第2版）

紫金“光复”前后

甘善斋*

一　辛亥革命前后紫金县的几次农民起义

（一）辛亥革命前陈亚湘领导的汤坑山起义

庚子年惠阳三洲田起义失败后，参加这次起义的紫金县好义乡的陈亚湘避赴香港。戊申年他在港衔命回乡活动，先行邀集了张陀发起洪门会的组织，以“劫富救贫”“反清复明”为号召。当时由于封建势力还极为雄厚，他们不敢公开活动，乃选择汤坑山上洞为拜会地点。他们利用白扇教的神功来发动群众，并且宣传说：如对敌作战，只需用白扇一摇，说一声“矛的”二字，枪弹就打不进，

* 甘善斋：曾在广东紫金县蓝塘镇任教，后任马来西亚吉隆坡惠州会馆理事。新中国成立后，任致公党中央委员会委员，广东省人民政府参事室参事。

刀斧就斩不入。数月之间，发展极为迅速，为数已逾万人。在好义、蓝塘、古竹、义容、凤安一大片地区，除了土豪劣绅地主官僚之外，几乎 90% 以上的人都参加了。每人均有一件武器，夜聚日散。经常集中在汤坑山的，配备有毛瑟枪、九响枪、云伞士、土粉枪及戈矛刀剑等，计有 300 多人。其余来往流动的就数不胜数了。所以清军管带夏文熙在清剿农民革命军时曾说过："在蓝塘、古竹、好义一带，我们不用看人，随便背手抓去，都是参加洪门的人，总不会抓错的。"可见那时参加洪门组织的人是很普遍的。陈亚湘领导农民竖起四方红旗，在旗面上写着"忠元帅"三个大字，极得当地群众的拥护，声势颇为浩大。

当时因发展迅速，人数日聚日众，所需粮食和经费亦日多。他们一般采用下降单或吊参的方式，或向一些对他们略表同情的中小地主用商借的办法筹粮筹款；抗拒不交的，则以武力攻打，没收其财产。如戊申年冬攻打赖广昌号赖达大地主的家，经过 1000 多人三天三夜的攻坚战斗，卒把赖达的五角大楼攻破，没收其所藏大宗白银和粮食。他们分配白银系用尖顶竹甲帽来量，凡参加过组织、能表示出暗号者都给他一捧白银。

同年十二月间，陈亚湘和张陀率领主力及各乡村的农民革命军 700 多人攻打古竹乡团。激战 2 小时之后，他们把敌人击溃，缴获枪械 20 余支及其他胜利品甚多，安全返回原基地。

己酉年正月初二日，因有叛徒李某泄露汤坑山军事秘密，驻防蓝塘的哨官陈德光率领 60 余名清兵进攻汤坑山。陈亚湘的部队一时未及防备，和清兵稍接触后即退入山林，未受多大损失。陈亚湘发觉那个叛徒后，当即将其当众处死。至正月初八，清兵联合乡团计

3000余人，分3路围攻汤坑山，一路由古竹、义容进犯，1000余人；一路由夏文熙率领，从蓝塘进军，1000余人；一路由刘鸿彬率领，从好义进军，也有八九百人。陈亚湘的起义军分守各山头，和清兵激战三四天，起初用白扇教神功迎战，偶尔也打了一二次胜仗。后来因有叛徒做内应，同时神功又不灵验，而且好枪仅有二三百支，大部分武器都是土粉枪、土粉炮及一些戈矛刀剑等，以致终于失败。陈亚湘、张陀率领起义军向山区古田退却，和惠阳钟子廷、钟观树的部队在古田一带活动。这次失败的结果，农民起义军和群众被俘虏的20余人、被杀的数人、被烧的房子30余间、被抢去的牛猪和家具等不计其数。有一个被俘的人年仅14岁，花名叫作"亚赤仔"，十分勇敢。当清兵进到山上时，他还拿着火索去点燃土炮，因来不及逃走，遂被清兵捉去。他被押回蓝塘时，神态镇定，面无半点惧色。管带夏文熙本拟将他绑赴刑场杀掉，幸遇打汤坑山有功的陈德光出来说话，说他年龄还小，没有上丁，乃免于死。清兵把在汤坑山杀死的革命战士二人的首级拿回蓝塘高悬圩门示众。

陈亚湘起义军和古田钟子廷、钟观树、温风等部会合后，丁已酉年六月初三日早晨，又率领农民革命军200余人，全是新式武器，假装清兵模样，借口捕获一名贼匪押运公局，浩浩荡荡开进蓝塘圩。进入公局横冲直撞，大杀一场，并放火焚烧公局。哨官刘鸿彬因出差未在公局，侥幸得免一死。

攻下公局后，起义军向群众大声宣传说："我们是来复仇的，大家不要怕，可以安心做生意。"他们向好义回师，行至小古牛栏岗时，碰到刘鸿彬带领清兵数十人回蓝塘。两军交战不到半点钟，双方均未受损伤。起义军旋向吉安开去。

起义军临开走之前曾高呼："我炮向上天，你炮指下地，我们不是争田夺地。"

陈亚湘退到古田后，配合钟子廷等部，经常在惠阳、西江、多祝、淡水一带活动。某一次陈亚湘拟往香港，行至淡水圩，被叛徒出卖，为清兵捕获，加以杀害。他死后，其部队分别为惠阳钟子廷、钟观树，紫金曾国华、张国初等率领；至辛亥年，由钟子廷、钟观树率领一部参加"光复"惠州，由曾国华、张国初率领一部"光复"紫金。"光复"后，一般起义军都改编为正规军，其中也有些战士自愿解甲还乡务农的。

（二）辛亥革命后李荣泰领导的红花埔起义

紫金"光复"后，局面焕然一新，但是好景不长，革命胜利果实又被军阀官僚和地主恶霸夺去，人民群众仍然过着饥寒交迫的生活。壬子年冬，九和市盐警向盐民苛抽盐捐，盐民李火解一时无钱缴纳，盐警就动手殴打。李荣泰在旁看见，愤恨非常，随即号召农民向盐警斗争，夺获盐警枪 3 支，在圩内示威游行，高呼"打倒贪官污吏"口号之后，率领农民到山区乌禽嶂，组织队伍从事活动。

李荣泰率领农民群众退到乌禽嶂之后，不到两年的时间，聚集起有 3000 多人。那时因袁世凯窃国称帝，李荣泰接受了孙中山先生的指示，于甲寅年八月在九和红花埔起义，组织讨袁军。李荣泰被推为讨袁大元帅，邀集邻县五华、陆丰、惠阳、博罗、河源等地的兄弟队伍联合攻打当地反动政府。县长黄其桢派驻县城营长钟成带了一营军队来到瓦溪圩。李荣泰即派出队伍向瓦溪圩进攻。激战数小时后，钟成即败，退到饭罗塘。李荣泰军队围攻饭罗塘，打了三昼夜。钟成派人到县城请求援兵，黄其桢除调集本县的蓝塘、古竹、龙窝驻军外，还向河源县请援。河源县派了团长林干材率一团军队增援，四路进攻红花埔，激战五昼夜。起义军虽有 3000 多人，但好的枪支不过 100 多支，同敌军的武器比较起来优劣悬殊，终于战败。在激战中双方都有死伤，计反动军队死伤有 20 余人，起义军也死伤 10 多人。反动军队放火焚毁红花埔附近的房屋 40 余间，还不分皂白，乱捕农民加以杀害。

李荣泰失败后分两路撤退，一路由黄南福率领，退到天了嶂；一路由李荣泰自己率领，退到乌禽嶂，后又转到双罗水尾，以兴竹庵做营盘，图谋再举。紫金县县长朱书威迫大田李姓交出李荣泰，李姓的封建头子李荫田、李蓉轩等几次去劝诱李荣泰投诚无效，就出钱收买李水源等 3 人混入李荣泰队伍内部刺探情况。甲寅年十二月二十日左右，李荣泰的队伍大部分外出，仅有李荣泰夫妇和少数部队守营。县政府据李水源等报告，即派军队连夜围攻，并有李水源等做内应，李荣泰夫妇因此被捕，押解到紫金县城从容就义。他的队伍由黄南福、翁亚培继续率领，后来由于反动县长朱书屡派林建畴军队多次围攻，卒被击散。

李荣泰在领导农民起义时随身佩戴的一口指挥剑，解放后已由其胞弟李耀南献与紫金县博物馆陈列。

二　紫金“光复”经过

1907 年，紫金县开始筹办学堂，并开办了一个初级完全师范速成班（一年毕业）。1908 年，又开办了一个紫金县立高等小学堂（四年毕业），数理化、体育教员甘晖如是从广州聘请来的。他是同盟会会员，经常接近学生，宣传革命思想，鼓励学生参加革命活动，吸收学生加入同盟会。

武昌起义消息传到紫金后，学生首先起来响应，组织学生军，并向各处活动。广州的革命党人赖少璧委派周锋为粤省革命军第九军司令，负责“光复”紫金县。事先赖少璧专人函知中心坝农民领袖温子良、张筱华，九和李荣泰，蓝塘张国初，义容曾国华等先集中兵力到附城的乌石巷子或九和、蓝塘、义容、古竹等地等候。周锋于九月十八日到县城，先与学生军联系好了，再到乌石巷子去和温子良、张筱华接洽，所有全县革命队伍都归周锋指挥。清知县王宾、哨官陈家裕召集本城绅士会议，决定派绅士苏和侣、杜梦莲、叶昂云、刘望溪、陈诗樵、彭作堂6人做代表和周锋商谈。苏和侣等到乌石巷子后，他们的辫子被革命军剪掉了，回县城向王宾哭诉，并说，革命军要王宾、陈家裕好好交代，并缴械投降，如果稍有顽抗，即将他们擒拿枪决等语。王宾、陈家裕乃于九月十八日晚上带着200余人潜开北门逃跑。当晚城内非常混乱，由学生军维持秩序。周锋于九月十九日中午率领革命军1000余人进城，出布告安民，打开监狱，释放所有犯人，并召集县衙门职员开会，叫他们暂时各回原职办事，不得离开。因所有库中银钱都被王宾带走一空，周锋拟举办殷富捐，暂以维持经费开支并作训练北伐军的费用。全县的殷商富户由于钟荣山（绰号通城虎）的鼓动，表示抗拒。直到十月末，革命军击败了钟荣山暗中组织的军队，以及他勾结的康乐地方土匪头子邹东山率领的四五百名土匪。十二月初，钟荣山被处极刑。全县各地殷商富户才不敢再事抵抗，纷纷捐献银钱。王宾、陈家裕逃出县城后，在蓝塘地方被起义军领袖张国和缴了械，赶出紫金县，逃到广州去了。驻扎蓝塘的防军哨官张成渠也被迫缴械，投降了革命军，其他龙窝、古竹各地驻防军也先后缴械投降，清军完全肃清，全县“光复”。

紫金“光复”后，选出了曾担任督学的杜林芳做临时县长。周锋即将县署一切行政事务交给杜林芳，他专负责组织北伐军。后来他带了 200 多人往广州参加北伐队伍，路经上义时，被上义张、钟两姓的地富土豪截击，队伍星散，到广州时只有少许士兵了。

临时县长杜林芳做了两个多月后，广东省政府派了游克桢来做紫金“光复”后第一任县长。游县长为人纯朴肯干，在任内兴办学校、革除积弊等，做了一些好事。

（选自全国政协文史资料研究委员会编《辛亥革命回忆录》第 2 集，中国文史出版社 2012 年 6 月第 2 版）

惠州“光复”见闻

苗致信*

一 惠州“光复”情况

武昌起义以后，革命党人陈炯明、邓铿等10余人，在孙中山先生领导下，于九月初间陆续到惠州筹备武装起义。邓铿等首先在淡水发动当地的农民和手工业者，自愿来参加起义的有百余人，次日在淡水圩围缴警察枪30余支，子弹千余发；参加起义的愈来愈众，两日间便成了一大队，共500余人。次由严德明在水口各乡发动，来参加起义的有600余人，由陈经（白芒花人）在白芒花各乡发动的400余人，由丘耀西（麻庄人）在麻庄各乡发动的有300余人。

* 苗致信：时为广东高等师范学生，后任南京国民政府广东省惠阳县良井中学校长。新中国成立后，任惠州师范学校校长，广东省政协委员，广东省文史研究馆馆员。

此外，陈焯廷、谢子瑜、黄德修 3 人分道到其他各地发动而来的有 3 队，每队有三四百人。统计起义民兵共约 3000 人，枪支有千余杆，还有戈矛、铁棍、锄头、扁担等不计其数。民兵编成 7 大队，陈炯明为革命军司令，严德明、邓铿、陈经、丘耀西、陈焯廷、谢子瑜、黄德修 7 人为革命军大队长，邓铿仍兼司令部参谋长。九月八日（10 月 30 日），各队民军到平潭白泥塘一带集中，布置阵地，准备进攻惠城。

起义民军在淡水圩收缴警枪后，次日陆路提督秦秉直闻报，即令惠州知府徐书祥筹备团练局，委梁霭人为局长，廖雨生、李望山、秦序东、张绍绪等 10 余人为局绅，就地招募练兵 30 余名，粮饷由局自筹，枪弹由提督署发给，未及两天，即告成立。同时，他又调各地的巡防营兵到惠城候令。九月八日，秦派洪兆麟统带巡防营兵（多系湖南人）一营和炮兵一队，驻守飞鹅岭及其附近山区村落，许德普统带巡防营兵一营和炮兵一队驻守惠州府城，另有巡防营一营驻守归善县（今之惠阳县）城，还有巡防营兵约 300 人驻守环城一带。两城城门也都有兵巡守，除府城大东门和县城西门留为交通孔道，仍旧开放外，其他城门一律关闭。

九月九日（10 月 31 日）拂晓，革命军千余人由白泥塘出发，准备攻城，而清兵巡防营 600 余人已在馒头岭集合，随即进至马鞍，与民军相遇。两军交战约 5 小时，各有进退，互有伤亡。清军以民军英勇，不敢恋战，退守原防。次日，战况大致如前，未分胜负。第三日（九月十一日），两军激战于马鞍，民军终于冲破清兵阵地，占据了险要的地区二圣宫。革命军大队长陈经英勇过人，身先士卒，不幸于冲入敌阵时被掳而牺牲了。自战争开始 3 天内，由远地源源而来参加民军者约有千人，兵力更加雄厚。九月十二日，清军出战，被民军分路包围猛击，清军败退回防固守。秦秉直因战事失利，密电两广总督张鸣岐请求派兵来惠援助。

十三日，清军停战。绅商各界传说纷纭。有人说，秦秉直愿意“独立”或“投降”以消弭战祸。最后传说，秦秉直与何师爷（忘其名，清举人，秦的幕友）两人约定誓不投降，决心与城俱亡，并命守城的许德普在两城通衢地下暗埋火药地雷，准备民军入城时燃放爆炸。惠人得此消息，无不惊心动魄，愤恨填胸。大家认为除了运动巡防营兵起义以外，别无解救良谋。我因与洪兆麟有友谊关系（洪 16 岁时随吴祥达来惠当马弁，我曾与他相交数载，且邻居数年，其妻黄阿湘又是我同坊世叔黄笃生之女，但我留学广州后，甚少与洪往来），遂写密信托人面交与他，劝其自动起义，免致全城涂炭。在此时前后，还有何人劝洪起义的，则不得而知。秦秉直因怀疑绅商各界和留省学生或多或少与陈炯明、邓铿等有联系，故放谣言，扰乱军心，企图为陈、邓内应，遂于十五日派出巡查队到城中各处侦缉，并派巡防营兵围缴团练局枪械。局绅们惊慌失措，各自逃避。将近黄昏时候，府城大东门和县城西门半开半掩，来往行人要受逐个检查，方得出入。大东门城楼上又装置了大炮，如临大敌，但炮口则对着商场最繁盛的水东街和县城西门一带。

十六日，秦秉直接到洪兆麟起义的信息，立即商于何师爷。何说，“大事去了”，遂入卧房服鸦片自杀，实践前约。秦秉直的老母、妻子劝其保全生命，静候调解。秦犹疑未定。后由惠州知府徐书祥特来相劝，并提出“非投降式的献城”意见，秦乃首肯。于是徐令归善县知事严梦菊为惠城官方临时代表，往革命军司令部协商献城办法，不久就得到圆满解决，其内容最主要的是：①驻在惠州的巡防营兵先集中于府城，听候革命军收编；②军事交接完毕后，由司令部派员兵保送秦秉直及其家属回乡。

十七日上午，驻县城的巡防营全部移驻于府城，听候收编；午后革命军进驻县城维持秩序，同时暂设革命军司令部于学宫。当晚民军愈来愈众，军需孔亟，司令部派人到惠州商会借款，后由绅商界林主敬等担任向商店捐助军饷。十八日早，驻府城的巡防营兵约有 1000 人，荷起双支新式枪支，鹄立于提督衙门前面街道上，并无军官督队，但秩序井然，如听候收编的样子。不久，有黄塘乡人陈子干自称为民军十三营统领，有随从 3 人，带同巡防营兵到城隍庙去编队。

十九日，是惠州“光复”之日，也是秦提督献城之时。是日上午 8 时左右，邓铿、洪兆麟等统率所部由县城出发，经水东街过浮桥直进府城，沿途商店都燃放爆竹欢迎。各队士兵部署已定，洪兆麟带随员数人径到城隍庙，把陈子干所收编的士兵全部带走，到学院衙集合编队，归洪统率。同日，革命军司令部移设于提督衙署，因秦秉直尚未离惠，留出该署西花厅一角为秦家属暂居，如何保送他们回乡，系由洪兆麟负责办理。次日，司令部将原有民军大队加以补充，收编为旅，并委定严德明、洪兆麟、陈月桥、丘耀西、陈焯廷、谢子瑜、黄德修等为旅长。当时两广总督张鸣岐犹未宣布独立，因此陈炯明派洪兆麟、严德明等向广州方面推进，以“光复”广州。

惠州“光复”经过，约如上述。

二　惠州同盟会解散情况

辛亥革命成功后，同盟会改组为国民党。但是广东方面的同盟会并未有改组，而且各县遍设分会。例如，惠州于1913年1月设立惠阳同盟会分会于冯家祠，黄炼百为会长，我曾被选为评议长（我是辛亥年六月参加同盟会的）。其他各县分会何时设立，尚待查考。

1913年，宋教仁被刺事件发生以后，江西都督李烈钧首先通电讨袁，广东都督陈炯明继起响应，宣布独立，旋于7月间誓师北伐。唯是袁世凯对于广东军事老早具有阴谋，一面密令龙济光举兵伐陈炯明，另一面密令为陈炯明一手提拔的第一军军长钟鼎基为广东都督，又派黄士龙到广州运动第一军排长以上的军官倒陈。因此，誓师以后，军心涣散，钟鼎基先逃往香港。当晚，第一军官兵内乱，龙济光乘机攻入广州，自为广东都督。其后，龙济光为袁卖力，遂即通令解散同盟会，并查封惠州党人在陈都督府任职的林主敬、周醒南等的住宅，拘押第一军营长廖伯伟入狱，逮捕惠阳同盟会会长黄炼百，并判10年有期徒刑。当年广东各县同盟会会员，除逃亡外，其被龙济光迫害者为数不少，革命的同盟会到此结束。

（选自全国政协文史资料研究委员会编《辛亥革命回忆录》第2集，中国文史出版社2012年6月第2版）

化州“光复”前后十年见闻录

彭中英*

本文叙述的是辛亥革命前后（1902—1920年）化州的政治、经济、文化教育以及化州起义经过等情况。事过境迁，挂漏在所难免。我仅就回忆所及记录下来，借供参考而已。

一　辛亥革命前的化州面貌

（一）政治概况

化州又称化县，清朝属高州府，县长叫作县知事，保卫县知事的警卫队设有百长、十长，直属县知事领导。保卫地方的有驻防营，

---

* 彭中英：时为广东化州起义领导人之一，后任南京国民政府广东省化县支前司令部司令。新中国成立后，任民盟湛江市委员会主委，湛江市副市长，广东省人民政府参事室参事。

直属高州镇台领导，当时驻防化州的是第十三营。

县知事深居简出；如外出，沿途的人民都要肃静回避。人民不是诉讼或受审，就永远不能进入衙门见到县知事。人民见到县知事就要远远地跪下去，不能仰视。农历每月初一日早上，县知事要到孔庙去礼拜，此外只有被地主豪绅请往勘验案件或其他公务，县知事才离开衙门。县知事之下，掌握地方政权的有公局长和各乡正。公局有局兵，称为局勇；乡有乡兵，叫作乡勇；成立有团练的，叫作练勇。所有局勇、乡勇、练勇，都是由公局长、乡正指定，有事时召集应差，无事就务农。光绪年间化州局勇、乡勇、练勇所使用的是吣粉洋枪或土打粉枪。到了宣统年间，才购买了一批九响洋枪，由练款购来的为团练所有；地主私人购来的属私人所有，遇有事时由练勇使用，无事时由地主保管。公局长不仅操纵了一县人民的生杀权力，而且垄断了一县公产的经济命脉。化州有宾兴义仓，每年收几万石租的公产，完全由公局长掌握，年中收入任意归己，不用公布收支数目。如陈锡九、陈敬堂本来是穷秀才，做了公局长后就购置了几千石租的田地，在各市镇开设了几十间当铺。公局长贪污枉法，如有人过问控告，反会受罪入狱。曾有一姓洪的拔贡（花名劲贡）因告陈锡九，不但功名被革，而且入狱致死。李屡正是族大有势的举人，因告陈敬堂而入狱，直至辛亥年化州起义后才得释放。由此可见当时化州公局长的权威及其神通之广大。乡正执掌一乡的行政治安、“攻匪保良”、排难解纷等职权。乡民如发生纷争，首先投诉乡正，双手奉槟榔，双膝下跪，还要办备酒席，请求排解；如排解不了，要备好诉状，雇轿请乡正带去县城拜见公局长，同样双手奉槟榔，双膝下跪，乞求解决。如公局长答允，纠纷即可解决；

否则，被告为盗匪的就要入狱，纠纷案就要到县衙门告状，迁延时日，往往因而家破人亡。公局长、乡正、地主三位一体，为虐人民。

化州姓族众多，最大的是陈、李、彭、黄、张五大族，都具有丰富的祖尝，用祖尝来奖励买功名捐品级，以功名多、功名大，品级多、品级大为姓族的光荣。科举时，地主子弟便买通关节，取得秀才、举人等功名。化州的秀才、举人，多属于这类。捐品级方面，捐二、三品候补府道的较少，只有陈寿庚、陈家丰等几家大地主；捐大夫、候补知事的也不多；捐贡生、监生、买考举人的比较多。大地主陈星榆、陈希甫等举人就是买考得来的。一般地主、富农捐监生、捐九品的很多。捐了监生或九品就称为老爷、相公，见官不用跪拜，又得收祖尝花红，有利可图。中农也有捐九品的，有的连幼儿也捐九品，我本人就是个例子。我父亲原是中农，他不但自己捐了九品，我年方 3 岁时也捐了九品。捐九品出钱 7 千，收回祖尝花红津贴共有一二千，春秋二祭又到祠堂领取胙肉，真是名利双收。捐了九品见官不用下跪，同时又可以驶牛挑粪；如被人陷害或被诬告匪案，审判官、公局长和乡正都要慎重处理。一般中农多不愿捐监生，因为捐了监生就不许劳动，不得驶牛挑粪。

光绪宣统年间，除上缴朝廷的正税外，地方征收的苛捐杂税很多，如屋梁税、人头税、牛只税等，名目繁多，甚至担东西上市都要纳税。如捐税缴税不清，就要判罪入狱。人民为生活所迫，既不愿坐待饿死，只好铤而走险，投入绿林，因此盗贼蜂起，投入洪门会、三合会的越来越多，抢劫之风也越来越盛。洪门会和三合会性质大致相同，都是以“反清复明”为号召，参加的多是被压迫的农民，也有少数知识分子及土匪、流氓参加。入会要经过歃血为盟、过剑门等仪式，每人缴 200 文会费，叫“两条草”。入会后发给一本小册子，内有会中秘密的暗语，不准泄露。会中制度很严，违者要受严厉处分，甚至丧命。会党盛时有些地主绅士也被迫参加。在光绪三十年前后，洪门会、三合会所用武器大多是双刀戈矛，到了宣统年间，他们从地主豪绅手中夺取一些唸粉洋枪来武装自己。后来地主豪绅所购置的九响洋枪和十三响洋枪也有不少落在他们手中，因此声势日张。地主豪绅见形势不好，便筑起碉堡，建起坚固的房屋以自保。这样一来，要打劫地主豪绅就不容易了，只得抢劫农民的耕牛牵到广州湾赤坎出卖，再将所得款项买回驳壳枪及各种手枪。每年十月以后，夜间常听到被劫者求救的呼声，使人心惊胆寒。盗贼蜂起，劫案很多，公局长和乡正等也多了一条发财大道。有钱贿赂，虽匪可保；无钱贿赂，好人也要受罪。

记得我五六岁的时候，听到一个地主婆花大奶对一个老佃农廖家达说：“曾国藩打败了洪秀全，我们松一口气了。抢劫虽多，天下总不会大乱了。”那位老佃农却说：“大奶呀，我怕更乱得凶呢！天下乱不是乱在洪秀全，而是乱在肚子饿呀！”过了几个月，就听说癞渣尾（造反的首领的花名）造反，从化州北部广西边界直下茂名、吴川、电白等地劫富济贫。高州 6 县，人心惶惶，奔走逃避。后来听说这支队伍是太平天国失败后遗留在两广边境的残余部队，不久被清兵打败，便散在高州各属地方，结合当地绿林，并由广州湾购买不少驳壳手枪，此后抢劫队伍和武器就越来越强，投入的人也越来越多。在光绪年间，打家劫舍都是夜间进行，日散夜聚；到了宣统年间抢劫之风益炽，公开向地主豪绅、富商打单勒索，掳人赎票。过去洪门会、三合会采取秘密形式活动，这时候已公开发展了。

化州邻近广州湾，化州人到广州湾谋生的很多。自从法帝国主义者侵占广州湾后，利用它作为侵略我国的基地，对我国内地走私漏税，进行经济侵略；收容土匪、流氓、地痞，贩卖军火，助长我国内乱；开设烟馆、赌场、妓院，麻醉我国人民。化州人有的为生活所迫，到广州湾去做咕哩（搬运工人）；有的为了贪图暴利，去贩卖鸦片或贩运私货；有的到那里去嫖赌饮吹，过腐化堕落的生活；还有些年轻女子被诱拐去卖给妓院当娼妓。广州湾成为盗贼的大本营，出售赃物，购买枪械，使化州那些为非作歹的坏人有了逃避的地方，因此助长了化州社会的动荡混乱。因为这样，当地人民对法帝深为不满。法帝侵占广州湾时，附近农民曾起来进行斗争，后来因为清廷向法帝妥协，镇压了农民的反清斗争。因此，化州人民的反帝斗争便与反清斗争联结起来，成为促成化州起义的有利因素。

（二）经济和文化教育

化州除农业和商业两种基本经济外，还有家庭妇女的手工业和农闲时农民打铁及木匠等一些手工业经济。农业生产就田地来划分，可分为鉴江沿岸和山区坑埇两部分。全部田地中，有几百石谷租的田地属于兴义仓的公产，其余属于大中小地主和富农所有，占人口绝大多数的佃农只依靠向地主和祖尝（死地主）批耕田地过活。鉴江两岸和山区的田地更连年遭受风、虫、旱等自然灾害，很少得到丰收，占有田地的收租人不管自然灾害如何严重，都要依照租约收足租谷。年成较好时，佃农终年辛苦所得除纳租外，所余无几；如遇失收，便要借贷纳租。在灾荒的年月里，地主还放高利贷，提高谷价，乘机加重剥削农民；气力强壮的农民还可以代地主做长工或短工，或上山砍柴，或外出担货、推车、抬轿，勉强维持生活；体衰力弱的只得挨饥抵饿，求乞过日。光绪宣统年间，我亲眼见到10多个村庄的农民饿死或逃荒，居住着100多人的村庄，10年间变成树林，很多耕地被丢荒了。

化州县城是全县的商业中心，有苏杭业（布匹杂货）的商店两间、中药材铺四五间、纸料兼海味商店三四间、山货木器商店四五间、四间大当铺，还有一些鱼肉摊贩以及从广州湾走私漏税来的洋杂摊贩。苏杭业商店除出售本国手工业生产的货品外，还有些从广州湾走私进来的洋杂工业品。城中较大的商店大都是大地主经营的，小商店是中小地主经营的，没有纯粹经商的店主。全城各行业中以当铺获利最大，月息固定二分。每逢双日为集市日期，各乡村农民担农产品来市集交易，其中以食米为大宗。农民出售的食米，是向地主买谷来加工的。此外，还有芒柴、鸡、鹅、鸭、猪及手工业产品等。农民出卖了自己的东西之后，不是买米回家，便是到当铺去赎回往日所当的衣物。每逢市集日期，当铺生意特别兴旺。

当年交易以文钱为单位，1000文铜钱等于银圆1元。十年间稻谷每石（10斗）由1000文涨至3000文铜钱，猪肉每两由7文涨至10文铜钱。贫苦农民代地主、富农做一天工，得铜钱二三十文，仅能买得一个人的一餐米粮，而且很难找得工作。农民出售的柴、鸡、鹅、鸭等价钱既低贱，又不易脱手。因此一般贫苦农民很难维持生计。

根据清朝官方统计，化州有40万人口，80%是文盲，仅地主富农和一部分中农的子弟有学习文化的机会。化州县城只有一间龙文书院，是全县地主豪族子弟求学的最高学府。此外，在乡村有地主富农设立的私塾。私塾有两类：一类是比较高级的临时私塾，地主富农有子弟读书时才设立；另一类是普通私塾，所读的书本是四书五经之类。能入私塾读书的只有地主富农及一些上中农的子弟，一般农民子弟因生活困难，大都没有读书的机会。地主富农送子弟读书，为的是考取功名，光宗耀祖，回祠堂领取胙肉，考不得秀才也是斯文相公，不被人欺，且可欺人。

光绪三十一年，废科举，兴学堂，化州龙文书院改为高等小学堂，招收甲乙两班学生，四年毕业。到了光绪三十四年，高等小学堂继续招收丙、丁两班学生，我考入丁班。甲、乙两班学生毕业时好像考中秀才一样，穿着秀才袍，戴着秀才帽，簪花挂红游泮池，拜客送扇领花红。李佩卿从京师大学堂毕业回化州，便在祠堂门前竖起两支旗杆，演戏宴客收礼金，好像考得举人一样威风。

法帝国主义及其他帝国主义国家，借口传教，在化州各地建立基督教及天主教等教堂，引诱一些思想落后、为非作歹的人入教，麻醉国人思想，并利用教徒进行间谍活动。光绪年间，化州入教的人还不多，到了宣统年间才逐年增加，一般官僚地主豪绅及坏分子争先投入教会，利用教徒的名义来为非作歹。教徒虽犯了大罪，也可借教会的撑腰而免受刑罚，因此入教的人数增多。化州教徒作恶多端，一般农民有冤无处诉。因为教会引诱和包庇坏人入会，欺压人民，所以人民反教会的斗争经常发生。如西冲村就曾因教徒强奸妇女和霸占地产，引起人民对教会的反抗和斗争。教会遇到被人民攻击时，常向清政府求救。清政府以保护教会和外国人生命、财产为词，也常帮助教会压迫人民。所以人民与教会斗争，多告失败，教徒的气焰反而更高。如陆田村大地主柯子兰因打死农民闹官司，官府乘机要封他的财产。他向教会求救，办了入教手续，教会替他出来说话，官府便无可奈何。

二　辛亥革命化州起义的情况

清朝光绪末年和宣统年间，化州人民在封建势力和帝国主义双重压迫和剥削下，饥寒交迫，无以为生，迫切要求革命；可是由于没有正确的领导，他们便自然地盲目地参加洪门会、三合会等组织。这些会党在光绪年间仅以“反清复明”相号召，到了宣统年间又增加了“驱逐老番”（帝国主义）的口号。贫雇农和濒于破产的小有产者参加会党的越来越多，积极投入反帝反封建的斗争行列。这充分说明当时化州人民对革命的热烈要求。

宣统元年，化州高等小学堂聘请教师，同盟会便设法派留学日本的惠州人王伯群来充任，借以进行革命活动。王伯群来化州时已剪去了辫子，思想进步，言论超群。清朝规矩，每月初一县知事必须到孔庙礼拜，学堂全体教职员均须陪伴礼拜，王伯群也参加。但在行跪拜礼时，众人跪而王不跪，众人拜而王不拜。学堂有位教师李次奇得了拔贡功名，照例送扇给王伯群，王只看作互相馈赠，仅回送他一把扇，没有封扇金。这两件事在当时是很突出的。王伯群对学生十分爱护，全堂学生都喜欢和他接近，他便乘机向学生进行革命宣传。在同盟会“驱除鞑虏，建立民国”的宣传下，化州高等小学堂的学生们思想上有了进步。王伯群便同彭瑞海、董水洲、陈冠民、李春华、赖友甫、彭中英、马禄仙等人组织拜兰团。在拜兰团的革命组织宣传影响下，全堂学生们爱读新书报和王伯群带来的一些宣传革命的书刊，这些书刊主要内容是揭露清朝虐政，列强的侵略，以及人民的悲惨生活，主张维新改良或推翻专制，建立共和，发愤图强，收复失地，挽回主权以及改善人民生活等。由此提高了学生们的思想认识，推动了革命工作。王伯群的言论行动，当然为当局所疾视，因而不久便被撤销教职。同年八月，王伯群离开化州回广州后，同盟会就派徐昌来化州与拜兰团联系，并以拜兰团作为核心，在学堂内秘密组织同盟会，吸收了全学堂的 60% 以上的学生入会。在同盟会的组织领导下，会员利用各人的亲属和戚友关系，打入驻防化州的十三营做策反工作，并与百长、十长取得联系，还派人打入内部去当兵，从中宣传“反清复明”思想。此外，还利用各种关系打入各地方的洪门会、三合会和绿林组织中去，进行宣传活动。到了宣统三年下半年，革命起义的准备工作已经就绪。

武昌起义，全国响应，革命大火已成燎原之势。化州同盟会（拜兰团）以彭瑞海为首，于农历九月初三夜发动了驻防化州的十三营武装起义，并通知各会党同时从外边进攻县城，里应外合，首先很顺利占领了县衙门，缴了县知事的警卫武装，逮捕了县知事，杀死了承审员（旗下人），释放了县监狱的犯人。各会党的队伍入城的有二三千人，商民放鞭炮欢迎。当即组织了临时政府，以李屡正为临时县长（李因控告公局长陈敬堂而入狱，化州起义后释放出来）。县知事被捕后解送高州瓜棚处理，后被释放了。人民最痛恨的公局长及土豪劣绅都闻风潜逃。化州组织了临时政府后，就发生了严重的粮饷问题。当时参加起义的驻军十三营和绿林队伍云集县城，于起义后两天都要求发给粮饷，临时政府无法应付。商量结果，只得由领导起义的同盟会（拜兰团）人员分头带领十三营官兵到各村庄向地主商请支援。可是地主利用宗族关系，组织力量与十三营对抗，故向地主要款时都被地主们闭门拒绝。李春华带领的一队，在官桥乡那洛村因被地主闭门拒绝，更引起武装冲突，结果李春华被打死，十三营官兵便把地主彭胜的祠堂烧掉。此事件发生后，全县人心惶惶，县城商店关门停业，乡村居民不敢进城。绿林队伍便乘机到各乡村去勒索粮饷，弄得地方一时大乱。此事传到高州瓜棚起义征兵营后，征兵营便派苏汝森带领起义征兵一营到化州来，缴了十三营的武装，解散了十三营。绿林队伍闻风逃散，各回原地，照旧抢劫。解散了十三营之后，苏汝森接管县政，重新组织临时政府，请高州起义临时政府委派陈元青来化州任县长。前任临时政府人员和拜兰团起义人员，除彭瑞海、董水洲、陈冠民、马禄仙等几人到广州去找王伯群外，其他人员各自分散回家。在苏汝森的主持下，公局长、乡正又重执地方政权，封建势力死灰复燃。他们还购置了一批枪械，组织民团，并在县城开办四队学生军，经过一个月的军事训练，派去各地清剿绿林，平息抢劫之风。经过一年的时间，地方稍为安宁，便解散学生军，令各学生继续求学。化州起义至此便告一段落了。

（选自全国政协文史资料研究委员会编《辛亥革命回忆录》第2集，中国文史出版社2012年6月第2版）

香山县起义回忆

郑彼岸*

香山起义，是在辛亥年九月十六日，主持者是邑人郑彼岸、林君复、林警魂、萧楚碧、萧叔鸾、郑仲超、刘卓棠和东莞的莫纪彭、何振（仲达），湖南人任鹤年等。今将起义情形分述如下。

一　事前的活动

先是，郑彼岸、林君复等衔中山先生命，负责策划在本邑起义。早在武昌起义之前，郑等就在澳门南环 41 号设立总机关，召集各地

* 郑彼岸：时为广东省香山县起义领导人之一，后任南京国民政府广东省中山县文献委员会主任。新中国成立后，任广东省中山纪念图书馆馆长，广东省文史研究馆副馆长。本文原题为《香山起义回忆》。

党人，秘密进行革命工作。当时议定由林君复、林警魂两人在澳主持总机关；林君复和莫纪彭、何振、郑仲超等担任运动驻前山的新军；郑彼岸担任运动石岐城的防营、游击队及联络石岐的绅士，并在石岐正薰街（今民生北路）萧聘一宅设立机关，为革命党人会议和秘密藏军火之用。所需一切费用，由林警魂担任筹措。部署计划既定，遂分头进行。澳门距前山最近，当时省方派有新军约 3000 人驻扎。这一支新军是广东督练公所新训练的劲旅，自标统以下至小队长均属陆军学堂毕业的青年，装备齐整，纪律严明。军官中多有富于爱国思想者，尤以在新军中的营长湖南人任鹤年最为进步。邑人郑仲超和东莞何振二人系陆军速成学堂毕业，和前山的新军下级官长多是同学或相识。于是郑、何二人及林君复、莫纪彭等，首先就与任鹤年联络，进行非常顺利。但石岐方面一向驻副将一员（俗称协台）和防勇数百名。清末的绿营防勇本毫无战斗能力，但副将马德新是个湖南人，头脑顽固，部下的防勇也多是湖南人，号称善战。马德新派防勇把守城厢内外，甚为严密，对革命活动颇有障碍。除了防营之外，尚有县团练局，主持人是邑人郑雨初；带领团练的游击队队长是武解元黄龙彰，队兵约 80 人，驻扎在石岐龙王庙；还有邑人王作标带有县署亲兵约 30 人，驻扎在香山县署。郑彼岸就分头说服郑雨初、黄龙彰、王作标等，他们均宣誓加入了同盟会。至于石岐对海的长州乡，族大人多，地形上更为重要。再过去便是隆都地方（今十二区），村乡最密，华侨甚多，富有民族思想，溪角刘姓、安堂林姓、南文萧姓，均是聚族而居、人口逾万的巨族。因此，又遣人分头向各族姓的志士团勇联络。小榄方面，地方辽阔，绿林最多，亦于事前派人联络其中的李就成、伍顺添二人约期举事。除此而外，未经运动的只有县知事覃寿堃和副将马德新二人。起义所需军火皆由澳门、香港运入石岐。安香兵轮管带某早已同情革命，林君复等商得其同意，时将大帮军火托他运入，并有几名少女如林寿华（林君复妹）、黄文干（黄文铎妹）、萧世冰十六姑（何振未婚妻）、刘振群（萧叔鸾妻）、黄芙蓉等担任押运。她们能利用巧妙的伪装，避过洋关的检查。抵岸后，各人均乘肩舆，将军火舁入萧宅或大涌林家密藏。

安堂乡的林警魂，与林君复为从兄弟，在澳门总机关担任筹饷。他与港澳商人、海外华侨及各省的革命党人，相识甚多。他向各地商人华侨捐得不少款项，源源接济，革命得以顺利进行。当时担任联络各方面的人，尚有前清举人高拱元和他的儿子高西平，长州黄尧轩、黄普明，溪角刘卓堂、刘蔚池、刘日三，龙聚环刘汉华，象角彭雄佳，豪吐高胜瑚，申明亭乡杨藻云，港头乡胡孔初，安堂乡林少愉、林耀南、林仲达，及南文乡萧某等。此外，前山方面尚有刘希明、苏默斋（苏曼殊之兄）、陈自觉（陈景华之弟）和陈永安等几十人。

二　小榄起义情形

九月十二日，小榄的绿林豪客李就成、伍顺添等，在附近沙面首先起义。马德新闻报，不知虚实，立即檄调黄龙彰所部游击队 80 人，配合协署防营百余人，开赴小榄围捕。不料游击队到达小榄后，便与李、伍合流，反攻防营，伤毙不下 10 余人。马德新知事不妙，且战且走，回岐后翌日即带同几位亲信人员，出省去请救兵了。

三　前山起义情形

前山起义是在九月十五日。当时驻扎前山的新军已运动成熟。前山恭都小学堂（后改凤山小学）开办未久，即有党人苏默斋、刘希明、陈自觉、鲍某等由日本回来，投入学堂当学生，暗中做地下工作，说者谓新军普遍受到革命思想影响，他们出力最多。又澳门富商陈芳之孙陈永安，亦加入同盟会，和革命党人联络紧密。永安家资富有，做事肯出钱，当时颇受人推重。十五日这天准备起义的新军军官佐，均齐到黄茅斜陈永安的祖居石室内开秘密会议。到了傍晚，前山各处一声暗号，遍竖白旗。新军的高级官长某，见势不佳，立即由前山城墙跳下，拼命向澳门方面逃去。新军随即推举任鹤年为全军司令、何振为副司令，准备向石岐进发，“光复”石岐城。

四　石岐起义情形

十五日新军在前山起义后，石岐方面尚未接到消息。林君复以事机迫切，遂即日兼程返岐，在正薰街萧宅召集党人开紧急会议，决定即日起义。下午，隆都方面的各乡团勇，纷纷集合，浩浩荡荡向西河路进发，直趋石岐。其中溪角乡的民军，由华侨刘卓棠统率，有数百人；龙聚环乡的民军，由刘汉华统率；象角乡的民军由彭雄佳统率；豪吐乡由高胜瑚统率；坎下乡由梁守统率；港头乡由胡孔初统率；安堂乡由林秀统率；申亭乡由杨藻云统率；南文乡由萧某统率，共不下两三千人。这些队伍虽是临时集合，并未经过训练，但革命热情很高。带领各乡团勇的人，有的是华侨，有的是学生，有的是绿林豪客。各队伍到达石岐后，先后在龙王庙集合，分作两队。一队由梁守带领，由南门入城；一队由郑彼岸带领，由西门入城。当时因马德新已离开石岐，一时军中无主，守城的防勇不敢抵抗。县知事覃寿堃，原是湖北孝感县进士，曾留学过日本，本有新思想，到任仅仅一个月，见大势已去，亦不敢抵抗。因此，两队人马遂安然前进，除在南门及县署击毙两防勇外，双方未发生冲突。由西门进入的队伍，首先就占领县署。王作标所统带的游击队便即投入革命队伍。县知事覃寿堃听到外面人声嘈杂，知革命军已到，即时匿避邑绅洪式之家内，旋被革命军侦悉，带回县署。他亦表示降服，翌日将县署的印信一颗缴出。今录他的申缴文如下：

前广东广州府香山县知县覃为申缴事：窃知县怀抱民族主义，十年于兹，以事势禁格之故，延误至今，未有所展。乃者天假之缘，当知事奉檄出宰之日，值民国军政府莅邑之时。知县为中国计，为前途计，为地方治安计，为同胞生命财产计，均有应尽之义务。现已担任军政府事件，所有前索县印一颗，应即备文缴销，以为与清政府断绝关系之证据。为此备文具申，伏乞照验施行。

革命军接收了县印后，十七日便在水关街协镇衙门设立机关部，专理军政，公推黄龙彰、启明梁鸣洸、郑雨初等主持；又在城里深巷的高氏大宗祠设立民政部临时办事处，公推郑彼岸（当时名岸父）、高拱元和附城一带士绅担任，仍以覃寿堃为临时县长，负责维持，复一面召集石岐绅商各界组织筹饷局裕筹饷糈，为前方支援。一切部署既定，秩序很快恢复了。西门大街的振兴商店店主热心革命，早就把青天白日旗帜预先制就了一大批，因此在起义之日，革命军旗帜就高竖在城楼和通衢大道，随风招展了。

石岐“光复”后，广州方面尚未起义，总督张鸣岐和水师提督李准尚欲秣马厉兵，和革命党人为敌。他们得到石岐起义消息后，就檄令江孔殷乘着江大兵舰，于十八日开赴石岐，相机收复。不料江大到达石岐海面，见得民军声势浩大，不敢登陆。民军亦在石岐海面沿岸设防扼守。相持至下午，前山方面的新军已兼程进抵石岐市郊，全城人心由是大定，江大旋亦退去。即晚接得电讯，广州亦已于十八日“光复”。前山新军到达石岐后，十九日改编为香军，仍以任鹤年为司令长、何振为副司令、莫纪彭为参谋长，即日由郑彼岸、林君复等领队出发，支援广州，驻扎广州西关一带，严密保护市民生命财产。广州市民，热烈欢迎。未几，又改编为北伐军，随姚雨平北伐，至南北议和后，始告解散。

（选自全国政协文史资料研究委员会编《辛亥革命回忆录》第2集，中国文史出版社2012年6月第2版）

辛亥革命前后琼崖革命党人的活动

梁秉枢*

海南岛在同盟会未成立前，已有一些秘密组织如励志社和三合会（俗称三点会）等，进行反清活动。励志社由一班青年学生和进步商人组成，地点在琼山之演丰市，表面以研究学术、互助互励为宗旨，实质是号召“倒清兴汉”，聚集力量，准备起事。三合会则以“反清复明”为口号，力量较大，但成员复杂，其中有些是流氓地痞。由于反清目标一致，彼此亦有联络。

1909年，陈子臣、林格兰先后返琼组织同盟会支部于海口。当时参加同盟会的成员，以青年学生居多。我是以励志社成员的身份由冯千里同志介绍加入。

* 梁秉枢：曾在琼崖从事讨袁工作，后任南京国民政府广东省保安第五旅少将副旅长。新中国成立后，任广东省文史研究馆馆员。

广东省垣“光复”后，署理琼崖道范云梯亦随大势宣布独立。后来胡汉民为广东都督，派赵仕槐返琼主政。范云梯拒绝移交，赵仕槐只得在海口将曾参加过同盟会的学生组成学生军，配以九响毛瑟和单迫枪数十支，想以武力威胁范交出政权。学生军进攻府城时，分两路前进：一路进攻北门；一路则进攻东门。范云梯关闭城门，上城抵抗，居高临下，火力殊猛。学生军既未受过严格军事训练，武器又不足，死伤惨重，结果失败，退回海口。范云梯亦未敢出城追击。后来，林格兰亦被捕牺牲。嗣胡汉民改派古勷勤为琼崖镇守使，范云梯闻讯逃跑，赵仕槐亦奉调离琼，学生军始自动解散。

1913 年，二次革命爆发。时胡汉民已去职，由龙济光主粤政。胡密派陈侠农（国会议员）为琼崖讨袁军总司令，返琼暗中策划讨袁运动。文昌白延市、树德头也设立倒袁机关，派我和徐成章、吴佩三、熊受天、张孟麟等在琼山的白石溪，以经营种植畜牧事业做招牌，暗中从事讨袁活动。当时琼崖各市镇均设有警察机构，耳目甚多，活动不易，讨袁人员白天化装为农民、小商贩和算命堪舆先生等，到各地宣传，晚间才返白石溪休息。文昌白延、树德头至海口一带讨袁人员，皆以白石溪为联络中心，经常前来联系，陈侠农也经常在白石溪布置工作。

是年某月，我们接到香港讨袁机关的同志来信说：周绍昌奉龙济光命令，不日返琼进行反革命活动，并运入数千两烟膏作反革命活动经费，必须注意他的行踪，予以消灭。我们派人到海口探悉周某从香港到达海口，即将返文昌原籍。我们立刻派一部分同志化装到文昌之九林铺饭店（离三江市 20 余里）一带埋伏，分为 4 路，每路四人，每人暗带驳壳和左轮手枪，约定时间到九林铺饭店，等候周绍昌到来，以便袭击。届时仅有两路同志到达该地，而周绍昌和6名护送士兵已经到来，正在吃饭。各路同志虽尚未到齐，但时间迫促，机会不可放过。我们迫不及待，只得先下手向他们袭击，把周绍昌和4名士兵当场击毙。剩下两名士兵，以大树掩护，开枪抵抗，互战约一小时之久，始被我们击退。我们亦有一人被打死，陈司令、徐成章受了轻伤，另一位莫同志受重伤（他是定安人，系当时琼崖中学生）。我们将缴得的长枪二支及子弹数百发藏于番茨园里，缴得的烟膏4大箩则用火焚烧，并迅速将莫同志抬到离九林铺约5里的地方。因眼看敌人快要追到，我们便将他抬到杂草丛里安置，准备晚上再来抬去医治。这时已发现敌人的影子，我们只得分途退走。敌人四处搜索，结果将莫同志找到，抬回三江市警察局，用刑迫供。莫同志矢口否认，结果遭敌人枪决，壮烈牺牲。

1914年2月，我们已经有了一定的武装力量，便开始军事行动，拟占据万宁、陵水、崖县为根据地，再向府城海口推进。于是决定抽调琼山、文昌两县枪支在文昌白延市附近集中，率队入万宁兴隆市，策动黎族首领钟奇曾、钟孟君兄弟和我们共同行动。钟奇曾有4000多武装黎民，其装备虽大多数都是土制药枪，然而力量并不小。钟奇曾便率领所属黎民一同向万宁县城进攻。该城有反动军队杨锦龙部一连兵驻守，力量薄弱，结果被我们攻破，县知事逃跑。即派钟奇曾充任万宁县长，万宁战事结束。我们又继续攻克陵水县城，以另一黎族首领刘某（忘其名）为陵水县长。接着又攻下了新村港，遂乘势再向崖县三亚进发。该地亦驻有杨锦龙另一连部队及盐警队30人，连长是陈司令的同乡，颇有革命思想，所以陈司令亲身先到榆林，派代表到三亚策动该连连长起义，同时也叫我和徐成章、梁国一等

3人到三亚、榆林帮助工作。讵知该连长因事请假，由营附代理，派去的代表被该营附扣留，因而策动工作遭到挫折。陈司令只得离开榆林。我们3人到榆林时陈已离去。在归途中，我们遇到了该连离了职的排长姜飞。他知道我们去榆林的意图，便主动找我们商谈。他告诉我们说，他部下岑峰和梁某两个班长都倾向革命，也能听他的话。于是，他即写信介绍我们往晤岑、梁二人。我们到三亚将这封信交与岑、梁，他们果然同意起义。三亚的驻军原分三处防守，盐警队驻在盐知事衙门（设在三亚对面一个小岛上），驻军则一个排驻在河边炮楼，两个排和连部驻在另一处，力量分散。我们约定凌晨4时开始行动，从榆林乘渔船化装偷渡三亚。登岸时敌人毫不知觉，我军用炸弹猛攻敌人炮楼，岑峰等听到枪声，也跟着起义。炮楼里的敌人纷纷投降，盐警队亦早已逃之夭夭，三亚的战事迅速解决。我们便将起义的军队改编为琼崖讨袁军第一支队，以姜飞为支队长，岑峰副之，兼第一队长，梁班长为第二队长，另一班长为第三队长。盐警队逃跑后，根据群众报告，在盐知事署内地下挖出子弹数箱，并由群众引导，将躲藏在其同乡家中的盐知事、秘书、科长三人逮捕。该盐知事自到任后，横征暴敛，增加盐税十余倍，人民恨之入骨。所以我军攻克三亚后，马上出安民布告，并取消各项苛征。民众欢欣鼓舞，并纵火将盐知事衙门焚烧。

三亚战事胜利后，崖县县知事闻讯，即弃职逃跑，但因平日无恶不作，民愤甚大，经群众四处搜索，结果被黎民兄弟逮捕，活活用水浸死。崖县县知事被群众处死后，群众派代表来三亚请求讨袁军派人去维持治安。我军顺从民意，开入崖城，群众夹道欢迎，情绪热烈。随即委派该地前清举人郑某（忘其名）为该县县长，公布取消苛捐杂税。这时又接到万宁县长钟奇曾报告，谓万宁县城为敌人集中兵力反攻，已被攻陷，我军已退回兴隆市。我们就回兴隆计议收复万宁县城，进攻加积市，向府城海口推进。乃指派钟奇曾率部攻万宁县城，我们则率队进攻加积。当我军开到加积附近10余华里之椰子寨那天，正值五月端阳节，便在那里劳军休息。适值万宁敌军被收复万宁县城的钟奇曾击败，退到椰子寨，和我军遭遇，双方展开战斗。约激战6小时，敌我伤亡颇多，我方一秘书阵亡。敌军卒不支，退回加积集结，准备反攻。我军只得改变计划，绕道攻克琼东县城。但敌人又由文昌、定安、加积增兵反攻。我们为保持实力，只得自动撤退，返定安之榆林市一带驻扎。

袁世凯称帝失败后，其余孽广东督军龙济光来琼崖，任琼崖矿务督办，琼崖讨袁军亦奉令取消，军队调回万宁、兴隆一带听候改编，黎族民兵亦回原籍。不久，陈继禹遂有讨龙军的组织。

（选自全国政协文史资料研究委员会编《辛亥革命回忆录》第2集，中国文史出版社2012年6月第2版）

辛亥革命在浙江

葛敬恩*

在辛亥革命时期，浙江省的革命中心力量在新军，这是人人皆知的。但这中心力量是如何形成的，多数人却未必皆知，各方面的看法也很不相同。孙中山先生对于浙江革命力量的形成具有极大的影响，这是肯定无疑的。还有像徐锡麟、秋瑾、章炳麟、蔡元培等党人，或挺身赴难，或振臂疾呼，激发了其时的知识青年，同样对人们思想上起了巨大的作用，这也都是事实。不过除此以外，还有若干人，他们所作所为也曾起着更直接的影响和作用，而其事迹在当时却似东鳞西爪，后人记载亦仅若隐若现，使我这个身与其事的

* 葛敬恩：时为杭州起义指挥者之一，后任中华民国临时大总统府及大本营兵站局交通部长，南京国民政府参谋部次长。
新中国成立后，任第四、五届全国政协委员，第四届全国人大代表，民革中央委员。

人自觉不能已于言。谨记录当年有关数人的若干事情以及浙军的杭州起义、南京赴援等重要经过如次，亦仅勉记所及而已，至于传闻臆断之说则宁付阙如。

一　伍元芝、蒋尊簋、黄郛有关辛亥革命的若干事迹

（一）关于伍元芝

伍元芝，号兰荪，江苏省江宁府上元县人，前清进士，改官浙江，任浙江武备学堂总办（校长）。他可以说是浙江新军中革命思想的播种者，就我而言，更应当说是我的恩师。他表面上沉默寡言，暗中却支持革命不遗余力。他在武备学堂经手招收的学生，有第三、第四、第五期正则科和两班速成科。这三期正则科的学生是全校最优秀的，也是后来在革命事业中最为积极、最为得力的。

当时因需要人才，而正则科年限既长，人数又少，所以另创办速成科，挑全省机关、部队和旗营中已任军职而未受过新军教育的人保送来校，考选录取。这些人年龄比较大些，文字和学识也比较差些。因为要进武备的人实在太多，正则科、速成科都来不及容纳，所以又添加了速成附科。这是专凭文字、学识和思想挑选的，其中着实有些优秀的人。伍兰荪为了勉励他们，特亲撰一副对联，贴在速成科教室的门上："所谓速化者耶，及其成功一也。"

武备学堂全体数百名学生毕业之后，先后调进了新军部队，充当各级军官，有的人还去担任文学堂的教师，从省垣的高等学堂（浙大前身）、中学堂以至外府县的中学都有，人数很不少，像秋瑾等主办的绍兴大通学堂、绍兴府学堂等就有好些同学去参加，都直接、

间接灌输了革命思想。

光绪二十九年（1903 年）春，我考入了武备学堂第四期。章程规定年龄为 18 岁至 25 岁，我当时才 15 岁，年岁和体格都够不上，就虚报 18 岁报考。由于体态与所报年龄不符，引起了伍兰荪的注意。他在考试过程中曾两次亲自问我年岁，虽然有所发觉，但他感到我意志坚决，因而有心提携，并未揭穿，准予录取。在开学那天，全校新旧学生在总办和教职员率领下齐集在大厅礼堂行礼之后，总办好像也没有怎么多说话。我抬起头来看见大柱上贴着一副很大的对联："十年教训，君子成军，溯数千载祖雨宗风，再造英雄于越地；九世复仇，春秋之义，愿尔多士修鳞养爪，毋忘寇盗满中原。"我当时似懂非懂，大家说这是伍总办亲笔写的，好得很，我也就以为是好得很，直到后来我渐渐长成，才一天天地懂得了它的好，对于伍当时那种大胆革命的精神也就更加佩服了。

那时学堂除了中国教习之外还有好几个日本教习，他们专教军事和外场功课，而外场课程是十分重视的。我因年幼体弱，内堂功课虽很能应付，而外场功课很落后，每年冬夏两次大考，总是靠内堂分数来平均，以补外场分数的不足。日本总教习一再提出，我不能当军官，应予及早开除。伍每次都婉言解释，力予回护。伍当然不是仅对我一个人，凡是同学中思想前进、好学奋发的人，他都是十分奖掖鼓励，多方照顾。有些同学因为功课好、思想好，他就不等他们毕业，提前保送出洋留学。下文所说的黄郛亦其一例。所以伍在武备虽前后不过四五年，而其爱国思想、革命精神却不仅贯彻到全校学生，而且影响到后来浙江新军整个部队。

（二）关于蒋尊簋

光绪三十一年（1905 年）秋，浙江办了一个体育会，在杭州金衙庄地方建了一个体育场，开了运动大会。其时蒋尊簋已毕业于日本士官学校骑兵科，他的体育运动很有名，时适回家路过杭州，就公请他做了运动会总裁判。有一次蒋自己表演体操，观众大为称赞。光绪三十二年（1906 年），蒋应浙江巡抚张曾敭之聘，担任了浙江新军第二标标统，在杭州望江门外海潮寺择定地址，开办一个弁目学堂，以训练部队的初级干部。这年夏季开始筹备，入秋即招生入堂。其时全省闻风而至的人着实不少，但有限额，仅录取了 180 人。蒋还请调了本省武备出身的许多同学组织了开办第二标的主要干部。他先组织了第二标标本部和第一营一队的干部，再把这些人分组成两个学生中队，每中队分 4 区队。我在上年已毕业于武备学堂后，同周凤岐、夏超、斯良等都在本堂任教官，至此被蒋调来第二标任第二中队第四区队区队长。蒋因我年纪尚轻，只 18 岁，特在录取新生中挑选二十几名年纪同我相仿的组成这区队，命我负责训练。我这区队后来经蒋评为成绩很好。蒋对我特别关怀，也特别严格。我在担任一般教练之外，蒋还叫我在课堂上任教野外要务一科，其实我们都是才出学堂的人，对于野外勤务毫无经验，根本是外行，教课不过是纸上谈兵。我因蒋的多方勉励，教课格外认真，学生们也特别乐听这一课。其后辛亥革命浙军援攻南京，我们才初次对野外勤务得到一些实战的经验，也可以想见我们那时的幼稚。

蒋办理弁目学堂十分认真，全标全堂，人人衷心拥戴。在次年春季弁目学生毕业之前，举行了一次野外演习，以测验学生所受的教练程度和野外勤务的能力。一路演习，从杭州一直行军到绍兴，来回都是徒步的。在绍兴，大家会见了秋瑾等人，其时干部和学生中已有若干人加入了光复会。

在学生毕业之前，已着手准备征兵工作，我们许多人被派为征兵官。征兵在浙江还是初次，仅有其名，实际还是募兵。不过全省因为听说武备、第二标弁目学堂和蒋伯器的关系，应征的人蜂拥而至，不多几时即征足逾额，分配在原定的第一营第一队。另外还成立了一个学兵队，驻在凤山门外万松岭的敷文书院，为再扩充部队时培训干部，我又被调在这学兵队任区队长。成立的这些部队中，文理畅通、思想进步的人很多，后来浙江成立第二十一镇（师）时，就隐隐成了全镇的骨干。第一标起初好像落后些，后来亦受到影响，同样进步。新旧之间无甚区别，因本来都是出于武备学堂一体的。当时第二标中也有少数非武备出身的人，但相处毫无派别成见，只有团结互助，这正是蒋伯器以身作则之功。

蒋除创办了弁目学堂和第二标之外，还帮助成立了陆军小学和炮工学堂，并介绍了金骐（号季骢）为陆军小学和炮工学堂总办。这两所学堂对于后来浙江陆军特种兵的发展和辛亥革命都起着直接的重大作用。蒋挑了好些武备和弁目出身的优秀分子去充当两校干部，所以两校都办得很好。蒋还挑选了好些弁目毕业生保送投考保定陆军速成学堂。炮工学员毕业之后，这学堂就停办了。陆军小学因总办金骐他调，换了张复泰继任。

光绪三十三年（1907 年）秋，蒋去直隶省河间府参观大操时，得知江苏省第九镇的编练已正式完成，是年亦在举行大操，就特电浙督练公所推派我和朱瑞、陆殿魁、柯勉等前去参观，这在无意之中对于后来辛亥年浙军援攻南京之战有很大作用，因当时第九镇的大操正是在麒麟门、孝陵卫一带举行的，我们因此多少认识了那一带的地形，辛亥年就真的在那里激战了一场。

经过数次征兵，两标部队已接近完成建制。接下去该是成协（旅）了，协统一席很显然应当是属于蒋尊簋了，岂知北京突然派杨善德来浙充任协统。杨以剪辫子是革命党象征，应当严行查办为借口，想对蒋来个下马威。第二标自标统蒋尊簋以下全部是光头，这自然使蒋觉得很下不去。杨还要部下见上司须请安打千，犯了错要跪下来打军棍等，有意同新军为难。同时，浙江遵照北京的规定，成立了督练公所，以袁思永为总参议，丁剑秋为总办，重重上司，使蒋做事十分为难。尤其是自徐锡麟、秋瑾等案先后发生之后，外边很多知道蒋同他们是熟人，就影响到省当局对蒋的信任。蒋感觉到再搞下去是会发生问题的，就此辞职而去。是时第二标第一营管带（营长）萧星垣（号紫庭，湖南人）原是老营务出身，挑入浙江武备第一期毕业，又被遣送留日，在士官第一期毕业，而且也是参与了第二标的创建，为人又善于敷衍逢迎，经杨顺水推舟地加以提拔，就升任了标统。时值清慈禧和光绪之丧，军队中都须持服举哀，行礼时还要三跪九叩，我们满肚子革命思想的青年军官真是忍无可忍。而萧最善做官，遇此机会带头做得格外起劲，以邀信任。我实在看不过去，也只好辞职回家。次年浙江陆军小学发生风潮，有督练公所王燮阳、虞廷等从中鼓动，风潮闹得很大。总办张复泰本来作风恶劣，被查办撤职。我在那时调进了陆军小学任兵学教官兼学生队队长，以资整顿风气。其实这些学生都是本质很好的。

萧星垣真会做官，官运也好，会浙江扩建新军为陆军第二十一镇，除原有的协作为第四十一协外，又成立第四十二协。萧因缘际会升任了协统，居然与杨善德并肩了。第二十一镇统制（师长）一席按理应属于杨，岂知那时北京中央军事机关如军咨府、陆军部、练兵处等重要人员是留日士官回来的居其多数，萧本是士官前辈，托其中熟人暗中活动，竟被任第二十一镇统制。杨大吃一惊，知道上了大当，只好乖乖地滚蛋，新军中人心却为之大快。

（三）关于黄郛

黄郛，号膺白，浙江杭州人，光绪三十年（1904 年）春考入浙江武备学堂，我们开始认识。我为二年级，他虽长我 9 岁，却是一年级新生。我因见他为人慷爽，学识优良，对他很是钦佩亲热。他在诸同学中不久便成为突出人物，并且为学校当局所赏识。他在校两年，未及毕业，即破例膺选提前派遣留日，先进振武学校。因他长于算术、地理，振武毕业后，被选入参谋本部的陆地参测量部（陆军测绘学校）学习。

黄在留日时期参加了同盟会的组织和活动。他每年回来时常和大家集会几次，讲讲日本的国情、远东和国际形势等。他把在日时自己所编译的书刊送给大家看，还记得他翻译过《旅顺实战记》一书（原名《肉弹》，是日本军官樱井忠温所著）。尤为重要的是他暗中收集了好几种有关战时勤务的秘刊，给我们中间若干人慎重保管阅看，这对我们在辛亥年初出茅庐的作战起着极大的作用。他在日本参加了同盟会，光绪三十三年（1907 年）那年暑假，他与吴思豫同时回国，吴回故乡嘉兴结婚，邀黄替他证婚，他们二人乘便来到我家，介绍我参加了同盟会（我未先参加光复会）。由黄引进加入同盟会的人很不少。这时黄还和 10 多个同学组织了一个名叫“丈夫团”的小组织，是黄自己和我说的，阎锡山和若干北方人都在内，张群好像亦在内的。黄和陈其美、蒋介石是换帖弟兄，陈排行居长，膺白次之，蒋第三。后来他与张群也换过帖。黄如期毕业后，到了北京，被派在军咨府第四厅供职，这时已是光绪末年。黄暗中与党人联系，浙江方面的朋友和同学当然很是密切，像江苏的赵声、冷遹和伍崇仁（浙江武备毕业，是伍兰荪的侄儿）等也不断联系。到了辛亥那年，黄的官阶虽然还不过是一个少校，但在军咨府内却受到同僚们的重视。清室亲贵们企图了解党人的内情，以便破坏革命，想选择一个合适的人南下活动，不知为什么竟糊里糊涂挑上了黄郛。黄与陈其美原是同盟会的密友，因此他一到上海便立即同陈其美合作起来。所以以后陈其美做了沪军都督，黄就当了都督府的参谋长。他们以浙江新军为后盾。在上海“光复”的前夕，黄郛凭借他和浙省新军中人过去的关系，他自己并派人去杭州再三敦促杭州方面军人同时行动，在鼓动和组织方面都尽了很大的力量。

二　杭州“光复”

（一）“光复”前夕的一些重要酝酿

杭州“光复”前夕，关于究竟何日独立，何人做都督，如何发动，还应有什么准备等问题，大家的意见还没有统一起来。而上海来的人又接二连三地催促赶快行动。有一次在大狮巷宪兵队的童保暄那里集会，提出了这些问题，但因会上人数不多，仅能解决独立要越快越好这一点，关于人选等问题还要等到下次在顾乃斌家集会时让大家来决定。我同陆军小学的另一队长周亚卫（浙江嵊县人，弁目学堂毕业，以后还毕业于北京和日本陆大，学术优长，忠诚革命，和我最为密切，他最热心于光复会的事情，在海潮寺当学生时，曾偷换了和尚衣服潜赴绍兴企图营救秋瑾）觉得一向比较孚众望的像顾乃斌、朱瑞等，在此紧急关头不够积极，鼓不起劲来，深恐耽误，甚为焦急。两人乃暗商写了一封匿名信给顾乃斌，威胁他，要他即日起事。在顾家开会这一天，顾自己是亲自到的，还有代表朱瑞和第八十一标的俞炜，代表第八十二标的傅孟和吴思豫，宪兵队的童保暄，炮标徐士镳，工兵来伟良、我和周亚卫等代表，还有褚辅成和上海来的一两人，此外还有同顾乃斌同住的邻居许行彬，是浙江谘议局议员（他同顾都是青帮中同帮弟兄）。开始讨论几时起事，决定不下来。随后又提到举何人做都督，顾乃斌涨红了脸说："有人吓我，要告我的密，由他们去，我不管。"大家就相对默然。我同周亚卫自知闯了祸，不敢响。接下去问到俞炜："介人（朱瑞号）怎样？他应当义不容辞了！"俞说，朱近来身体很不好，而且代了标统更忙得转不过身来。顾、朱二人向来热心革命，是众望所归的，现在都推得精光，大家呆了。再问褚："慧僧（褚辅成号）怎样？"褚也是个十分热心的人，他说："最好推一位有实力的人，或者请汤蛰老（汤寿潜号蛰仙）来做也好。"有人说："汤好是好的，不过现在立刻要做事情的。"大家又说不下去了。这时童保暄呆了一阵，他脸红红地说了一番义正词严、慷慨激昂的话，说得大家无话可说，只说："伯吹（童别号）的话很有道理。"顾乃斌说："伯吹的话很好，我们不妨就请伯吹临时担任一下都督如何（童那时革命历史和军队资历都还很浅）。"大家说："好的！好的！好的！"童只好默然接受。接着又提到起义日期问题。我向来喜欢多说话，这日自知闯祸，一直默不作声，至此我又说起话来。我说："这一行动进行复杂，一要准备得好，二要夜间举事，计算九月十四日月光正好，行动方便，而时间上也够来得及。”大家赞成了，再谈如何准备行动。童保暄提议推我做临时参谋，计划一切，草拟命令，大家都很赞成。我想这件事情虽然繁重，但形势上也义不容辞，就只好承担下来。这半天的会议算是决定了浙江当时的命运。上海的代表立即回去复命，做他们那边的准备工作，我们希望两边能同时起事。我得到周亚卫的许多帮助，同童保暄商定了起义的命令，在极其机密之中向最负责的人员暗中一一传达妥当。

另外还有一件事，就是浙军部队向来只有正规的枪炮，大家鉴于武昌的起义深得力于炸弹、手枪，觉得我们行动之际也非有此不可。炸弹自己不会做，而且不会放，手枪极少，都是老式不堪用的，因此要求沪上党方帮助,这个要求同时也微含一些要挟的意思在内。数经磋商，陈英士和上海革命团体方面竟完全慷慨答应，并允许等到我们起事前一两日，准定派敢死队来一同参加起义，后来果然派了敢死队数十人陆续混进了杭州，手枪、炸弹亦运来不少。

当时人们何以要有那许多推托迟疑，难道这些年来所培养的革命精神都是假的吗？与前面听说的浙军士气如何旺盛，精神如何团结，不是完全矛盾的吗？但细细辨味这种情形，也不能厚非。徐锡麟、秋瑾的先后蒙难，浙江人心所受影响是很深刻的。在专制时代，造反是要杀头的，二三十岁的小伙子虽然满腔热血，究竟还没有真的干过革命这件事，如今真要举事了，临事而惧，自不无可原。好在大家还固守岗位，少有规避。仅督练公所科员吕公望借题回转永康县原籍，说是去同他在处州缙云县的朋友吕凤樵商借革命队伍应援杭州（路途遥远，那时只有步行）。其实当时在杭州不但整个新军已运动成熟，连巡防队、警察多数也已联系好了，此举即使出于必要，也难免远水不救近火。吕原是负责联系抚台衙门卫队的（两年多以前吕是由抚台卫队考送保定陆军速成的），此时忽然走开，叫人很不放心。所幸别的同志都能迅速布置妥当，届时尚能达成任务。吕这一走，还闹了两个小小的纠纷。一是吕所借的数十人，号称革命队伍，在来杭途中被已经起义了的巡防队拦截，发生战斗，互有死伤，后急电杭州都督府才予制止；二是童保暄被举为临时都督，吕觉得自己临走时托过童，并将图章托童保管，何以童竟自居都督，不免稍起误会。但人们认为童的态度是对的。

（二）在九月十四日那一天

短短的几天好像过得特别慢，我们负责的人一方面要布置妥善，万无漏失；一方面又心事重重，只怕走漏风声，酿成大祸。结果还好，总算悄悄地把事情都布置妥了。十四日到了，这天天气特别好，我天未明就起床，心想如今就有三长两短也不怕了。这时上海敢死队已陆续到杭，分驻各处。我们这天的目标是：一是攻取抚台衙门；二是攻进旗营，迫令缴械；三是占领报国寺军械局；四是占领羊市街城站火车站，设立总司令部；五是管好银行、电报局及外人住户等；六是维持全城治安。但我们部队的主力驻在南星桥和笕桥，城内部队也分驻上下城各处，首先要开放各主要城门，让城外部队进来。各城门的守门警察大致都已联系过。我们对城内部队还分别规定：上城部队负责开放望江、候潮、凤山等门，下城的负责开放艮山、清泰等门。到了夜半，行动开始了，上城部队同南星桥进城的部队会合，向抚台衙门进攻，由第八十二标一营督队官傅孟和同标第二营管带徐卓等各率所部潜进包围。还有上海派来的敢死队也会合跟同进攻。抚台衙门因有内应，仅开了数枪，投掷几个炸弹，就攻了进去。衙门起火，抚台被捕，顺利地达成任务。下城的和笕桥进城的部队会合王金发敢死队进攻旗营，攻到天明未能得手。此时炮兵已在城隍山放列，准备候命轰击旗营。报国寺军械局亦有内应，很快占领。带队的连长陈国杰十分勇猛，进去太快，被守兵打中了一枪，弹伤额角，幸未致命。城站是陆军小学学生队负责占领的，我同周亚卫任指挥。这天傍晚，我们让王金发的敢死队陆陆续续混进陆军小学来分配手枪、炸弹，这些东西是连日由上海运来暗藏在我和周亚卫等房内的。我们把敢死队数十人打发完了（他们是去会攻旗营的），我们就集合自己的学生队了。学生队是陆小第二、第三期学生组成的（第一期生在上年冬毕业，已去南京、武汉等处进陆军中学），总人数不足200人，都是十六七岁到二十几岁的青年，是我同周亚卫和学长等六七人带领的，这天出队的人特别踊跃，连在病房里勉强能起床的人都归了队，他们都争先恐后地要求出发，足见青年们是如何热情。我们留下很少的人守住学校，学校里是瞒上不瞒下的，只有总办王燮阳、监督刘春台被蒙在鼓里。我们队的任务是占领城站火车站，帮助建立总司令部；遇有必要，并须支援攻取报国寺军械局，预定在占领火车站之后，立即开放两处铁路城门，放正规部队进城。当时我们以战备行军部署出了校门，从蒲场巷（现在大学路，是求是书院和武备学堂的原址所在）向南往城站前进。经过报国寺口，遇到了进攻报国寺的部队，知道他们除上来时稍有误会外，看样子已可顺利地打进军械局了。于是我们就继续前进，进入羊市街。时在半夜，月明如水，除自己部队轻微的前进声外，真是万籁俱寂。我想这时抚署、旗营那两路不知怎样了，就加速前进。

到了城站，遥望西南方向，天际一片红光，知抚署方面已在进攻了。城站站长王涛等事先已联系过，我们一到，就出来热情招呼。我们立即派出警戒，在车站附近布岗，并派分队去开放铁路城门。笕桥的骑兵队首先进城，到车站来向我报到。我一看这队长正是钟玉成，他先是弁目学堂我的区队的学生，后又保送考进保定陆军速成学堂骑兵科毕业，回来派在笕桥骑兵营当排长，别了 3 年又见面了。他的数十骑铁蹄扫转城站一圈之后，全部下马听我指挥。我就叫他加派人去守住清泰、候潮两处正式城门，并向各路巡逻联络，后来知抚署、军械局都已得手，童保暄和预定应当在此会合的人也陆续来了，纷纷提出汇报。未几，天已渐明。这时敢死队也到城站来汇报，来的有若干敢死队队员，其中有女队员两人，就是尹锐志、尹维俊姐妹，是秋瑾生前最亲信的学生。

各处汇报的结果，只有攻旗营的未能达成任务，其余全部顺利成功，街上已多处飘扬白旗，许多人左臂上已经缠上白布，这是事先所规定的。同时就有人报告说，看见贴出告示，是由临时都督童保暄署名的，还说，有些人怀疑童是何许人，说大约一定是革命党了。上午，在城站附近的人越集越多。我们为了便利总司令部的工作和不妨害车站铁路的业务（当天拱宸桥、闸口线照常通车，沪杭线直通嘉兴），就商定搬到梅花碑织造衙门去办公（后来的省长公署）。

（三）杭州“光复”后的一些问题

杭州“光复”之后，各种问题不断压到我们头上来。当时最急需解决的重大问题如次：

1. 童保暄临时都督声望还不够；

2. 旗营如何攻取；

3. 军事全体指挥需要资历高些的人负责；

4. 军政重要问题如何协商讨论；

5. 各府县倡义独立如何处置；

6. 省财政如何维持；

7. 如何支援武汉、沪宁。

关于第一个问题，童本人很客气，极希望速得替人。大家主张请汤寿潜来做都督，一面派人，一面电沪敦请。关于第二个问题，旗营毗连市区，居户稠密，不可正式作战，决定劝降与压迫并用，经过数日的往返磋商，终于就范。关于第三个问题，请周承菼担任浙军总司令。周系第八十二标标统，留日士官毕业，人很正直，资历比较还好，但过去未正式参加过革命工作，曾由吴思豫多次联系，他不反对革命，亦不决然赞成，至此大势既定，他就接受了，即日起执行职务。关于四、五、六各项，均陆续由有关主管方面共同做了决定。关于最后一个问题，据闻武汉方面被北军攻击，陷于苦战状态，情形很严重，必须迅集各方面的力量支援，我们虽才宣布独立，亦应尽可能设法给以援助。南京第九镇起义不成，处于困境，我们当联合上海力予支持。

类似以上的种种问题每日有新的发生，也每日有变化。重要的问题接二连三地加上来。在这些日子里，我们差不多有点筋疲力尽，但还是鼓足精神来处理。

三　驰援南京

（一）紧急赴援，道经上海

上海是各种革命势力汇集的地方，在沪军都督府未成立之前，各党派早已十分活跃。都督府成立之后，在千头万绪之中，总算有了浙江的独立，使他们内部和一般人心得到了很大的稳定，而且陈其美、黄郛他们一向同浙江有深切关系，浙沪之间就更形密切。当时上海的严重课题就是支援武汉和南京的问题，尤其攻取南京更是刻不容缓的事情，但自己还派不出兵去，这自然要向浙江请援了。其实沪、杭两处独立，前后相差两日，杭州也还是在纷乱之中，说是要调很有力的兵力开往南京，这在平时开拔已非简单，何况第二十一镇成立不久，其中未曾充实的一协分驻浙东，正待训练补充，在省垣的也是装备缺乏。但上海既一再催促我们赴援南京，经过商讨，也就毫不迟疑，决定举浙省全部可调之兵立即悉数出动，而且人人踊跃，与前节所述杭州举义前夕的情况完全不同了。这是由于大家认识到南京得失关系革命形势极大，决不容许从容补充然后开拔，所以只好一面登程，一面沿途张罗补给。

浙江究竟可以出多少兵呢？整个省垣附近也不过只能凑合约一个混成协，而且还要对付旗营，自己不能一兵不留。再三筹划，将朱瑞的一标（第八十一标）全部应调，第八十二标标统周承菼既留省当总司令，决定就将他标内的一营亦拨归朱指挥，这算是正式的新军步兵，外加巡防营二营，每营人亦不过 200 多人。骑兵不足一排，加上少数乘马宪兵，也算骑兵一队。炮兵一营实只二连，有 6 门德国克虏伯厂制老山炮，恐怕还是普法战争时代的旧炮，被清朝买来的。工兵还好，有一连多些（炮、工兵技术训练都比较好，是前炮工学堂打好基础的），辎重兵则仅有其名，除各部队自带一些行李由辎重兵数名押运外，并无正式辎重。这个组织自行定名为浙江攻宁支队，而不称为混成协，因为那时这一革命发动也是瞒上不瞒下的。

上级军官如督练公所的袁思永、丁剑秋，镇统制萧星垣，协统蔡成勋等，还有中级较高的许多人都不使他们知道，更不使他们预闻。主持这次革命的多数是少校和上中尉级的，仅标统周承菼事前曾由吴思豫联系过，亦是后请出来的。所以朱瑞以一管带代理标统，率领比较大组织的部队，只好称为支队长，后来也有称他为朱司令的。至于司令部的组织，因人员都是各单位随时抽调的，人事更是简单，连参谋长也是到了镇江才临时推举出来的，计参谋吕公望、葛敬恩、徐乐尧、吴元钧等四五人，副官傅其永、裘韶两人，参军周元善一人，和勤务护兵等六七人，另附传令用骑兵宪兵等约20人。所谓什么处、什么处长等并无其事，那是攻城得胜，到了南京之后才摆出场面来的。

九月十四日、十五日这两天，因为连日连夜辛苦忙碌，各人弄得肝火大旺。十六日下午，在总司令部开军事会议，这时周承菼才被请出来，童保暄已不管事，汤寿潜还未曾到，集会时纷纷攘攘，有些人自认为立了大功，就要求升官发财，丑态毕露，甚至捶台拍桌，动刀弄枪。幸而形势逼得很紧，一面我们比较负责的人已先有成议，同时汤都督已定次日由沪来到，大家这才齐心赴援，这是十七日傍晚决定的。十九日傍晚出征，第一列车就由城站登程了。我被朱瑞面邀同行，傍晚同支队司令部出发，过上海已近半夜了。

我们先派吕公望带两三人去上海打前站，吕同光复会的人比较熟，但此时光复会方面李燮和仅能在吴淞分树一帜，别的党人亦不很得势，无能为力。陈其美其时并无成见，他本人亦和光复会有关，和吕亦相识，对于浙江的事尚肯支援商量。我们有了上海这样的供应基地，这次进军顺利是一个重要原因。

我们来到上海南站后，因沪杭、沪宁二线尚未接轨，官兵皆空身通过租界前往北站，武器和重要军用品则用船运到北站麦根路码头上岸转车。上海的工商各界盛情欢迎，都督府更派员并令许多商团团员和警察沿途引路，悉心照料，连许多外国妇女们也拿食物用品到站相赠。官兵们欢欣鼓舞，顺利到了镇江。从杭州出发，部队是分在城站、南星、艮山和拱宸等站乘车的。我们对于火车输送和兵站勤务等向无经验，也未学过，加以列车缺少，仅此少数部队前后运了约 3 天，许多零星部队和军用品还是后来补充上去的。但毕竟由于以前看过一些黄郛带回来的军事书籍，多了一些书本知识，我们总算依样葫芦完成了部队的初次输送任务。

（二）集中镇江，孤军前进

朱瑞派屈映光（前朱在安徽测绘学堂当总办时屈是地理教员，也与光复会有关，浙江临海县人）为兵站司令，同周六介（与屈同乡，和光复会有关）等在上海办兵站。他们当然都是外行，幸有沪军都督府帮助一切，并得到工商界和党人们的尽力相助。吕公望在上海联系数日之后，也转到镇江，我们参谋人员要有一个带头的，就公推吕为参谋长（朱瑞也叫我推吕，我同朱是从小亲密的同学，无话不谈）。朱瑞叫我负责起草有关作战和其他各项重要命令等。我因六七年来担任着队长和教官，又看过黄郛所带回的重要书刊，对于这些事情多少有些研究和把握，朱向来是知道的。此时上海新闻界像《民立报》于右任等，朱也介绍我与他们会面，约定由我随时供给军事新闻，尤其是重要战报必须随时发给他们。

我们部队在杭州出发时，受汤都督的命令，归联军总司令徐绍桢指挥进攻南京，所以我们到了镇江就一切向徐请示报告，徐亦很客气对待。但这时他的第九镇经过秣陵关、雨花台的挫折，手头已无多少兵力，而且有些部下妙手空空的，还要自封为军长、师长，需索饷项，要求补充装备，弄得他很为难。他看我们来势不小，却一点都不向他要求什么，他反觉不好意思，自动问我们有何需要。我们说，初到人地不熟，希望给若干带路做向导的人，还想招雇若干夫子，帮助搬运物品。他说，这些都容易办，就把他自己身边仅存的卫队骑兵一排（排长谢祖康，号振英，江苏镇江人，陆师毕业，朱瑞后期同学）拨给浙军使调。我们表示很感激，还希望领到些南京地图。这却难了，徐自己也没有几张，就叫参谋拿一份给朱瑞使用，别的再想法。前面曾说到，光绪三十三年（1907 年）蒋尊簋曾派我同朱瑞等去南京看秋操，当时我曾领到过一份南京朝阳门外孝陵卫、麒麟门一带演习地点的地图共四张，回杭后一直放在图囊内。我此次出发，带了图囊，恰巧这几张图也被我带了出来。我当时想朱瑞和徐乐尧是南京陆师出身，可能有地图，但到了镇江，我向大家一问，除我之外竟无人能拿出一张地图来，这就很窘了。幸而朱瑞、徐乐尧和上面所提到的谢祖康，还有第八十二标第一营管带徐则恂，都是南京出生。我于光绪三十三年（1907 年）来宁参观秋操之后，又于宣统二年（1910 年）带领浙江陆军小学全体学生队到宁参观南洋劝业会，还带队到明孝陵谒陵并巡绕一周，对附近地形还多少记得些。别的人多数都未来过南京，此次作战只好说是暗中摸索了。我们此次出兵的匆促无备，从此更可想见。说来好笑，总算靠了我的 4 张图和徐给朱的几张图，就完成此次作战任务。我们也想尽方法，请徐总司令设法再要了几张此次所最最必要的图赶送上海兵站设法翻印，但等到印好送来，我们已进了南京城。

沪军都督府和浙江的上海兵站对我们的供应实在好，军用品、食品都源源得到补充。我们的炮是老式的，所备炮弹极少，作战起来是很困难的。黄郛得知此事，立刻叫高昌庙制造局查明还存有哪些炮弹堪以拨用。据报合于我军这种炮的炮弹已没有了，倒有新式的管退山炮 12 门，还是根据买来的外国样品仿造的，业经试放，成绩很好，炮弹亦不少。我们立派炮兵营管带张国威（湖北人，浙江武备第三期毕业，留日士官炮科以优秀生毕业）去检查，复称“炮弹充足，炮极好”。黄立即将 12 门新炮全部拨给浙军，发交兵站运镇（我们的旧炮 12 门就留在镇江，后来运还制造局作为抵换，大批炮弹就作为奉送了）。我们得到这些炮，如获至宝，但是炮队的马匹出发时带得本来不多，炮队编组既有改变，马更不够，于是又由沪都督府设法买进跑马厅淘汰下来不适合竞赛的马，向各马车行商量贴给费用，调给已经教好的马。所以我们的炮很快就活动自如了。此外还选了若干匹马补充了支队司令部官长乘骑。官兵们对于新炮的操作是在镇江停留的 10 天以内训练成的，这些事都是张国威奔波设法搞成的，连我们急用的望远镜也是由他向兵站办来的。他的确是个炮兵好手，他部下的姚永安、林显扬也都不弱，很配得上。

在镇江集中准备的浙军当时所遇到的极为严重的问题，就是我们同联军总司令部经过多日联系，看出了他们对于克复南京没有把握，也没有很多打算。我们是奉命归徐总司令指挥，听徐总司令命令，我们是坚决服从这个命令的，徐亦靠了我们撑摆门面。可是他们的所谓什么军什么军，看来都是有军无队、有官少兵似的。我们看到镇江街上到处正在招兵。据探报，张勋的兵号称 40 营，就人数概算，兵力比我们至少大 3 倍，他们日日在南京城外各要道活动布防，好像还没有举兵来攻的迹象，他们的队伍是每天会进城去的。我们证实了这些情形，觉得既然众寡悬殊，与其坐待来攻，不如来一个迅雷不及掩耳，给敌人以各个击破，倒是上策。我们恳商了徐绍桢。在当时形势下，他也不好叫我们不要进攻，只好说："你们好好前进，我这里立催各军赶快前进会攻。"我们估计，他的苏军、镇军等若干部队还是比较有些把握的，同时另接沪电，桂军黎天才部就要从上海开到，粤军不久也就可到达，我们也多少放心了一些。于是就商定了于九月三十日（日期可能稍有出入）由镇江向南京挺进。计自杭州"光复"以来，到此才只半个月，中间经过复杂的铁路输送，而一切作战准备、添换武器、改编队伍，都是在镇江的 10 天内急就而成的。

当时形势，不但敌众我寡，而且南京又是所谓龙盘虎踞的石头城，要是进行真面目的攻守战，不要说浙军的 4000 多人，就是举江南和浙江所有各色部队会攻，亦非短时期所能攻破。但武昌既那样紧急，而山东方面又频传张怀芝兵即将南下援宁，形势是愈迟愈于我不利，目前之计只有速战速决，说得不好听些，就是孤注一掷。徐绍桢新败无力，未能看到此点，陷于消极。我们浙军初生牛犊不怕虎，既得徐同意，就贸然而进。考虑到地势，我们希望吸引敌人主力于孝陵卫以东，一举击破之，而且觉得这是很可能的。因南京北、西两面有扬子江环抱，玄武湖附近地形低湿，布满湖沼，都不宜大军运动；越过紫金山，从它的南麓直到雨花台一带是很开阔的小丘陵地带，地势缓缓向东南倾斜，形成一大战场，但比较易守难攻。按照我们的兵力，只好右翼依托紫金山，左翼保留有力兵力以备必要时使用，而在麒麟门、马群之间求得良好的炮兵阵地，敌人主力从朝阳门向我出击时，我们可以导致有利的作战。根据这些研究考虑，我们开始行动了。

这时黎天才军适到镇江，他因在上海早闻浙军声望，向我们暗中表示愿听指挥。我们认为他是联军的一部友军，虽兵力不过数百，也应一切服从徐总司令，我们愿尽可能从旁帮助。黎也以情形和地势不熟为虑，我们就拨谢祖康骑兵排的大半由谢指挥，去帮助黎军攻取幕府山、乌龙山。谢很熟悉情形，带黎部由捷径进袭幕府等山，一举成功（浙军记谢大功，并报告了总部，后来谢跟浙军班师杭州，一直在杭州服务，渐渐升至骑兵团团长），谢仍旧还浙军本队。黎因此对浙军更有好感。其时外传浙军分兵同黎部攻占了幕府山，即是此事。其实是徐绍桢的兵借给了浙军，而浙军又借给广西军的，仅此二三十名骑兵，却因此使南京守军震慑于浙军的威力，这对于我们以后的胜利实产生了很大作用。

（三）马群、孝陵卫的激战

自镇江出发后，途经高资镇、下蜀街、桥头镇、龙潭等地，中间仅稍作休息，于十月初三行近南京近郊，地名好像叫岔路口。当晚在东阳镇附近宿营，夜间战备警戒。次日一面休息一面准备，朱支队长并集合各军官讲话加以训勉，傍晚下达命令。全军于初五拂晓前以战斗行军前进，经麒麟门、孝陵卫向朝阳门一带敌人进攻。先派司令部副官傅其永为将校斥候，带骑兵七八人未明出发，经麒麟门、马群向朝阳门方向前进搜索。上午9时行经麒麟门稍息，我和支队长等行在前卫本队先头。那时已是初冬，早晨西风甚寒。接骑兵斥候报告，他们在孝陵卫附近小山上望见有不少敌人在大路上行走，从西向东而来。接着傅其永自己也赶回报告说：“看见大队敌人前进，并有一骑白马穿袍褂的将官带头，据居民说，这人大约是王有宏统领，他每日出来的，今天带的兵格外多得多。”我们一面命傅再探，一面我就同朱支队长说，今天情形好极了，正如我们所料想的，如此可以形成遭遇战，我们须急进占领马群一带高地，妥选炮兵阵地以迎敌。我就据鞍下了展开命令。我身体发抖，几乎写不成字，说不清话，可并不是怕，而是冷和紧张。10时过半，已展开完毕，炮兵占领了马群东南端“五棵松”的小冈，形势极好，完全可以扫射大道两侧，并完全控制了大道以南广大的开阔起伏地区。接着炮兵开火，顷刻间命中率很高，这是我们新炮的第一功，这种炮在我国战史上我想也许是第一次出现，恐怕那时袁世凯北洋各镇还未采用过。遥见密集的敌人纷纷逃避，那位骑白马的将军也倒下马来。后来据很多传说，王有宏就是在那时战死的，但亦未经证实。我们望见敌人在纷乱之中兵力亦愈拥愈多。时近正午，我军人人奋勇，连续越过几个山冈，在孝陵卫、马群之间形成了一场大激战。我同朱支队长等都在五棵松附近观战指挥。下午继续奋战，进展很多，前线已十分逼近孝陵卫，少数已进入了村落。傍晚天气转冷，枪炮声也渐渐稀疏了。我已草好命令，同支队长商定立即下传，布置“战斗前哨全线阵地彻夜”，急速补充弹药，搬运饭食，更不断查护伤兵。是日我军死伤不多，而照我们判断，敌人死伤则相当重大。

我同朱支队长匆匆吃了饭，赶快趁新月初落的微光，带了电筒亲自巡视了全部阵线。可敬可爱的战友们还是顽强地固守在自己的阵地上，有的已经疲乏得昏昏睡去，有的已是一日没有吃饭，此刻还未得到给养，有的冷得发抖（从杭州出发时天还很暖，未能多带衣服），有的手拿食物，吃不进口，在发呆。受伤的人总算经卫生人员处理得快，多数已撤到后方救护。朱瑞同我一一慰问他们，叮嘱他们还要防备敌人的夜袭和准备明天的作战。日落前的“战斗前哨全线阵地彻夜”的命令有的已经接到，有的还未传遍。我同朱巡视全线一遍之后，回到临时向农民借宿的草舍，已经无力支持，倒在铺开的稻草上，看看好几人已呼呼睡去。副官裘绍还坐在我身旁，我已自己拿不起笔了，就口讲明日拂晓攻击的命令，由裘写好，请得朱同意，就叫周元善找人下达。此时连传令的人都不易叫到，还由周等自己分别送了下去。我叮嘱裘、周等半夜后还要出去巡视一遍，实际上此时已是夜半了。照理，“阵地彻夜”需要调入比较有力量的部队，撤下过于疲惫的部队，以资接力和休息。“拂晓攻击”更是要增加得力部队以发挥进攻威力。当时我们的形势是极需要如此部署的，但连日连夜的急进，接着又忍饥耐寒，整日激战，况且敌人的兵力足，比我有十分优势，我们一再地跃进已将预备力量用得差不多了,支队长手里还有什么本钱好拿出来呢？我心里在盘算，“拂晓攻击”是怕不大做得好的，但怎可不攻击，放弃这许多苦功的成果不采收它回来呢？蒙眬中忽听见有人大喊“敌人攻击来了”。我急忙跳起，走出草舍，看到天色灰白，东方已现微红，远处有火光和枪声。我陪支队长急急跑到五棵松炮兵阵地，随处看到我们的部队和炮兵们正在凌乱地向前奔向阵地，看来敌人也是拂晓攻击，却比我们占先着了。原来我们的官兵因疲倦和寒冷，夜里不知不觉地渐渐躲入山沟和坟圈中睡着了，“彻夜”未曾做好，晓攻准备还待进行，而敌人却从城内调出了优势兵力部队猛烈进攻了。但是我们部队的战斗精神大非敌人所能比拟，步兵部队坚强抵抗，炮兵又急速开炮猛射，其中有几门炮的炮手夜间离了岗位，敌袭时竟无人在侧，幸赖步兵急进将阵地护住，才免炮落敌手。经过一场激烈混战，双方多有死伤，忠勇的管带赵膺在此时战死。但终究将敌人攻势大部遏制住。我们阵地第一线仍旧参差地固定在马群以西，炮兵阵地始终在五棵松山冈上，不断发炮，不稍动摇。后来有人记载这日浙军吃了大败仗，一直急退到麒麟门附近，根本不是事实。而且这时虽然吃了些眼前亏，形势却更于我们有利了，因我们本希望把敌人主力吸引出来击溃它，现在是算送上门来的。可是严重的困难却还在后面。

上午总算竭力苦战，支持下来，下午形势更险恶了，支队长手里已是两手空空，求援报告却雪片飞来，而且阵线左斜方受到了射击。我们疑是友军误射，一再向总部联系交涉，但左方“误射”更甚。最后总部派了联络参谋史久光（江苏常州人，日本士官炮科优秀毕业）前来慰问，视察情况。我们指给史看了实际情形，史也觉得不对，自告奋勇愿去我阵地左方联系，消除误会。我们借给骑兵两名随史前去。史去不久，忽见有两匹空马逃了回来，更过一会儿，一名骑兵也跑回来了。原来史离我阵线不久，就受枪伤坠马，被敌擒去，一骑兵想上去救，亦被枪伤，这个骑兵不得已才冒险逃了回来。这才知道在我们左翼射击的，原来竟是敌人，正在包围我们。这险象幸而只有我们司令部知道。左翼被包围愈紧，多少有些向后短距离撤移阵线。我同支队长等始终立在五棵松不动，看炮兵发炮更猛。时近傍晚，忽然望见孝陵卫村落起了火焰，就有人传说：“我军有一部已进入孝陵卫，放火进攻，我们要赶快前进。”接着孝陵卫果然火势大增，看到烈焰腾空，原来是我们的炮兵击中了敌人后方孝陵卫的村舍起火，接连几炮，火势就扩大了。正在猛攻的敌人此时也显觉惊慌，枪火就凌乱起来。在我们这边忽传有上海敢死队两队

（就是前去杭州帮助起义的队伍，在沪休息多日，后因我曾急电请援，又赶快派来的）和一部分巡防队（是前一同出发的两队中未曾赶上之一部）开到，带队的人急来向司令部做报告。我看机会到了，轻轻地向朱瑞说明我意，朱点点头。我就叫站在身边的号兵吹起冲锋号来，他这一吹，在近旁的号兵也吹了起来，初到的敢死队和巡防队也跟着吹起来了。他们队伍虽很混乱，人数也少，但在这要紧关头，总算是一支生力的预备队。顿时全线吹起了冲锋号，冲呀冲的喊声响彻四周。敌人纷纷向后乱跑。天色愈近昏暗，孝陵卫的一片熊熊火光愈是炽烈。那时我自己也已糊涂了，竟忘了自己的职分，也不顾着支队长，竟自拔出了开口军刀，乱喊乱跑，跟着全线一直前去。穿过了孝陵卫正在延烧的街道，同走的人好像少了些。我恨自己跑不快，更加紧了步度，同跑的人就愈少了。我想跑得快的人可能已进城，只有努力追上去。三三两两的人还在同着我跑，渐渐接近朝阳门吊桥。这地方上年我是来过的，虽已天暗，我多少还认得清。到了桥上，我轻轻地爬过去，先到的若干士兵对我招呼说："城门已经关闭，城上还有敌人，要当心。"我心里一急，自忖是不是我们冲进城去部队被敌人关在城内，看看近边有四五十人伏在地上。这时四周寂静，城上的伜兵还在边装枪炮边骂人，新月一钩渐落到城墙角上，回望东面天际大片红光，这大概是孝陵卫的火区。有几个认得出我的士兵提议，请参谋官赶快转去下命令，调大炮上来轰城。我先不响，只在呆想着支队长们和整个部队，后来说话的人多了，我怕在城楼下吵起来，更急于知道自己部队的情形，就答应了他们，爬过吊桥才敢立起身来。这条路我上年来过的，不知怎的却错走向明孝陵去了。等到自己发觉，转向东奔，不觉误坠入盈丈深沟（这些沟是太平天国的战迹，遍布附近），四肢擦伤，两腕作痛。立了起来，右手的宝刀、左手的手枪都不见了，大窘。幸而跟在我身边的一条黑白花狗帮了忙。它原是部队厨房所养，无意中跟上火车，带到了南京战场的。这天晚上它也随部队到了城下，见我转回，它也跟了回来，见我摔下沟去，又在找东西，它也帮着找。数步之外草里有些微光，军刀寻着了，手枪却找了好久才被花狗嗅到，我拾了起来，十分高兴。如今只好靠花狗带路了，它很聪明，丝毫不误地把我引到孝陵卫大路上。这时火势已稍减弱，冲呀冲的喊声还在继续。我细看那些喊冲的人已是疲乏到极点，都只是在一条条的沟内有气无力地喊着而不能动。我靠火光观望路上，忽闻有人说："我们早好进城了，都是支队长慢吞吞地还在这里走。"我听是熟人声音，一瞧原来是炮兵连连长林显扬，大约他也和我一样，擅离了自己炮兵岗位向前冲锋的。再一看，朱支队长也在跟着走。我心里一定，急急拉住二人到一座塌倒的墙边，轻轻将我经过情形略为说明，并且认为今夜只好仍布置战斗前哨过夜。朱点了头，林亦不敢响了。于是，我又下了命令，照旧同支队长巡了一遍阵线。这晚比前夜更乱得多了，但也无法。我们实在疲乏无力了，最后还是回到那草舍睡了几个钟头，可是不敢怠慢，微明即起。走出门来，觉得好像已下过雨。我同支队长走到孝陵卫，火势大部已熄，还在冒白烟，地上乱躺着战死的辫子兵和不少打死、打伤和烧焦了的战马。孝陵卫的居民带着愁苦的脸色不忍离开他们的焦土故居。对这些居民，我们予以安慰，向他们认过，并答应将来一定负责好好赔偿他们的损失，才稍见他们宽慰。居民们说："这两日出城来的兵实在是多，昨天下午死伤的也不少，傍晚此地中炮起火，来不及救，烧了起来，后来听见四面号声，他们就慌慌乱乱向各城门逃去了。”我们听了这些话，决定这天一面休息，一面清理战场，整理队伍，并派出斥候和步哨严密搜索警戒，同时还向杭州、上海和联军总部做了报告，又连续发出许多作战实情报道给上海《民立报》等报。

（四）攻取天堡城

在我此次到这南京战场之前，我还不知道“天堡城”3字。初五、初六两日的激战中，我详细注意了一般形势，才感觉紫金山的西北角上稍形凸起的那个小小山头，实控制着南京东部的全局。我们初来时，望见这小山前面有稀疏的帐篷，但并未十分注意，后来发觉那里有少数部队活动。问问向导，说这是有名的天堡城，是很重要的地方。它俯瞰全战场，我们的右翼颇受它威胁；并且初六午后战况最激烈时，它那里也曾发射过炮弹，幸距离较远，未被命中。据说那里是太平天国时代数次肉搏的据点，也有人说它从明朝以来就早已有名了。初七日我们整理队伍之际，那里打来的炮弹虽不能命中，却仍向我发炮。我军欲攻进城去，非先占有此山不可。因此，当夜就先派小部试探登山的路。在紫金山南麓有数条羊肠樵径，白天已很难上，何况夜里；北麓路更险，只有一条路，上山去比较适合，但有敌人把守，我们无法通过。探索的人天明都回来了，这算是第一次进攻。初八日，我们找着了几名湘籍居民，他们从前也是营伍出身，对这山地形比较熟悉，就以重赏借重了他们。是日上午我们因急需解决这座山，开了会议，我提的意见得到多数同意，立付实施。我的意见是：

1. 此山必须在最短数日内夺得，不可稍有放松；

2. 攻山不需许多部队，但任务十分艰苦危险，所以全部采用志愿募集，亦取名敢死队；

3. 人数只需数百人，分为数队，各队不必同时分路攀登，可以择定数路作为重点，也不妨前后重叠而上，互相应援，互为呼应；

4. 应募者都定有重赏，官长亦加重给赏。

征募通知发下部队，士兵们已经休息一天，精神恢复，志愿报名的非常踊跃，就由各部队自行选定，编成数队。初六傍晚由沪开到，适时救了我们危急的部队，其中人员报名的亦很多，有叶仰高、张兆辰二人都是浙江省青田县人，他们的出身我不很知道，好像也在南京当过军官，同朱瑞和另外几个官长认识。他们愿意应征，并带队攻山，我们准许了，并派他们各带一队。这天薄暮上山，闹了一夜，次晨都陆续回来，这是第二次进攻未成。初九日，决定当夜再调动生力，增添向导，多做准备，要一鼓夺得天堡城，但初十晨仍旧回来了，这是第三次未能成功。我们不免有些焦急，因山上密林小径，有些地方更是岩石挡路，即在白昼行动亦非容易。我们决定不必单靠黑夜行动，下午以后就利用密林，疏散潜登到适当地点隐伏，夜间利用月色，规定时间暗号，正式行动；但连日天气还暖，向晚微雨，增加了困难。叶、张二人这天又自告奋勇，愿仍带队前去。经我们批准，并为雇到更好的领路向导，一切规划更为周密，便依计分头前去。夜间时雨时霁，登山更是难上加难。下半夜在三四点钟，瞭望哨报告天堡城起火，不久又有靠西的一处起火，火势更大，且遥闻冲锋号音，知此举大概成功了。我们都站在帐外遥望，天明从望远镜中窥见山上已飘白旗，不久报告送到，我军已完全占领天堡城，敌人多数逃往山后，颇有死伤。我军伤多死少，最可惜的是忠勇的叶仰高队长战死山巅，同此山共千古矣。我们赶快派队登山增援，替换休息，清理战场，并多派侦探分头搜索，也照例报告了各上级和上海各方面。现在朝阳门、太平门、玄武湖以东已无敌踪，紫金山的前前后后我们可以自由活动了。

这里要叙述一下沪军都督府给我们的支援。当我们在初五、初六两天忍饥熬寒苦战之时，沪都督府参谋长黄郛想到天气骤冷，恐怕出征战友带的衣服不够，已叫他们的军需处向商家购集了卫生衣4000多套，准备送前方，恰巧得着了胜利消息，他立将寒衣交给了浙军兵站。次日他自己带了少数卫兵，押运着都督府所备的犒军款几万元和许多罐头食物赶到南京犒赏，因此我们在入城时感到分外温暖。沪军都督府同时还送来了地雷，不过后来我们没用到。从这些事例也可以想到当时匆忙出兵中的左支右绌。

（五）南京城

果然，我们从天堡城向南京城内开了炮，城里的人大起恐慌，他们就请美国领事通过美孚石油公司大班安德逊向我们讲和。我们只许他们投降，不许讲和，后来我们索性不去理他。铁良又请出前因受伤被擒的史久光，好好招待他，叫他来请和（这是史后来在北京和我见面时告诉我的）。但事情发展很快，张人骏、铁良等逃得更快，这些事也都没有下文了。

我们为了来一次较大规模搜索，派谢祖康率领所部于十二日未明出发，担当搜索任务。谢行至太平门外蒋王庙附近，遇见了徐绍桢、林述庆等正在打算进城（徐等已知张、铁北逃太平门，或已可能进去），谢只好下马行礼。徐要谢护卫他进城，谢对自己老上司只好听从，领徐从太平门进城。途中林又照样分了谢的一部兵去。但因谢来不及向马群来报告，我们等谢久久不见回来，疑有变故，甚为焦急，就派人四处探查。因谢部全是熟悉本地情形的人，想不到他们为何没有回报，除非出了大岔子。

支队司令部中午前才得知张、铁已逃。朝阳门因我攻打太急，被张勋派兵用土石全部堵塞，徐总司令只能由太平门进去。我们吃完中饭立即开会商量如何进去，走何进路，何时进城，大家各有意见。我主张明晨整好队伍，定好城内目标，先派卫兵保好进路，略修朝阳门、太平门间道路（此路有些部分单骑已很难行，车辆更不易通过），然后堂堂进城。心急的人嫌这样太呆板太缓慢，主张当天立即堂堂进城，持此主张最力的是吕公望，好像有什么要急于去争取似的。朱支队长平常听我的话居多，而今天也很动摇。徐乐尧平日善说空话，今天更是跃跃欲试。这时时间很快，人人都在帐外听消息，我看主张当日进城的既是比较多数，也就不便过分坚持己见，耽误行动，只好依他们意见，提笔下了全队前进入城命令。本想行李、辎重暂留城外候令，但有人以为不便，就也命其随进。命令既下，各部踊跃整备，下午 4 时居然排成了战备纵队，大有堂堂奏凯入城的姿态。支队司令部行在前卫本队前头，各人跨上战马，意气扬扬。哪知行不多远，顷刻之间却出了大事。前卫先头路边，忽然一声爆炸巨响，浓烟直起，紧接着有少数枪声。行进的人，顿时掉头拼命奔跑，马亦似通人性，转头跑得更快，勒也勒不住。纷乱之中，许多人被碰撞跌倒，很有受伤的。徐乐尧的坐马撞着一个兵士，那兵恨极，一枪托将徐拦腰打下马来，还破口大骂。吕公望也被颠坠马，而且马也跑掉了。朱支队长由卫兵扶下了马。我看到如此纷乱，急忙勒住了马，喊着：“大家不要惊慌，步兵部队赶快转过脸来散开，对敌布阵，只要稳慎对付，不会有大事的。”但究竟发生了什么事，自己却真莫名其妙。前头部队勉强止住，后续部队却被前面往回奔逃的人马闯撞得人仰马翻，孝陵卫大道上一片凌乱，满路是倒翻了的行军锅灶、大米、食物、辎重、弹药。受惊和跌伤的人都坐路旁，十分泄气。我来回走动，告诉大家要安静下来。在一坟堆树下看见尹锐志、尹维俊姐妹也坐着，还有王任化、王文庆等，他们都是初六日傍晚赶来救急的敢死队队员。我安慰他们说是不要紧的，不会有大事的，但自己却满腹狐疑，不知道究竟是怎么回事。朱支队长歇了一阵，喊我说："湛侯！现在我们又怎么办呢？"我说："看样子我们进城命令已下，反复更改也不宜，现在看情形留在城外也不顶妥，好在徐总司令已进城，倘大家要进去，也只好进城了。"朱等赞成，即就前卫中酌留一部严密警戒现场，我们稍加整顿，继续进城。这时残阳已落在城角，走过明孝陵边已近昏暗，急急沿城墙根摸索前进。中途遇见谢祖康倒回来了，我们不放心孝陵卫的情形，反叫谢带队回孝陵卫帮同警戒，查明真相。后来谢祖康报告：他会同上海来的敢死队队员查明，那声爆炸巨响原来是那天夜攻天堡城退回时他们队员遗落在路上的一颗炸弹，被我军马蹄踢着，碰到路旁石上而爆发的。这种炸弹其时我们自己没有，敌军更没有，只有上海敢死队才有。至于那少数枪声，是前卫应急的警报。真相这才大白。

我们在黑暗之中摸索进了太平门，司令部行在前面，有少数骑兵引路，很快接近北极阁。忽然上边发出一阵枪声，接着不断的机关枪声，我们策马加鞭，冲过了北极阁下面。点一下，只有朱支队长和我、吴元钧、徐乐尧、周元善等六七人，还有宪兵、骑兵、马弁等 20 余骑，马蹄打在路面石子上，迸起了点点火星。我们到了丁家桥劝业场路凤台旅馆歇了下来，就同朱等决定宿在这里。各部队原也已指给了宿营地点，但经过城外那阵混乱，行列次序都已变动，而且来过南京的人不多，就只有靠他们自己应付了。到了半夜，吕公望等多人仍未到来，遥远各处尚有断续枪声。翌日，我们吃过早饭，仍不见吕等来到，很不放心，只好派人四处去把他们找了来。原来吕等骑马较慢，遇到北极阁枪声，马又受惊掉了头，后来他们就跟别的部队转到小营附近宿夜。次晨，吕因找不着我们大家，同林述庆、徐绍桢等大办交涉，限他们交出人来，否则就要用武。如果我们不及时去把他找到，就要闹出大笑话来了。

四　进入南京以后的一些问题

十三日，我们好好整理了各部队的宿营地点警戒区域，规定了些部队应行遵守的禁令等，出了布告，同时派些侦探北去严密搜索。支队司令部选定了丁家桥江苏省谘议局的一座房屋，次日就搬了进去，徐绍桢那边也重新去招呼了一番。可是徐因此次战事仅浙军和黎天才军有了明白的战绩，别的那些什么什么军的当时都说不出打了些什么仗，而且他自己过去的部下闹分裂，所以人们对他就日渐冷淡下去了。

（一）入城部队的纪律

当时会集南京的部队，就人数说，并非太多，可是各种部队的名称却不少，并且还在到处招兵。因为统帅的威信不高，起不了核心作用，也就谈不到号令森严了。我们自己的部队事先虽是特别严申过纪律的，但是由于取得了一些小小战绩，被捧得太过，吹得太大，自己也冲昏了头脑，就不免滋长了骄气。外间有人冒名浙军在做坏事，而浙军中也有若干不良分子真在做坏事的。我们派宪兵严密侦察，还添了便衣，终究查了一件事出来：有几个兵在三元巷袁海观（卸任的上海道，已去上海）家抢劫，拿了抢来的衣物去当铺当钱。被捉住的几名，经细细审问，有属于浙军的，还有黎天才军的，当将其中主犯依军法处置，并布告全市。于是我们对士兵严申纪律，多次集合官长训话，还请马相伯来讲话。马以善于演讲闻名，大家听得很动容，有些人哭了。我们对于南京地方的行政和财政、公用事业以及军用物资的处理等一律不许任意与闻。但遇到一事却不能不问：我们炮兵营同一部敢死队十二日那晚在昏暗中进入了原来小营的炮标宿营，次晨在炮房发现有完整的日本三一式野炮 18 门，竟有人进去偷取零件。经报告上来，我们即通知徐绍桢。他们得知了，就有好些军要去抢这些炮，却没有正式的炮兵去接管。徐氏顺水人情，就把炮交给了浙军。我们赶快去浙江调了些初受训练的新兵，由管带张国威加紧训练为炮兵。张原是炮兵好手，训练的这队新炮兵正好预备作北伐追击张勋之用。

（二）南京浙军起了个小小兵变

杭州、上海方面的派系纷争，影响到南京的浙军。前面讲过，在浙江的同盟会、光复会党人以及军官们过去是能够和衷共济的，向不因学校出身和地区的不同而互分彼此，如今却因上海方面革命党人闹分裂，浙江也本有一些野心家就暗中活动起来。都督汤寿潜本是清朝官吏，思想不够进步，但很重视留学生，又为了旗人贵翰香之处死，事先未得他同意，心有不怿，对于环境自觉难以掌握，力求辞职，并推蒋尊簋继任都督。会浙军总司令周承菼将到南京慰劳检阅部队，那些闹分裂的人们看到省内形势渐渐于日本士官出身的有利，深为不满。他们称留日出身的人为“舶来品”（我那时还非舶来品，徐乐尧、吕公望等同我谈天时，常常这样称呼留学生），保定速成和南京陆师出身的少数人互相勾结（但正派的保定陆师的人很少与闻的），要打倒“舶来品”，拥朱瑞出来。朱瑞自己还蒙在鼓里，他们因我同朱比较好，不便拉我，也不敢过分瞒我，有些事情也终究被我知道。

有一日早晨，我同朱瑞等四五人还在吃早饭，传达忽然急急报告说，有许多士兵要求上楼见支队长，劝也劝不住。吴元钧立刻放下筷子，下楼去查问。忽然听得一阵激烈的枪声，朱瑞的脸色顿时变了。我叫马弁招呼好朱瑞，自己跑下楼去，才知道那些士兵要求发双饷，经吴元钧一番开导，已被劝住。据事后了解，原来是连日从杭州来了人在部队活动，要给周承菼一个打击，让周下不来台，借以削弱留学生的威信。这天正是周将要到部队去训话，遇此事变，后来也只好马虎应付过去，因为正值南京那样部队杂处的时候，不便多事。到了明年，汤寿潜终于离去，蒋尊簋也做不到几个月，周承菼差不多站不住脚，连陈仪、高尔登等都被挤了出去。及至浙军班师杭州，朱瑞终被顶上了都督的位置。这些都是这半年以内的事情。后来速成借倒袁为名，又挤倒陆师，连下去速成还要压迫浙江武备的人。浙武向来对各派都是一样看待的，至此受逼太甚，其中如夏超、周凤岐等也是不肯让人的，于是双方展开暗斗，奉段祺瑞为老师的一班人（速成）终于受了段系的愚弄，被硬派进一个杨善德到浙江来，这是以后四五年明争暗斗的结果。

（三）推举大元帅和军队扩编

革命军既下南京，革命党人内部问题不断暴露，争执摩擦，日益剧烈。如推举大元帅一事，一部分人主张推黄兴担任，一部分人则主推黎元洪，我们浙军中的将领主推黎的居多。其时人们党派分野并未划得十分清楚，我们起初对这事情的想法，以为黎毕竟是武昌首义的人物，黄虽属同盟会领袖之一，但为汉阳作战败将，浙军司令朱瑞主张就很明朗。我们的司令部因设在省谘议局，来访的人更是络绎不绝，都想说服浙军表示坚强主张，借以增加自己势力。袒黄（亦即袒孙）、袒黎一时闹得不可开交。光复会分子反对同盟会日益露骨，陶焕卿、李燮和一派鼓吹与同盟会分家，我们就成了此等人的对象。沪军参谋长黄郛也曾来过南京，他也多少有些活动。他先向我说服，我本来是最恨派系分裂的，黄对我讲明当时必须推举黄兴的理由，他还希望我劝告朱瑞，要求朱勿在军中续唱高调。朱本富理智，经过这番疏通，浙军方面才没很坚持下去。

黄兴就任大元帅，组织了大本营，各方就纷纷要求扩充队伍，说要准备北伐，一时新的师号纷纷出现，南京街上到处是部队招牌。原浙江第二十一镇也被扩改番号为第六师和混成一旅，这算是最保守的。吕公望最热衷于扩军，朱瑞却很稳健，他深深领会到第二十一镇当年创建的艰难，吕却不懂。沪军都督府所属部队本早已成师，被编为第二十三师，黄郛兼任师长。黄有浙江为后盾，事事好办，军官是浙江的老朋友们或是他们的部下，尽好的调来，士兵是浙江帮忙招的，而且武器装备上海可以就地取材，所以他的一师成立较早，规模也很像样。其他临时凑成的却不能有这样好的条件。

当总统府成立之后，大本营隶属于总统府，要求调黄郛到大本营供职，但实际上沪军都督府事多，陈其美不放，结果他挂上了兼大本营兵站局局长的名义。因为北伐中最重要的事情就是兵站，黄郛每星期往来沪宁之间数次，临时政府成立之后许多政治问题也集中到他的身上。我从浙军被调兼兵站局的交通部部长，副部长是黄慕松，我们也算忙了一阵。

民国元年元旦，孙中山先生到南京就临时大总统职，浙军被派充仪仗队去下关欢迎，以后又全部调至朝阳门外（朝阳门已被开通）明孝陵，整队拱卫临时大总统，随同谒陵。孝陵道上人山人海，欢声雷动，文武百官恭敬肃穆，跟随谒陵。

南北议和告成，孙中山让去临时大总统，不久大本营解散，南京改组了留守府，以黄兴任留守，那时一般就称他为黄留守，处理已经参加革命的各省各地的军事。那时最困难的就是部队饷项问题。毕竟参加过革命的人，体念到祖国来日艰难，自愿裁汰所部的很不少，也有因兵饷两缺而自然消灭的。沪军第二十三师本已编组成完整的一师，为提倡自愿裁军做个榜样，在许多部队还不肯决然裁兵的时候，就首先取消了这师，师长黄郛辞职离开了军队，仅留一营守卫制造局。次年二次革命后，郑汝成到了上海高昌庙登岸，这一营被郑所吸收。

民国元年春，我同屈映光、张栩被浙江派赴北京参加军界统一会。这个军界统一会是袁世凯叫段祺瑞主办的，专为牢笼羁縻当时各省的若干革命头目和军界有力人物而设的，工作人员还是原军咨府的一班人，会址设在煤渣胡同前清的贵胄学堂，招待之优诚所罕见。此会结束，代表回去时，都得了高官厚禄，屈映光被任为浙江民政长，张栩为浙江盐运使，朱瑞封了兴武将军，吕公望由革命前的上尉三等科员连升四级，当了旅长。我那时是 20 多岁的青年，什么世务也不懂，只希望进陆军大学读书。这年夏天，我就同周亚卫、裘绍 3 人辞去各种职务，进了北京陆军大学。3 个年轻光棍租住在西直门内柳巷的一所民房，自榜其门曰“三光学舍”，光复会的尹锐志、尹维俊两位敢死队队员常到我们那里去，后来周娶了锐志、裘娶了维俊，亦是革命佳话。

民国元年夏，浙军班师杭州后，朱瑞因我在攻宁战役中既负责作战，且保管阵中日记，曾叫我将经过详细事实写为纪事，作为战史资料，我就老老实实地将详细经过都写了出来。朱看了，希望我修改一番，因为里边有些地方于他自己和部队不好看，但我也没法修改得更好看。于是朱便请文笔好的人修改之后叫我再为订正。但我看了却觉得去原文事实更远，可说有些脱皮换骨，我不好意思再多说。后来修改本曾刊印了少数出来，但我的原本却没有还我，如今修改本或者可能在浙江方面找到一二，如能与我 50 年后的今日所追忆的此记互为参证，诚属幸事。

1961 年 9 月

（选自全国政协文史资料研究委员会编《辛亥革命回忆录》第 4 集，中国文史出版社 2012 年 6 月第 2 版）

辛亥革命浙江“光复”纪实

吕公望*

1911 年辛亥，浙江接武昌起义之后不久，就“光复”了省垣，随之各府州县亦相继“光复”，形势十分顺利。这期间是有悠久酝酿过程的。可分为文字革命、文人革命和军人革命三个时期来叙述。

一　文字革命时期

1894 年，甲午中日战争，清兵惨败，失掉了朝鲜、台湾和澎湖群岛，大连、旅顺亦被日本强占。人民惕于战败国的耻辱，于是戊

* 吕公望：时任浙江新军督练公所科员、第八十二标第二营督队官（副营长），后任南京国民政府浙江省参议会副议长。
新中国成立后，任浙江省政协委员，浙江省人大代表。

戌政变，义和团运动都随之而起。浙江先进文人，明的暗的，用报章周刊和社团活动，攻击清廷的腐败无能，当时最著名的，有章太炎之《浙江潮》，蒋观云、赵彝初之《选报》，张恭之《萃新报》，力促人民觉醒，提高革命意志。他们所鼓吹的革命言论，难免深触清廷之忌，因而章、张两人被逮入狱，唯蒋观云以早走日本获免。

二　文人革命时期

（一）秘密组织的九龙党

这个会党是含民族主义革命的色彩的。它的势力潜布于浙江各县。永康、武义，分由沈荣卿、刘三春主持；但刘三春因事机不密，被捕就义，沈荣卿所领导的，亦不免分子复杂，至有扰民行为，因而阻碍了会党的进展。

（二）革命摇篮大通学堂的前瞻和后顾

山阴徐锡麟和秋瑾一派，在浙江革命党人中较有势力而具谋略。自徐办绍兴大通学堂后，即倚为根据，并旁出邻县，结纳志士，彼时永康吕占鳌（公望），亦承徐华昌的介绍，认识沈荣卿，因而明悉大通学堂设立的主旨。适值吕逢樵、丁载生两人出访金华、武义、永康、缙云联络之便，占鳌乞沈介绍，欲入大通学堂。嗣由吕、丁介绍同秋瑾晤面，秋瑾愿畀我以上海《女报》主编职务，但我意不愿。未几，徐锡麟纳赀拜命安徽候补道员，偕马宗汉、陈伯平入皖，路出杭州，假馆白云庵。秋瑾因挟公望前往议事。临别，徐赠言云："法国革命八十年始成，其间不知流过多少热血。我国在初创的革命阶段，亦当不惜流血，以灌溉革命的花枝。我这次到安徽去，就是预备流血的，诸位切不可引以为惨，而存退缩的念头才好。”占鳌感其决绝，遂弃廪贡生涯，改名公望，投入浙江抚署卫队求当兵了。呈文中有“揆之初度，本自桑弧蓬矢而来；念厥前途，还当马革裹尸而去”之句。浙抚张曾敭大加赞赏，但只知壮吾气而忘吾志。公望得入抚署卫队，遂密运词锋，先后有许多人表同情，如司务孔昭道、洋枪队队长陈绍槎、什长刘崇贤等，为其中最有用的几个。辛亥年秋，光复军进攻抚署，卫队全部反正，就在这个时候植其根的。

公望尚顾虑到，单凭运动抚署120个兵，究竟势力薄弱。那时候，还有李益智驻扎笕桥的，和丁慕韩驻扎馒头山脚（南星桥）及海潮寺的两标新兵，和中路的巡防营、满营的八旗兵等等，势难轻举妄动以偾事。自应从长擘划而期周密。欲图身入全国性陆军，以广联络，乃不顾秋瑾的劝阻，径去保定，投入陆军速成学堂做学生了。

在那时候，秋瑾不愿公望离浙北上，本别有用心，因为徐锡麟已暗谋刺杀皖抚恩铭，纠动巡警学堂学生在安庆起义为各省倡。一面密约秋瑾督大通学堂学生，在绍兴遥为响应。秋瑾既然负着这个任务，自不愿盟员于紧要关头而分离他去，减少势力。但又不可透露这个秘密。唯嘱公望在行期前，去邀孔昭道、陈绍槎、刘崇贤3人见秋瑾议事，预备缓急而已。

皖抚恩铭，虽素赏识徐锡麟办事才能，然亦因其能而更切其防。故于巡警学堂学生的举行毕业典礼，就把徐所定的日期，无端予以提早两日。而徐氏举义计划，亦几乎枉被牵动。但徐氏不肯留以有待，反谓革命当不择手段，仍按原议进行。事发，恩铭受诛。唯浙方盟援不克如期赶上，孤军难定。结果，徐锡麟、马宗汉、陈伯平3人为虏所戕。而绍兴大通学堂，亦于义旗未竖之前，受李益智伪军的围击。当场死学生 3 人，秋瑾见捕，从容就义于绍兴市口。该校既经解体，革命党人名册又为伪太守贵福搜去。浙江人心震动，暗中之革命进行，因而益亟。

（三）光复会之标记

清光绪乙巳（1905 年），秋瑾拟仿照三三（点）会暗号的办法，使每个同志，都有一枚“光”字头、“复”字脚的戒指作彼此识别的暗号，公望认为“这是有形迹的，容易被反动政府看破，在此时的伪官，方捕风捉影地找革命党人，我们不能不审慎将事，以期顾全”。秋瑾表示赞可。但她接着说，“我们光复会不可无一个标记”，于是刻了一个小木戳，作“圀”模式，用以征信。

（四）清廷之铁路国有政策与浙江革命文人之力争商办

清廷陷于民族的偏见，而内政又不修明，坐致外侮日亟，便将计就计，致借外力以压制国内革命党之发展。于是徇美国利益均沾之议，并用其谋，收铁路为国有，好托庇列强的经济卵翼下，延其生命。浙江革命志士有惕于此诡谋，便竭力争回商办“沪杭甬铁路”，藉对阻碍革命者施以釜底抽薪之策，并以汤寿潜为社会活动的领导，到处张扬对抗之声，汤且不顾生命危险，入京与邮传部斗法。结果如愿以偿，革命情绪又因此一激而澎湃上涨了。

三　军人革命时期

革命军人为造成浙江革命更有利条件，先向外省发展势力。公望于白云庵会徐锡麟议事后，身虽离浙北上，但对于发展光复会，征求革命同志，是念念不忘的。途中遂争取张鸿翔、王萼、林竞雄、童保暄、倪德薰、叶志龙、杨哲商诸人入会。在学生期间，神运鬼谋，更结识许多革命志士，如陕西之钱鼎三、张钫、党仲昭，河南之陈铭阁、岳屹，江苏之蒋寿眉、杨倬，福建之林知渊、杨明远，江西之熊天觉，两湖之瞿寿禔、刘建藩、李韫珩、苏璋及本省同志多人。并于毕业前几日，各定联络暗号，协谋举义，互相策应，牵制清兵而后散。

浙江内部的革命潜势力虽随日月而增长着，但酝酿自酝酿，终得不到发泄的机会。兼之浙抚增韫敏于治事，新军协统杨善德又笃于愚忠。凡属思想稍前进的省中干部，都难免为他们所密监，非独秘密的党人集议地白云庵倒塌失修，就是智亮及周和尚也不知去向。而革命志士童保暄、王桂林、傅其永 3 人，复被遣往天津学习宪兵。公望感觉势孤，欲向别省先求发展；藉为本省革命造成有利条件。这时候广西创办新军正在需才，乃私往上海，同陈之骥、尹昌衡、孔庚、李书城、杨曾蔚、孙梦綮、田稼轩、覃鎏鑫、雷寿荣、何遂、李灵蛮、林知渊、杨明远、卢象巽、钱谟等同往桂林。时 1909 年 12 月也。

（一）广西初次革命计划失败的经过

（上略）桂林的革命虽受挫，但革命情绪反而更形高涨。浙江在桂林的各个军人同志，有鉴于黄兴在湖南革命不屈不挠的气概，赵声经过南京陷狱被释，而又孤军发难于广东的再接再厉的精神，认为革命事业必须自造机会，以求进展。公望乃随冷遹离桂林。过香港，会同赵声、黄兴、胡汉民、洪承点交换意见。遄返浙江，期在本省施布“拔赵帜立汉帜”之暗局。

（二）光复会重整

由于徐锡麟、秋瑾等革命的失败而身死，浙江的光复会也就无形解体，革命军人认为要招收新会员和团结旧会员，必须有一个秘密接洽的地方。于是公望就在紫阳山脚古太庙巷租定了住所。由这里可通紫阳山顶坐在那边坎卦石上会谈，四面无虞隔墙之耳，是不会透风的。老会员虞廷、倪德薰，第一次便在那儿和公望会话。虞是镇海炮台官。于时浙军方在议建第二十一镇，并用杨善德的混成协为基干，扩大改编。虞说："镇统原定宁波提督吕道生的，以年老辞。杨善德近水楼台，升叙自然会及他的。这个奴才，心顽见狭，一旦得志，那对于我们革命十分不利，怎么办好？"3人讨论之后，同意先毁杨氏声名。乃挽虞廷起草杨氏十大罪状，用匿名信印发出去，清廷自隆裕后和摄政王庆亲王暨各部大臣各御史各省巡抚都接到了。结果，清政府抑杨而别任萧星垣当统制。杨不得已引退。新镇所属官长，因而幸有进步分子在内，观下表可以知道。

统制萧星垣（驻杭州）
- 辎重一营管带韩肇基（驻城隍山）
- 工程一营管带田继成（驻梅东高桥）
- 炮队一营管带张国威（驻笕桥）
- 马一队队官陈相轩
- 第四十二协统制刘恂（驻宁波）
  - 八十三标统带张载阳
  - 八十四标统带叶颂清
- 第四十一协统蔡成勋（驻笕桥）
  - 八十一标统带丁慕韩（驻笕桥）
  - 八十二标统带周承菼（驻南星桥）

从上表中可看出革命军人已有若干掌握中级的军权，为后来浙江起义播下有利种子。但也有故步自封而忌才的，如统带周承菼、教练官吴思豫、管带徐卓等，都嫌公望为露才，加意抑制。因我以编造军事预算，见赏于抚台增韫的缘故。后来代标统朱瑞闻名亲访，与我谈论极洽，彼此成为知己。并告公望云：“中级官的顾乃斌和韩肇基，都是革命同志，你不妨时常亲近，下级官中则责成你设法联络。”我答：“当然！我早就进行，如周亚卫、张健、张效巡、张鸣翔、蒋僎、来伟良、王子经、卢奠邦、俞炜、傅其永、王桂林、童保暄、孔昭道等，或属新军，或属宪兵，或属抚院卫队，恰可联成一片，还尚在扩大中哩！”朱云：“那好极！但光复会必须重整，亦请你主持罢！随后倘有重要事件，望到我那边一同商处。”说罢，朱瑞到笕桥本标去讲话了。

光复会的浙江老会友，如朱瑞、韩肇基、顾乃斌、吕公望、庄之盘、朱健哉等是担任上级会议的，童保暄、王桂林、傅其永、孔昭道等是担任中级会议的，做出了决定后，就由低一级的会员分头负责，进行极为秘密，是浙江革命逐潮踏进、水到渠成的阶段。为发展他省革命，好使清廷顾首失尾，促其迅速解体计，又经过黄花岗失败的教训，密议乃更趋紧张。太庙巷公望寓所，几乎日有革命党人来往。那时如从南洋来的李柱中、王文庆，上海来的陈其美、杨哲商、姚勇忱、尹维俊等，接踵于此。恰巧在这当儿，第四镇统制吴禄贞电促公望赴京。会友商处之下，认为吴是最有地位、最富革命情绪的老同志，无不力赞我行。

公望北上后，知清廷简放吴为山东巡抚，受庆亲王索贿20万银圆的牵制。吴无力措办，致未发表。公望当面语吴说：“黄花岗革命失败后，南洋侨汇捐款尚存30万元，由李柱中存放在港，可量取而抵总制之急，但有三事相恳：第一，该款是革命的基金，总制接事后，须设法先予筹偿；第二，当由我们同志在鲁代练新兵一镇，以抵近畿的第五镇；第三，陶焕卿是一个钦犯，但他在南洋为革命筹款最力，要为总制入幕之宾。这三事公意云何？”吴略不踌躇，即答复：“一、二两事当然可以。”唯第三事因陶为钦犯，稍现犹豫。吴又立悟，谓：“陶可改姓换名。”这三事就全部同意了。公望复往参谋部见蒋作宾，告蒋以与吴商定的事。次日即南下。及抵沪，经过李执中向港提款，迄八月十七款始汇沪。公望正在治装壮行，忽接武昌独立消息。李柱中同王文庆建议：“该款当留沪备用，吴事缓不济急，应作罢论。”大家同意。公望北行乃中辍。

（三）浙江“光复”前后之革命部署

八月二十二日，庄之盘、姚勇忱由沪至杭，邀集朱瑞、顾乃斌、朱健哉、吕公望就白云庵秘议，未能做出决定。次日再开会于凤林寺，又无结果。公望为避侦探耳目，乃建议第三次集会于二我轩照相馆楼上的酒肆，结果还是没有定议。庄、姚两同志因沪事急，二十五日遄返上海。公望亦于次日应尹锐志电召往申，互相会合于锐俊学社。公望回抚后，密约朱瑞、顾乃斌、韩肇基、朱健哉潜在城隍山四景园，藉品茗为烟幕，聚议革命进行事。经公望报告在申接洽经过后，即席做出如下决议：

1. 采取今日由朱瑞新介入会的褚辅成的提议，起义时拥汤寿潜为浙江都督以资号召，即由褚辅成担任向汤接洽。

2. 采取朱瑞提议，城内有防营及旗兵3000人，械弹充足，新兵仅仅在数目上可以相抵，而子弹每人10颗，恐难持久，必须促王金发迅返绍兴独立，请吕公望赴缙云督吕逢樵秘运民兵迅往富阳独立，如此可诱城兵外御，以孤其势，我方减轻压力，发难就易。

3. 定九月十九日为行动日期，并约定公望于事前赶回协助；一切会内应有事宜，则由童保暄代吕负责。

4. 采取吕公望提议，由新会员褚辅成往上海李柱中处秘运手枪200支，到艮山站交由王桂林派宪兵接运抵杭，厝于万松岭敷文书院。

议毕，公望遂约童保暄、王萼、王桂林、傅其永、孔昭道至其住室，告以决议情形，并面授机宜说：

1. 视杭州局势之发展，需要我返杭州，可按我留下的行程表电告；

2. 光复会戳记交童保暄，有事发生，则5人共同商处；

3. 各标营队的负责人，按我所交表内分次个别招来谈话，以便利临时所发生之命令易于生效。

公望离杭过永康，老会员程士毅、胡庸来会。程以风声日紧，谓吕亲往缙云，目标太大，为防途中有失，不如另派人往招吕逢樵来永商议，可免官方瞩目。公望乃倩人前往，逢樵在处州派吕钦广、吕月屏来商，公望在永布置二日，即于十三日遄返金华。十四日晨，徐晋麒持来童保暄所发电云：“杭复，抚擒署焚，余无恙。”我乃专船赶回，于十六日抵达杭州。

公望出差期间，童保暄以光复会木戳在手，发号施令，不假他人，兼之听了王桂林叙述各方联络经过情形，知人人情切向义，以为用不了多大气力，当可唾手而得省垣，于是心熏利禄，要趁公望未回杭前快着先鞭，预为夺功地步。乃不顾王桂林、傅其永、孔昭道之劝阻，竟于九月十三日夜先行发动了。当时的军事部署如下：

一、由王桂林传命王金发，在十三日夜12时，带手枪敢死队二十名，从西辕门攻入抚署头门，并抛掷燃烧弹，起火后固守原地。

二、孔昭道须在夜11时撤退抚署及附近岗兵，闻敢死队枪声后佯作抵抗，引诱卫队管带出而挟制之，否则击杀之。而后率全部卫队倒戈。另派一小队占据雄镇楼后，即施放号炮，俾新兵各营队闻声响应。

三、驻下城梅东高桥的工程营，闻号炮后，即开艮山城门和铁路城门，而后占领军械局及电话局。

四、驻凤山门外的第八十二标，闻号炮后，先将协统室的电话线割断，而后率队入铁路城门；分占城站电报局，电灯公司及上城一带交通要道，以监视防营之异动。

五、驻笕桥的马队，闻号炮后，则由艮山门入城，担任侦察和联络。

六、驻笕桥的炮队，闻号炮后，由艮山门入城，并联络辎重营占领城隍山，而后将炮口向满营瞄准，监制旗兵异动。

七、驻笕桥的第八十一标，事前先埋伏艮山门附近，待艮山门开后，即进城包围旗营，并占据下城一带交通要道以监视巡防营之异动。

八、驻城隍山的辎重营，就地待命，但须随机与炮队联络，确实占领城隍山，并酌派兵力伏在防营附近警戒之。

九、在事前未有接洽之防营，则于起事前下令给他，促撤岗兵回营，并闭门不得轻出以免误会。

十、驻城内之陆军小学全体学生，闻号炮后，协同进攻抚署，并酌派一部担任各主要街道之游动警戒。

［附注意事项］

一、左手臂缠白布为标志；

二、禁止自由放枪；

三、满营若不出来，我亦暂不向他攻击；

四、不准杀人放火，免得居民慌乱。

这个部署，是由童保暄、王桂林、傅其永、孔昭道诸人拟定，由可靠宪兵分头密发的。事起之后，浙抚增韫知人心已去，即改容易服，扶老母潜出后门，途中被巡查宪兵拿获，交盛燮麟送陆军小学看管。未几，总参议袁思永，亦被另一宪兵缉来，拘于陆军小学内。唯清营闻变后，部分人初欲抵抗，营内发有枪声，被我军击死二人后，旋无动静。其他则皆传檄而定。全城秩序如恒。至十四日拂晓，满街贴有临时都督童保暄的告示，舆情都指他沐猴而冠，太不识相。后因不受拥戴，就昙花一现而萎，由预定的汤寿潜登台了。周承菼和褚辅成亦各自抬举，周为总司令，褚为民政长。除给王桂林一个空头宪兵司令外，其他起义功臣率置之不问。因此，王桂林、傅其永心大不乐，面童责骂。童面红耳赤，无可如何也。

汤督视事后，即成立一个全省性的临时参议会。在九月十七日开第四次会议时，由陶焕卿任主席，经讨论通过决议如下：

一、吕公望提出，浙江应即出兵进攻南京，奠定江南，以固浙江案。时南京第九镇统制徐绍桢亦来电乞援，当即通过，并责成吕公望起草动员计划。

二、褚辅成提出，满营德济方面密告，贵翰香及其儿子有抗顺密谋，如若叛变，他难负责，应请适时处置案。议决：贵翰香父子予以枪毙。

三、吕公望提议，伪官增韫、袁思永两人，在浙未曾杀过革命同志，我方可否待以宽大案。议决：释放，并酌发盘费各五千元，由陶焕卿带往上海，还他们自由。

公望于草就动员计划后，即交会复议通过，乃于十九日带参谋、副官4人先行出发，沿途筹办粮秣驻地，侦察敌情一切事宜。途中接得报告，知我浙十一府属，除杭州外，都已先后成立军政分府。如是本省遂完全“光复”。其各军政分府之人选如下：

嘉兴陆殿魁（原巡防营统领，旋解职，参加浙军攻宁支队）；湖州沈谱琴（光复会会员）；宁波刘恂（原第二十二协协统）；绍兴王金发（光复会老会员）；金华朱惠卿（教育界）；衢州郑永福（清解无衢属巨绅）；严州叶诰书（巨绅）；台州姚吾刚（绅士）；温州徐定超（清御史）；处州吕逢樵（光复会旧会员）。

浙军抵南京时，节节胜利。张勋无力负隅乃率部北遁徐州。

（四）浙江“光复”后之军事余波

八月二十八日，城隍山四景园的会议，朱瑞、顾乃斌两同志原邀公望赶往缙云约吕逢樵率领民兵，秘密渡到富阳独立，藉以牵制省城巡防营的。公望为减轻敌方对抗革命的军事压力，即时接受这个任务。不料杭州先期“光复”，吕逢樵变更计划，自在处州组织军政分府，而委朱琛带民兵北上，以期加入攻宁编制，路过永康，不免有求供应设营之事，致招县方疑忌，因而伪知县和谢哨官电省询问永康有无民兵过境。其实此事褚辅成应早已预闻，乃漫不加察。

复电谓无有，而谢哨官亦鲁莽从事，民兵就在没有准备之下受到攻击。结果民兵溃散，当场有首要 9 人被捕斩首，老光复会员楼其志与焉。惊溃后的民兵周老八，心有不甘，纠众报复，又被哨兵击退，死伤多人。此事由于褚辅成之一念不慎，引起永缙两方不应有的损失。缙人因此攻讦褚辅成甚力。公望出为调解，责备褚氏数语，议恤了事。

1962 年初

（选自浙江省政协文史资料研究委员会编《浙江辛亥革命回忆录》，浙江人民出版社 1981 年 8 月第 1 版）

辛亥革命在浙江

项雄霄*

一　辛亥前的形势

清朝末年，4岁的载湉被扶上帝位，那拉氏以太后名义临朝听政，一班权贵大臣也互相勾结，弄权夺势。他们只图自己富贵，不顾国家安危，政治腐败到极点，给帝国主义的侵略势力以可乘之机。于是外患频仍，海疆多事。每一次外敌进犯，即订立一个丧权辱国的条约，帝国主义借通商之名，占了我许多沿海港湾及城市。我全国铁路的投资建筑及经营管理之权也被他们霸持，他们的侵略势力，一直深入到内地，在我国土地上各自划定其势力范围，悍然欲瓜分

* 项雄霄：时在浙军北伐支队任职，后任南京国民政府军政部总务厅厅长。新中国成立后，任浙江省政协委员，浙江省政协文史资料研究委员会委员。

我国。到1900年，俄、英、德、法、美、日、意、奥八国联军入侵到北京，又强迫清朝的统治者签订了更加凶恶的《辛丑条约》，而那拉氏却说："量中国之物力，结与国之欢心。"有这样无耻的卖国奴才盘踞在朝，国事还有什么可望？不革命，就别无他途！故中山先生登高一呼，天下响应。

浙江是徐锡麟、秋瑾二烈士的故乡，各界人士中热心于革命者甚多。绍兴的蔡元培，字鹤卿，一字孑民，是著名的教育家，曾任绍兴中西学堂监督、上海南洋公学经济特科班总教习、爱国女学总理、私立澄衷学堂校长及北京大学校长，培育了不少革命人才。1902年去日本，结识了不少中国旅日的革命人士。回国后又在上海创办爱国学社，宣传反清革命。光复会成立时，被推为光复会会长，至同盟会成立时，又被指定为上海同盟会分部的主盟员。

还有两位教育家蒋尊簋和伍元芝，在创办新军时开办了弁目和武备学堂，为培养军官干部之所。伍元芝在武备学堂的礼堂庭柱上撰制了一副对联，联曰：

十年教训，君子成军，溯数千载祖雨宗风，再造英雄于越地；
九世复仇，春秋之义，愿尔多士修鳞养爪，毋忘寇盗满中原。

这副对联当时的教育意义极大，故武备、弁目两校的同学极大多数投身到革命事业中去。蒋尊簋在创办新军时亲自编练领导的一个步标，以后即在此基础上扩充成协，再扩充成镇，即清末时期的第二十一镇，后来即成为浙江"光复"时主要的武装力量。

汤寿潜也是绍兴人，是浙江保路运动的代表人物。清政府不惜把全国铁路的投资建筑经营管理等权出让于各国，失去路权即伴之而失去了沿线大片的资源财富，人民何等痛心！故各省人民都纷纷起来发动保路运动。浙省人民在这一运动中，终于获得胜利，沪杭一线首先划归自管。而汤寿潜亦与有力。

陶成章是绍兴陶家堰人，他追随中山先生，为革命效忠尽力，在浙江为发展与联系会员，并去过南洋各地，宣传革命，得侨胞的巨大助力，他事成而不自居功，更不闻有何争名夺利之事。而 1912 年初他在上海广慈医院养病时，突然被人暗杀，后悉凶手是陈其美（当时为上海都督）和蒋介石（当时在陈其美下当团长）所指派，其原因不得而知。后来据周荫棠说："蒋、陈二人以前的恶劣行为，陶必知之甚悉，现在陈和蒋登上政治舞台了，若被泄露，声名有碍，故杀之以灭口。"周荫棠过去亦是蒋的谂友，蒋的丑事他也知道很多，所以蒋到南京掌权之后，周即退避不干了。

此外，如海宁的蒋方震（百里）、余杭的章炳麟（太炎）及鲁迅、马一浮等，在文学革新的影响下，也是推动革命事业的前进力量。当时浙江军界中人活动于革命事业者，按其出身的学校，而分为浙江（武备和弁目）、保定（速成）、南京（陆军和将备）三派，各自有联系活动的组织。其领头者，浙江同学中有黄元秀（督练公所科长）、顾乃斌（第八十二标营长）、傅孟、徐士镳（第八十二标连长）；保定同学中有吕公望（督练公所科员）、童保暄（宪兵队督队官）；南京同学中有朱瑞（第八十一标营长）、王夔阳（陆军小学校长）；日本士官出身者有第八十二标统带周承菼、第八十二标教练官吴思豫及炮兵营长张国威 3 人。他们自成一组，而与浙江一组联系较密。

清政府派在浙江最高统治者为巡抚增韫，他赖以保卫其统治权的武装力量即陆军第二十一镇。然第二十一镇中级以下的军官士兵都已具有积极的革命思想，决不会听从反革命指挥。统制官萧星垣及统领刘恂，虽高高在上，却不能掌握部队，只好临阵脱逃。还有由绿营改成的巡防营九营，则分散在各地，也是不管用的。只有抚署卫队二三个营及旗营的八旗兵的数千人，可能会对抗，但亦不足惧的。如此看来，革命力量方面成功的希望较大。但因有徐锡麟、秋瑾二烈士失败的教训在前，故不能不慎重妥密，做好充分准备，且要选择适当时机，集中力量，施以猛烈打击，以期一举成功。

二　浙江“光复”

1911 年 10 月 10 日，武昌新军第八镇的革命党人发动武装起义，占领了武昌城及汉阳、汉口，人心大振，西南、西北及东南各省陆续响应，宣告独立。浙江在上海起义之后，也于农历九月十四日（11 月 4 日）之夜发动起义，参加者有周承菼的第八十二标，朱瑞的八十一标，张国威的炮兵营，徐康圣的工兵营及童保暄的宪兵队，还有王金发等率领的地方武装两部分及尹锐志、尹维俊等率领的女子敢死队一队。临时公推童保暄为总指挥，攻击点为抚台衙门。其卫队一度抵抗之后即缴枪投降。增韫及其家族被俘后，送至陆军小学安顿，予以保护优待，于铁路通车后，按本人意愿，送往上海居住，这是革命人道主义的表现，值得称道。陆军小学的学生也抱着革命服务的精神，自动组织了学生队，由葛敬恩、周亚卫二位教师为队长，率领至城站及主要处所担任保卫工作，地方秩序安静如常。第二日清晨，公推童保暄为临时都督，发出公告，宣布浙江“光复”。

次日，为解决八旗驻防兵事，先派人劝告其都统三多，要他解散八旗组织，交出武器，和平解决。三多原曾充任浙江武备学堂总办，与学生感情尚好，故同意接受，但其副领贵林固执不从，仍欲抵抗，于是新起义军把旗营三面包围，又在吴山上布置大炮以威胁之。至是，乃开城投降，三多仍予优待，那个副领贵林平日作恶多端，满汉人民受其毒害者多来告状，故都督府予以缉拿，交付公审，查明属实，判以死刑，起义中所杀者只此一人。

童保暄，字伯吹，宁海人，保定速成学堂毕业，后回浙候差，1910年浙江宪兵队成立，任督队官，论资历甚浅，然在起义时的紧急情况下，见义勇为，不容退让，故即负责担起指挥的重任。幸两日的任务胜利完成了。迨各界人士集议公推汤寿潜为都督时，童即让位于汤，其革命的品德足可称道。其后童亦参加援苏支队，帮助朱瑞，“光复”南京。

浙江“光复”时，江苏省南京、镇江、苏州的革命党人也已发动起义，但张勋的武定军固守南京，攻之不克，形势危急，故急电浙江，要求派军援助。浙江都督府认为攻宁胜败有关革命大局，必须尽力援助，以求必胜，于是即在新军第二十一镇中抽编一个混成协，名为浙军援苏支队，以朱瑞为支队司令，立即出发，支援江苏联军，共同作战。

三　朱瑞和援苏支队

朱瑞，字介人，海盐县人，南京陆师学堂三期毕业，先在南京第九镇步兵第三十一标任管带，后调任浙江第二十一镇步兵第八十一标第二营管带，驻笕桥。杭州起义之夜，第八十一标统带刘恂弃职潜逃，朱遂带领全标乘夜进城，参加起义。因进城时抚署已经攻下，故至次日担任旗营八旗兵的解决任务，也因处置适当，故得不战而定。接受援苏任务时，朱甚高兴，立即邀集吕公望、童保暄、叶颂清、徐乐尧、林蔚、葛敬恩、张国威等筹商进行计划，组织支队司令部，决定编入支队的部队单位，计有步兵第八十一标、第八十二标（欠一营）、旧防营一营、骑兵、炮兵、工兵各一连，并派屈映光组织兵站部，置于上海，办理后勤事务。

因苏省军情紧急，故支队编成后立即出发，由铁路输送至龙潭，与联军取得联系，了解敌我情况。分配给浙军的主攻任务是向麒麟门孝陵卫星夜前进，攻击朝阳门太平门方面之敌。此时敌人借有利地形，凭坚固的城墙，其防御阵地不为不强，且常派队出城游弋，扰乱我扎营基地。我炮兵营营长张国威出马侦察，认为天堡城是这场战斗中必须抢占的制高点，占到此点，即可瞰制敌人。于是支队即下令进攻，炮兵占上天堡城，炮火威力大显，把城墙摧毁了几处，步骑兵就得冲锋入城，其他联军各部分也陆续进城。12 月 2 日，南京“光复”了。

当武昌起义时，清廷派冯国璋率领北洋军南下镇压，又起用袁世凯，想命袁前去督战。我汉阳汉口得而复失，武汉形势可忧。迨南京“光复”，北军军心动摇，革命形势遂见好转了。至是，各独立省份都派代表至南京集议，组织临时政府于南京，迎接孙中山，于 1912 年元旦，孙就任临时大总统，定国号为中华民国，颁布临时约法，实行民主共和制，为中国历史开辟了新纪元。

临时政府的陆军部部长是黄兴，他命令浙军支队扩编成师，名为陆军第六师，朱瑞为师长，并序列于黄兴统率的北伐军中，于是步兵补足两旅4团，以徐乐尧为骑兵团团长，张国威为炮兵团团长，工辎两营照旧。因为这次联军攻克南京之役，最得力于浙军的炮兵，故陆军部对第六师炮兵团的装备换发了沪造德式75毫米山炮及日造三八式野炮各一营，这在当时是比较先进的武器了。

成师后，师部的参谋长一职人选较难，最后由朱瑞自己物色到金华林充任。金华林，字粱园，湖北黄陂人，原在浙江督练公所任职，“光复”后闲居无事，朱瑞不知何故选到他？他对第六师和朱瑞从未做过好事，倒是在朱瑞以后从革命堕落到反革命的过程中，金华林是逃脱不了出谋划策的干系的。

第六师编组告成后，即依照黄兴命令，北伐前进。2月间到达宿县后，知道南北和议告成，清帝退位。中山先生辞去临时大总统职，南京临时政府撤销，袁世凯篡夺了革命成果。第六师于4月间班师回浙。

此时浙江都督是蒋尊簋，字百器，诸暨人，日本士官毕业，浙江新军中大部分干部都是他亲手培育的学生，故德望甚高，非朱瑞所能及。然朱瑞回浙后，恃功而骄，对蒋亦不稍谦让。金华林、徐乐尧等又从旁怂恿，竟有夺权之谋。然蒋尊簋是众望所归，朱不好直接攻击，他们便施展阴谋诡计，先把蒋的得力助手陈仪逼走，使蒋孤立，蒋亦觉得不值得与这种人相处，故终于辞职而去。朱遂取得都督之任，金华林也调任为督府参谋长。

朱瑞得了都督，第六师师长论理应当让给吕公望，但吕是保定速成派，朱不愿以兵权交付，乃调吕为嘉湖镇守使，而以自己的同学叶颂清为第六师师长。又当初第六师出动在外时，省内兵力不足，故在蒋尊簋任内又新编一师，经南京临时政府定名为第二十五师，师长周承菼，他的资望也比朱高，故朱亦忌之。掌握都督实权后，朱乃以节约军费为名，下令将第二十五师缩编为独立第四十九旅，以顾乃斌为旅长，聘周承菼为顾问，张载阳为温台镇守使，实权都被剥夺。

朱瑞之恶还不止此，他看袁世凯的气焰日见高涨，乃派屈映光去拜倒在袁的脚下，甘心为袁做走狗。这正是袁所求之不得的，袁即封朱瑞为兴武将军，督理浙江军务。当参谋长的金华林自然也得意非凡，他们二人密议，只要把袁捧牢，那他们的地位就会牢靠。这时候二次革命兴起，其目标正是对袁，朱瑞乃取镇压办法，四出搜查，屈陷好人，其中敲诈勒索、借公报私者，所在多有，扰乱人心，为害非小。如王金发，是辛亥革命中与朱瑞并肩作战的亲密战友，此时朱竟翻脸不认，投井下石，将王诱骗到手，加以杀害，他只是为博得袁世凯的欢心，不惜出卖战友，这种人岂非毒如蛇蝎！袁世凯组筹安会，妄图称帝时，朱瑞竟上表劝进，无耻已极！1916 年春，蔡锷在滇发起反袁护国运动，四方响应，浙江人民亦起来反朱。朱逃到天津，病发而死。辛亥革命浙江出了这么个变节的朱瑞，岂不可叹！

四　吕公望和反袁护国

朱瑞逃走后，省内公推吕公望继任都督，宣告独立，加入反袁护国运动。这时候袁的势力还很强，浙江必须加强实力，乃就将独立第四十九旅仍恢复为师，称浙江第二师，张载阳为师长。原第六师改称为浙江第一师，童保暄为师长。周凤岐为督府参谋长。这样的人事安排是人们所心服的。

安徽军阀倪嗣冲是袁的党羽，手下有安武军，实力亦甚强，故浙皖边境上必须设防。吕派出 3 个支队：第一个称长广支队，兵力为一团，由俞炜带领，驻泗安；第二个称千秋支队，兵力一营，由石国柱带领，驻千秋关；第三个称建威支队，兵力一营由黄元秀带领，驻淳安。但水陆交通及商货往来仍进行如旧，治安亦平静如常。

1916 年 6 月袁世凯死，黎元洪继任大总统，但中央实权仍由北洋军阀巨头段祺瑞以国务院总理名义操纵控制。段的国务院与总统府分庭抗礼，对各省则图推广其皖系势力，以与直系军阀相抗衡。他见浙江尚非其势力所及，而认为吕公望可取而代之，乃于 1917 年初，以国务院命令，任命杨善德为浙江督军。当时浙江有人主张抗拒，但吕说抗拒必起战争，有害地方安宁，故他宁愿退让，免为人民造祸。这样，他就摆脱一切，回到永康，为家乡办点实业，以后经历了军阀统治和国民党专政的时期，他都没有出山来。直到共产党领导的人民军队解放浙江，他才来到杭州，加入民革，愿为社会主义服务。不幸疾病缠身，不治而逝。吕公望的爱国心肠是可敬的。

五　杨善德

杨善德是北洋宿将，在清末年间浙江创办新军时，曾为浙江混成协统领，与浙人相处还好，故使他旧地重游，以示好于浙人。早在 1915 年 11 月上海镇守使郑汝成被刺后，杨善德即已被任为淞沪护军使，等候在浙江门外，现在中央命令一到，杨即轻车简从而来，所带只参谋长范毓灵和副官长安某二人，其他各职员都是原人不动。所部北洋第四师，只带来卫队一团，其余仍留驻上海。他待人接物，仍与前在混成协统领时相同，故老友们如张载阳等对他倒甚融洽。

1917 年 5 月，黎元洪与段祺瑞间的冲突更加尖锐，徐树铮策动督军团助段反黎，闹得不可开交，张勋乃以调解为名，带了一部分辫子兵到京，把废帝溥仪抬出来，演了一幕复辟丑剧。这个罪恶行为更为全国人民所痛恨，杨善德也通电反对。当段祺瑞在马厂誓师出兵讨伐张勋时，杨也从浙江出兵一个混成旅，北上参加对张勋根据地徐州的讨伐。这个旅是浙一、二两师中抽编的，计有步兵两团，炮兵一连，工兵一连，骑兵一排，旅长潘国纲。杨再由督署选派参谋一员随军工作。军行到明光，得悉张勋已被击败，乃即班师回浙。

杨善德虽说与浙人相处如一家，然怀疑之心终难免。有一次宁波驻军一部分突然哗变，童保暄自告奋勇，率领部队前去镇压。杨虽允可，而终不放心，密派他自己的四师一团，跟踪在后监视，至童真把变乱部分处理好，方才放心。但其后借了福建军阀周荫人请求派兵协防的机会，杨把浙一师全师调派到闽南，任务完毕后，亦不予以回调。一师驻外日久，沾染了地方习气，军风纪逐渐败坏，童保暄病死后任潘国纲去继任师长，亦整顿不好，直到卢永祥来浙，方予调回。

杨善德初来浙时，还保持着过去的朴实节俭风度，公私都不许浪费。但到后来为夫人庆寿，大搞了 3 天祝寿活动，花费不赀，许多大小官员大送礼品，而老百姓受害无穷。几个大官富商又在西湖边建了一所别墅奉送，杨善德享受不到几天，即一病不起。继其任者为又一淞沪护军使卢永祥。

六　卢永祥

卢永祥，字子嘉，山东人，亦属皖系，他来任浙江督军是1920年，那时皖系头子段祺瑞在直皖战争中失败，中央实权落入直系之手。卢永祥宣布独立，自己改称督办，将督军署改名为督办公署。他声言将专心为浙江办好事，不再与问外事。并说要开放三门湾，让一个华侨集团来办农场，以兴农业。又说要开筑全省公路，以利交通。又叫嚷要整顿吏治，为民兴利除害等等。但没有看到真正做出过一件好事，相反的倒是为了争夺上海鸦片税问题而与江苏督军齐燮元酿成了严重的纠纷。这事是由他的儿子卢小嘉惹出来的，卢小嘉经常出外活动，结交一些阔公子及无聊政客，碰到有利可图的事，如这种鸦片税之类，自必眼红，齐燮元当然不让，正当直皖两系相争激烈的时候，更不肯让，大有动武之势。

正当这个危机酝酿时，日本帝国主义的特务冈村宁次和酒井隆也与卢小嘉勾搭上，这种特务是唯恐我们不乱的，齐卢之间一有裂痕，他就推波助澜，怂恿军事解决。于是小嘉把他二人带到杭州，见到了老卢，老卢以得到这样的助手为得意，立即聘请他们为顾问，一面就开始备战。当时有臧致平、杨化昭二部军队被直系军阀赶走后游荡于闽浙边区，无所归属，卢派参谋长范毓灵及儿子小嘉去收编为一师一旅。卢将第一线部队配置于沪宁路的黄渡、安亭间，及太湖的长兴。机动部队集中于嘉兴、松江等处。苏省部队亦调动频繁，冈村、酒井二人时常来送情报，或建议作战方案。1924 年 9 月，战火果然爆发，经过三昼夜后，对苏战线无甚出入，而孙传芳从闽北侵入衢州，浙一、二两师抵挡不住，卢永祥只得退出杭州，至龙华督战。长兴方面亦撤兵放弃，集中于沪宁线一个正面，同苏方对峙。至 10 月 8 日，因孙传芳直逼到松江，卢即罢战而走，齐卢之战由此结束。

卢永祥失败了，齐燮元是不是战胜了呢？亦不，因为过不很久，奉军南下，直逼南京，齐燮元也被逼走。齐燮元的幕僚中人有相熟者遇见时谈起这场战事，据说：冈村宁次亦是齐的顾问，这个奸细奔走于两方之间，沟通两方的情报消息，为两方献计划策，左右两方的作战措施，实在是玩弄两方演成一场傀儡戏，我们遭殃他得意！后来孙传芳的五省联军总司令部内，也有他的顾问室。

七　孙传芳

孙传芳的乘虚入浙，是意料中事，卢永祥把浙一师和浙二师留在浙南，即为防备之作。但守备衢州的二师旅长汪镐基缺乏战场经验，误以为守住一夫当关万夫莫入的仙霞岭即可无事，而不料孙传芳是绕道迂回从龙泉玉山几路并进而来，一接触即使守者张皇失措，招架不及。孙传芳倒是不予理会，越过阵地直达杭州。到杭后亦不停留，经向松江进逼，把卢永祥吓走。

浙一、浙二两师原来的师长潘国纲、张载阳都走了，孙传芳在浙人中选陈仪为浙一师长，周凤岐为浙二师长（浙二师与孙带来的北洋二师番号相同，故将浙二师改称为浙三师），叫他们把两师整顿好，这两师是辛亥革命时浙江的革命力量，浙江人极重视它，陈仪、周凤岐接手后，即从训练着手，常亲自授课下操，领导野外演习，上下接触多，减少了隔阂，士气高涨，官兵团结，一年之后，顿改旧貌。

这时候奉系势力扩展南下，到了长江以南，孙传芳大受威胁。乃于1925年9月，以秋操为名，动员5路军队出动，把上海的毕庶澄、南京的杨宇霆、安徽的姜登选尽数驱逐走，又把津浦路上的张宗昌部打回山东去，孙自称浙、闽、苏、皖、赣5省联军总司令，坐镇南京，命先头到达徐州的浙一师师长陈仪为徐州总司令。1926年广东的国民革命军开始北伐，孙传芳又用冈村宁次为顾问，亲身去九江指挥，抗拒北伐军。浙江省长夏超在此时宣告独立，响应国民革命，孙传芳杀了夏超，令陈仪为浙江省长。陈仪于10月间自徐州带同浙一师回浙就任。

其实，陈仪也早有响应国民革命的意志。在徐州时，有老同学杨杰自广东来看望他，他们会谈之后，陈仪对国民革命的北伐，颇有向往之心，并且他想好事应当大家一起做，所以他特地到南京去劝说孙传芳，请孙领头一道干。孙传芳表示同意，并嘱陈仪出面即向北伐军联系接洽。陈仪就派自己的参谋长葛敬恩和参谋徐培根二人去江西向蒋介石直接联系上。但孙又要求北伐军专向武汉进兵，下游5省由联军担当，这个主意当然不为蒋介石所允。

陈仪到浙江省长任后，蒋介石以国民革命军第十九军军长之命加于陈仪，但陈不即宣布，仍劝孙一道易帜，且要等待周凤岐的浙三师自九江回来一道行动。想不到孙传芳当初的话是假的，此时撕破假面具，狰狞毕露，突然派北兵一营来梅花碑，包围省署，把陈仪抓到南京，扣押于联军总部，大有加害之势。幸赖海宁蒋百里先生之力，才得救释。陈仪回到上海，老朋友们去慰问他，他朗读中山先生的两句话说："革命尚未成功，同志仍须努力！"表示他自己的决心，并对朋友们的希望。

（选自浙江省政协文史资料研究委员会编《浙江辛亥革命回忆录》，浙江人民出版社 1981 年 8 月第 1 版）

辛亥革命见闻琐谈

张云雷*

一　武昌起义浙江首先响应

1911年，武昌起义，浙江首先响应。那时，浙江有个弁目学校，请来一个叫蒋百器（尊簋）的人主持。蒋百器的父亲蒋观云是诸暨名人。蒋百器自己是日本士官学校毕业，成绩很好，在留日学生中声望是很高的（另有一个海宁硖石人蒋百里，名方震，是蒋百器的同学，别人往往把他们当作两兄弟，通称他俩为浙江二蒋）。

在这以前，杭州有一批来自全省各地的中等程度的青年学生，他们急求上进，当时杭州学校很少，根本不能满足他们的要求。他

* 张云雷：时任浙江省都督府参议，后任黎元洪总统府顾问。新中国成立后，任浙江省政协委员，浙江省文史研究馆馆员。

们正在无可奈何的时候，蒋百器的弁目学校开办了。他们得到了这个机会，个个欢喜，很多人都进了这个学校。入学后教育的内容有军事学，还有普通学科。这个学校的学生很多，毕业后，大多数都充当浙江省新军中的中下级军官，他们大都能努力于自己的职务。浙江新军中的上级军官也大半是日本士官学校毕业生或浙江武备学校毕业生或保定军官学校毕业生,所以弁目学校学生军和浙江新军，是与清朝其他军队有很大不同的。浙江“光复”时，这两支军队成为革命的主要军事力量。

当时浙江抚台是满洲人增韫。这个人看起来比较老实，也非常无能。浙江省军政两者最有能力、能操人生死大权的是杭州满营协领贵翰香。贵翰香自己会写文章，并且拉拢一批封建文人做他的帮闲，实权都操在他手里。革命党人都知道有个贵翰香，对他很注意，处处提防他，浙江起义的枪声一响，首先把贵翰香逮住枪杀了。起义时，把抚台增韫也抓来了，陶成章怕杀了他得罪满人太多，会引起满人的反对，亲自把他送上火车，叫他赶快逃走。为了这件事，陶成章遭到很多人的责骂，陶成章解释说：“你们杀他一个人有什么用呢？咱们才拿下一个杭州，打南京要紧！”第二年，我在北京陈仲恕的公寓里还碰见过这个老抚台。

杭州起义时，吕公望（戴之）、童伯吹（保暄）、靳云鹏、周承菼（赤忱）都参加指挥。吕公望后来当过浙江都督。童伯吹当浙军中的师长。靳云鹏原是清朝浙江督练公所总办，在浙江陆军中时间较长。周承菼是日本士官学校毕业生，当时才 30 岁，为人清正诚实，非常善于教育中下级军官和士兵，“光复”后，他任浙军第一师师长。武昌起义后，黄群（溯初）从湖北赶回浙江，敦促周承菼等日本士官学校毕业的浙江新军中上级军官起义。

黄溯初是浙江温州人，上辈在温州朔门开黄正兴南货号。黄溯初少年时从陈黻宸（介石）先生为师，能诗能文，以后在日本早稻田大学政治专门部学习政治，很有才能。我是在温州孙仲容先生主办的温处学务处里认识他的，那时他从日本读书假期回家，我正准备去日本读书，后来我们成了最要好的朋友。黄溯初在日本时和中国留学生大都相熟，与蒋百器、蒋百里、周承菼早就有了交情，和杭州陈叔通、邵伯炯等先生也相识。邵伯炯先生由湖北省督抚延办湖北法政学校，任校长。黄溯初在东京的时候，邵伯炯先生就约定溯初到湖北去共同办学兼任教职，因为学校有两个日本教员，所以黄溯初还兼任翻译。黄溯初在湖北法政学校任教很努力，以后又兼任湖北省督署参议。所以黄溯初对湖北革命的情况是很清楚的。黄溯初回浙江来敦促起义，却遭到一些光复会人的猜疑，怀疑他是清廷政府派来的奸细。这事可以窥见当时组织的混乱。

二　起义前在南洋的革命活动

辛亥年起义之前，在浙江省从事革命活动的人很多，陶成章就是其中较杰出的一个。陶成章字焕卿，是光复会的首要人员。他为了组织反清力量，秘密运动阶层，尤其是争取青洪帮的力量极为感人。陶成章为了这件事奔走浙东金衢严处各县，以致双脚起泡，不能下地，还咬紧牙关到处奔走。陶成章劝青洪帮说：“没有钱用，我送给你们，请你们不要做劫夺商人货物和人民财产的事情，和我们一起反对清朝。”在陶成章苦口婆心的说服下，许多帮会中人改邪归正。陶成章先生对浙江的革命事业立下了不少汗马功劳，因此浙江的革命党人对他都很敬佩，喜欢听他的话，有事找他商量。我就是其中的一个。

当初，我在日本早稻田大学一毕业，陶成章和黄溯初就要我去南洋群岛。陶成章说两江总督端方很厉害，江浙革命很难发展，南洋群岛华侨多，离中国近，要开辟起来作革命活动的场所，并且说孙中山、胡汉民和汪精卫等人都已在新加坡，办了个《中兴日报》，自己也要去一起搞。黄溯初说曾经和他同时学英文的同学王致同，已在南洋群岛当教员，要我也去；说中国革命不知能否成功，我去南洋群岛可作个退步之计。就这样，决定我去南洋群岛。决定后，我们 3 人先回国，黄溯初旋即去湖北了。我要先回一趟家，陶成章说在上海等我。我回到上海，却找不到陶成章，船票房里的人对我说，不曾有一个中国人来买票，结果这一艘日本船只看我一个中国人从上海动身，经由香港，到了新加坡。

有一天，在新加坡旅馆里，有人问我："你也是浙江人，有个孙江东你认识吗？"我摇摇头说不知道。出门碰见孙藕耕，在异国碰见浙江同乡，叫人特别快活，我连忙叫道："藕耕，你怎么也在这里？"孙藕耕连忙摇手，吐吐舌头，叫我别嚷，贴在我的耳朵头说："我现在叫孙江东。"原来孙藕耕从事革命活动，被清政府发觉，要追缉他。他逃到这里来，以孙权居江东，就把自己的名字也改了叫孙江东。孙江东在南洋只待几个月，他的朋友傅锡忱在东三省奉天当交涉员，请他当秘书，他就回国了。以后他又回到浙江，从事革命活动很努力。

从新加坡去到印度尼西亚的爪哇岛泗水埠，我在华侨办的中华学校当教员。在我当教员的4年中，田桐也在那学校教过书。田桐原在日本东京《民报》馆干过，与黄兴（克强）的关系较深。这个人脾气很倔强，在校待不了多长时间就和董事会吵起来，结果被辞退了，后来还做第一届国会的众议员。台州人王文庆在国内搞革命，被清方发觉，逃了出来，陶成章把他介绍到我校来教书。还有一个湖南人李柱中，号铁仙，是陶成章的朋友，和黄兴的关系也很密切，也在泗水。有个沈复生，是徐锡麟的学生，徐锡麟事发后，也被牵连在里头，幸好逃出来，经陶成章先生介绍在泗水华侨商会办的《汉文日报》当主笔。《汉文日报》里还有4个兼职的人，一位姓陈的是商会副会长，一位姓庄的是商会秘书，一位姓周的是商会秘书，我虽然不在商会之列，也算一个兼职的人。沈复生不愧为好主笔，报馆大部分的事都由他一个人担当。这个报纸除了商业的内容之外，主要是介绍国内革命情况，在华侨中间宣传鼓吹革命。我的乐清虹桥同乡陈乃新也来到泗水埠。他来后，他的朋友朱介人（朱瑞）、屈文六（映光）来信说也要来南洋。屈文六是台州临海人，家境比较清寒。朱介人是留日学生，在浙江新军中地位不高，也颇不满。接到他们的信后，我们回信说朱介人是已经捐了道衔的人，这点不要抛掉，若能通过清政府，由清政府特派驻新加坡领事，才是最好的办法。屈映光可以和朱介人一同来，我们可以多占一个地盘。不久，陈乃新患痢疾病死了，国内又要准备起义，朱、屈他俩就没有南来。

黄花岗举事前，我已得到消息，那是因为黄兴来约李柱中去，李柱中又来约我。陶成章听说我急于回国，连忙介绍来一个松江人陈陶遗来替我的缺。陈陶遗也是在国内革命不能容身的人。“光复”后，陈陶遗当过江苏省长。他在上海除电车外，黄包车是绝对不坐的。我问他为什么，他说人家拉得苦，还好意思坐着？这时陈陶遗不知什么原因没有按约定的时间来，我不得不等他，因此误了参加黄花岗起义的时间。李柱中不知什么原因没有去。黄兴是去了，失败后逃出来住在香港日本旅馆里。

在南洋群岛从事革命活动的人很多，清政府对这件事很注意。有一次以教育部的名义，派了一个姓范的视学来视察南洋群岛华侨办学的情况，实际上是来暗访革命活动。革命后，这个视学摇身一变，名不改姓不换，在上海法国租界挂起牌子，当了医生。

黄花岗之役我没有去成，已经很急了；陈乃新又死在身边，更急于回国。陈陶遗来后，恰有一艘华侨商轮，运糖类食物开往上海，我就乘这艘船回到本国。

三　党争和陶成章被刺

我到上海寻陶成章，陶成章不在，据说是秘密到绍兴去了。我就趁这个空儿，回了一趟家。在家没待几天，听说武昌起义了，我就急急去上海，又到温州。温州正在开“光复”会，我接到省里拍来“温州军政府转张云雷”一份电报，电报下面未署名，只催我速赴杭。我知道事情紧要，不可迟缓。比我先回国的瑞安王致同，在温州师范学校任体操经学教员的乐清大荆人蒋叔南和我同去。船到海门，碰到乐清盘石炮台司令虞赓甫。虞赓甫是清朝举人，杭州武备学校速成科毕业，他也是到杭州参加革命，恰和我们同船，后来他担任浙江省军事参议的重要职务。我们一行 4 个人，经宁波，到了上海。到上海后，我去拜访陈其美，没有碰着；我就赴杭州。黄溯初又到湖北去了。据周承菼告诉我，原来因黄溯初被一班光复会的人怀疑为清政府奸细，怎样解释也无济于事，他自己又急于去湖北，所以叫周承菼拍个电报给我，因为我原是光复会中的人，向他们解释才会听，而且我对黄溯初也极为了解。我在杭就替他做了解释，这件纠纷就这样平息了下去。

当时杭州情况很混乱，主要是党争相当厉害。光复会的人和非光复会的人，尤其是和国民党人之间的矛盾很大。陈叔通先生对这种情形很不满意，看不下去就不发言，有的会索性就不参加。陶成章从绍兴调停王金发的事情回到杭州，对我说："现在南京都没有打下，杭州这班人就闹得这样厉害了。咱们不要缠在里头了，到上海去安下身来。龚未生等几个朋友已经在那里联络各方面的人谋攻南京，咱们也去，现在攻南京要紧。"

我听了陶成章的话，和陶成章同到上海。陶成章在上海英国租界里租了几间房子，作为光复会和浙军在沪招待所。当时攻南京的浙军司令为朱介人（瑞），周六介也带领分队，张树屏为军需，屈文六（映光）和我得到一张沪杭宁火车免费通行证，担任联络，往返苏杭之间。浙军进驻南京后，司令部扎在江苏省谘议局里。那时中国南北矛盾很大。袁世凯放出了摄政王的囚犯汪精卫来做说客，汪精卫装着为我们着想的面孔，劝我们南方一定要和北方联为一气，不然的话北方袁世凯势力大，南方是要不过的。汪精卫的主张也有一部分人同意，但蔡元培先生极力反对，他说北方是个火炉，我们都熔到里面去，便没有说话的地方了。

我在陶成章先生办的招待所里待了好长时间。因为天气逐渐冷起来，我向陶成章说明要回家取衣裳，陶成章答应了我的要求，只是吩咐我速去速回。想不到这成了我们的永诀。我离开上海后，陶成章有事去杭州，因为革命积劳成疾，在杭州染病不起了。杭州的一班朋友劝陶成章先生到上海医治，陶成章说事情没有办完，不肯去。在朋友们力劝之下，才到上海法国租界医院治病。陈其美对浙江都督的职务早就垂涎三尺了，这时恰有汤蛰仙（寿潜）要辞职，时机大好。但他想到陶成章对浙江革命劳苦功高，有威信，都督之职一定会被他接去，不除掉陶成章，自己想当都督是不会成功的。蒋志清在陈其美部下，就是后来改了名字的蒋介石，想讨好他的主子，按照陈其美的意图，趁陶成章在法租界医院不备，把陶成章枪杀了。

浙江的人听到这个恶消息，没有一个不悲痛的。龚未生极为愤恨，多方联络有关人士，准备为陶成章先生报仇。虞赓甫听到陈其美和蒋志清这样恶毒，气愤已极，常常把他们的丑事向大家揭露，联络大家反对陈其美来浙江当都督。陈其美、蒋志清这一着适得其反，弄得自己杭州也不敢走，甚至后来在北京开第一届国会，陈其美被国民党推为参议院议员，也不敢赴会。为了这件事，陈其美和蒋志清恨虞赓甫要死。一天虞赓甫坐轿到衙门办公，化了装的蒋志清就在转弯处等他，虞赓甫的轿子一出现，蒋志清（介石）又把虞赓甫杀害了。

四　浙江“光复”后的几任都督

浙江“光复”后第一任都督是汤寿潜。汤寿潜号蛰仙，原来是沪杭铁路的总裁，那是因为他领导江浙士绅，从清政府手里把已经出卖给英国人的沪杭铁路主权争回来，自己集资，由中国人自办沪杭铁路，因此当时极负盛名。浙江“光复”时，党争很厉害，一派不服一派，只有汤寿潜出来当都督，大家才服他。这时汤寿潜已经60多岁了。汤寿潜当都督没有多长时间，浙江的内部局面平息了一些。汤寿潜看看自己的任务也完成了，年龄又这样大，提出来辞职。恰恰这时候蒋百器从广西练军回来，我在上海的火车上碰见了他，真是喜出望外。我俩在日本东京读书时就相识，这时我就把浙江的时事详详细细地向他做了一番介绍。他问我杭州这班朋友们有什么主张，我对他说汤寿潜不久就要告老，浙军驻在南京，也没有人派来接都督的任，这里大家都反对陈其美。“现在看来除你之外，没有第二个人可以担当这个职务了，你千万不能推辞。”我还说浙军中的朱介人、吕公望、周承菼等高级长官和其他人员都会欢迎他来浙江主持，并且告诉他到杭州后，可以和陈公洽、董吉生、王志成等老同学商量。

蒋百器跑去和蒋百里商量。蒋百里从日本回国后，又去德国，这时刚好在浙江都督府当参谋。蒋百里对蒋百器说，这时候不出来为地方办事，我们拿什么面目去见人呢？蒋百器又约陈公洽等在日本老同学商量，大家都表示欢迎。蒋百器还跑了上海，和陈仲恕、汪叔明、孙江东、金九如等朋友商量，请他们来浙江帮助办事。陈仲恕、孙江东首先同意，汪叔明、金九如也愿意同去杭州，陈仲恕先生后来就留在浙江，当蒋百器的秘书。和他们一同来杭州的还有上海《神州日报》的主笔钟璞岑（丰玉），也表示拥护。蒋百器还将这件事征得进驻在南京江苏省谘议局的浙军司令朱介人的同意。我也和屈文六、周六介等以及在杭州参加起义的人员谈这件事，他们都表示欢迎。蒋百器这才答应接汤寿潜的任，当了浙江第二任的都督。

蒋百器接任后，将浙江都督府的人员略加改组，分科办理，并且组织了浙江省督府参议会，以都督为主席，以各厅厅长以及军队中高级长官为参议员，不支薪水。还聘请各府属一二人，加入浙江省参议会，开始时每月送车马费、伙食费20元，后来增加到50元。我也是被约的参议员。根据浙江省督府参议会的规定，凡是委任省一级的重要职务和各县县长，都要经过省督府参议会的审定通过。当时这类会议是经常开的，所以我和这班人都有来往。民政长褚慧僧因我参加光复会干革命较早，和我特别要好。偶有相当的人托我介绍个什么事，我对他说，他审查了一下，在参议会上提出来，大都通过。

那时褚慧僧急于办浙江省参议会，自定省议会法和选举法，一边订一边就饬令各县执行，没有呈报中央批准。后来浙江省都督府秘书处将这件事报到中央。中央政府对褚慧僧这种做法很不满，说这样的大事必须中央制定，各省统一，怎么可以自己动手呢，把褚慧僧的民政长职务撤了，命令浙江都督另外保举人。

这时有人到南京找朱介人，经朱介人的同意，提出屈文六为浙江省民政长，接褚慧僧的任。浙江新军中屈文六的台州同乡很多，他们都支持屈文六出来。屈文六并且还是朱介人很要好的朋友，曾经代表浙江到南京、北京开过会，和两京的人员有过接触，这些人也都劝屈文六快接这个任，屈文六就答应了下来。

蒋百器在褚慧僧一事上很被动，就开始消极了下来，恰好朱介人带着浙江新军从南京回到杭州，蒋百器见这位浙军司令来了，就自动退职，把浙江都督的职务让给朱介人。蒋百器这辞职就好像退隐，以后绝对不管中国政治上的事了。那时都督府的经费很有限，账算下来，超支了5000元，都归蒋百器一个人赔偿。还好蒋百器的岳父吴某（一个在日本经商的宁波人）有钱，替他交清了。

（陈朱鹤　整理）

（选自浙江省政协文史资料研究委员会编《浙江辛亥革命回忆录》，浙江人民出版社1981年8月第1版）

杭州“光复”回忆

傅　孟*

一　辛亥革命杭州“光复”经过

清末，我先后在杭州励志学社及两浙公学读书，章太炎、蔡孑民到杭后，曾多次宣传革命意义，并介绍我等阅读报刊，如《苏报》《黄帝魂》《浙江潮》等刊物，我同学等受了他们的启发，革命思想有了初步滋长。有的就想投考浙江武备学堂（我亦在内），联系武备同学，作为将来在军队方面的武装革命准备，有的在社会方面活动。

1907 年，徐锡麟在皖壮烈牺牲，秋瑾继而在大通学堂被捕，

*　傅孟：时任杭州军政府副官，后任沪军第二团第一营营长，江苏都督府上校参谋。新中国成立后，任上海市文史研究馆馆员。

慷慨就义。当时浙江巡抚张曾敭自办理秋案后，本拟按照搜到名册等，严厉惩办，一网打尽。幸经抚署总文案张让三力陈利害，始允免予追究。其时我同志等，亦不畏惧，仍沉着工作，仅将所有一切形色上的证件，一并销毁。此后光复会发展，分别在个人方面积极进行，大体均由同盟会来主持，浙江革命运动遂注全力在军队方面，尤注重在新军下级干部及军士基层方面打下基础。同年冬，清廷派旗人增韫为浙江巡抚，派北洋旧军官杨善德，充浙江混成协协统，严密监视我等行动。次年，步兵第八十二标标统蒋尊簋调走，部派周承菼充任，第八十一标标统派丁慕韩充任，其他重要军官，亦派他的亲信来充当。因此，浙江军队革命运动受了一个很大的打击。我同志等因杨善德在浙，妨碍我们革命运动，不断设法秘密倒杨。至1909年清廷预备浙军扩充成镇时（以后改师），我同志等密派同志赴京，联系同乡京官孙宝琦等，积极进行，终将杨善德调走。部派萧星垣为浙江第二十一镇统制（他是浙江武备毕业，派赴日本留学的，前曾充浙江第八十二标统带），此时浙军中下级军官，我们同志中参加了不少，如朱瑞、顾乃斌、韩绍基、许耀、叶颂清、叶焕华、吴思豫等，均做了中级官，其他下级军官更多，军士方面更打下了基础。抚署卫队、防营及铁路交通运输方面，亦相应有了联系。

此外，章太炎、蔡孑民、蒋观云、张人杰、陈其美、陶成章诸先生等，或联系华侨，或结合同志，兴办报社，筹措经费，或联系各府党会，鼓吹革命，至武汉起义前夕，浙江革命势力，实已布满了全省。

二 杭州“光复”前的准备工作

1911年10月10日武昌起义，至12日陈其美由沪到杭，催促响应。次日，约集顾乃斌、褚辅成、葛敬恩、俞炜、朱瑞、吴思豫、童保暄及我，在西湖白云庵开会，准备迅速起义，分派同志至宁、绍等处联系。此后，上海又派姚勇忱、龚宝铨、计宗型、尹锐志、尹维俊等先后到杭，接洽发难，临时费及枪弹补充等。不日我到硖石吴小鲁处取运枪弹。至23日，上海起义，占领制造局，公推陈其美为上海都督后，民气更为激扬。各方同志纷集上海，亟待杭州响应，巩固上海。至27日，上海派黄郛到杭，召集同志在我家（此时我住杭州太平坊巷）开会，计到会者有：褚辅成、朱瑞、顾乃斌、韩绍基、葛敬恩、吴思豫、周亚卫等，讨论进行部署及准备工作，并决议在李绸裳处（横奠道巷）设临时机关，存储各项应需弹药物品及外地来杭参加人员接洽之处。此时杭州风声甚紧，萧统制已有所闻，当派副官叫我去谈话。本开会已毕，仅见挂有伪装寿字红幛一幅，借以掩护，来者亦不见疑。我即趋往面告，外界谣言，实系不确，我可保证。他亦信以为真，不再追问。否则，我们又要受到若干影响。不日上海先后派庄之盘、吴文禧等运来炸弹及发难费等，存储李绸裳家。抚署卫队方面，亦由雷家驹说服卫队长金富有；士兵方面，已由祝维根做了工作；军械局守备队长吴秉森处，亦有了联系。至农历九月十三日（11月3日），风声更紧，深恐拖延时日，消息走漏，有所不利。遂于是日召集褚辅成、顾乃斌、俞炜、童保暄、葛敬恩、徐士镳、吴思豫、王桂林、韩绍基及我在顾乃斌家中（上扳儿巷老人街），开紧急会议，推葛敬恩起草，决定攻击计划，当推顾乃斌为浙江都督，褚辅成为民政长，周承菼为浙军总司令（周非党员，派吴思豫说服）。当时顾乃斌因都督责任太重，力辞，暂缓决定，余均通过。决议于次日农历九月十四日（11月4日）夜12时各部队按照决议同时起义。以上是杭州起义前准备工作。

三　杭州起义时的实况

杭州起义时，新军部队驻地及任务如下：

（一）步兵第八十一标（计三营）、炮兵一营（两连）、骑兵一连驻艮山门外笕桥，经艮山门及清太门铁路城洞进城（两处城门由工兵队负责预先开好）。第一、第二两营由代理统带朱瑞率领，包围旗营，第三营由俞炜率领，进攻保国寺军械局、附陆军小学学生队一部。炮兵营由徐士镳率领，占领城隍山高地。骑兵连由蒋僎率领，听葛敬恩指挥，到城站掩护总司令部。

（二）步兵第八十二标，原驻凤山门外馒头山，由候潮门铁路城洞及凤山门进城（由工兵队临时炸开的）派我率领该标弁目连为先锋队，攻击抚署正门。第三营由顾乃斌率领包围抚署左右两侧。第二营由徐卓率领，攻击抚署后门。第一营由徐则恂率领，攻占藩运各库、其他高级衙署及银行等。工兵营由黄元秀、来伟良率领，预开城门。辎重营由韩绍基率领，在原地候命，为预备队。宪兵连由童保暄率领，维持地方秩序。陆军小学学生队一部由周亚卫率领，保护教堂、医院及慈善机构。总司令由周承菼担任，设司令部于城站。

以上各部队均按照预定计划，于是夜12时前发给长一尺四寸、宽五寸的白布一条，裹于左臂，兵士刺刀一律开口，并发给子弹两排，均按照原定时间，一律到达目的地，同时进攻。

其时，我率领之先锋队，到达镇东楼时，有抚署卫队哨兵两名，预备开枪。当即解除武器，我队即向抚署正门猛进，直扑二堂，守卫部队向后撤退，同时随队参加同志计宗型、周李光二人，连掷炸弹数枚。我到达二堂后，即命军士毛存义、鲍斌、陈聚富 3 人，到通江桥某杂货店，打开大门，向他们购买火油一听，将可以引火之旗牌伞等收集一处，点火燃烧。不时火势甚猛，波及全署。此时由顾乃斌率领的第八十二标第三营，已到达左、右两侧，徐卓率领之第二营，已到达抚署后门，全署已在包围中。守卫部队见大势已去，停火响应。浙抚增韫见火势甚炽，遂与他的老母向署后土山奔避，被二营排长盛锡麟拿住，送交我处。我即解送至就近白衙巷第二十一镇司令部看守，队伍交队长斯资深带领。步兵第八十一标（欠一营）由朱瑞率领，已按时到达由�金门至钱塘门之线，包围旗营，与旗兵在对峙中。俞炜率领之第八十一标第三营附陆军小学学生队一部，向军械局进攻，与守备队互相冲突。我军队长陈国杰受重伤，其他官兵亦有受伤的。不久，守备队管带吴秉森在内，响应停火。我军即占领军械局全部，取出一部分炮弹、枪弹，补充各队，其他各部亦均照命令分别占领，总司令部亦按时到达城站成立。

次日，我解送增韫至平市街福建会馆，他的老母与藩台颜某等亦解至一处看守，以后转解至陆军小学校。不久，经临时决议，我革命军以不杀人为宗旨，给资派陶成章护送至上海，恢复他的自由。

同日，总司令部移至梅花碑旧劝业道署，此时杭州除旗营尚在顽强对峙外，大体均已“光复”。唯都督人选，因时间匆促，前未决定，不料童保暄以个人名义，私刻印信，冒充都督，遍贴安民布告。同志等见了他的布告，非常不满，遂于是日在总司令部召开军政紧急会议，决议推选汤寿潜为浙江都督，加推第八十二标标统周承菼为浙军总司令，褚辅成为民政长。同时组织浙江都督府、浙军总司令部及民政机关。当夜，根据嘉兴知府英良（旗人）在杭家藏军火，图谋破坏。经查证实，执行枪决。又据报乍浦驻防预备反攻省城，即派顾乃斌率第八十二标第三营，专车开赴嘉兴抚绥。至5日晚，朱瑞率领之部队，仍与顽抗旗营在对峙中，剑拔弩张，势将开火。总司令周承菼为顾全杭垣人民免遭战火，又不愿屠杀旗人，先后派朱瑞、吴思豫前去说降，未去。最后派我担任，我因事关重大，义不容辞。遂随带军士一人前往，向延龄门旗营守城负责人说明来意，始允我入城与将军德济（旗营最高负责者）见面。经我数小时说服，始允和平投降，保证全旗官兵生命安全。经我七昼夜努力，始将全旗枪械、马匹、印信、文件、官兵名册等点交清楚，交总司令部验收，并予德济离开杭州，恢复他的自由。杭州全城商店在农历十六日均已悬挂白旗，照常开市。

宁、绍、嘉、湖及其他各府，自杭州“光复”后亦均先后相继“光复”，各成立军政分府。此后因南京尚未克复，又派朱瑞率领一混成支队，联合苏、沪、宁、镇各军会攻南京。此后我就离开了杭州。

（选自全国政协文史资料研究委员会编《辛亥革命回忆录》第8集，中国文史出版社2012年6月第2版）

记攻焚浙江抚署之役

赵得三[*]

武昌起义后，浙江巡抚增韫把新军调到城外南星桥、笕桥驻扎，抽调杭州、湖州两地区的防营进城保护省城，城里仅留新军工兵一排，负责主管清泰、望江两处火车城门的启闭。

重阳节的晚上，羊坝头中法药房邻近失火，各商店都误会为民党起事，大家不敢开门，既不鸣锣，又无水龙到场救火，让它自烧自灭。次日有人说：革命党是逢九起义的，像广州是三月二十九日，武昌是八月十九日等，所以这次火起，大家不敢开门。

上海独立了，增韫把新式武器都运到旗营去。未几，苏州又独

* 赵得三：时任“光复”杭州敢死队队员，后任浙江省长兴县城乡各界联合办事处主任。新中国成立后，任浙江省人民政府委员，浙江省人民政府参事室副主任，浙江省人大代表，浙江省政协常委。

立了，省城人心惶惶，谣言四起，竟有人说增韫看湖北提督兼第八镇统制张彪的样，已弃城逃走了。增韫乃于九月十四日轻装简从，仅有卫队队长赵经新与赵振邦二人跟随，陪了老娘，带了妻女，步行上街，在清和坊恒丰绸缎庄、舒莲记扇庄等大店铺买东西，借以辟谣和安定人心。

同日晚，增韫设法把褚辅成骗到抚台衙门，加以软禁，因此，上珠宝巷日升昶记汇兑号内（谘议局议员宿舍），空气突然紧张起来，同寓人走告司令部。司令部为了应付紧急事变，只有仓促起义。司令部即将上海、杭州两个敢死队 100 余人，编成一个混合队，首先解决抚辕的卫队，特别是顽强的正、副队长，责成王金发、周琮二人带领出发；到了过军桥镇东旅馆（上海队有 20 多个嵊县人寓在该处），分为两小队。第一小队由王金发带领，在镇东楼外守候。第二小队由周琮带队，绕道督练公所（那时为陆军测量局），抄到西辕门向东进发。那时抚辕卫队在附近一带都派双岗，东首的步哨即起而内应，自动地开放了镇东楼下的大门。于是王金发带的一小队人一枪未发，就进入抚辕的东便门和周琮会师。那时月已西沉，灯光暗淡，周琮和王金发带头率领 10 多个人冲进了队长室，把两个队长打死。卫队和我们守在走廊上的两小队人，一起向大堂冲进，霎时间枪声、炸弹声和呐喊声大作。

抚署被我们占领后，卫队官兵和我们沪、杭两队，全体集结在大堂等候褚辅成。未几，两名队员陪了他从西首传宣厅过来。他对我们说："你们从速把增子固和他的家属一起找齐，最紧要的东西是印信，想必还在他身边，如果他隐瞒，一定要他交出。其次是卫队官兵们的行李物件，赶快集中移出，这所衙门要全部焚毁。叫今天接我的长班和轿子抬我到城站司令部去，另外雇四乘小轿，准备把增子固和他的家属送到城站附近的地方去安顿，由你们去设法。”雷铁生说：“上羊市街我们的福建会馆最好，只有大小两道门，岗哨不要多派，关防可以严密。”不多时，队员们把增韫和他的妻女都找到了，印信也有了，却不见增的老娘，后来在小厨房的夹弄里找出来，满身都是污泥。周琮派雷铁生、林竞标和我3人带一班卫队先到福建会馆去布置，等了好久，四顶轿子也把增韫一家送来了。听来人说：放火烧抚署，最初想用炸弹爆炸引火，因炸弹好多不发火，后来买了3箱火油，把会客厅里的炕桌拆去堆在暖阁里，又把两个死尸用棉被卷了送上去，浇上火油烧化，省了棺材，这是王金发打的主意。

东方快亮了，城站方面派来四五十个陆军小学学生接替我们的岗位，我们和卫队都回到城站旅馆（现在红楼的前身）休息。其时有二三十人围在那里看“红谕”，并说先贴了一张浙军都督童的红谕，只隔20分钟，又贴了一张浙江军政府都督汤寿潜的红谕，这是啥意思？大家在纷纷议论。

那时我们还没吃早饭，只见两位同学赶来说：“庶务员吴文禧有要事对同学们说，他在头发巷财政司里等着大家。”并说，昨晚在火烧抚台衙门后，不到半小时，小东桥附近开了一排枪。天刚亮时，有新军一连到学堂里来，他们说是笕桥进城的，城外部队进来一团人，有几个兵在学堂门口追一匹马，追不到，就开枪把马打死了。我们有十几人去找吴文禧，吴说司令部有两件要事叫我传达：

（一）学堂今天伙食不开了，同学们的东西限今天上午全部搬出，因为旗营关门不理睬，我们到宝石山上对将军衙门的旗杆用大炮轰，如果双方开火，我们的学堂正在火线上，所以今天同学们切不可再到西大街去。

（二）同学们留在杭州无事做，要多费钱，司令部拟以路程远近为标准，多则五元，少则二元，一律遣送回籍，到补考毕业时另行通知你们。

当时大家听了有些不高兴，领川资的只有六七人。我身边还有6块钱，所以没有领，东西已于前天搬在同乡会里了。我们走出财政司，我回同乡会，他们都到西大街去了。5点钟后，同学6人到同乡会来看我，并说炮没有轰，旗营门已开了，在官巷口迎紫门缴了一部分枪支和子弹，新式武器还没有搬，又听说贵林被将军德济告密；说他叔侄二人阴谋在河里、井里放毒药，已被捕，快要枪毙了。旗营里准备派新军去驻扎。

到此，“光复”浙江省城的军事行动，大致结束，计算时间，农历九月十四日晚10点钟起到十五日下午6点钟，只有20个钟头。此次“光复”杭州，速成科同学们很有功，因为杭州城里的巡警机构，绝大多数是他们所掌握的。

（选自全国政协文史资料研究委员会编《辛亥革命回忆录》第4集，中国文史出版社2012年6月第2版）

浙军“光复”杭州和驰援南京亲历记

来伟良 *

浙江“光复”时，我和朱炼同在杭州梅东高桥陆军第二十一镇工程营供职，我任左队队官，朱炼任左队第三排排长，都参加了“光复”杭州之役。浙军驰援南京，我二人亦皆参与。本文大部分是我和朱炼先生合写的，写成后朱先生病逝，故由我一人具名，附此说明。

一　“光复”杭州

武昌起义之后，浙江同盟会及光复会会员密谋响应。适上海同盟会支部派姚勇忱、陈其美先后来杭，与在杭军警界中会员秘密会

* 来伟良：时任浙江陆军第二十一镇工程营左队队官（连长），后任南京国民政府军政部交通机械修造厂厂长。

议，讨论浙江起义办法，决定派朱瑞等联络军警，约期发动。其时，杭州地方风声鹤唳，又值抢米风潮此伏彼起，社会状况极不安定。我营驻扎城中，负责维持秩序。管带田继成早经辞职北去，职务由伟良兼代。伟良为清吏所注目，暗中防范特严，故所有秘密会议情形，悉由督练公所科员黄凤之（黄元秀）前来通知。因此，我们在行动之前，都有充分准备。

九月初旬，第八十一标代统带朱瑞密派炮队队官徐士镳来晤伟良，询问对杭州起义意见如何。伟良答以杭州城墙完固，城内防营众多，若发动之前对方闭城固守，而新军都在城外，障碍必多；我愿意在城中首先发难，用迅雷不及掩耳的手段，劈开几处城门，将城外新军放进城来，较为妥当云云。过了几天之后，徐又来通知：

（一）上次的建议，经朱统带提出会议，大家赞成；

（二）规定发动时一般兵力的分配与工程营应负的任务；

（三）规定臂缠白布为志与电话密语；

（四）发动时日，临时再行通知；等等。

九月十四日（11 月 4 日）傍晚，朱瑞急急忙忙地来到我营，当面通知伟良，决定今夜发动，并云："你们所负任务特别重要，必须迅速确实完成任务，使城外军队按时进城。"说完，即匆匆赶回笕桥。

黄昏，伟良召集本营官长谈话并分配任务，大家兴高采烈，一致表示服从命令。只有前队队官阮钟良日间出外未归，推测他必存心规避，即指派前队第一排排长赵立主持前队事务。正在这时，第八十一标第二营管带韩绍基用电话告知，定于 3 点半钟进城；后来又来电话，改为 1 点半钟进城。

将到 10 点钟，我们关上营门，断绝交通，准备发动时应行携带各物。这时，统制萧星垣电召伟良速往司令部谈话，我们大家推测，想必泄露风声了。伟良当即嘱咐在营各长官说："我此去，如一时不能回来，你们必须仍照原定计划办事，如上面用电话或字条等来阻止进行，不可理睬。"说毕，即步行出营，径往司令部。伟良甫出门，萧又来电话说："我们浙江已经宣告独立了，你们速即集合队伍，当众宣告独立。"这时已快到11点钟，距离发动时刻已近，乃决定置之不理。到了12点钟，伟良召集前左两队全体员兵，宣布"光复"杭州的宗旨及当夜的任务。每人发给枪弹15颗及干粮袋一个，左臂缠上白布，各按任务整队出发。前队第一排排长赵立和第二排排长奚骏声，带领所属开往电话局，执行占领电话总机、切断线路的任务；第三排排长陈涤带领所属及左队护兵庄国梁执行劈开铁路城门的任务。左队由队官来伟良带领，开往艮山门，并分派第一排排长徐康圣带领所属劈开艮山门；第二排排长薛志超监视守城敌兵；第三排排长朱炼带领所属守住宝善桥，监视附近要路，防止敌人袭击。

艮山门劈开了，守城清军警60余名未及抵抗，悉数缴械投诚。驻笕桥的步兵第八十一标及马炮各部队，悉数整队入城，驻守宝善桥的工兵即撤收警戒，随同第八十一标往攻军装局。其余部队守住城门，并派出巡查到城内城外巡逻。

驻南星桥的步兵第八十二标从铁道城门进城，其第三营会同王金发的敢死队攻取抚署，放火将抚署焚毁。巡抚增韫当场被执；移时，总参议袁思永也被逮捕分别禁闭。

天明，工程营派出的队伍均以任务完毕收队回营；因电话总机及各路话线破坏较重，仍由前队一、二两排负责修复。伟良外出了解情况，得知民军总司令为第八十二标统带周承菼，并闻统制萧星垣、协统蔡成勋均于夜间脱逃。但见城内平静如常，家家户户，遍悬白旗，大街小巷，张贴浙江临时都督童保暄的安民告示。

各部队虽已进入杭城，分头占领机关，而旗营尚紧闭营门，负隅未下。于是，除已派第八十二标第一、第二营围攻外，又加派该标第三营围攻，并派炮队在城隍山脚之环翠楼架炮，对着将军署射击。炮队队官徐士镳为免危及人民安全起见，发炮时不使炮弹开花。旗兵受到炮击，惊慌万分，下午即在迎紫门上插出白旗，打开营门，晚上开始缴出军械，表示归顺。这一段投诚的事情，是旗营中参领贵林所主持，将军德济附和之。过了几天，德济密告贵林及其子量海私藏军火，阴谋反叛，经总司令部搜捕问罪属实，遂将贵林父子判处死刑。另有一个参领哈楚显，在十五日早晨带领叛军阴伏车驾桥云贵会馆对面的某客栈，伺第八十二标军队经过该处时开枪射击，被民军当场拿获，与贵林等一同处死。

九月十八日（11 月 8 日），浙江正式都督汤寿潜就职，在梅花碑旧劝业道署设立都督府，总司令部也设在府内。总司令周承菼是日召开军事会议，即席提出组织支队往攻南京事，派朱瑞为支队长，吕公望为参谋长，以步兵第八十一标、第八十二标第一营、炮工辎各一队、巡防营三营，编成支队。其时，伟良新任工程营管带，即带领左队队官徐康圣、排长郑戡、薛志超、朱炼、司务长陈云飞及目兵 120 余名，编入支队，参加攻宁之役。

二　攻克南京

九月二十二日（11 月 12 日），攻宁支队从杭州搭乘火车出发，当日到达上海，在斜桥绍兴会馆一带驻扎两日。由于武装军队不能通过租界，遂将武装一律卸下，用船驳运至闸北，军队徒手通过租界，抵北站改乘沪宁火车。二十五日（11 月 15 日）由沪开行，经苏州到镇江，后由镇江再到高资，就地设营，向西严密警戒，并由新编马队向东阳镇一带搜索前进。其时黎天才带领淞军一营来归我支队指挥，我支队配给游击队一营及我队工兵半排，以黎天才为司令，夜袭乌龙山与幕府山，于十月初五日（11 月 25 日）占领该两山炮台，开炮轰击城内各要点，我军士气大振。

初五日晨，我支队从东阳镇向南京进发，以步兵第八十二标第一营及炮、工兵各一队为前卫。我工程队队官徐康圣在前卫本队，派出第三排排长朱炼带领所属配属于前卫前队。前卫队将到马群时，孝陵卫附近发现敌人，当即在马群东端展开，对敌作战。我工程队除掩护炮兵进入阵地外，并帮同炮兵做成掩体，事毕加入散兵线与步兵一同对敌射击。敌我双方火力不相上下。旋我军本队增援上来，伟良随同支队长上火线督战。我方兵力雄厚，士气旺盛，战至下午 4 时许，敌人逐渐退却。我军乘胜冲锋，占领了孝陵卫、马群、紫金山的一部，各部队均在附近自择宿营地。我工程队占领了孝陵卫东边之小山头，这时天色将晚，为了防备敌人夜袭，将队伍从山头移至山脚宿营。讵知到了深夜，邻近部队均向后撤，我队遂成孤军独守，只得严加警戒，不断巡逻。幸是夜敌人悉数退入城内，我军得以安全无事。

初六（11 月 26 日）黎明，我队仍上山头占领阵地，同时，步兵队伍亦上山占领阵地并构筑工事。须臾，我队望见有优势敌人从朝阳门出来向我前进，距离在一千五六百米，步枪射击尚难命中；

且山头对敌俯射，死角颇大，枪弹不能发挥威力，支队长即命我队向马群转移阵地。刚到新阵地，敌正向我正面攻击，火力甚猛，我军奋勇应战，战至下午 2 时许，敌火力仍占优势，我军左翼亦受敌人攻击。敌用集中火力向我猛攻，我方人马伤亡甚多，步兵队官赵膺阵亡，我队号兵张宝荣、输送兵沈树堂亦在五棵松相继阵亡。到了下午 4 时，我军阵后有淞军一营增援上来；我军马队又由左侧方冲上来，士气为之一振。加以炮兵队队官周承稷、排长王维、王伟、陈挺立等，对准敌方独立房子连开数炮，房子着火焚烧，敌人全线动摇，我军乘胜冲锋追击，敌向朝阳门溃退。我军一直冲到城边，以敌人据城扼守，遂仍退回孝陵卫。是晚，我队奉令在马群宿营。

敌人连日闭城固守，我军屡攻不得破。初八（11 月 28 日），我支队组织攻城队，命我工程队于是夜 12 点半出发，准备用地雷轰炸朝阳门南边的城墙，并发下重型地雷 4 个，炸药 8 箱。因这种地雷体积庞大，重量达 400 多磅，系专供要塞筑城用者，我工程队素未习用，而且不便运动，更不宜用作夜袭之用。伟良乃临时规定将地雷拆开，选择身高力大的两人扛抬雷壳，并编成 4 个组和预备队一组，使各人分带炸药、发电器材、土木工具等，紧随其后，按照时间由马群出发。将到城边，敌即在侧防城垛上开枪对我射击，并抛下炸弹，我队在猛烈敌火压迫之下，无法埋设地雷。此时，探知城门部分并无敌人踪迹，我队即沿着城脚向城门跃进。司务长陈云飞带领队伍，分掮炸药，首先闯进城门洞里，靠着城门堆置炸药。城上敌人发觉，投下炸弹并开枪俯射，副兵徐上一中弹身死。当即分散队形，退出火线。其时天将破晓，我军后方队伍先已收队回营，伟良等待全数人员退尽，最后退回。事后派遣队伍检查战果，据报城门确已炸破，系我队堆积城门之炸药中敌弹着火而爆炸的，因城门内土囊石块堵塞甚厚，不能进入云云。

初九（11 月 29 日），我支队下令悬赏召集志愿兵，进攻天堡城。伟良即在工程队中选派勇敢善战的官长目兵 52 人参加是役。第一排排长郑戡与第三排排长朱炼首先自愿应征，各目兵皆争先恐后，踊跃参加。我支队全部应征者 192 人，分为两队。第一队 100 名，由队长叶仰高带领；第二队 92 名，分为两排，队长为张兆宸。队之任务为偷袭天堡城之北。当日下午 8 时出发，由张队长率领，冒雨由孝陵卫上山，经过紫金山，向天堡城北前进。紫金山坡度陡急，山路崎岖，行进艰难。但官兵奋勇攀登而上，不多时即全队通过，与天堡城相距二三华里之遥。这时，适与镇军相遇，带队官季遇春带兵 100 余人，主攻天堡城之西，于是分道并进。西北面仅有少数敌人把守飞鹤岭隘口。一经接触，我军即用排枪射击，火力猛烈，压倒敌人，敌畏惧而退，阵地全被季队和我张队占领。迨月落后，我两队摸索前进，先后挨近天堡城，隐约间看见前面似有一大岩障，高低适合，于是即利用作为胸墙，开始射击。初则度放，少时找到敌之第一防线，乃变更射击速度，连放，齐放，枪声越来越密，火力越来越强。可是，敌人利用现成壕沟，阵地坚固，火力也不弱。正在胜负未分之际，忽听左侧战斗侦察报告：敌人假投降，叶队长误认为真，带兵数人冒险前进，被敌排枪全数射死。当时左侧火力几被敌方压倒，势甚危急。幸我队士气甚旺，同各队联成一线，猛烈还击，拼死抵抗，情势得以转危为安。

敌我双方相持约两小时。我们看见前面地势低矮处有 40 多个帐篷，目标明显，我们认为这是敌人第二道防线。于是我队和季队决定总攻击，集中火力，专以帐篷为目标。这些帐篷被我方枪弹击中后燃烧起来，火焰冲天，如同白昼。我们乘机快放排枪，冲锋陷阵，势若怒潮。敌惊慌失措，悉数退入城内，阵地上仅留遗弃的尸体、烧着的帐篷，以及凌乱的军需用品而已。天堡城至是为我军攻克。是役我军队长叶仰高阵亡，步兵排长余宗鲁面部受伤，此外士兵死伤为数不少。我工兵队阵亡者，有正目张庆祥、副目何海鸣、副兵钱振兴等 5 人。

天堡城攻取之后，城中敌军纷纷渡江而逃，南京遂告“光复”。浙军本拟由朝阳门进城，但城门为敌人堵塞，不能通行，改从太平门而入。我工程营左队于初十日晚上随同支队进城，驻扎劝业场茶叶会馆。

三　扩编、北伐与回浙

南京攻克之后，张勋北溃，退守徐州。时江浙联军总司令部撤销，我攻宁支队乃扩充编制，出师北伐。于是将各部队缺额先行补充，扩编成师，更改番号。原第八十一标改编为第一团，团长徐则恂，第八十二标改编为第二团，所有缺额由新任团长来伟良回浙征兵补充。骑兵前在镇江编成两队，先回浙扩编成为一营，营长为谢祖康。炮兵扩编成一团，团长以原管带张国威升任。工兵所缺两连，由管带徐康圣回浙扩编成营。原左队改为第二连，留京调遣，连长为朱炼。辎重连扩编为营。宪兵队改为宪兵连，仍留京调遣，后班师回浙，归宪兵司令王桂林指挥。所缺步兵两团，以驻防宁波之原第八十三标与第八十四标补充，开拔来南京，改为第三、第四两团，第三团团长王萼，第四团团长叶颂清。以上步兵四个团，炮兵一个团，骑、工、辎重各一营，编成为 5 兵种完全的师，称为浙江陆军第一师。师长以原支队长朱瑞升任，师司令部仍暂驻南京，师参谋长为金华林。第一旅旅长吕公望，参谋主任梁辐，旅司令部附设于师司令部内。第二旅旅长暂缺。此是浙军攻宁支队扩编成师的情形。

时张勋退守徐州，军队尚有数千人。我浙军第一旅旅长吕公望坚决主张北伐，出征徐、宿。乃组织出征兵力，以步、骑、炮、工、辎及游击队各兵种共计 4000 余人编成混成旅，称为浙军北伐军混成旅，旅长吕公望，参谋主任梁辐，副官主任朱尊三，另附宪兵一连。我工兵连由连长朱炼率领，排长郑戡、赵立、王旦华，司务长龚锦标及士兵夫等 110 余人组成之。辛亥年十一月间（1911 年 12 月）下旬某日正值大雪，随司令部从南京渡江北伐，进驻宿州。沿途用火车输送，到离宿州 50 余里之西寺坡下车，改为步行，以防不测。迨至第二年春二月，清帝退位，南北议和，奉令开回南京驻扎，出征徐、宿遂告结束。

壬子年夏季（1912 年 5 月中旬），浙军驻宁各部队分为两次开拔回浙，均用火车运输。第一次为第一旅司令部率领步、骑、炮各兵种，先从南京回浙。第二次为宪、步、工、辎及游击队等，随从师司令部回浙。我工兵连列车开到艮山车站，整队回营，驻在营部附近之太庙巷，奉令休息一星期。停数日，在杭军警及机关团体开欢迎会，会场在梅东高桥大操场。

（选自全国政协文史资料研究委员会编《辛亥革命回忆录》第 4 集，中国文史出版社 2012 年 6 月第 2 版）

杭州“光复”与会攻南京

夏达才*

一　怨气

1909年，我21岁，由父亲陪同去杭州投考陆军小学，因身材过高未被录取。一天，我和父亲在街上闲逛，路经抚台衙门，适逢新任巡抚上任。但见一队一队仪仗过后，巡抚坐着8人大轿，前呼后拥地进入衙门，接着礼炮齐鸣，鼓乐喧天，巡抚望阙谢恩后，大小官员分批参见。当时我和父亲躲在石狮后面观看，父亲赞叹说：“真是出京的小皇帝，好不威风！”我一听父亲如此赞叹，便小声嘀咕说：“有什么了不起！”不料话音刚落，头上却挨了三烟管。

* 夏达才：时任浙江陆军第二十一镇第八十二标敢死队尖兵长，后任南京国民政府浙江省余姚县县长。新中国成立后，任民革上海市委员会委员，上海市文史研究馆馆员。

我正发愣，被父亲抓住手臂快步拖出了人群，训斥道：“你不要命了，这话被官府听到，就有杀头之罪！”我挨了打，受了训，心里虽然不服，但也不敢顶嘴，只是暗自生出一个念头：我今天为他挨打受训，有朝一日，他要是落在我的手里，一定要出这口怨气。

二　投笔从戎

自从1840年鸦片战争以后，资本主义列强利用火枪、火炮不断侵略我国，清朝也感到使用大刀、长矛是敌不过和抵御不了外来侵略的。故逊清末叶，改革旧军制，决定在汉人中招募新军。为了培养和训练军事干部，规定在各省设立陆军小学、讲武堂和弁目学堂等军事学校，作为陆军的初级训练机构。又在保定设军官学校，作为陆军的高级训练机构。宣统二年，我正在浙江绍兴王子裕先生（周恩来同志的舅父）主办的白话报馆当学徒，每见国势昏乱，屡遭外侮，真是义愤填膺，于是毅然投笔从戎。起初，服役于浙江陆军步兵第第八十二标二营右队，充当副兵。后因我的文化水平高于一般士兵，又能刻苦学习军事技术，不到一年就由副兵转为正兵，而正兵副目（相当于副班长），后又被保送到浙江弁目学堂学习。

三　“光复”杭州第一枪

翌年即宣统三年（辛亥年），各省有志之士，纷纷起义。武昌陆军首举义旗，浙江陆军为响应起义，于九月间公推第八十二标标统（相当于团长）周赤忱（浙江海宁县人，日本士官学校出身）为浙江革命军总司令。周一面派员与上海沪军首领陈其美联络，一面在杭州城站设立革命军总司令部,决定于农历九月十六日夜间起义。

是夜口令为“独立”。同时规定所有起义部队每人左臂扎上白色布条，以资识别。我们第八十二标弁目队（由优秀的正副班长组成，又称“敢死队”）奉总司令命令做先锋队。我当时在弁目队任尖兵长（队长是张健），奉命率部从南星桥第八十二标营地出发，进凤山门入杭州城。那时杭州尚无电灯，因而街道一片黑暗，我为防止敌军伏击，立即命令尖兵，凡见有身着制服而左臂未扎白布条的人，均予拘捕。这样，部队迅速搜索前进，沿途所遇警察都被押送后方。

部队来到巡抚衙门附近的桥头，我先命大家隐蔽待命，我只身过桥察看，但见抚署周围万籁俱寂，鸦雀无声，于是迅即返身，率部潜行至巡抚衙门门口将台前的旗杆下，又观察了一下地形和进攻路线，立即命令一名尖兵由原路返回，联络大队迅速跟上。几分钟后，即从后方传来大队人马急促轻微的跑步声。于是我立即朝着抚台衙门打响了浙江辛亥革命“光复”杭州的第一枪。同时率领部队向巡抚衙门发起猛攻。这时抚署卫队虽开枪还击，但卫队司务长孔职道已和起义军有联系，答允在义军进攻时放空枪或朝天放枪。因此我们仍猛烈进攻，不久，卫队被我们强大的攻势压服。其时天色朦胧，我后续部队已到，为了抓住有利战机，争取在敌人慌乱之中，连续地给敌人几个致命的突然性打击，以求迅速解决战斗，于是我奋然跃起，冒着浓烈的硝烟，以迅雷不及掩耳之势，率领全队，冲进抚署，并一鼓作气，经过大堂，直插花厅。

由于我从未进过巡抚衙门，地形不熟，为花厅前的假山所惑，正犹豫间，一尖兵向我报告说：“山上有许多人影！”我即带领部队向假山冲去。一接近山顶，骤见一个身穿朝服、头戴大红顶子朝帽的清朝大员，手携一个小孩，身旁还有许多手执木壳匣子枪的卫士。这个身穿朝服的人一见我们便说：“我是增中丞（清朝官制，巡抚亦称中丞）。”这时我才知道他就是浙江巡抚增韫。于是立即命尖兵将他扭住。他的卫士见主人被捕，纷纷举枪，意欲反抗，增抚一见，自知大势已去，反抗对他不利，便即喝阻，于是我命尖兵两人，一名王右军，一名黄维邦，将增韫交由三营督队官傅孟（墨正）带至总司令部。可笑这时增韫还想要我们备轿送他，我想起曾经为了他挨了三烟管，今天他被我所俘，还要摆官架子，不由怒从心上起，以严厉的口吻对他说：“今天你没这样威风了，委屈一下自己，走吧！”说毕，便率部继续搜索，最后，在抚署前一家杂货店里拿了一斤火油，用刺刀撬开盖子，把油洒在抚署大门上，引火点着。这样，统治、压榨浙江人民近300年的清王朝的象征巡抚衙门，随着熊熊烈火而顷刻倒塌了。

四　“光复”杭州

农历九月十七日凌晨，我们集队从抚署回师城站总司令部，稍事休息。黎明后，随即参加围歼杭州旗下营的战斗。此时我奉派在管巷口与敌交战，相持至黄昏，清军不支，竖起白旗投降。至此，杭州全城“光复”，再无敢于抵抗的敌人。九月二十日晚上，革命军集会，选举浙江临时都督。开始时，大家因为童保暄是宪兵排长，而宪兵能管陆军，这对一部分不了解宪兵制度的革命军人来说，以为童的地位高，所以选童保暄为浙江临时都督，后有人反对，认为童的资望不够，必须改选。议至天明，最后公推原浙江省谘议局议长汤寿潜为临时都督，周赤忱为浙江革命军总司令。

五　第一次见到蒋介石

当革命军总司令部部署“光复”杭州的战斗时，曾规定一俟攻克抚署，即发射红色信号弹，其余各部队见此信号，立即各自向预定的目标进击。事先，浙军总司令部曾与沪军首领陈其美商定，由沪军派蒋介石携带信号弹来浙担任发射任务。不料当我们经过短暂而激烈的奋战，占领和焚烧巡抚衙门，活捉浙抚增韫后，尚不见蒋介石到来。大家焦急万分，唯恐有失战机，于是派人四处找寻，才见他姗姗而来。在众人催促之下，他匆匆发了信号弹，瞬间 3 发红色信号弹冲天而升，全城爆发了激烈的枪声。而当我攻占抚署的部队胜利回归总司令部时，蒋介石却抢走在最前列，并大呼口号，神气十足，俨然是个凯旋的英雄。浙军看了他这副模样，颇为不满，认为他在我们激烈战斗、奋勇冲杀时，不知躲在哪里，而此刻却走在最前面，扬扬得意，实在是个胆小的怕死鬼。这就是我第一次见到蒋介石的印象。

六　会攻南京

杭州“光复”后，浙江各属相继响应，局势渐稳。而武昌自起义后，清廷派大军反攻，正陷在苦战中，于是上海、江苏、浙江三地革命派会商，决定组织联军进攻南京，以声援武昌。当时由浙军司令周赤忱在原新军第八十一标、第八十二标中，挑选精锐，组成一个支队，由朱瑞任支队司令，参加会攻。支队辖两个营，一营营长徐质忻，原任第八十二标管带，武备学堂毕业；第二营营长徐卓，也是第八十二标管带，日本士官学校毕业。我所隶的弁目队编入第二营。

约在九月下旬，浙军由杭州乘火车出发，先到上海，暂驻制造局，九月底和沪军会齐，仍乘火车至镇江，在名叫马群的地方下车，改为步行。

当时苏浙沪联军推定徐绍桢为总司令，经龙潭、高资进迫南京，清廷命张勋率部负隅顽抗。起初该部在南京外围设防，后来乌龙山、幕府山两炮台相继被联军占领，张勋退守近城一带，其中天堡山尤为险要，北面濒临长江，背倚南京城墙，山上有炮台。山势高出城墙，可以俯瞰城中，若将此处攻下，转移炮位攻城，南京就无法守御。因此，联军决定攻取天堡山。

约在农历十月一日或二日，联军总司令徐绍桢派镇军林述庆率部进攻天堡山，急切未下，后浙军加入作战。张勋部队凭险固守，我们仰攻甚为费力。十月初七，武汉义军失利，汉口陷落，长江一带震动，联军为扭转形势，下令猛攻南京。十月十一日我们在天堡山激战一昼夜，终于攻上山顶，占领炮台，并向城中北极阁、鸡鸣寺一带开炮。张勋见大势已去，才率残部退过长江。

联军于十月十二日进占南京，浙军司令部驻在城内南洋劝业会，部队驻守天堡山，约有一月之久。

七　迎接孙中山和祭奠明孝陵

南京攻克后，起义各省代表先后到达南京，筹组中央政府。农历十一月初十，十七省代表开会，公推孙中山先生为临时大总统。十一月十三日孙中山由沪乘专车来南京，下午到达下关车站。南京各部队和各界人士早已准备盛大欢迎。从下关车站到临时总统府（原清两江总督府），沿途都由联军布哨，南京各炮台及军舰都鸣放礼炮 21 响表示欢迎。中山先生下车后改乘马车，由欢迎人员簇拥着缓缓向总统府驶去，沿途军民都高声欢呼："孙大总统来了！欢迎孙大总统！"

中山先生到达总统府，当日即举行就职典礼。宣布废止农历，改用农历，即以农历十一月十三日为中华民国元年 1 月 1 日，并定五色旗为国旗。我们浙军也挂起了五色国旗。

不久，孙中山先生决定举行祭祀明孝陵的典礼。这次祭陵典礼，仪式十分隆重，由孙中山主祭，苏浙沪联军司令徐绍桢陪祭并读祭文，在南京的起义民军一律参加，官佐都颈围白绸，士兵一律佩戴白布臂章。明孝陵也事先经过整修布置，十分庄严肃穆，军民参加的有六七万人，都认为是难得的盛典。我驻军南京，得以参加欢迎孙大总统及祭祀明孝陵两次盛典，当时激动的心情至今记忆犹新。

南北和议在上海开始后，我们浙军由南京开回浙江。

（孙翔风　整理）

（选自上海市政协文史资料工作委员会编《辛亥革命七十周年——文史资料纪念专辑》，上海人民出版社 1981 年 8 月第 1 版）

辛亥前后江浙妇女界的革命活动片断

张馥真*

前清末叶，国势日衰，有识之士，奔走呼号，咸以创办学校、解放缠足为急务。上海金连三创天足会，吴怀玖办务本女校于西门，杨白民办城东女校于东门外，陈婉衍、童同雪两女士办宗孟女校于南门，以孟子主张“民为贵”之说，盖亦暗射民主之义。时予年十八，入宗孟女校读书，每读聂政、罗兰夫人等事迹，未尝不三复也。戊申春毕业，转入师范，翌年因学费不继，辍学家居，与姊氏做儿童帽，积累工资，以备求学之资粮。会《民呼报》被封闭，《民立报》继起，予在曾任教员之范凤仙先生劝勉下，推销《民立报》，乃组织女子进行社，赁屋于南市荣福里八号，招致社员，

---

* 张馥真：时为上海女子国民军领导人之一。

共同奔走茶楼、酒肆、旅馆、火车做推销报纸的工作。犹忆上海“光复”之晨，正吾侪送报到南火车站之时也。消息传来，路人亦为之欣喜。浙军平日所看报纸，亦由吾侪交火车转运。

浙军之攻南京也，姊氏林宗雪亦参加后勤工作。迨南京攻克，姊氏论及女权，或曰：“不尽义务，安有权利？吾侪男子能打仗，尔女子文弱瞠乎其后矣。”姊乃返沪申请沪军都督，批准招致青年女子30余人训练之，又请联军总司令徐绍桢（固卿）准许出发至南京会师北伐。未几，南北讲和，诸同志乃奉令复员，恢复其闺阁生涯。

当时鉴于外人之经济侵略，洋货充满市场，乃于壬子新正募集资本4000金，于上海福州路青莲阁茶社楼下租屋两间，创办了女子植权物产公司，推销国货。因洋货充斥，国货滞销，为维持营业起见，不得不兼销洋货。又因在租界内房租捐税浩大，每月开支300元，捐税占6/10，勉强支持了一二年之久，终于不免歇业。当时参加职务者有辛素贞、龚振仪、林宗雪（吾姊，她依母姓）、顾振英、徐品均、黄惠英、尹霞娥、章秋宝、张隆隆、朱八妹、小王等。虽是许多同志欢聚一堂，但日久事迁，总不免酒阑人散。同时接踵而起者，有女子兴业公司，是吴兴俞家钿女士主办；有女子振业公司，亦系女同志所办，不久均相继停业。这说明了在妇女没有得到解放的情况下，欲求自力更生，不过是一种梦想而已。

（选自全国政协文史资料研究委员会编《辛亥革命回忆录》第6集，中国文史出版社2012年6月第2版）

辛亥革命时期的硖石商团和工兵铁道大队

吴欣木 *

浙西海宁硖石镇，商业繁盛，人烟稠密。清朝末叶，由于政治腐败，民生倒悬，强悍者铤而走险，附近各镇，迭受骚扰。硖石既为商业中心，惴惴焉唯恐不保。清宣统二年（1910 年）7 月，由地方人士徐光溥、我父吴清等仿照上海南市商团成规，创办硖石商团，用以自卫。各店铺行厂青壮年职工报名参加者 130 余人，公举徐、吴两人为团长，聘新军退役军官程摇九、陈伯平等为教练，开始训练。一面向浙抚署请领枪械，其初格于抚署参议袁思永的阻挠，后挽人疏通，始领到旧法国造十三响法得利步枪 60 支，子弹 20000 发。次年，以人多枪少为词，两次请求补给，又领到老毛瑟步枪 20 支，泰士毛

* 吴欣木：时为浙江北伐军第八师交通团铁道营营部号兵，后任《浙江民报》经理兼主笔。新中国成立后，任浙江省文史研究馆馆员。

瑟步枪 20 支。此时前海宁州知州李瑞年为重来郭伋，又牧海宁，与地方父老类多熟识，见硖石商团成绩斐然，颇为赞许，特将自有的德国造七九口径套筒快枪 10 支，附带子弹数千发，举以相赠。各团员劲头更高，训练益勤，团员人数也逐有增加。是时浙路已经通车，路局总办为汤寿潜。硖石商团又与沿线邻近嘉兴、王店等处地方武力取得联系，互为声援，因而声势顿壮，地方赖以安定。1911 年 10 月 10 日，武昌首义，农历九月十四日（11 月 4 日）上海宣布独立。上海“光复”后，急待浙江方面响应。当时驻浙新军为第二十一镇（统制萧星垣）第四十一协（协统蔡成勋），辖第八十一、第八十二两标，驻省垣外围。陶成章等早已与两标中人联络就绪，约定举火为号，开始发难。先是杭州士绅恐怕糜烂地方，劝浙江巡抚增韫以和平安民为怀，宣布独立。但增韫本为满人，头脑顽固，拒绝杭绅劝告，而且恐怕新军不稳，将枪弹靳而不发，新军有枪无弹，不敢贸然发动。褚辅成是嘉兴人，与我父早有联络，知硖石商团部分使用的德造七九口径套筒步枪与新军所用的步枪完全同型，即派查人伟回硖石与吴清约定，借取七九步弹 2000 发，约期派人提取。农历九月初三，褚派傅孟到硖提取枪弹一箱，秘密运回杭州。当时我父在浙路局当总稽查，沿路都是熟人，为了审慎起见，把一箱枪弹放在旧网篮内，上覆杂物作伪装，派人掮着，亲自送至硖石车站作为行李运出。

硖石商团与省方革命组织互通声气，早做准备。杭州于 11 月 4 日夜半发动后，硖石方面立刻得到杭州城站站长江芸亭的电话通知。我父即带领全体团员出防，在车站挂上了白旗，警戒铁路一带，监视往来车辆，并与嘉兴等处互通消息。至天明时，硖石车站站长蒋肖初接得嘉兴车站站长电话通知，嘉兴军政分府已成立，由方于笥为首，但驻嘉水上警察队官（姓名已忘）表示反抗，调炮船集中南湖附近，炮口直对城内，实弹待放，人心异常惊慌，分府已急电杭州告急，并嘱通知硖石商团就近派队来嘉协助镇压。我父即带了团员80余人登车出发，8时许到达嘉兴，即在车站对南湖中的炮船布防，候令冲击。10时许，杭州都督府已派炮兵队官带了新军一大队赶到嘉兴，而分府已派人说服水警队队长投降，一场紧张局势，就此解除。当杭州军队来嘉，车过硖石时，硖石文人陈横齐亦搭车来嘉，通知我父说，反对革命甚烈并曾阻挠硖石商团领枪的抚署参议袁思永由杭逃沪，正在后面车上。我父即带了团员上车检查，当场把袁扣住，派了团员4人押解至杭州都督府处理。硖石商团在嘉，见水警队队长投顺，杭州派来新军已到，即在傍晚登车回硖。

当天（11月5日）夜里，我父又率领商团人员40余人，雇快船前往海宁州城，6日天明到达，在附近春富庵登陆，遥见城上已升白旗。硖石商团队伍军乐齐鸣地进入城内，直抵州署，市民夹道欢迎。知州秦某已逃，属下出外迎接，城内士绅周蘧夫（周承荚之父）、沈冕夫、张信甫、唐锐甫等到行署欢迎，并由士绅出面电告杭州都督府海宁全县“光复”，一面招待商团团员至北道宫庙内午餐。我父带队在当天下午回到硖石。杭州方面不日派武康人唐鉴为海宁县民事长（当时县官名称尚未定）。硖石在“光复”的两天内，盗匪乘机窃发，附郊农村一夜间有三处发生盗案，商团团员跟踪踩缉，捉到了绰号羊皮小毛的积盗沈某，真赃现获，电报杭州临时司令，得复电执行枪决。

农历十月三日（12月3日），江浙联军攻克南京，总督张人骏、将军铁良逃走。提督张勋退徐州后，收拾残部负隅抵抗。联军组织北伐军，准备北上杀敌，扫穴犁庭。浙督汤寿潜命令浙路局总工程师徐策组织工兵铁道大队。徐本镇人，与我父亲又为浙路同事，吴即发动商团团员参加。一语甫出，立时报名参加者 120 余人。我是时年已 13 岁，本为商团军乐队队员，到此亦随父加入。当地一班文人、小学教师、劳工小贩等都愿意参加，可见当时革命劲头之高和民气之发扬。徐策又动员浙路员工加入。这样，就组成了一支 400 多人的工兵队伍，出发到南京集中，以成贤街大石桥旧两江师范学堂的校舍为大队部。旋奉令统一编制，编为北伐军第八师（师长陈懋修）交通团（团长邓质仪）铁道营（营长徐策）。营部人员为文牍朱起凤，书记柏志夫，军需尤季良，总务黄咏森，我是营部号兵。营以下分四连，以查人伟、沈倬章、陈孝义、褚起贵为连长；徐揆亮、徐骠良、蒋冠千等 12 人为排长；王叔英、宓清华、查济纲等为班长。交通团编制除铁道营外，还有一个电信营，营长方策；另一个飞艇营，拟而未编。此时我父由浙督汤寿潜举荐，任南京卫戍总督徐绍桢的参谋，并帮助徐策办好铁道营的编制事宜。我们编制成军，每人发了一套灰布白领章的工兵服装，加紧训练，枕戈待命。

12 月 29 日，各省代表会议在南京选举孙中山为临时大总统，议决中华民国纪元改用农历，以是年农历十一月十三日为中华民国元年 1 月 1 日，孙中山就任临时大总统职。中华民族数千年来的封建桎梏一旦解除，举国腾欢。我们铁道营全营官兵也参加了南京孝陵卫的庆祝大典。不久，南北议和告成，我们交通团铁道营奉令撤销，志士们各回原来工作岗位，遄返故乡。我随同我父回浙，路过嘉兴，造访嘉兴军政分府方于笥和分府参事陈仲权（陈亦为革命志士、同盟会会员，后来被人鸩死），交谈甚欢，方延我父为分府参事。是年 5 月 18 日，各地军政分府奉省令撤销，嘉兴分府首先通电撤销，为各路倡。先是方分府兼任嘉禾县知事（时改嘉兴为嘉禾，旋复旧称），分府撤销后，方荐我父代理嘉禾县知事。我也进了省立第二中学读书。我写的 50 年前辛亥革命的回忆事迹也至此终结。目前硖石商团团员参加辛亥革命的，还有 78 岁的方竹安，74 岁的王叔英、73 岁的徐驷良和 63 岁的我 4 人而已。

（选自全国政协文史资料研究委员会编《辛亥革命回忆录》第 4 集，中国文史出版社 2012 年 6 月第 2 版）

宁波“光复”亲历记

林端辅*

一　创办“堕民”学校

我写辛亥宁波“光复”，必须先写育德初等农工学堂及我在该校充当教员的经过；育德学堂是“堕民”学校，因此还须先写宁波“堕民”的情况。这都与辛亥革命有密切关系。

宁波“堕民”亦称“堕贫”或“丐户”，不知始于何时，相传为南宋将领焦光瓒的遗族，因焦光瓒降金，故被摈于士、农、工、商四民之外。元人名为“怯怜户”。明太祖定户籍，匾其门曰“丐”。他们没有田地，也不经商，社会地位低人一等，充当各种贱役，不

* 林端辅：时任育德初等农工学堂教员，后任南京国民政府浙江省教育厅主任秘书。新中国成立后，任浙江省文史研究馆馆员，省政协文史资料研究委员会委员，杭州市政协委员。

得纳赀为官吏，不得入学读书，不得参加考试，男女自相配偶，不与平民相婚姻，服饰亦与众不同。《鄞县志》载：“四民居业，彼不得占；四民所籍，彼不得籍；四民所常服，彼不得服；所以辱且别之者也。”

清光绪间，鄞人富商卢洪昶（字鸿沧）怜堕民之所受种种苛待，极为不平，乃恳托达官贵人从中设法，力谋拯之，使其享受平等待遇。旋经清帝载湉（即光绪帝）颁发谕旨，准其捐赀兴建初等农工学堂，收教堕民子弟，并准堕民出籍。于是就在宁波西门内盘结坊设立育德初等农工学堂，商请慈溪陈训正为校长，林端辅、俞鸿楮、虞菱舫、张世杓（张葆灵）等为教师。学生七八十人，分为3班。同时在宁波江东设立育德小学，此小学亦为卢所建（当时在绍兴亦兴办招收堕民子弟入学之同仁小学，因宁波及绍兴都有堕民聚居）。堕民出籍得享受平等待遇，可算是一种史无前例的事情。记得当时校中大礼堂曾悬有匾额一块，朱底金字，边饰双龙，上载光绪谕旨全文。开学的日子是清光绪三十年十月初十，为慈禧太后70岁万寿节，算是皇帝“恩施”的纪念。

盘结坊在宁波西门城脚下，为堕民聚居之处，里巷陋隘，房屋低矮破旧，平日行人很少，地极僻静，作为革命活动的掩护极为相宜。

陈训正，字屺怀，别号天婴，素负文名，有志于革命事业，平日与其友赵家蕃（字匊椒）、赵家艺（字林士）兄弟及林端辅（字莲村，后改黎叔）密谋在甬组织力量，响应革命，又与上海陈其美、张人杰等互通声气。他自任育德学堂校长之后，即以该校为秘密集议之所，策划进行。当时育德学堂的校歌，内容颇具民族意识，兹录于后：

堂堂亚东，泱泱大风，四明佳气横青葱。问越中子弟，谁人不是文明种？黑消红灭，何堪父老尚痴聋。撞破自由钟，责任如山压肩重。唤起人间梦，民权挽补天无功。愿同胞大家努力，一雪奴才痛。心肠菩萨胆英雄，福我众生众。

二　组织宁波国民尚武分会

宁波国民尚武分会由陈训正、范贤方（仰乔）、邵憩棠（静山）、林端辅、张世杓（葆灵）、章述洨（许泉）、张寿镛（字伯颂，泳霓）、张传保（申之）、陈时夏（季衡）等所发起（总会在上海，由沈缦云主持），经过联络当地士绅、各界领袖，于清宣统三年（1911 年）七月成立。宗旨为“提倡武风，挽救文弱，鼓吹革命，网罗人才”。会址在道署右侧崇实书院旧址。公推邵静山为会长，范贤方、林端辅为副会长。名誉董事有费绍冠（冕卿）、顾元深、陈南琴、屠用锡（康侯）等。干事员有励延豫（建侯）、叶懋宣（德之）、周骏彦（枕琴）等。兼总干事林端辅主持会内一切事务。文牍兼编辑章闾，庶务周藜光，教练员陈肇英（雄夫）。陈肇英是宁波新军的排长，为宁波府中学堂校长黄人望(伯洵）所介绍，暗中实有联络新军内下级军官的作用。

会内主要工作有：

（一）发行刊物，定名《武风鼓吹》，每旬出一期，每月三期，逢一出版；

（二）成立国民体操团，征求团员，分期操练。

《武风鼓吹》的宗旨是阐明武德，激扬武风，使合郡人士皆有同仇敌忾之心，以合于“军国民”之资格。内容分论说、学术、记载、国内外大事记等。编辑章闾，字叔言，别名巨摩，性豪爽，能文章，师事慈溪冯君木，青年壮志，热心革命，主编《武风鼓吹》，煞费苦心。刊出之后，数量日增，宁波各界人士、青年学生，莫不争相订购，先阅为快，社会风气为之一变，于革命事业有大贡献。

宁波国民尚武分会体操团的宗旨是“提倡尚武精神，养成健全军国民”。学科分普通操、兵式操、国技、军事学、生理学大要。学生名额为100名，凡年在16岁以上，身体健壮，品行端正者皆可报名，但须有各团体或商号保证。以一年半为一期，期满由会给予证书，遇秋季大操时，仍须到会合操。

教员6人，一兵式，二国技，三普通操，四军事学兼生理学，五游戏（陆上、水上各一人）。体操团的操场，本想借用府学操场，已经商得教谕陶某（忘其名）应允，唯因修理尚需时日，暂先借公园隙地操演。

宁波革命运动向由陈训正主持。上海方面主持者为赵家蕃、赵家艺兄弟。沪甬之秘密通讯，都不通过邮局而交由轮船工友传递。几年以来，进行都很顺利。但为日既久，不免风声外露。育德学校是革命党人的机关，渐为官厅所注意，但由于主持者事事防范，处处谨慎，应付当地军政官员，联络各界领袖人物，运筹策划，力求妥善，所以并未发生事故。

三　成立同盟会宁波支部，组织民团、商团，成立保安会

在宁波“光复”之前几月，同盟会宁波支部成立。会长赵家艺，

副会长陈训正。会员数十人，大都是尚武会（会址在何处，已忘记）会员。同时在各县也成立支部。我是被派去组织慈溪支部的，就在慈溪参加。慈溪支部会长钱保杭（吟韦），副会长胡良箴（君海），会址在柳山庙侧仓屋内。镇海、奉化是否亦有组织成立，已不复记忆。

宣统三年八月十九日（1911 年 10 月 10 日），武昌起义，各省望风响应。宁波为通商口岸，商贾辐辏，风声传来，人心惶惶。尚武会会员范贤方、魏炯（字伯桢）、陈训正、章述洨、林端辅等集议于赵家荪家中，共谋响应。家荪字芝室，为家蕃之弟、家艺之兄，大家呼为七先生。时家艺正在上海与陈其美等策划革命，常将上海党人活动情况向其兄报道。大家商议结果，决定先组织民团，借以掌握武装。九月一日，民团成立，公举夏启瑞为团董，范贤方副之，魏炯为团长，林端辅为司令。一日之间，报名参加为团员者 480 余人。分为两部：一部以陆军编制，朝夕教练；一部巡逻街巷，保卫地方治安。操场在小校场。林端辅任总教练，范贤方亦常全副戎装，到场为团员讲演革命意义。同时又与商会余润泉、费冕卿、王荫亭、陈子秀等洽商，请他们成立商团，以便彼此互助，增加武装力量。记得商会方面曾在招商局内开会，筹划经费，请领枪械，公文由贤方起草，并由王荫亭、陈子秀二君担任劝导店伙入团。

宁绍道台文溥是一顽固派，极端反对革命。当民团成立时，他据密报，命令前宁波知府摄鄞县知事江畲经逮捕范贤方、魏炯等严加法办。夏启瑞闻此消息，即避居上海。江畲经头脑较新，向来同情革命，章述洨就在他幕府中任职，两人交谊甚厚。述洨与范、魏等的活动，江早已知道，且暗中给予帮助甚多。因此他在文溥前力为范、魏辩白，对逮捕令置之不理。后来风声日紧，文溥再告江畲经时，畲经答以大势所趋，人心所向，现在满城都是革命党人，如何逮法，并劝他速自为计，迟恐后悔莫及。文溥闻之大惧，当夜弃印携眷而逃。陆军协统刘洵（润田），标统马志勋，防军统领常荣清，经贤方、伯桢几次试探、几次说服之后，他们鉴于大势已去，无可挽救，不得不看风转舵，倾向革命。

九月十日，当地军政官员，地方父老，各界领袖，集合于道署右侧府教育会，由范贤方主持。当场成立保安会，公推江畲经为会长，陈训正为副会长，军官刘洵、马志勋、常荣清，警官陈绍舜、刘孔炤，自治会会长励延豫，商会总董余承谊（润泉）、费冕卿，民团团董范贤方，团长魏炯以及赵家荪、顾钊（元琛）、屠周锡等为干事。凡军政一切事务悉归保安会决定。当时浮言四起，缙绅富室多有携眷他避者，内外骚然，人心浮动。保安会办公地点亦常有移动，以防不虞。

四　宁波“光复”经过

保安会举行第一次会议时，范贤方欲先发制人，即日宣告独立。赵家艺适由上海来甬，他在沪临行时，陈其美告以宁波方面要听上海消息，上海未动，宁波切不可动；上海若有动静，必先有电告。所以家艺力劝贤方不可轻动，训正亦主宜缓不宜急。贤方盛气凌人，竟出恶言，双方相持不决而散。旋接卢成章自江北岸发来通知，谓他已租赁马匹率领多人由东门入城，嘱民团和尚武会赶做准备。当时民团司令林端辅以魏团长伯桢适不在家，尚武会会员散居各地，召集不易，即商同民团高级人员率领全部团丁出城相迎。至东门口，即见卢成章领着多人，骑着白马，臂缠白布，手执“保商安民”旗子，一路高呼“光复军到甬”。于是东门街各店纷纷竖白旗欢迎（白旗系卢成章预先做就，沿路发给）。成章旋至电报局伪造“杭州光复”来电一件，持往保安会召集紧急会议。到会的人甚多。会议至深夜，才决定暂设宁波军政分府。当场举出下列名单：

都　　督　刘　洵　副都督　常荣清
参谋总长　马志勋
民政部部长　江畲经（伯训）
副 部 长　章述洨　冯丙然（子蕃）
财政部部长　陈训正（陈辞，改为张传保）
副 部 长　费绍冠（冕卿）
执法部部长　徐家光（秀甫，后改范贤方，范赴省又改方浏生）
副 部 长　王菉轩
总务部部长　魏　炯（后改张世杓）
军需科科长　叶懋宣
外交兼交通部部长　卢成章
副 部 长　袁礼敦（履登）担任外交方面事务
副 部 长　陈夏常（谦夫）担任交通方面事务
参议部部长　赵家艺（林士）
副 部 长　余镜清（民进）
参 议 员　励延豫　李镜第（霞城）　孙绍康（莘墅）
廖寿慈（淦亭）　陈滋镐（傲僧）
林端辅

曹位康（馥山）　镇海代表

孙振祺（表卿）　奉化代表

冯　群（孟颛）　慈溪代表

虞　音　定海代表

卢成章，字志学，为育德学校创办人卢鸿沧之子，英国留学生，性豪放，善交际，机警过人，向在上海参加革命工作。当时地方有“卢成章单骑克宁波，林莲村率民团内应”之谣。

宁波军政分府成立之后，即日布告安民。民团、商团出动维持秩序。下令剪发辫，官吏学生士兵等限3日内剪去。但顽固之人抗不服从，不肯剪去。后来再经民政部、执法部会衔出示：凡不服命令、不剪辫子者，剥夺其公权及诉讼权。六城门旁站岗巡警各执剪刀，遇见进出之人之拖辫子者，即强迫剪去。又派员在各热闹市区及城隍庙等处对群众演讲剪辫子的好处，劝导群众服从命令。因此城中居民不论男女大都剪去。乡下风气未开，一般老农都不敢进城。

军政分府后来得知杭州尚未“光复”，宁属各县都未发动，宁波一处势孤力薄，恐有变故。乃于十六日在小校场誓师，留民团、商团守御本城，令陆军出绍兴助攻省城，并分派防营收复各县，但尚未出发而杭州“光复”电报已到。乃派李镜第（霞城）去镇海，周骏彦去奉化，范贤方、张晋（絅伯）去定海。慈溪胡良箴、钱保杭已收缴县印，奉杨敏曾为县长。十七日镇海“光复”，十八日奉化“光复”，十九日定海“光复”。象山张乃文、王保诚，石浦秦英鉴都来甬集议，两地旋亦“光复”。

军政分府成立后，最感困难的是经费问题，尤其是军饷更不易应付。究其原因：杭州“光复”后，浙江军政府宣布全省豁免田赋一年，并废除厘卡，原有税局一律撤销。因此各地前收粮税，遂皆截留而不上缴。宁波为浙东重地，陆军协统、防军统领均在此坐镇，驻在绍兴、台州、温州的军队，都归宁波管辖调派，饷银亦由宁波发给。省库空虚，既无法拨付，地方又无税款可收，军饷来源几于断绝，不得不自行筹划，以资应付。经参议部开会讨论，决定办法两项：

（一）向人民募捐，劝导地方巨商富户踊跃输将。但当时巨商富户大都迁往上海或避居租界，热心公益、乐于捐输者为数不多。后来根据总务部报告，共收捐款约为 118000 多元。

（二）标卖官营产业。记得有鄞人袁友仁承买营地，得价银 10 万元，友仁又乐捐几万元，军政分府经费才得维持过年。

浙江军政府因库帑空虚，曾发行军用票，有时亦拨给宁波以应急需。但人民对军用票多不信任，流通极难。经再三设法，乃由中华银行（“光复”时财政部接收大清银行，改名为中华银行，派赵家荪为行长）出面与浙海关外人税务司接洽，请海关方面收用军用票，并先拨现金 10000 元，作为兑换军用票之保证金。有人以军用票前来海关缴纳税款者，海关收到多少，即在现金内扣除多少，不足之数，再由银行补拨。军用票从此稍得在市上流通。

浙江全省“光复”以后，各地军政分府已无存在必要，都宣告结束，宁波自不例外，唯结束时详细情况，今日已不复记忆。只有以下几件事还约略记得：为了解决军饷困难，将所有军队派出参加北伐；军政分府所有公产公款以及一切未了事务，另组织六邑公会管理，并办理善后事宜。六邑公会是宁波府属六县（鄞、慈、镇、奉、象、定）各派代表一人共同组织的，会长为李镜第，地址在后乐园府教育会。军政分府结束，大约在壬子年（1912年）一二月之间。

（何雨馨　记录）

（选自全国政协文史资料研究委员会编《辛亥革命回忆录》第4集，中国文史出版社2012年6月第2版）

宁波“光复”回忆

魏伯桢 *

“清宣统三年八月十九日，革命军起义武昌。警至，甬市骚然。若大难之将至也。县人魏炯谋应之。”1938 年新修《鄞县通志·文献志》载《辛亥革命纪略》一文中开头就是这样写的。文中所说的魏炯就是魏伯桢，那时 32 岁，留日归国充当宁波法政学堂教习。在留日时，受到孙中山排满复汉学说的影响，归国后又目击清廷政治腐败，愈加切齿仇恨，言论激烈，不免被官府目为革命党人。两浙水师统领张连升，曾向浙江提督吕本元报告魏炯为革命党，请予拿办。吕以魏炯父士霖公是当时提标前营把总，因而传士霖公到署，责令严加管束。

---

* 魏伯桢：时任浙江省宁波法政学堂教习，后任宁波旅沪同乡会副理事长。

1910年，魏炯任宁波法政学堂教习，发现张连升曾在浙江提标中营参将任内，将营房营地伪造新册，占为已有，建造私宅。魏以留学生名义向浙江巡抚衙门告发。浙江巡抚增韫多次派员查实，批交宁波地方审检厅惩办。张连升以20000两银票贿魏，魏严词拒绝。此事当时宁波《四明日报》曾一再揭露。故魏炯就成为宁波知名的人物，并为法政学堂教习范贤方所推重。

一　创办民团密谋起义

范贤方是举人范晓馨次子，在日本法政大学法政速成科毕业，于1908年回国，任浙江巡警道兼洋务总办王丰镐的秘书，比魏炯先一年（1909年）任宁波法政学堂教习。魏住学堂，而范不住，却经常到魏处休息。那时范贤方已当了宁波地方自治筹备会会长。副会长是郭景汾（字荷沚），也是宁波望族。地方自治定为9年，预备立宪单上所列项目之一，任务非常繁重。据说，范任会长是由地方官长召开城乡绅商会议所推举。范言语率直、无所顾忌，因此郡人士多拥护之，且称之为范大炮。武昌首义后，甬市人心惶惶。

八月二十三日，魏炯问范："我闻你天天为了城镇乡自治工作，忙得席不暇暖，不知你对国家大事也有所谋划吗？"范被问得突然，反问："你有什么谋划？"魏曰："新军协统前一个时期已到甬，驻在大校场。旧军绿营虽已裁撤，但由绿营改编的巡防营，其统领常荣清是北方人，住在大沙泥街（前左营游击衙门）。宁绍台道满人文溥兼兵备，掌握最高政权。若不预筹良策，恐非地方之福。鄙意你可利用地方自治会会长地位召集地方父老，商讨地方治安问题，可以先办民团为入手办法。”范闻言立表同意。即于次日发通告，定二十六日下午在城北报德观召开地方紧急会议。是日到会者百数十人。由于事关地方治安，到会的人特别踊跃。开始即由范贤方起立发言：“武昌事变，距今还只七天，市面已受影响。个人逃难，日有数起。须知，宁波是我们宁波人的宁波。共谋地方治安，方是上策。”有人即问范：“你有好的办法吗？”范曰：“从前宁波有提督驻防，还分设了上六营、下六营。但均已于去年年底统统裁撤，城防早已空虚。常统领的巡防营大部驻扎在台州和绍兴两府。剩下来的人还要分驻宁波府所属，如鄞县、慈溪、镇海、奉化、象山、定海 6 县中重要地区，以资镇慑。万一宁波的裁兵联同台绍两府土匪有所活动，地方危矣。只有宁人自己来办民团，方足以保治安。所难者是经费和枪械两项，但我考虑之下也有办法，警察是省办的，经费应由省出。宁波房捐应向省方争回，拨充民团之用，不足再向绅富捐募。至于军械，绿营既裁，军械局的军械堆积如山！也可电省转令宁波军械局拨借，当无问题。唯以此次所招民团程度需要提高，固之月饷也应定得大一些，俾可专心为公众服务。”有问拟招多少人及月饷若干，范曰：“民团拟招 500 名，月饷每名八元。”又有人问：“这不是去打外国人，为什么要招募这许多人？常统领巡防营月饷只有 5 元，为什么我们要 8 元？”范曰：“宁波城厢地方如此广阔，分区设防，日夜巡逻，仅仅 500 名并不算多，每日还要预备两个钟点听训和操练。月饷八元，只能养活一家四口，若再减少，必易发生种种弊窦。但民团要有人去办的，我们法政学堂教习魏炯在日本曾学过兵式体操，人也非常干练，有胆有识，堪当民团团长重任。”宁波地方自治筹备会副会长郭景汾提议推举会榜进士夏启瑞为民团总董，范贤方、赵家荪副之。另外再推举10位（名单另列）为董事，组成董事会行使监督权，以昭慎重。城自治委员赵家荪即席提请到会的各业各界以及地方耆老一律担任民团董事，并请自由捐助。经全体举手通过，当场捐认银圆5000余元。又公推总商会文书王贤瑞拟稿电省，经具名人修改后签字发出。二十七日早浙抚电复照办。是日，夏启瑞（字祥甫）、范贤方、赵家荪、魏炯会议于道侧沐家弄口赵家荪处。范贤方说：“浙抚既已照准，民团即应开办，办公地址拟借用旧鄞县知县衙门较为适宜。其他民团招募事项，请魏发表意见。”魏说：“绿营刚刚裁撤，500名民团名额不难募集。唯这次民团必须先具两项资格：（1）粗识文字，能写简明履历者；（2）在宁波有家属者。在九月初一日以前必须招募足额。其次是民团分区问题，鄙意拟分城里四区，城外4区，共8区。应设区团长8人。团长人选请各位介绍，或就在旧绿营裁员中择优选用。”夏启瑞说：“区团长月薪不能过高，只能倍于民团，定为16元。”范表示赞成。赵家荪提出招募民团以及选用区团长均请魏决定，我们决不干涉。当由范贤方打电话给宁波府知府兼鄞县知县江畲经，借鄞县知县衙门作为民团办公处，挂起“民团总局办公处”大字招牌来了。

二十八日、二十九日两天，民团名额考选足额。区团长人选也经选定公布。民团月饷8元，每十人派什长一人，每20人派小排长一人。什长月饷加2元，小排长月饷加4元。他们大都是在旧绿营当过兵的，稍加练习即能成队。因此定于九月初一日上午9时在总局集中后先拨各区团长各两小排，由区团长率领，不分昼夜，分别到指定地点设防巡逻，其余则由总局指派或集中训练。魏炯以民团长之下应设两位分团长，经常董会同意后，派有林端辅和汪某担任。

林端辅在考选民团及训练成队时颇资其臂助；汪某原为绿营洋枪队的左营千总，年仅40左右，帮助团长，也大为得力，他还兼了中区团长，与团长同驻总局。

关于枪械和服装问题，据军械局称："局中枪械虽有，但不多，且不一律，子弹更少，横竖民团是用来吓吓土匪和盗贼的，杂牌枪也无大碍，尚有约二百数十杆可以出借，此外红枪倒存储了不少，可凑凑数。"所谓红枪是用铜帽子轧火的，也有用草绳点火的，这大概是打太平天国时代所遗留的，如果现在再用出来，真是笑话奇谈，因此就先借杂牌枪二百数十杆，再作打算。至于服装鞋帽，据军装叶中人说："军服连军帽每套5元5角，一星期就可交货，决不有误。"总局就这样签了合同，预定在九月初十日将全部民团，负枪排队（城外江北岸益智中学系外国教会办的，也有枪一百数十杆，总局已向他们借用），向宁波城厢内外巡行一周，后来总局又买了快马一匹，大刀4柄，因此魏炯进出骑马，4名刀手就做他的卫队。

果然第二天初二日，顾钊（字元琛）亲到民团总局拜会各董事说："昨天民团已设防巡逻，组织快速竟出人意料之外，人心安定不少，我们和丰纱厂已定明日开工，所以送上银票5000元，作为特捐，以后每月再认常捐500元，借表敬意。"这不仅鼓舞了民团总局全体同志的勇气，而且地方人心也为之一振。

二　章述洨的幕后活动

章述洨（字许泉）系鄞县举人章鏊之子，也是翰林院修撰章鋆之侄，附生。废科举后，与范贤方等同入东京法政大学。阅二年，由政治速成科毕业回国，参鄞县幕，后参知府江畲经幕。辛亥武昌起义，宁波震动颇剧。当时宁波的重要机关，武则有新旧两军，立场不同，趋向各异。文则有宁绍道台满人文溥及宁波知府江畲经（字伯训）的矛盾。江畲经，福建人，科举出身，与章述洨两相融洽，受其影响，遂多不听道台文溥的指挥。如文溥认为宁波革命党就是范贤方、魏炯，又侦悉章述洨在知府幕后策划一切，两次命江逮捕范贤方、魏炯、章述洨，而江畲经拒不受命。这在新修《鄞县通志》内《辛亥宁波光复纪略》一文中也有记载。

新军协统驻在城外大校场，在民团总局之北；旧军常统领驻在大沙泥街前左营游击衙门，在民团总局东首，相距均近。新军忽于初三日把大炮两尊拉出营门前，意在示威；而旧军为不示弱，也将大炮两尊抬至衙署前，双方炮口相对。新军以旧军意存对抗，又将炮身红衣卸下，旧军亦然。协统刘询所带来的新军只有一团，旧军人数较多，不肯示弱，而新军以旧军散处各地，且系绿营改编，无战斗力，不堪一击，因之相持不下。新军原欲毁道台衙门，杀道台满人文溥，但由于章述洨从中解劝，并传出"文道台即将离开宁波"消息而未动手。

三　范贤方迁居的夜宴

旧小说中常常提到穷秀才，而穷举人则很少见，可知科举时代中了举人以后，便有活动余地。宁波举人特别多（有 200 多人），生财之道更多。孝廉堂（后改宁波法政学堂）是专为举人而设的，赴京会试可以借川资，每月还由知府主持月课八股文一篇，八韵诗一首，第一名奖制钱6000文，以次递减，至30名为2000文，30名以下每名各奖1000文，但应考者并不踊跃（当时米价每石约2元左右，6000文的制钱可兑得银圆7元多，合米3石），这种待遇为宁波所独有。不仅此也，中举以后就有当“公行先生”资格。从前宁波各行各业如有事要向官府诉告，只得邀请一位有顶戴的士绅代说，因为头上无顶戴的不能同官说话，否则递上一张呈文，何日有批，批准批驳，不得而知，何况士绅也不容易请，后来改请“公行先生”，年送贽敬120元到600元不等，贽敬的高低，以行业的大小定之。

范贤方自日本回来以后，说话即有力量，能与官府斗争，因而被各行业争聘为“公行先生”，因又在法政学堂教书，薪水每月120元，经济情况就充裕起来了。他原来住在鄞县衙门左近的县巷弄，只有平屋数间，父母兄弟合居。父亲筱卿先生也是举人，兄贤祥（字莱笙）历任中小学教员，弟贤礽（字叔云）浙江法政专门学校毕业，曾任杭州绍兴等处法院院长，均为附生。范贤方经济既然充裕，就在道侧水凫桥地方典买了陈瑶圃侍郎出让的7架楼屋半宅，典价只有1300元，宅内设备早已购妥，迁居日期也早择定在九月初六日，如果届时不迁，人将疑为时局不稳，必将有变，我们协商之下，还是照迁为是。甬俗惯例，迁居须办酒食，亲戚朋友也须馈送礼物。宴会是在初六日晚上，到客近200人，其中多系八月二十六日报德观到会的人。

正在酒兴酣畅之际，突然来了陌生面孔穿军衣客人两位，范贤方陪同上楼谈话，经20余分钟之久。大家议论纷纷，认为事情重大。魏炯、赵家荪、郭景汾3人分头解释无效，不旋踵全部逃席。再等片刻，范贤方送客，此时席上已无一客，不觉面如土色。范贤方说：“新军必欲在今夜下半夜动手，仍照前议，焚毁道台衙门，捕杀文溥，贤方当即提出省中尚无消息，何必动此大兵？”这时郭景汾、赵家荪闻讯也不别而行，魏炯则默察人心慌张如此，非打强心针实不足挽回颓势。当他同范贤方步行至赵家荪家时，家荪夫妇正在整理衣箱，预备明天赴申。魏炯曰：“总董夏启瑞已出走，如你赵家荪再走，难道宁波是范贤方和我的宁波吗？”赵曰：“我决不走，我想将女眷送申。”魏又曰：“现在万事俱全，独缺东风，什么是东风呢？就是旧军常统领还未妥洽，如果你们两位常董（指范、赵）不避危险，明天代表民团总局拜会巡防营统领常荣清以资联络，对他说明绿营裁撤以后，台州、绍兴土匪蠢蠢欲动，不可不有预防。今从军械局拨给的枪械都是杂牌，又无子弹，除用于民团操练之外，再无别实际用处。再向其暂借后膛枪 50 支，子弹 5 万发，以固城防，而安人心。”范贤方闻至此，用力紧紧捏赵家荪长棉袍胸襟（那年九月初六，阳历已近 11 月，故着棉袍）曰：“芝室（家荪字）！伯桢（炯字）之言是也，吾二人准于明晨 8 时同去拜会常统领，如常统领以吾二人为革命党，要杀头只好被他杀掉。”范激愤已极，声若狮吼，芝室除唯唯外，不敢说一不字，只是全身发抖。

四　向常统领借枪

初七日早晨 7 时半，范贤方、赵家荪同往大沙泥街统领衙门拜会常统领。常以这两位均系城中巨绅，出见时特别客气。范贤方道明来意，常即询统带民团的是谁。范答：“是我们宁波法政学堂教习，与我是同事。”又问分带几人，叫什么姓名。范答：“区团长八人都是在旧绿营中做过守备或千总的。”常乃谓：“我来查查库房到底有多少可借，在最短时间内给你们回音，既然都是为了地方，大家又是一家人，我有的东西，你们尽管使用，不必客气。”范、赵兴辞而出，范先出轿，笑容满面，与赵家荪二人联袂入室称：“非常好，非常好！”两句话刚说完，常统领已骑马到了总局门口。接客的手拿常荣清三字大红大名帖高呼道：“常统领拜会来了。”主客寒暄毕，谈了一些客套话，临行时说：“我可送给你们民团总局后膛枪 40 杆，子弹 4 万发。”当对常统领表示感谢，并送其上马。不多时，那 40 杆后膛枪和 4 万发子弹已送到总局。不论局内局外，都说这是意料不到的事情。

五　道台文溥宵遁

浙江省原有 11 府，设 4 道巡抚分巡，4 道是：杭嘉湖道、宁绍台道、金衢严道和温处道。宁绍台道为满人文溥，管辖宁波、绍兴、台州 3 府。他看出范贤方、魏炯、章述洨都是革命党，曾命江畬经知府逮捕未果，观常统领不仅没有陷害范贤方、魏炯、章述洨之意，而且还要和他们通力合作，所以范贤方开口借枪，立刻应许并将枪弹立刻送到。借枪是一件大事情，送枪的事那就更大，诚如江畬经知府曾对文溥说的：“满城皆党人，何从捕，公其自为计。”至初七晚上（就是常统领借枪给民团总局的那天晚上），文溥在获知借枪送枪消息以后，立即挈眷离衙，据称文化装一老妇人乘洋商轮船逃往上海。又据章述洨对魏炯说，初三那天曾对新军伪称：“文道台将离开宁波，这是江府台对我说的。”其实是我写了一封恐吓信，限文溥三天走，初五再写一封信，再限他3天走，第二次所限第三天就是初八日，今已发生效果了。

六　全体民团的巡行

九月初十日，民团训练已较纯熟，订购的制服、鞋帽也已全部办齐，由于民团设防分巡不分昼夜，不但土匪强盗不敢觊觎，就是小偷也几乎绝迹，民团总长魏炯往往亲自在午夜之后骑马出巡，视察奖惩事项，均记录在日记簿上，所以民团成立，虽仅10天，而阵容却很坚强。初十日那天，巡行的程序经民团各董议决如下：先由商团团董荷枪排队为导引，团董有金润泉、王水生诸君，其次就是长号和团旗，再次是8位区团长分别带了团队骑马而行，魏民团总长则殿其后，由4名又高又大的大刀队保护，最后是警察。此日下午1时由民团总局出发，至5时半才归局，历时4小时半，所有宁波东、西、南、北两大街以及六城门、二江桥都巡行一周。商团和警察加入，一是表示宁波人的团结，二是表示宁波人的武装力量，三是对清廷的示威，四是警告江北岸商埠的洋商和其代理人（买办）对宁波人不容轻视。

当时宁波商埠设在江北岸，英国人设有领事署，太古、怡和两公司均设有分行，太古有北京号轮船一艘往来沪甬，火油、棉布等也归它们专卖。外国人犯法，依照领事裁判权只能向英领事公署告发，由英领事派员审理，此后渐渐演变为洋人的代理人（买办）和代理人所雇用的人，也属于领事裁判权范围之内了；甚至连洋行的大门也有领事裁判权，不许中国警察入内。因为宁波辟埠以后，英人来者日众，宁波北岸警察局早已设立，由省派一位懂得洋务的局长，其下设巡警头目一名，印度人，薪给却比局长高，所有外国人告中国人的事情,多数都是由那个巡警头目先去探询外国人的意见，然后由局长出面处理。宁波城内的警察局设在湖西，局长为陈禹田，迎风桥陈家是他本家，日本警监学校毕业，是张让三的女婿，也就是张纲伯的姊夫，因限于经费名额仅有百名以内，还要在江东设一分局，东门大街直到总局设有巡警岗位五六个，一个岗位需要 3 名巡警交替，所以岗位设立不多。当道尹衙门改为军政分府选举都督的时候，陈禹甸局长派刘采亮去接管江北岸巡警局，就改江北岸巡警局为宁波警察分局，除洋商仍按照领事裁判权处理外，其他所有中国人与洋商的代理人和他们的雇用人发生事故,均令分局长处理，不得歧视，因为洋商的代理人和他们的雇用人本是中国人，是不属于领事裁判权范围之内的。

七　道台衙门召开保安会议

由上所述新旧两军的矛盾既已逐渐趋于统一，宁波各机关各团体和民团总局的关系也逐渐明朗而趋于一致。原拟等候杭州的发动而后发动，十五日晨，沪甬轮船到埠，卢志学（卢成章，字志学）西装革履，手持白布小旗，由江北岸进东渡门大街一直至旧鄞县公署的民团总局对魏炯说：“我从上海来，上海已独立，沪军都督府都督为陈其美。宁波也赶快独立，速扯白旗。但商店误会，竟把店门关起来，请你出去劝告他们开门营业，迟恐发生其他事情。”魏炯闻言就带了10名民团，骑马东去，见各商店均已关门，但路上人山人海，商人认识骑马的是民团总长魏炯，听了他的劝告后，众商人说：“魏先生叫我们开店门，我们应听从他的话。”一家开，两家开，不多时，所有商店都开门营业了。

下午，新军要求范贤方、魏炯速召开保安会议，并邀新军刘协统、旧军常统领列席。原定会长江畬经知府，副会长陈训正（举人，当时宁波府教育会副会长），理事范贤方、赵家荪、魏炯、励延豫、顾钊、林钟崃、费绍冠、余承、屠用锡等10余人。晚9时在道尹公署开会，当场即推刘洵协统为会长，常荣清统领为副会长，马志勋标统、江畬经知府、陈训正教育会长、赵家艺（新自上海来）为新理事。当刘洵报告武昌起义的意义并论及宁波重镇应该如何配合时，众皆默默无言。魏炯乃称：“刘会长和常副会长意见已趋一致，上海既已独立，浙省亦旦夕间事，宁波无所顾虑，自应立即宣告独立。”众皆鼓掌。范贤方说：“宁波是浙江省的一部分，只能组织军政分府。”赵家艺提议：“刘洵协统为都督，常荣清防营统领为副都督。”众大鼓掌。后由刘洵宣布：赵家艺参谋部部长，江畬经民政部部长，范贤方执法部部长，陈训正财政部部长（训正辞以张传保继），魏炯总务部部长（炯辞以张世杓继），卢成章外交兼交通部部长。又设军事委员会，其会长、副会长由正副都督兼任，推马志勋标统为参谋总长，赵家艺参议部长，魏炯民团总长，均任军事委员会委员，并定于十六日晨8时在小校场誓师。是日，军政分府贴出布告宣告独立，上有篆刻“中华民国宁波军政分府都督印”13字大印章，年月则用“黄帝纪元四千六百几年九月十六日”，是袭用武昌黄兴布告的形式。

八　小校场的誓师及执法部示威

十六日，小校场誓师时，新军和防营各派队伍五六百人，民团总局也派民团400人列队到场，阵容整齐严肃；军政分府所属军委会参谋总长6部部长和各机关团体代表均列席参加。由刘洵都督宣告成立军政分府的意义后，“乃令民团守卫本城，又令陆军出绍兴助攻省城，防营收复台温各县，未发而省城克复之电至”（此系新修《鄞县志》中《辛亥宁波光复纪略》一文中所明载）。誓师毕，令新军留一连，防营留一大队，约各120名，分驻军政分府左右两厢外，其余就各归各队。

执法部设在小校场北部，就是宁波地方审判所的旧址。分设民刑二庭，部长范贤方暂派委徐家光为民庭庭长（举人，日本留学生，法政学堂教习），周骏声为刑庭庭长（周骏彦之兄，系宁波法政学堂毕业，奖给举人，授职内阁中书，旋考取某省地方审判所刑庭庭长，武昌起义，请假回籍）。应配置的民刑二庭裁判员中，旧人也留了一部分。布置就绪便到军政分府开会说：“要实行示威运动。当文溥未离宁波之前，新军屡欲炸道署以示威，今则军政分府已成立，安民告示不可少，已拟3条：

（一）聚众违抗军政分府命令为首者处死；

（二）杀人者处死；

（三）用暴力抢夺他人财物者处死。

又查得监犯某等5人早应处死，但清律死刑是用斩和绞的，今拟一律改为枪毙，拟将上述罪大恶极的五犯予以枪毙作为示威运动，同时也使一般坏分子有所警戒。”当经部长会议通过并委派民团总长魏炯为监察员。

在那时，枪毙是一件极吓人的事情，谁来宣判，谁来开枪，都成为问题；我们法政学堂3位教习都未见过枪毙，刑庭长周骏声也未办过死刑案，后来由刑名出身的留任裁判员某君建议：“依清制执行死刑，问官必须坐大堂，宣判毕赐酒一樽，酒中和以粉末，俗称粉花酒，犯人饮了这酒，精神模糊，再绑赴刑场用刑等，我们既已派定了刑庭庭长周骏声为宣判员，民团总长魏炯为监察员，执行开枪的也经由新军负责选派，应请周庭长决定采用何种程序。”周庭长说：“我曾听到要先点名后宣判，点名用朱笔，笔须掷地，民众尚迷信，争取此笔以驱邪，今省却宣判程序，拟选派庭丁一名，高唱犯人姓名，所犯何罪，所处何刑，同时我点名，彼再高唱绑赴执行，但必须先饮酒后点名，我的笔掷了作为结束。”范部长认为可行即请照办。周骏声刑庭长胆小异常，初则不肯担任此职，继则虽允担任，但为避免犯人当面辱骂改为先饮酒后点名，终则笔掷地而人已昏倒，在案桌旁边经急救而醒，同时将发绑的5名犯人，抬上竹椅轿坐下，卸去手镣用麻绳将两手反绑，还插了一面大旗，写有“某某犯罪行，判处死刑，执行枪毙”几个大字。由监察员魏炯派民团120名从小校场到大校场预备执行，到处人山人海。这里值得一提的是5名枪毙犯中有一名是女犯。犯杀亲夫罪，其余为杀人罪和强盗伤人罪。女犯的丈夫在西门外开纸店，妇于辛亥年一月十四日在豆沙馅内混有砒霜，夫食后中毒毙命。当监察员枪毙令发，兵士举枪射击5犯人当场毙命。当时认为，帝国主义代理人清朝政府的统治势力完全被打倒，并开始男子剪辫女子放足运动，人心大为兴奋。

十六日誓师小校场后，在军政分府开部长会议，补推章述洨为民政部副部长，委徐家光为执法部民庭庭长，周骏声为执法部刑庭庭长，魏炯为执法部裁判官。

结束语

兹再抄《鄞县通志》中的《辛亥革命宁波光复纪略》一文中末段几句话作为本文的结束，“命李镜第（字霞城）徇镇海，周骏彦（字枕琴）徇奉化，范贤礽（字叔云）、张晋（字絅伯）徇定海，而慈溪胡良箴、钱保抗已于是夕收缴县印，奉杨敏曾为知事。十七日镜第自镇海，十八日骏彦自奉化，十九日晋贤礽自定海，均以“光复”告。象山地稍偏，闻各县反正，亦踵之而起，六县遂大定矣。盖自乙未四明山寨陷后，吾甬民受异族宰割二百五十五年而一旦光复”云。

（选自全国政协文史资料研究委员会编《辛亥革命回忆录》第8辑，文史资料出版社1982年4月第1版）

奉化渔民敢死队参与“光复”杭州记

应梦卿*

辛亥“光复”杭州时，奉化渔民112人直接担当了敢死队的任务，立下了不可磨灭的功绩。笔者曾亲身参与策动和招募渔民的工作。现回忆如下。

同盟会与奉化渔民发生接触是在辛亥上半年。这年农历三月底，聚集在定海岠山的奉化栖凤帮渔船200余艘和宁海樟树帮渔船50余艘，均驶出外洋捕鱼。两帮渔民为了争夺捕捞水路，引起了激烈的械斗。那时候，海上不靖，海盗出没无常，出洋渔船，都备有枪支弹药等自卫武器，以防万一。每艘渔船，各有渔民5人，身壮力健，善于射击。在这场械斗中，奉化帮人多火力猛，将宁海帮渔民打死

* 应梦卿：时为浙江旅沪公学、上海甲种商业学校教员，后任南京国民政府广东省禁烟公署会计长。

25人，打伤36人，而奉化帮则无一伤亡。两帮渔民自此结下仇怨。宁海帮渔民因为伤亡严重，吃亏太大，怨气极深，回去之后，力图报复。他们在宁海与奉化两县交界之拆开岭上，设立岗哨，见有奉化人过路，不分男女老少，一律拿下禁闭，当时被拿的达57人之多。更严重的是两帮渔民因此停止了渔业生产，不仅引起两县人民的共同忧虑，也使定海、奉化、宁海三县地方政府为之震动。

当时，我正在上海，住在马霍路德福里一号同盟会总部所在地，担任保管印信、档案和撰拟文书等工作。公开职业则是在浙江旅沪同乡会创办的浙江旅沪公学和上海市商会创办的上海甲种商业学校当教员。当我从家乡和朋友的来信中得知两帮渔民的械斗事件后，心中惴惴不安。从公的方面说，这一事件涉及两县人民的生命、生活和生产，如不从速解决，仇怨愈结愈深，祸患也愈来愈大。从私的方面说，更不容袖手旁观。因为我家在奉化莼湖镇，开设一爿“德昌”杂货店，经售造船用的桐油、涂渔网用的洋拷、结渔网用的苎麻以及老酒和其他日用杂货，栖凤的渔商渔户便是这爿店的主要顾客。栖凤居民有1000多户，多以渔业为生，有渔厂27家、渔行26家，渔船最盛时达四五百艘。“德昌”营业的兴衰主要决定于栖凤渔业生产的丰歉，我一家人固以此店为生，我之能成为一个不事生产的所谓读书人并可不问家计而去闹革命，也赖乎此。当栖凤人在岠山闯下了人命大祸，放弃渔业生产后，“德昌”的营业也因之一落千丈。如不及早解决，必将被迫倒闭而严重地影响一家人的生活。此其一。其二，栖凤的渔厂和渔行，为了共同的利益，在岠山设有一个“渔商公所”，聘请一个具有一定文化和社会声望的人当经理，称曰“公所先生”，由6个厂首和6个行首联名聘请，年薪金300元。

原来的“公所先生”沈馨山是我的师辈，清廪生，栖凤人，1910 年农历十一月间突然病逝后，渔商都有意要我接替，我因革命工作缠身，推荐少年同学张一卿继任，他本来在江苏某县当掾佐，正在苏州谋县缺，原不愿就，经我再三敦劝始答应。岠山械斗案发，渔业停顿，渔商散去，张一卿被定海县公署软禁起来，责成他把命案调处了结，恢复岠山渔厂的生产。他来信求援于我，我是他的介绍人，现在他居中为难，我也不能坐视推诿。其三，栖凤原有盗匪，今渔民放弃渔业，很可能迫于生计铤而走险，助长匪风，果而如此，那么，莼湖商业和地方治安，将不堪设想，这又使我增加不安，这种公私交迫的情况迫使我反复寻求善后之道。我想渔民秉性爽直，意志坚强，如能挺身而出，为他们解开怨结，一定会受到他们的感激。不久革命的高潮到来，攻城夺池，绝不是我们一群书生所能济事，还必须有一支冲锋陷阵的武装。栖凤渔民，虽非训练有素的士兵，但都是久经海洋惊涛骇浪考验的勇士，如能借此和他们建立关系，一旦局势演变，也可以引导他们投入斗争，为革命出力，既造福于地方，又有助于革命，化私怨，济大公，岂非一举数得？主意既定，便和同盟会总部领导人陈英士，会员周淡游商酌，他们都赞同我的意见。于是，即由陈英士出面，发电报给宁海拥有声望的日本士官学校毕业生陈芸生和光复会会员孙冠生，说有重大要事相商，约于某日在宁波浙东旅馆会晤。我和英士、淡游如期去宁波，他们二人也准时到达，并邀请在宁波任教的光复会会员沈昌鑫共同商量。决定由芸生、冠生两人先回宁海，邀集死伤渔民的家属举行初步会商，其余 4 人去奉化与栖凤人商谈，然后再约期在樟树会合。

我和英士、淡游、昌鑫等到了奉化栖凤，由我出面邀请开设渔厂、渔行者及渔民和沈姓族长（栖凤聚族而居，都姓沈）等在宗祠内开会。他们都知道我是“应德昌什货店”的小老板，日本读书回来的，听说是为了调解命案，还约了几位外地的重要人物同来，因此都很高兴地应邀参加会议。到会的计有沈高中、沈开苗、沈开义、沈德昌等1000人左右。先由陈英士发表演讲，大意是：奉化人与宁海人都是中国同胞，应当团结互助，不可互相残杀。现在既发生这桩巨大的人命案件，由我们来调停理直，希望你们同宁海人于结案后和好如初，赶快放船出洋，恢复渔业生产，不要误过大好的鱼汛，影响生计等等。渔民们听后都很感动，接着英士又开导渔商们要顾全大局，筹款为宁海方面抚恤死者，医治伤者，以了结命案。各厂商因恢复生产于本身有利，也一致赞成。当场约定日期，派代表到宁波与宁海方面的代表会谈。

此后，我们4人转往宁海樟村，会见芸生、冠生，并即向死伤者家属进行恳切慰问，劝告他们赶速埋葬死者，医养伤者，从速出洋生产，也得到他们赞同。还商定将所有无辜被扣的奉化人即日全部放回，约定日期由各家属派代表同芸生、冠生到宁波与奉化方面的代表会谈。

接着我们又先后到宁海、奉化两县公署，汇报调停情况，两县当局均表许可。我们回到宁波，樟树和栖凤两方的代表均已到齐。进行会谈时，奉化方面到的是6个行首、6个厂首，共10多人，宁海方面到的死伤者家属代表也有10多人，芸生、冠生随同到来。经多次会商协议：死者每人给抚恤费500元，伤者每人给医药费100元，按家境情况酌予增减。奉化方面各厂、行的代表对应负担的抚恤等费的筹派，则按照营业大小、经济情况优劣来摊派，凑足15100元。

当场由宁波钱庄划交宁海方面的家属代表，出具总领据领去。领据上由英士、淡游、昌鑫、芸生、冠生和我同时签署做证。一面由死伤者家属联名具呈宁海、奉化、定海3县公署，叙明为息事宁人，顾全渔业生产，自愿了结械斗命案，与奉化人仍归于好，同时派沈昌明往定海县公署补陈调解经过情况，3县均批复同意。

我和英士、淡游回上海后不久，得悉栖凤、樟树两帮渔船，自命案和解后，各自赶紧出洋捕鱼。适值鱼汛大发，捕获甚丰。栖凤各渔户和各厂、行纷纷来函道谢。由此，我们同盟会会员与奉化栖凤的渔民们建立了友谊。

农历八月，革命形势高涨，武昌起义成功，湖北宣告独立震动全国人心。上海是革命的总枢纽，继起响应不容或缓。但这里是国际通商大埠，举世瞩目，必须精心策划，始可举事。当时我们的策略是先取得江苏、浙江两省的支持，造成犄角之势。江苏方面，联络巡抚程德全。杭州方面，策动新军反正，配合举义。内定由褚慧僧（辅成）任新政府的民政部部长，庄嵩甫任财政部部长，沈衡山（钧儒）任教育部部长，范仰乔任司法部部长。军事部门首脑人选暂不决定。这时，蒋介石刚从日本召回，他意欲任浙江新政府的都督，而英士坚以为不可，理由是都督一职应俟事成后由当地军界自行安排，吾党不宜过问，这样，易于取得军方的积极支持而便于成事。那时，浙江新军首领是朱介人（瑞），任标统职，辖两个团，一个团驻南星桥，一个团驻笕桥。同盟会会员俞丹屏在新军中任连长，策反工作由他负责进行。新军当局提出的要求是：

（一）军饷20万元（包括起义时的作战费用和起义后两个月的军饷，实际上后来仅给付8万元）；

（二）敢死队 200 名；

（三）炸弹 200 枚；

（四）旗帜 1000 张。

我们全部同意，并商定起义时由同盟会会员发难，向抚台衙门进攻，新军即由南星桥、笕桥两地易帜开拔，进城参加战斗。

关于组织敢死队一节，我们在农历八月初已着手布置。总部议定由我领款去宁波与沈昌鑫面洽，并邀在宁波任教的同盟会会员陈夏生同往栖凤秘密招募。我们以招募铁路小工为名，每月工资 16 元，包括饭费在内，来回路费，各给一次，由公家负担。应募者每人先发安家费 10 元。我们在栖凤逗留 5 天，渔民来报名者共 155 人，告知他们于规定 5 日内到宁波浙东旅馆报到。这些应募报名的渔民暗知是充当革命军人，个个勇气十足，兴奋万状，而对家属则隐瞒不言，只说是出去做工，家属都信以为真，未加阻止。我和沈、陈到了宁波，在城内外定就大小旅馆、客栈 10 余家，安排应募的渔民到来住宿，并用白布制作小方形符号，正面写“沪杭铁路工人”，反面填编姓名和号码，盖上经募人的私章。报到时间截止，注册领费者实计 112 人。我们私募“工人”是触犯当时官厅律例的，为了避免意外，不敢久留，即同沈昌鑫、陈夏生带领渔民 112 人乘轮船去上海，当日转乘火车到杭州。

到了杭州，将渔民分别安置在城站附近的高升客栈、大方旅馆、平安旅馆和下城的奉化会馆，由蒋介石、张伯岐、王季高（金发）3 人点验接收，并交由沈昌鑫、陈夏生负责管理。我随即与蒋、张、王等同往白云庵开秘密会议，商讨以后的行动计划，与会的还有俞丹屏、褚慧僧、庄嵩甫等。散会后我即回上海。后来为了送军饷款项和运输炸弹等事，又两次来杭并均参加白云庵的秘密会议。在会上，据蒋、张等告我，奉化募来的渔民居留杭州安静无事，他们对沈、陈的管理均能服从。

我私募渔民后，为了预防奉化方面出现枝节，将上海的寓所迁移至河南路棋盘街新学会社。不久，我大兄突然来沪，对我说：“奉化县公署有人来我家查问，说你在栖凤私行招募渔民，举动失当，并认为有其他嫌疑。家中答复他不知其事。并告知你是在上海某校教书，有事可径往查究。我特赶来通知，你须格外小心。”过了几天，果然有人到新学会社找我，我对他说：“渔民是我招募的，因时间迫促，未及向县公署办理手续，确有不是。但这些渔民，募来做铁路工人，事属正当，现由沈昌鑫、陈夏生二人带领分散在松江、枫泾、嘉兴、杭州等沪杭路沿线各段做工。目前不是鱼汛忙季，趁暇出来做临时路工，赚几个工钱，于渔民也是有利的。”那人听后，默然而回。过数日，我父亲也来到上海，告诉我说：“栖凤渔民家属最近纷纷去我家询问，据说招去的渔民并非做铁路工人，而是当革命军，有生命危险。大家都不放心，有的哭哭啼啼，坚决要求叫回去。弄得家里应付为难。万一这件事官厅知道，势必要拿家长治罪；将来渔民如有死伤，其家属一定要向我家讨命，那时将怎么办？”又责备我说：“你不务教书正业，做出无法无天的事情，既不顾自己的生命危险，也不顾家人的生命危险，真是大逆不道。”当时我仍以谎言回答说：“栖凤渔民已由沈昌鑫、陈夏生带领分散在铁路沿线做工，一时难以召回，请转知各家属放心，保证不出事故。官厅如有人再来查问，亦可以此言相告。”

农历九月十三日，上海“光复”，陈英士任都督，我任科长。

十四日，杭州也告“光复”，并闻悉栖凤渔民在同盟会会员领导下，分别派充攻打巡抚署、藩司署和军械局的先锋队，勇往直前，胜利地完成任务，而且无一伤亡。军政府论功行赏，都给予了奖励。消息传来，我喜悦得不能成寐。

杭州“光复”，朱介人、蒋百器、童保暄争夺都督职位，各不相让，杭城局势濒于危殆。褚慧僧、庄嵩甫、陈泉卿等赶到上海报告，请陈英士速定处理办法。英士当即邀集浙江旅沪同乡庞莱臣、虞洽卿、张芝仙、朱葆三等共同商议。一致主张由英士决定。英士的意见是必须由地方具有声望的人士出来主持，方能收拾人心，巩固胜利。并提出目前浙江都督人选以汤蛰仙最为适宜，征求大家表决，众无异议。于是由英士写就两封信，一致汤蛰仙，请其出面维护桑梓。一致杭州军界，劝他为大众们谋福利，不可为个人争权力。两信仍请褚等带杭分别转交，并请他们 3 人邀同地方知名人士敦请汤蛰仙就职。不料在杭州的蒋介石、王季高二人得悉此情，赶到上海表示反对。英士为了缓和内部矛盾，以利于挽救浙江的危局，即任蒋介石为沪军第一师副师长兼第一团团长，命他留在上海筹备北伐，不必返杭。蒋默许。复请王季高回杭任浙江实业部部长，王则不允，坚决要往绍兴另组军政府与杭州对抗。英士再三劝说，仍然无效。

蒋介石在“光复”杭州之役中看到渔民敢死队勇敢善战，又都是他的奉化同乡，很想将这支队伍培养成为他的私人武装，作为今后扩张实力的资本。因此，他在就任沪军第一团团长后，除委孙星环为第一营营长、委王文襄为第一连连长以外，还指派王文襄率领“光复”杭州的敢死队即栖凤渔民 112 人来沪，全部编入第一连为子弟兵。渔民正式入伍的消息传到栖凤，他们的家属都非常焦急，认为当兵要冒生命危险，又纷纷向我家纠缠索人。我大兄迫不得已来沪相告，叫我从速将所有带出来的渔民遣返家乡。至于那些被编入伍的渔民，也嫌部队生活不自由，军事训练太苦，均抱退伍思想。因此，我向蒋介石建议：沪军师团全为北伐之用，如士兵不安心在营，不愿接受训练，那么部队就不会有战斗力。这批渔民在“光复”杭州之役中，虽然表现良好，但只是一时之勇，不可久恃。不如准其退伍，另招新兵加以训练为妥。蒋介石感到这批渔民既有退伍归家之意，勉强留在部队，亦于事无益，只得准许他们退伍。至此，充任革命敢死队的栖凤渔民 112 人，如数安全回家。

（选自全国政协文史资料研究委员会编《辛亥革命回忆录》第 8 集，中国文史出版社 2012 年 6 月第 2 版）

温州响应武昌起义的亲身经历

陈守庸*

辛亥革命那年，我正在浙江第十中学堂（现在一中的前身）担任英文主任教员。武昌起义消息传来，人心大为振奋。一天夜里，十中和温州师范（地址在现在道司前一中本部）的教职员一共12人在十中秘密开会。在这12个人里面，我仅记得有十中监督刘次饶（绍宽）、师范学校监督黄仲荃（式苏）、十中监学刘凤仙（项宣）。秘密会议做出了两项决定：

（一）请现任地方长官主持组织革命政府，并推出刘次饶、黄仲荃、刘凤仙和我4人协助进行一切改革事宜。如地方长官肯如所请，即请他们先行剪去发辫，以示反正决心。

* 陈守庸：时任浙江第十中学堂英文主任教员。

（二）俟革命政府成立后，将西郊过单楼厘卡委员年凤臣（满人）就地正法，以作反清示威。

次日早晨约9时许，我们邀请瓯海道道台郭则沄、温州府知府李前泮和防营统领梅占魁来到师范学堂二门开会。当时道、府均屏除仪仗，穿便服，坐小轿，先后到达。郭甚年轻，约30岁，进士出身，他父亲郭曾炘是礼部侍郎。道台系本地最高官长，我们就首先推他主持成立革命政府。他说：北京政府尚未推翻，他如果一投向民国，他父亲的头就保不住了，因此他不敢担任新职位。接着大家改推李前泮，这个人有50多岁，是湖南人，他认为自己是李续宾的后代，也表示要全孝于祖宗，不能效忠于民国。最后要梅占魁表示态度，他就滑头地说：“你们怎样，我也怎样。”

会后，这些清朝官吏如丧家之犬，各自设法秘密逃走。李前泮先匿居邻近东公廨（今人民广场左）伯兰氏医院李筱波家中，嗣即扮成工役模样，混入人群，出城溜走，所有个人细软物件概未带去，被差役人等搬取一空。郭则沄也想逃走，先跑到他的门生孟筱鹤（鸣皋，清优贡）家里。偏偏这个门生胆小如鼠，拒绝收留，后来只得躲到沧河巷贫民习艺所所长劳少麟那里去（后来郭在国务院任职时，保举劳为参事，以报昔日收留之恩）。郭去后多日，我才知道是由刘次饶、黄仲荃两人在夜半护送他乘招商局“普济”轮船逃往上海的。

两个清朝地方官已经逃之夭夭，梅占魁则拥兵自重，态度暧昧；同时，和我一起参加那两次会议的人也都走避一空，不知去向。温州军政分府一时未能成立。地方动荡，谣言蜂起。我和我的三哥陈禹门商定，由他去拉姚养吾（名广福，字泽夫）出来，因为他长于文牍。于是3个人到道台衙门里布置一切，先稳住局面。一面由我去打锣桥刻一枚“温州军政分府”的木质印信，就用它来出示安民；一面由禹门赶到大清银行，向代理行长张益平查明该行尚存有各机关存款 13 万余元。当即告知，非有军政分府印信，任何机关官员不准提取分文。此时一切开支系由我以私人名义向铁井栏林祥记钱庄（永嘉首富）挪借 800 元作为开办费用（因当时道台衙门所有用物均被地方搬取一空，必须重新购置）。

当时我们对梅占魁的态度总不放心，不能不有所戒备。于是便发起招募民团，建立自己的武装，以防万一，同时也可响应北伐。我就与姚养吾去找适自外地归里的胡方尧（武举人，湖北武备学堂出身）。商量结果，议定召集 400 名民团，由胡担任总团长，下设 4 个分队长，各领 100 人。分队长系胡方禹、洪杰士、姚志甫以及黄颂英（字仲英，今犹健在）。此外，还请陈百川（前清武进士）接任瓯江水师分统（前分统晋省公干，不在温州）。至于我们 12 个人在师范学堂秘密会议的第二项决议，即将西郊厘卡委员年凤臣正法的问题，消息竟传到年凤臣本人耳中，他即亲自来到我家，跪地哀求，留他一命，状极可怜。我即写一信介绍年去见海关税务司包来灵，请他转托“普济”船主（英人）代为保护带到上海去，同时托余筱泉的侍役阮福（台州人）伴送到沪，以免受人伤害。其厘卡委员遗缺，即请陈筱仙继任。过几天，我的胞弟陈亦侯（译学馆毕业）自湖南回家，我即派其接管电报局。至邮局方面，因当时无熟悉业务的人可派，只得听其照旧维持。其他各机关职员，亦一律照旧，未予更动。

温州自宣布独立后，各县纷纷派人前来探听消息，我与禹门决定向各县人士建议，由每县来温士绅中推出一人，共同保管 13 万余元公款，众咸赞成。现在我仅记得永嘉代表为陈禹门、瑞安代表为陈式卿、泰顺代表为刘凤仙（未到），其他均已忘记了。财政既有人负责，我与姚养吾专管行政，间或邀集各方人士商酌一切。不久，姚养吾与我时有龃龉，他以为我年少气盛，不肯听他的主张和梅统领合作。我对他解释：梅是一个老粗，毫无政治见解；他虽拥有数百人的军队，却多腐化不堪，不能成大事，如我们推他做军政分府领袖，万一他中途变卦，将公款13万余元窃取而走，我们将无以对地方人民，我们对梅只有敬而远之。各县代表及胡方尧等人亦不赞成姚的主张，于是姚以赴省观光为名，离开了温州，一切责任只得由我一人负担。

姚去后，梅占魁探知我不赞成他任军政分府，又听到有人说我办民团是为了对付他，便恼羞成怒。有一天，他带领大队人马把我家团团围住，他自己气势汹汹地闯进我家里，一定要找我和我的三哥禹门。幸好我们二人都不在家，否则就会吃他的亏了。次日，我们仍旧到道台衙门办事，唯暗中请胡方尧派人保护。梅亦未敢再来寻事。

那时陈介石先生因杭州民军杀掉贵林一事，与省里一些人发生龃龉，回到温州。他于抵温的次日下午，即派他的胞侄陈孟聪（怀）和门生章味三（献猷，瑞安举人，做过广东知县）来到我家，向我商量，肯否将温州军政分府让给陈先生来担任。陈先生是温州年高德劭的人，况又是提倡新学的前辈，平素我对他非常敬重，此次肯出来担任革命事业，自然万分欢迎，亦可借此减轻我的责任，当时我即表示首肯。是日晚间约7时许，陈孟聪复来邀我同到丁字桥巷余朝绅（介石先生的儿女亲家）家的小楼上会商。记得在座的人，除章味三、陈孟聪和留学生考试得中进士的薛式恪外，尚有不认识的多人。会上决定由陈先生为首，成立温州分府，推定章味三为秘书长，陈孟聪为副秘书长，推我担任外交部部长，其他如民政、财政、军政等部应有尽有，现在已不能将当时各部部长名字一一列举出来了。陈先生拟好布告，在当日晚间11时左右贴出，不料次早就发觉被人撕掉了，有人说这是梅占魁所指使的。同日下午我们接到杭州来电，也不承认陈先生。因此他感觉没趣，跑回瑞安老家去了。我仍旧与我三哥禹门等人支撑下去。在这一段时期内，除东门发生一次民间火警，由我和胡方尧率领民团半夜驰往扑救弹压外，一直未出过任何意外事故。

不久，省方政局粗定，浙江军政分府正式委令永嘉楠溪人徐班侯（字定超）来做温州军政分府。徐原是清朝的进士，山东道御史，时丁忧在籍，被省方聘为省师范学堂校长，此次来温，带来许多人员，既有省库13万余元留待他使用，又存一班士大夫阶级的人才相助为理，一切的事自然好办得多。他到后，即从道台衙门搬到温州知府衙门（现改为人民广场）办公。我把经办的事情移交给他，步出知府衙门时，口里私下念了一句英语："我已尽了我的职责了。"

我这次所叙述的经过事实，与1957年市教育局出版的《温州近代史资料》所载辛亥革命时温州"光复"的回忆一文微有出入。因那年教育局同志来访问我的时候，匆遽之间，我很难将相隔40多年的事回忆清楚，且未将笔录原稿交我再加一番修改补充就付印了，以致事实多有缺漏或错误。现在是由我慢慢写出来的，比之前稿似觉较为详尽确实。

（选自全国政协文史资料研究委员会编《辛亥革命回忆录》第4集，中国文史出版社2012年6月第2版）

温州“光复”概述

梅冷生*

一 “光复”以前的温州

辛亥革命以前，温州人民反对清廷专制统治的革命活动，早已有所开展，广大农民曾经发动红巾军起义（乐清）、金钱会起义（平阳、瑞安）、义和团运动（平阳、瑞安），以及抗粮抗租运动来反抗清廷封建统治。戊戌变法前后，平阳宋恕、瑞安陈黻宸等痛恨异族统治，著论反对专制制度的启蒙思想，在温州一带也曾留下一定影响。1903年以后，全国范围内资产阶级民主革命运动，急剧地向前发展，

* 梅冷生：时为浙江法政专科学堂学生，后任南京国民政府浙江省旧温属联立籀园图书馆馆长。梅冷生据陈守庸、黄仲英、陈解平、吴昭组、杨中竞、陈仲雷、朱竺峰、张焕华、金位西、李达夫、郭韦平、徐爱枫、陈纪方、温圣涵14人来稿整理。

温州留日学生（多学陆军和医药等）20余人大都断辫改服，具有民族革命意识。宋恕妻舅孙诒棫在留日期间，积极鼓吹反满革命，替《浙江潮》撰文，曾欲著《浙史》《夏史》《痛史》3书，其中《痛史》一书则“欲辨择宋明季遗民知保种者”。乐清人陈梦熊著有《新山歌》，以“白文浅语”宣传革命，而为当地知县何士循所缉捕，几与大狱，赖孙诒让等的援助始免于难。其时温州、瑞安一带风气颇开，演说时务，劝解缠足，创办女学，相继举行，而温州学务在经学家孙诒让的兴办下有了相当发展，温州府中学堂和温州师范学校不乏思想新颖的教师，其史地习题颇有富于民族主义色彩的。但是由于少数地主资产阶级知识分子的革命愿望并没有和广大农民和手工业工人的革命行动结合在一起，因此，资产阶级民主革命的群众运动基础，在温州不能不是十分微弱的。

二　温州的“光复”

1911年（辛亥年）10月10日，武昌首义。11月5日，省垣杭州“光复”，浙抚增韫被拘，当日通电全省各府县。消息传来，人心振奋，温州人民“踊跃从命为不及”，而中小学生则“奔走相告，跃跃欲试”。中学堂教师陈守庸等更认为救国救民，责无旁贷。当时因革命浪潮澎湃，从外地回温的军人颇众，他们大都具有民族革命思想而不见容于原有清军，在留日归国学生黄直民发起下，召集姜伯韩、黄冲颖（直民之弟）、李素冰、朱侠夫、张彦夫、张彦士、徐介仙、胡方尧、胡方禹、姚养吾、孙雪舲、陈禹门（陈守庸之兄）、季德标等及湖北等外省武备学堂毕业学生数十人，在城内东山下潭黄家会议，决定起义响应。先由曾任宁波陆军步队第八三标团体操总教习兼标模范排长的黄冲颖（因受上级怀疑，弃职回温）召集前体操练习部同学黄世芬、姚剑夫、胡剑飞等及旧绿营的人暗组一支义勇军，外面以时局紧张，保卫治安为名，向伪警署署员郑任重（亦留日警官学生）取得毛瑟枪 12 支，并以土制炸弹接应，进一步威胁地方官吏，又分头上街宣传反清复汉的革命意义。当电到时，温处兵备道郭则沄，温州府知府李前泮及陆师巡防统领梅占魁 3 人，尚想缓和人心，由郭则沄在道署召集中学校长刘绍宽，师范校长黄式苏、商会总理余朝绅、地绅陈祖伦等 10 余人会议，创立治安维持会，并电道府统领会衔出示安民。同时，中学英文教师陈守庸等 12 人，亦在师范学堂礼堂秘密开会，讨论响应杭州通电，并组织军政分府和如何维持地方秩序问题。刘绍宽、黄式苏二人亦出席。会后，复派人调查各机关存储。事闻于郭则沄、李前泮，大起恐慌。第二天，郭则沄、李前泮、梅占魁 3 人应召到会，是会即以公开形式请这 3 人发表今后态度。郭则沄以其父郭曾炘现任清廷礼部右侍郎，若参与独立，恐与其父有碍，李前泮辞以其祖父李续宾曾做清廷“功臣”（镇压过太平天国革命），恐“污及先人”，均拒绝接受新职。唯梅占魁所部有官兵千余人，枪械齐全，具有实力，而且事先又和来温革命党人陈松岩、易锐侯、林定夫、陈雁秋等取有联系，见风转舵，一口答应组织军政分府，并且声言以地方为重、以绅民意志为意志。散会后，李前泮回府署，有人携土制炸弹闯进府署，强令交出印信。李见外面“废除旧官僚潜谋独立”大势已成，恐有直接加害于彼等的危险，乘夜全家出西门雇船逃脱，宦囊行李，尽行抛弃。次晨，为粪客（清理厕所的职业）潘岩顺首先发觉。郭则沄则辗转逃匿于白累德医院英籍医师包莅茂处，而中学监督刘绍宽恐事变叵测，免担干系，遍贴字条，声明“除学务外，一切不与闻”。这时候，群情惶惑，极为不安，即由黄冲颖、姚养吾等率义勇军至窦妇桥防营谒梅占魁，邀其到府署公开剪辫，正式宣布独立，而由陈守庸出面向打锣桥刻字店刻来温州军政分府木印，复向铁井栏街祥记钱庄借来银圆 800 元以作临时政费。11 月 6 日下午，梅占魁在府署（今人民广场旧址）就温州临时军政分府职，带领地方绅士们执牌沿街安民，牌上大书“如有抢劫，格杀勿论”8 字，并查封道府各署原存大清银行（经理为张益平）的现款 13 万余元（其中有郭则沄私款 4 万元）。至此，温州才正式宣布“光复”，建立了脱离清廷的温州临时军政分府。伪道台郭则沄于逃出后，本拟乘“普济”轮船往上海，因码头有兵把守，不能上船，暂躲在贫民工艺所所长劳勤余处，后由刘绍宽、黄式苏为向梅占魁乞情，梅乘马护送其上船，瓯海关税务司包丰钠亦嘱船主鸣笛开船，始得狼狈逃去。

1912 年（壬子年）1 月 7 日，孙中山先生就中华民国临时大总统职，温州各界举行提灯会及庆祝“光复”游行，从布业公所出发，秩序十分齐整，情绪激昂。《东瓯日报》在这以前的元旦那天，由留日归国学生林卓等组织出版，日刊一大张，是为温州有报纸之始。

三　民团和分府之间的矛盾

民国成立后不久，以孙中山先生为首的南方革命党和以袁世凯为首的北方封建势力之间存在着深刻矛盾，南北战争正在酝酿着。为了响应革命号召，组织武装力量到上海参加北伐军，温州义勇军便决定扩充为民团，推湖北武备学堂毕业生胡方尧为总团长，下设二分团，以黄冲颖为第一分团长，某某副之，阮孔章为第二分团长，胡方禹副之，每个分团各设3区队，区队长为季德标、黄世芬、姚剑夫、胡剑飞等人，先行补足团员250名。为了维持地方秩序，温州临时军政分府又以原清廷浙洋水师南路第一营管带陈百川充任浙洋南路水师分统。梅占魁对民团大为疑忌，初则仅拨毛瑟枪50支，继则率10余人杀到义勇军组织者之一的陈禹门家……其弟为筹划民团经费的陈守庸……意图威吓，适他俩外出，未遭毒手。由于临时军政分府梅占魁对温州民团的百般打击，以致体现着温州革命力量的一点微弱幼芽也就无法得到成长壮大。

四　陈黻宸来温筹组温州军政分府的失败

代表温州革命自发力量的陈守庸等人，见梅占魁拥兵自卫，狂妄跋扈，妨碍革命的发展，便商同姚养吾等电请新任省军政府都督汤寿潜迅速派员来温主持分府。恰当此时，前浙江军政府民政部部长陈黻宸因民军杀贵林事辞职回温，他是一位富于正义感并具有民主爱国思想的学者和政治家，深以武人握全府军政为非，便邀请温州及各属县地主资产阶级代表数十人在丁字桥巷余朝绅家集议，首由章献猷建议公推陈主持军政分府。但因当时温州地主阶级乡绅占优势，他们畏惧革命，又挟有地域狭小的偏见，怕瑞安人占温州大权，而陈黻宸又因长期在外地活动，跟温州士绅没有多大联系，因此，那天会场极为冷淡，著名乡绅刘绍宽、黄式苏等皆不敢赞成，唯陈守庸等少数人赞成，形式上决议通过，提出分府各部人选（外交部长决定为陈守庸），散会后，一面电省请委，一面张贴布告。第二天，布告均被反对派撕掉，他们另行张贴“打倒陈介石（陈黻宸号），欢迎徐班侯”的标语，甚至扬言烧陈介石寓所，杀拥陈派的人。陈黻宸被迫回瑞安，以后转赴京沪，而省里也不准加委。

五　徐定超组织温州军政分府经过

在梅占魁和民团之间的纠纷中，因缺乏统一的政府领导，温州的社会秩序极为紊乱，瑞安发生民变，永嘉流民暴动，谣言纷起，地主豪绅大为不安。特别是随着陈黻宸筹组温州军政分府的失败，地主豪绅普遍酝酿着请曾任清廷御史的徐定超（号班侯）来温出任军政分府。徐是杨滨枫林人。当有永嘉西、杨二滨在城绅士，在县学前明伦堂会集 70 余温郡士绅，拥至军政分府见梅占魁。梅盛陈兵卫，如临大敌。及知他们意欲推举徐定超为军政分府，因徐为清廷遗老，也就首肯。当场，他们还取得军政分府同意，设立维民会，类似“民意机关”，定期集会，制定章则，并公推徐赤文主持，委员有夏香秋、沙层川、李让仁、林志千、陈纪方、史济悦、吴宪中、王孟冶、张南彤、李观甫、刘援达、伍骤非、李达夫等多人，会址设在县学前王儒志专祠内。

徐定超由沪来温后，即在省郡双方同意下，组织温州军政分府，梅占魁专任温州警备司令。温州军政分府的组织人员是：

秘书处处长：似为徐慕初

民政科科长：不详

军事科科长：陈松岩

警察所所长：郑任重

司法科科长：温钟洛

财政科科长：王家驹　黄直民（？）

教育科科长：陈寿宸　郭凤诰

水师统领：周元善

瓯海关监督：陈范

监务局局长：徐象严

西门关卡主任：蔡祝庵

参议处参议：吴鸿年　徐象藩　林式言

军事参谋：朱竺峰

由于军政分府的组织者大多数是地主资产阶级分子，仅有少数是思想进步的革命党人。特别是徐定超的同乡或姻亲300余人在布业公所（今墨池坊）一带候差，一时号称“群从如云，奔走后先”，遂至“事权不一，庶政不兴，廉洁爱身之士，大半引嫌而退，以此不满于瓯人”（林损语）。徐定超也曾作诗记述这时的情况：

守土非吾责，乡评辱谬推；
况当凶岁后，更乏济时才；
去已芦鸿查，迎随竹马来；
自惭老不死，傀儡尚登台。

六　温州民团的被迫解体

梅占魁认为民团是他的心腹之疾，不瓦解民团不止。在威胁陈禹门兄弟之后，又一再强令民团拨团员 70 名补充自己所属的警备队，令姓王的管带率部前往民团团部强占地址（旧兵备道署，今专员公署地址），勒令民团迁移，甚至扬言杀害民团各长官。总团长胡方尧因应付困难，避不出面，而黄冲颖也因接上海来电，和队长季德标等赴沪接任北伐队长职务，以致民团在团长们陆续离职和警备队吞并下，被迫完全解体。梅占魁迫散民团得手后，大摆庆功宴席，防营地址也从窦妇桥迁入旧道署。绅士们纷致颂扬，有人送他一副对联："大树将军，驰名皖北；梅花宰相，开府瓯东。"梅大高兴，把它挂在大厅正中。徐定超在梅占魁恣意谋害民团团长的过程中曾从中调解，但他对民团也是有所顾忌的。

民团解体后，温州辛亥"光复"时候的革命气息，便完全消失，地主阶级打着军政分府的招牌，仍然对人民进行专制主义的封建统治。

1912 年 4 月，温州军政分府奉省令撤销，徐定超改任永嘉县知事。不久，也就辞职。省方派金兆棪继任。梅占魁在温任警备队统带，去而复来，又二次任职，直到 1919 年方才解职。

1960 年 4 月 28 日

（选自全国政协文史资料研究委员会编《辛亥革命回忆录》第 8 集，中国文史出版社 2012 年 6 月第 2 版）

湖州“光复”回忆

邱寿铭*

辛亥革命时，我曾参加湖州学生军，尽过一分力量。关于当时湖州军事和政治情况以及与土豪劣绅的斗争情形，虽事隔50年，还能记得大略，分述如次。

一　军事方面

湖州“光复”时，全湖属（包括长兴、泗安等处）的清朝军队只有水军而无陆军。驻扎在泗安的水军由刘统领管带，驻扎在城内和近城各镇的由周统领管带，另一部分水军扎在南浔镇，由费君组

* 邱寿铭：时为浙江湖州学生军士兵。

统领管带（乌镇包括在内），此外还有警察数十名。浙江省城在农历九月十五日“光复”后，次日（九月十六日），我们湖州府中学堂里的教员余子泉（杭州人，军号教师）、陈振甫（杭州人，体育教员）从杭州来到湖州，与我们校长沈谱琴（名毓麟）和代理校长钱恂（号念劬）联系，协商决定晚上举义。当晚，余、陈两教员和沈校长率领了学生军数十人（包括尚武公学学生）出发，一面说服了吴兴县知事吴继彪及驻城水军周统领，一面包围警察局，缴了他们的械，并到厘卡总局缴了他们的款，同时在要道上布置岗位。次晨，满城插了白旗，成立了临时军政分府，推举沈谱琴做了首长。数日之后，学生参加队伍的增至100余人，成立了一支学生军。又扩充了商界自卫团，共同保卫湖州城。

约半月之后，泗安刘统领奉省令调至拱宸桥改编（编为水上警察），经过湖州，驻扎在西门外，与周统领对峙，几乎冲突。沈谱琴密令南浔费君组统领带水军来湖监视，因此刘统领就软化了，未致肇事。在刘统领离湖之前夕，他部下的兵士在街上商店和当铺里强买硬当，城中一度紊乱。是日，我们学生军适在南门外道场山野外行军，城中空虚得很，虽有费统领监视一部，未能全城顾到。军政府下令飞马调我们进城。在南郊三里路之张仙亭，两军相遇。我军在陆岸，彼军在河中。我军首先放枪射击。他们兵士抢了东西，无心抗拒，遂举白旗表示屈服。我们长官乃下令停击，任其航行赴省。

二　政治方面

湖州“光复”后，临时军政分府由沈谱琴主之，民政长由我们中学里的代理校长钱恂担任。财政方面由沈树人（前清官吏）担任。军政分府内设有军法官，由陆庆誉（皕宋楼藏书主人陆心源的孙子）担任。当时实行的政治措施，主要有豁免钱粮、整理厘卡、释放囚犯、悬白旗、剪辫子等等，面貌焕然一新。但过不多时，财政紧张，四乡盗贼蜂起，农民不安于室。临时军政分府维持了3个月之久，后来上海方面派俞凤韶、李次九、严浚宣带了广东兵两个连来湖接替，并与省联系，整顿政治，面貌又是一变。

上海方面委俞凤韶（字寰澄，德清新市人，原籍归安，前清举人）为军政分府主任，委李次九（归安双林镇人）为吴兴县知事，委严浚宣（乌程骥村人）为秘书长，委沈敦士（归安竹墩人）为军法官，其余财政、税务、教育等亦均经分别委定人选。学生军解散，一部分回家，另一部分组织了一个经武学校继续读书。

三　与土劣的斗争

“光复”之初，军饷开支浩繁，申苏不能给济，一般劣绅殷户趁火打劫，造成紧张状态。于是政府首先劝令绅商捐助军饷。当时愿认捐者虽多，而不愿者亦有之，甚至有顽抗者。例如宁长巷的沈新祚是一个著名的劣绅，平日放高利贷，拥有现银巨万，对地方慈善公益费等常常拒绝捐助，这次他还是老一套，一毛不拔。政府遂下令由陆庆誉带了学生军若干人把他家前后门包围起来，勒令其开发窖银，结果从窖中取出现银数万元，一时人心称快。

俞、李来湖执政后，首先由沈敦士带了军队下乡缉捕土匪，镇压了首恶若干人，以靖地方，并对反抗革命的土豪地主进行斗争。

例如双林近乡重兆村的陈云轩（绰号陈四皇帝）和石淙乡的陈天宥等，均先请其来城，劝令捐助军饷，如顽抗即加以管押。陈云轩罪恶最大，他以放重利起家，如在冬季里放出银圆 5 元，到次年蚕罢即要本息 6 元；如果五月里还不完本利，结成总数 6 元计算，到 11 月底要 8 元 4 角了。10 多年之间不仅沿村农民的田地大半归其所有，连安吉、梅溪一带都有他的债务了。经传讯之下，他非但不肯悔过认捐，竟出言不逊，强项凶狠。因此把他关押约一两个月之久，由其孙陈贞伯来城挽出郑康荪等调处，认缴军饷 10000 元了事。

（选自全国政协文史资料研究委员会编《辛亥革命回忆录》第 4 集，中国文史出版社 2012 年 6 月第 2 版）

乐清辛亥革命史料

周起渭*

一　陈乃新的新山歌案与月空和尚起义

陈乃新，一字耐辛，乐清东乡虹桥人。虹桥是温台四大镇之一，人烟稠密，商业繁盛。清咸丰四年十二月（1855 年 1 月）当地人瞿振汉响应太平天国，称奉东王杨秀清札委为“浙东虹军统帅”，率领群众起义，乃新的上代和亲戚，当时也有参加过，所以，他的革命思想是渊源有自的。他经常出门，奔走沪、杭各地，联络同志，并到过日本、南洋。他创作了一本新山歌小册子，内容是述清政府腐败，外祸日亟，号召群众起来救亡图存，当时旧温、台、处所属

* 周起渭：时为浙江乐清高级小学教员。

各县都有流传。

乃新和红崖硐的和尚月空最为知己，来城的时候，多在月空处膳宿（红崖硐在县城外西山，距城仅 3 里）。月空和尚俗姓黄，名飞龙，乐清西乡湖头人。他的父亲是一位老秀才，中年因受刺激出家于离城 20 华里的狭门禅寺。飞龙幼年跟他父亲在寺里生活，年纪稍长，也剃度为僧，取名月空，字悟西。到了 20 多岁的时候，父亲亡故，他就离开狭门寺到红崖硐来，独自住在硐内，和陈乃新以及城里的一些青年知识分子暗中进行革命活动。他们拟从创办学校入手，但办学要有经费，因想到县城外附郭的白鹤寺有寺产田 90 多亩，住持华山也是一个开明的和尚，可能取得他的帮助。因此，大家公推月空去和华山商量。

华山和尚俗姓陈，乐清县城人，幼年出家于东乡的郭路庵，赋性骨鲠，不畏权势，同情革命。

月空去向华山一说，华山就允将寺产半数充作办学经费。他把原来佃种收租的田全数收回，率领全寺僧众 20 余人自己来耕种。每年的收入比较收租时增加了两倍，非但办学经费有着落，而且众和尚的生活又得到改善，可谓一举两得。

1906 年 3 月，乃新和月空等创办一所“僧民学校”，以白鹤寺前进和两廊为校舍，招收僧人和平民子弟入学。月空做校长，乃新和一班同志当教员。校内除普通功课外，以新山歌为主要课本。至于体育，则授兵式体操。乃新复在东乡杏庄地方办了一所明强女校。当时风气未开，女子读书的很少，只招收女生 20 余人，聘一女教员。乃新往来城乡，主持一切。

当年 7 月间，因清政府筹备立宪，乐清城里开会庆祝，各校学生都前往参加。我那时候在乐清中学读书，在会场上看见月空和乃新带来僧民学校的学生约有 100 人，光头的占半数以上，而年龄都比较我们各校的学生大。僧民学校全体师生在会上所唱的统是新山歌，于是引起了乐清县知县杜光佑的怀疑。经过访查，才晓得是乃新作的，月空也受到注意。当时杏庄地方有一个姓胡的老学究，和乃新的上人有隙，想乘机报复，遂在女校内偷去新山歌一本，持向县方告发。乃新听到消息，即把城乡两校内所有新山歌书本焚毁一光。县当局派兵到明强女校内搜检不得，勒令停办；第二年复把僧民学校封闭，并请上司通缉乃新，驱逐月空。

月空和乃新走避县后山中。不久，乃新离开乐清，行前和月空说："我有仇人寻衅，在内地不能安身，打算即日外出，如果能脱险，就到南洋去筹一笔款来寄给你。你可在永、乐两县交界的峙口、廊下、陡门、赤水墙等地方联络群众，征求同志，倘聚集有相当的实力就通知我，我马上回来共同起事。"月空允诺，第二天晚上两人洒泪而别，此后两人就没有再见面。

乃新星夜渡江，到温州东门外上岸时，大恰黎明，走进东门口，看见城墙上已张贴捉拿他的布告。他边走边想，忽然想到"温处学务总汇处"总理孙诒让先生是开明人士，并且在温州有相当的地位，过去也曾相识，遂径投孙处。孙一见他就把他收留起来，一面探听"普济"轮船开沪的日期，代他买好船票，并厚赠川资。开航那夜，孙用两顶 4 名轿夫的官轿，前面打着一对"温处学务总汇处"的大灯笼，亲自送他上船，还在房舱内故意谈了一段时间，等到船将启碇、摇铃通知送客的上岸时，才和他作别而回。

乃新抵沪，因一时没有船开南洋，即绕道日本。中国留日学生闻讯，开会欢迎，并联名电达浙江巡抚张曾敭（我只记得姓张的，是否张曾敭待查），声辩陈乃新不是革命党人，请取消通缉。张抚复电说，“既非党人，何必逃亡，应回来到案候审”。乃新即回国到杭州投案。当时一班留日学生都劝他不可回去自投罗网。乃新却说：“既承各位好意电张，张又复电叫我回去，我如果不回去，反于各位有碍，我个人不足惜，况未必就有危险，各位前途无量，不可因我致被当局怀疑。”

乃新投案后，张抚发交巡警道看管，一切还优待。当时乐清同乡吴万里（澄）在杭州武备学堂内读书，曾到巡警道衙门里探望过（吴现还在，年约 80 岁，是他亲口对我说的）。温处学务总汇处孙诒让先生赶到杭州见张，力为营救。乐清学界复公推庄松圃为代表，赴省请愿（庄于去年 10 月才逝世，年 93 岁，本篇材料，有一部分是他供给我的）。于是张抚转交藩司审理，因无确实证据，即予开释。

乃新恢复自由后，复抵上海转船赴南洋，与同乡张烈（张现还在，年约 80 岁）在爪哇华侨学校工作，第一年还筹得一笔款寄给月空。第二年 4 月间，他不幸在爪哇病故。同邑前辈刘之屏曾写了一副挽联悼念他：万里埋骸爪哇岛；一生遗恨新山歌！①

“光复”后，经浙江第一届省议会议决，以陈乃新和敖梦姜等 5 人合祀西湖，称“五烈士祠”。

乃新病故爪哇的噩耗传来，月空悲痛异常。他为了不负亡友临别吩咐的话，又鉴于时局阽危，人民困苦，进行武力革命已刻不容缓。而且年来在山区已经发展到 400 多名同志，僧民学校的学生也有许

① 光绪末年，乃新与嘉兴敖梦姜等鼓吹革命，传布新山歌，被仇家告发，亡命南洋，病卒爪哇。

多参加。遂和同志朱剑则、滕华钦、方圣浩、薛永南、僧允定、永明、默西、正和等，于清宣统元年十一月（1910 年 1 月）誓师起义，占领了乐清西乡的道士岩。

道士岩是中雁荡名胜之一，在乐清西乡白石山上，高 548 米，上面有座玉甑峰，峰下有个玉虹硐，俗称道士岩硐，很宽敞，可容八九百人。几个和尚架屋其中，不椽不瓦，风景绝佳。这个地方，东北两面通永嘉楠溪、乐清县后山以及虹桥、芙蓉等处，但山路崎岖难走。西面下山就是乌牛港，直达温州，而形势险隘，有一夫当关万人莫敌之概。独南面一望平原，瓯江口进出的船只都看得到。因此月空等把这个地方先占领了作根据地。

乐清知县宗彭年得到消息，飞报温州道、府两衙门（时绿营已裁撤，温州镇总兵也取消了）。两衙门立刻通知驻温浙江陆师巡防营统领梅占魁，率了两营兵力，把道士岩西南两面包围起来（清末带兵官多吃空饷，虽说两营，实际上每营不到 200 人）。月空叫朱、滕等守西面，自己和一班和尚及王炳法、徐华堂等对付南面。

起义军 400 人只有 200 多杆枪，内中有一部分还是前膛，其余的多是林门敦单响毛瑟等，有几杆俄造快五、日造九响。而巡防营所有的都是湖北造小口径，相形之下，实力相去甚远。但因地形险要，山下官军白日不敢上山，夜间偷袭，未到半岭，就被起义军发觉开枪打退。双方就这样相持有 20 多天。最后，月空决定：把队伍先退回内山，暂时解散，由他出外筹款买枪回来，以图再举。

农历十二月初二夜，大雾弥漫，月空叫朱、滕等先把队伍向东北方面转移，自己带了 10 多人从南面下岭，到了距山麓还有里余路，就向梅营开了几排枪，立即回到岭上。梅兵从睡梦中惊起，吹号集合，举枪向岭上乱放，可是也不敢攻上山来。到了第三天，他们才晓得月空等已走，也拔营回到温州。这役就是乐清社会上传说的道士岩案。

（《乐清县志》卷 14《寇警门》原有一条，载：“宣统三年十一月，红崖硐僧月空，改名黄飞龙，与永嘉楠溪匪首滕华钦等，啸聚四五百人，据道士岩为巢穴，自称革命党，经温州巡防梅统领率队围剿，匪不支，于十二月初二夜，乘雾遁去。”民国元年，县志重校付印时，重校人高谊、郑解将此条删去。）

起义军退回内山后，虽暂时解散，彼此仍有联系，月空临走时，再三吩咐朱、滕等谨慎将事，不可草率妄动，必须待他得到较优良的武器回来再作计议。说后即和王炳法、徐华堂两人，一路扮作游方和尚，到达了宁波，在普陀山住了一段时间，因一时筹不到款，在外面停留下去。

次年（1911 年）秋，杭州“光复”后半个月，各县秩序尚未安定。滕华钦乘机想争得政权，事先不来城接洽，遽于 10 月 21 日集合了二三百人，仍由白石下山，径攻乐清县城。上午 11 时，到达离城西门约二里路的豹将头地方，驻乐防营管带谢德胜率兵出城迎战，华钦败回，损失了一批人。

初，华钦将要起兵，朱树则、方圣浩等曾再三劝阻，华钦都不听。朱、方与众和尚等就各自率一班老同志离开。

当时社会上传说华钦别有企图，说他事前已和库书某勾结，趁当年上下忙田粮已征未解，有相当数字的现银，队伍一进城，库书可以报劫，华钦得到分肥。这话如果属实，完全是土匪行径，所以《乐清县志》载：“宣统三年十月初一，楠溪股匪由白石攻扑县城，防军民团，守城甚力，适虹桥援兵至，城内兵逐出西门夹击破之。”

武昌起义后，大荆人周李光从杭州返里，邀同旧友中之富有革命思想的同到普陀山，和月空等3人招募一班敢死队潜回省垣，与新军第八十一标统带朱瑞联系，策划“光复”杭州。月空率领敢死队随浙军攻宁支队攻克南京天堡城有功，省方委他统带温州渔团。徐华堂也在团内工作，王炳法在都督府内当卫兵长。时在民国元年3月间，月空仍名黄飞龙。

黄统带渔团一年余，二次革命事起，又参加作战，失败后仍做和尚，走避普陀山，向各寺院挂单。他的固定通讯处唯有徐华堂晓得，华堂那时候也已卸职，闲住杭州。后来浙江当局捉拿第二次革命同志，贿买徐华堂，到普陀山把月空骗到杭州杀害，时在民国3年（1914年）5月间。

华堂和月空都是哥老会会员，月空是会中的小头目。华堂这个人私德不够，月空这条命竟送在他手里！当时社会上有两句口号：“徐华堂，中山狼。”

月空死后的第二年，华堂返里，借住东城外的紫芝道观，因天良发现，遂生起神经病来，时常发狂。有一天早上，他用煤油浸被褥，自焚而死。这是我亲眼看见的。

二　“光复”后的“农会”

“农会”两个字，在“光复”前非但农民弟兄没有听到，就是当时所谓读书人也不知道。清宣统二年（1910年）秋，杭州有一个“农业讲习所”招生（不知是农业讲习所抑是农业教员养成所，名称我记不清了），是公费的，学生不用缴学费，而且可以白吃饭，规定两年毕业。我县有两个人去投考，一个姓蔡，东乡人，一个姓周，县城人，都被录取了。1912 年上学期，他们毕业回来，当年下学期本县各高级小学照章添设农业一科，他两人受聘当城区和虹桥的高级小学农业教员，每星期授课两小时。当时内地学校的学科，都侧重于经、史、文、算方面，对于农业一科是轻视的。学生们说："我来读书，不来种田，何必学农业？"他们每星期仅两小时的工资收入，不够零星用费，不但学生看不起，就是他们本人也感觉到兴味毫无。

当年 10 月间，省方令县组织农会，县方叫他们两人去干，并在县税公益费项下每月提出 10 元，给他们作办公费。两人奉令之后，即印好通知单，分发县城内各绅、殷户、小学教员和县署内各科室的本地职员，通知定期在明伦堂开会，组织农会，选举会长，请各人来参加。

各殷户接到了通知，以为农会是管农民的衙门，凡欠租、霸佃、交湿谷等案都可由农会处理，对于自己很有利，因此都踊跃参加。届时明伦堂到了五六十人，内中一个农民也没有，除了几个小学教员外，殷户就占 95%。结果选举会长，周正蔡副，这一幕滑稽剧算演毕了。

事后，农会并没有会址，也没有会牌，更没有事做，不过县署方面，对上级公文有个农会名目而已。两个会长，把办公费平分，每人每月多 5 元的收入。

开会那天，我以小学教员的资格，辱承宠召参加。目睹当日的情况，现在回忆还是喷饭。但"盐水浸种"4 个字，是当时第一次听到的。"盐水浸种"4 个字传出去，给农民兄弟知道了。他们说："狗绅士，想害我们种田人，谷种被盐水浸了，还能够出秧吗？

不用理他。”农会会长在农民的眼中，就是“狗绅士”。

第二年，两个会长为生活问题，离开故乡，出门别干，但把会长名称仍背在身上。这样的“农会”，一直继续到1927年。

（选自全国政协文史资料研究委员会编《辛亥革命回忆录》第4集，中国文史出版社2012年6月第2版）

定海“光复”历险记

林道源 *

1959年冬月至1961年春月，我应上海市文史馆号召，编写上海百年史及辛亥革命“光复”上海杂记，在30余万言中，犹未提及下列本人两次遭遇的危险。1959年8月20日，上海科学历史研究院黄霞、余先丁二位同志莅临寒舍访问，在漫谈中笔录如下。1961年9月13日林道源负责记述林道源简略自传，并1911年辛亥革命时历险经过情形。上海科学历史研究院黄霞、余先丁笔录。

林道源，字孟亭（原名济清），浙江宁海人，现年83岁（清光绪二十一年乙未，1895年）应小试入庠，考得第十六名秀才，越三年1898年（戊戌政变）知科举无望，辍读来沪谋事，适有他的表亲

* 林道源：时任浙江省定海水陆总司令、镇江警察厅行政科长。
新中国成立后，任上海市文史研究馆馆员。

张笏卿经理（上海新闻报馆），邀请担任本埠新闻记者（当时称记者曰访事人），旋与《苏报》邹容及陈英士、章太炎等相识，鼓吹革命，以清廷朝政日非，国境频危，全国有志之士，渐悟孙中山先生所倡导的革命排满，实为救亡图存之唯一途径，莫不冀其早日实现，澄清阴霾，复睹光明。当由陈英士介绍参加上海同盟会中部及上海南市商团，学习军事知识，翌年（1911 年）农历九月十三日，商团全体同志响应辛亥革命协助民军攻打南市高昌庙制造局成功，“光复”上海。九月十五日南市小东门海防厅成立都督府，商团各同志分段担任地方防务工作。于九月十八日，林道源因疲惫归寓休憩，特有定海人楼某应商会之召，衔命来沪，游说林道源回乡起义，响应宁波“光复”，林乃立趋都督府，面告陈督，并乞公文枪械，以壮声势。陈谓革命事业是各人的雄心大志，谁奉谁的公事，且定海弹丸之地，宜先用刺探性质，先礼后兵，不可突然以军事相逼，反致误事。故林即于十九日率领同志 20 人，乘轮赴定，次日凌晨 5 时，船甫抵埠，已见有人在码头上手持小白旗，似预备前来欢迎者，总见城头上亦已高悬大白旗，林乃率众入城，到了县署（当时县知事杨世瑚，镇兵乐骏元已闻风逃匿），由劣绅武颂文、丁紫垣等殷勤接待，立即北门大街景行书院召开大会，当时四乡民众，纷至沓来地欢迎，到会人数甚多，当场推举林为水陆总司令，便即出示安民，检阅防营，清查药库等必要的工作。在定海第三日（九月二十二日）劣绅丁紫垣在家邀请林、王二人午膳（王调笙为当时秘书）于便饮中，丁在书架上将预先准备的银圆两包，每包 100 元，说此款为地方上筹得薄敬，作为欢送离定的船资，以表乡人微忱，后会有期云云。林、王至此，啼笑皆非。只答以回去与众熟商，婉谢而归。就在当日下午3时，有防营士兵，荷枪实弹，将林众全数拘捕，由县署移押于镇兵署。事后方知林众20人之中，于无意中脱逃一人（穆芳庭）急急乘轮回沪，详告陈都督，便即以电报照会宁波都督刘采岚，转咨定海营救释放。先是在林众于九月二十日到达定海那一天，镇兵乐骏元潜逃至宁波，进谗于刘都督，说是定海来了一批无业游民，私带枪械炸弹，图谋不轨云云，谁知刘竟以先人之言，不加侦察，便即手谕乐骏元便宜行事，将首领就地正法，乐乃还归刘的手谕，亦即于九月二十二日下午回到定海，当晚即派劣绅蓝亦甫胡乱审问林、王一通，不分皂白，判定次日下午2时，将林斩决，判王为次从，徒刑20年（余从略），到了二十三日行刑那一天，即于午后1时，林已被绑结实，由狐假虎威的兵士，押赴当地小教场候刑。适于此时宁波刘都督已派秘书高子白乘快艇到了定海，将全数19人带回宁波，次日（九月二十四日）下午加派衙兵10人、队长一人，携带刘都督道歉书函，由江天沪甬轮船送回上海，交与陈都督了事。

1913年（民国2年），商团同志龚玺揆（现亦民革成员）任镇江警察厅厅长，以刘逊谦任警务督察长，陶叔言任卫生科科长，林道源任行政科科长，以上4人均系商团团员。龚氏未显达时，在上海结织一个妓女名曰龙凤金，绰号酱鸭西施（有人说其父从前开过酱鸭店，故名）。侦知龚已为显宦，顿忘旧交，扬言要到镇江理论。龚氏闻知此言，如果属实，有碍官箴，成何体统。拟在署中物色一人到沪，威胁或利诱，以调停之。因思其人其事，只有林道源深悉稔知，乃以私交名义，挽林趋沪陈说，相机行事，当日午膳后林由沪宁快车至沪。先是驻守扬州的辫帅张勋奉袁世凯密令，遇有讨袁军嫌疑者，无论何人皆杀无赦。当时督察长刘逊谦，卫生科科长陶叔言，行政科科长林道源，均已联名驰电与云南唐继尧，此电路过扬州时被张截留，故不动声色，潜行到镇拘人，陶于10日前因病至沪就医，林由龚之桃色事件，侥幸离镇，仅获刘一人，即日押赴南京尧化门就义。

按林道源两次生死关头，均相差于瞬息之一顷，真乃间不容发，情节颇为奇特，第一次到定海20人之中，在被捕时，竟脱逃一人，适为精明果敢的穆芳庭，苟非其人随机应变，处理适当，而慌慌张张的，只管自己一逃了事，并不驰告陈都督营救，不止林、王二人死于非命，即其余17人亦遭不测。第二次在镇江警界，恰巧于张勋赶到一小时之前，已应龚之使命赴沪，因而脱离危险，几乎与刘一同遇难。以上两次惊险，事后回忆，不寒而栗。

（选自上海市政协文史资料委员会编《上海文史资料选辑第138辑·辛亥百年拾遗》，上海人民出版社2011年8月第1版）

回忆辛亥革命时期的几件事和处州“光复”经过

吕月屏*

一　关于大通学堂、徐锡麟和秋瑾

绍兴大通学堂原是徐锡麟所创办，徐到安庆后，学堂交由秋瑾负责。教职员和学生共百余名，大部分是嵊县、新昌、缙云、壶镇等地的革命青年。1906—1908 年间，秋瑾在湘、鄂、皖、浙、沪、杭各地往来联系革命工作，对于学堂的事务实际上是交由吕逢樵负责的。赵宏甫在学堂内负司库之责。

除了绍兴大通学堂之外，秋瑾又创办了体育学堂，在新昌、嵊县、缙云等地招收了学生百余名。壶镇一地由吕月屏招收有吕镇中

* 吕月屏：时为浙江处州光复军各地负责人之一，后任沪军都督府顾问。

等 27 名青年，应征前往接受革命军事教育。壶镇等地也创办了半日学堂。

1905 年春，竺绍康、王金发、夏超、叶南波、陈子俊、丁醉笙、吕逢樵、赵舒、周振三和吕月屏等齐集壶镇会议，决定分配吕月屏在大通学堂任总务工作。徐锡麟以吕月屏做事还谨慎，所以后来叫他随同秋瑾在沪、杭、绍各地做联系工作。1906—1908 年间，吕就随同秋瑾专在湘、鄂、皖等省做联系交通工作。

徐锡麟在大通学堂时期，某次应山阴县令某邀宴，听到隔席胡钟声（举人，里溪人，当时辅佐县令办教育）与人低声谈话，谈及大通学堂情况，他说：“那还不是乱党，想造反。”席散后，徐回到学堂，气愤地对大家说：“胡钟声这家伙竟想破坏我们学堂了。”当夜胡钟声在寝室内被人用尖刀戳入小腹，不治而死。山阴令和县署上下人等，都不敢声张。

后来才知道这件事是张伯岐干的。张伯岐是嵊县人，辛亥革命后曾任镇海炮台司令，其后又任江阴炮台司令。当他听见徐锡麟说胡钟声破坏大通学堂的话后，一怒之下就把胡钟声刺杀了。事后徐锡麟以张伯岐在绍兴恐怕要出乱子，就把他调到杭州西湖管理游艇（这游艇实际上是革命党人在湖上作秘密会议时用的）。

徐锡麟在安庆刺杀安徽抚台恩铭后，秋瑾随即在大通学堂被捕，多人被指名通缉。吕月屏等即把壶镇半日学堂解散，和吕公望、赵舒、沈荣卿、周振三等潜往上海，与姚勇忱、褚辅成等党人共同从事革命活动。

二　叛徒刘光汉出卖革命的一桩事件

1904 年春间，褚辅成、陶成章等在上海五马路口开设了天保客栈，以为革命党人住宿和联系、掩护的处所。

1908 年冬，清光绪帝与那拉太后先后死去，在上海的浙江革命党人拟召集 11 府属党人代表在上海商议乘机起义，每府属代表二人，处州府属代表是吕月屏和吕逢樵。嗣因会内败类刘光汉（申叔）受清政府收买，进行破坏，因而会议不能开成。金华府属代表张恭是一个举人，很是贫苦，到了上海后，所带川资不多，组织上也不加以照顾。刘光汉看见了张恭这一弱点，又见他忠厚可欺，所以极力拉拢，向他刺探革命机密。张恭认为刘光汉是同盟会内人，在谈话当中不觉露了一点口风。刘光汉于是据以向两江总督端方告密，同时还亲自出马，想对党人作一网打尽之计。于是他于某日向龙凤舞台包了三层楼正厅座位，请我们这些各府属代表和因事在上海的革命党人赵宏甫、周振三等去看戏。竺绍康（酌仙）在看戏时突然发觉包厢座后的“看客”形迹可疑，因即佯作外出如厕，探明究竟。他正要下楼，“看客”即强加阻止。竺绍康当以金质烟嘴留作质物，声明如厕后仍回来看戏。但“看客”仍不放行。竺听到“看客”中有一人低声说了一句“让他出去，就在外面做了好了”的话，才又缩回，不敢冒昧出去。等待了一些时间后，代表还未到齐。竺绍康乘“看客”不备，混在人群中，从厕所侧门溜走了。继而王金发也溜走了。“看客”们手忙脚乱，慌慌张张。我们代表即在此间隙时间走出了舞台大门。

第二天早晨，租界包打听头子黄金荣带领了多人到天保客栈搜捕，计捕了张恭、沈荣卿、蒋叔南、童保暄等多名（蒋叔南是由日本回国不久，恰在这时来到天保客栈，因而一同被捕）。这些人被捕，据说是因为两江总督端方捏称这些人曾在南京总督衙门犯了窃盗罪，训令上海道会同租界当局逮捕，并要求引渡。租界当局以为如属政治犯，依照国际通例不能引渡。南京方面保证，如属政治犯，当即送回。我们乃以银圆3000元聘请英籍律师进行辩护。结果获得胜利，被捕诸人于捕后第三天送回上海，经租界当局释放。

吕月屏、赵宏甫、周振三避居在上海西门外吕的姑母开设的靛油行内，风声稍缓和后，才离开上海。

天保客栈在熊成基安庆发动革命失败后，为租界当局封闭。

三　处州“光复”经过

1911年九月十五日，杭州“光复”后，党人派吕月屏、赵舒等回壶镇集合革命力量向处州进军。壶镇负责人吕逢樵等已在准备响应，吕月屏、赵舒等回来后，进行更加积极。

当时以壶镇半日学堂学生为骨干，连同其他各地半日学堂学生，共计3600多人。各地负责人，壶镇为吕逢樵、吕月屏、赵舒、吕顺堂、吕镇中、吕钦西；潘潭为卢敦之；大皿为羊崇仁；黄畲田为杨维清；左库为宋育卿、宋微封；胪膛为李炼川、田振章；仙岩铺为丁育生；应庄为应开相；雅化路为楼启明。此外还有平时联系的群众以及临时参加的青年1800多名。定名为光复军，由吕逢樵为总负责人。所用武器，形形色色，有毛瑟枪（后膛枪，水觅巢枪）、鸟枪、大刀、朴刀、竹叶枪、土炮（土洋炮）、木棍等等。九月二十五日夜，在壶镇集合检阅，声势甚盛。

永康吕公望派王芝培到了壶镇联系后，即由吕月屏带领一支队驰往永康，扎在离城20里的山上。随由吕月屏约同吕公望往见驻防永康的清军谢哨官。谢哨官原已和吕公望等已有联系，这时自知大势已去，自动缴械。永康城于是宣告顺利“光复”。

永康“光复”后，缙云亦已为吕逢樵等大队“光复”，随即会师向处州进军。驻防处州城内的清军李帮统，一经我军派员策动，略迟疑，就从小水门窜去。城内民众选派代表谭宪、陈子俊等多人赶到岩泉迎接光复军。城内成千上万的民众欢迎，“光复”大军进城，盛况空前。接着就组成处州军政分府和北伐军，准备北伐。

（选自全国政协文史资料研究委员会编《辛亥革命回忆录》第4集，中国文史出版社2012年6月第2版）

辛亥革命在丽水

毛虎侯*

辛亥革命那年，我 17 岁，还在处州府中学堂读书，丽水“光复”经过曾所目睹。兹就记忆所及，述之如下。

1904 年，丽水有留日学生陈达和阙伊学成回国，与在城的知识分子何子华、阎逊斋、褚焕斋等筹设利用织布公司，名为兴办实业，暗则进行革命。利用公司设在丽城东南城脚边的法海寺，地方偏僻，从此便成为丽水的秘密革命机关。他们与在省做革命活动的光复会会员云和魏兰、碧湖阙麟书时通声气（魏与光复会巨子陶成章，阙与秋瑾，在沪杭一带时相过从，关系颇密）。后魏不时往来丽水，与利用公司诸人筹商如何发展处属革命力量。他们除与当时处州府

* 毛虎侯：时为浙江处州中学堂学生。

中学堂教员叶庆崇、吴朝冕、项华黻及丽水崇实两等小学堂（今囿山小学）教员李平、刘廷煊、周焜、王庆槐（以上诸人除项华黻外都是留日学生）等经常联络外，并于1906年在利用公司旁的关帝庙举办了一个体育会，招收一批青年去学习，一面授以体育技能，一面灌输革命意识。徐锡麟、秋瑾牺牲后，地方政府以这个体育会与光复会有关，勒令解散。

缙云吕东升（耀初）因经商与嵊县王金发交好，后来结成儿女亲家。王金发原是会党中人，他的党羽甚众，在嵊县一带声名颇大，陶成章因此劝他加入了光复会，共同革命。吕东升因王金发的关系，也加入了光复会。吕自加入光复会后，时常背着留声机，到处宣传革命，后来与丽水利用公司的何子华、陈达及其兄陈逸结成亲密的革命战友。丽水是旧处州府属的首县，他们早就商定在丽水发动武装起义，但苦于弄不到枪支。缙云与嵊县交界，就由吕请王金发设法，陆续送来一些枪支，以待时机的到来。

1911年11月初，浙江宣告独立，成立军政府，接着王金发就在绍兴发动起义，组成绍兴军政分府。于是丽水利用公司的革命党人就昼夜奔忙，与吕东升信使往还，约吕在缙云组成革命武装队伍，定期来丽进取府城。这时丽水原驻有浙江后路陆师巡防队，管带李茂青是个老军官，士兵也经过一定的训练，武器在当时也算是新式的，实力并不很弱。因此，在吕东升的革命队伍未到之前，地方士绅孙寿芝、项际虞、谭午峰等陪同陈逸、陈文豹、叶庆崇、金志振、姚明炽等20余人，以保全地方为名，向李茂青竭力劝导，不要反抗。李知省城早经独立，大势已去，孤掌难鸣，只得应允交出军装局，约束士兵，一任地方人自行处理。

吕东升与丽水方面约定农历十月初五（11 月 25 日）“光复”丽水。在这以前，处州中学堂早经停课，龙泉、庆元、松阳、遂昌等县远道同学大都回家。我们留在校里的同学得到丽水即将“光复”的秘密消息，就自动地把辫子剪了。“光复”的日子到了，我们的体育教员项华黻预先指定我和王琼瑶、刘树德、叶庆裕 4 人到 15 里路外的岩泉去接应缙云来的革命军，他自己则带领同学 40 余人在虎啸门外列队欢迎。我们 4 人到了九里地方，就遇上革命队伍。全军分 3 队，约 300 多人，队长吕振中、吕焕光等骑着马各自在队前领队。他们的枪械不全，头一队士兵十有七八肩背步枪，二、三两队只有半数持枪，其余拿的都是鸟枪、尖刀枪乃至柴刀、棍棒之类了。吕东升坐着一乘藤轿，轿前后有 4 人骑马荷枪保卫。大队进城，市民空巷往观。最引人注目的是项华黻的父亲项际虞、陈达的哥哥陈逸两人，他们都头戴方巾，身穿明代的古装，腰佩龙泉宝剑，站在街头欢迎。革命军入城后，分驻府县和旧总兵衙门。时处州府知府萧文昭尚躲在府署，当被金振志打了两个巴掌，喝令他交出印信簿籍，把他赶走了。知县范传衣自知不容于众，早就逃跑了。偌大一座府城就这样易如反掌地“光复”了。

吕东升于进城后即布告安民，第三天宣布成立处州军政分府，吕为都督，分任孙寿芝为民政部部长，项华黻为军政部部长，毛养先为财政部部长，叶庆崇为教育部部长，陈逸为司法部部长，并以朱光奎为处州府民事长。部署既定，第一件事就是向省请械，向各县筹款。松阳首富黄秋江，龙泉首富李镜容，便是筹款的大户头。黄爱钱如命，吕以他拒不剪辫，反抗革命为由，罚他银洋 5 万元。迨军费有着，枪械领到，又成立了北伐队一营，准备北伐。但自南北和议告成，孙中山先生辞去临时大总统，南京临时政府取消之后，这支北伐队于1912年秋改编了，管带赵舒则于是年底被选为国会议员。不久，处州军政分府也与其他各地军政分府一起撤销了。吕东升于1913年冬因二次革命失败，为袁政府所通缉，东西奔逃，悒郁而死。利用公司经理何子华也因此被丽水知事郎允麟捕入监狱瘐死。其他有的被捕送省，有的明哲保身，另谋生计，有的竟猎取官位，依附反动统治政权，丽水所有当时参加革命的人就这样风流云散了。

（选自全国政协文史资料研究委员会编《辛亥革命回忆录》第4集，中国文史出版社2012年6月第2版）

辛亥革命前后的广西局势和广西北伐军

黄绍竑*

宣统元年（1909 年）的春天，我到桂林读书。那时广西的统治者是巡抚张鸣岐、藩司魏景桐、臬司王芝祥、学司李翰棻、巡警道胡铭槃、劝业道王秉必。张鸣岐喜谈新政，他在广西巡抚任内奉承清政府的意旨，也办了一些新政。所谓“新政”到底是些什么呢？有多少呢？

（一）兴办学堂。广西僻处边隅，文化教育比其他各省落后。我到桂林的时候，桂林仅有一所优级师范学堂（以前叫体用学堂，是光绪二十五年（1899 年）巡抚黄槐森创办的，是广西最早的学堂

* 黄绍竑：时任广西北伐军学生敢死队班长，后任南京国民政府内政部部长，浙江省、湖北省政府主席，监察院院长，中国人民政治协商会议第一届全体会议代表。
新中国成立后，任中央人民政府政务院政务委员，民革中央常委，第一届全国人大常委会委员。

之一；“体用”二字可能是“中学为体，西学为用”的意思）、一所桂林府中学（每府都有一所）和3所不完全的高等小学（我入过省立的那一所，只有一班，两个教员）。张鸣岐以前做过两广学务督办，他升了广西巡抚之后，首先把体用学堂改为广西优级师范，以培养师资。又创办法政学堂，聘四川状元骆承骧任总办，把全省候补官作为学员班并招收普通学生作为普通班。另创办巡警学堂以培养巡官，办巡警教练所以训练警士，还创办典狱学堂，并建造所谓模范监狱。对于农业，他似乎相当注重，创办了农林学堂，学生待遇与陆军小学差不多，并聘请外国教师，置备仪器和种畜种籽。除陆军小学之外，农林学堂是比较突出的。后来又办模范小学、初级师范，新建校舍都有相当规模，各府县学堂也先后开办。

（二）成立谘议局。君主立宪是清朝皇帝欺骗人民的把戏。广西谘议局于宣统二年（1910年）成立，地址在皇城（桂林的内城）的中央，建筑在那时看来也颇为宏伟，由每县推举议员一人组成。推举出来的议员都是各县的地主豪绅，但也有个别的例外，如甘尚贤、黄宏宪（用溥）、蒙经（民伟），都富有民族革命思想或有些学问。［《近代史资料》1958年第4期载耿毅先生的《辛亥革命时期的广西》一文里，说甘尚贤是议长。但我记得当时议长是岑溪县太史公陈树勋（竹铭），甘没有什么功名，可能是副议长。］那时谘议局讨论的问题中最引人注意的是把省会迁到南宁的问题。这是由容县议员黄宏宪、藤县议员蒙经等提出的，梧州府、浔州府、玉林州、南宁府、太平府、镇安府、思恩府、泗城府各县的议员一致附和；而桂林府、平乐府各县议员则坚决反对，柳州府、庆远府各县的议员，有的守中立，有的附和，也有反对的。主张迁移省会的理由是：桂林偏于广西的东北角，交通不便，不能作为全省的政治中心；南宁地点适中，交通便利（那时已通小汽船）；而且广西西南与法国殖民地安南（即现在的越南）交界，那时正有谣传法国要进兵镇南关（即现在的睦南关），迁省南宁，便于加强国防。实际上，这是同盟会的人从中策动的（黄宏宪、蒙经都是同盟会会员），因为他们认为迁省会于南宁于革命有利。孙中山先生领导的镇南关起义虽然失败了，但是同盟会中人认为起义地点仍以接近国界为宜，一方面易于与海外联络和取得接济，另一方面可以减弱清政府的控制力量。这个主张尽管举出了不少理由，并得到很多人尤其是新军方面的支持，但清政府方面的看法恰恰相反，因为在他们看来，桂林接近中原，比较易于控制，而且桂林是一个坚城（城墙全部用坚石砌成），太平天国革命时代就没有被攻下过。这个争论后来扩大到议坛之外，桂林方面甚至有带兵的桂林人出头来反对（驻桂林旧军统领秦步衢反对最力）。这个议案也就成了悬案。辛亥革命后，沈秉堃、王芝祥都已离开广西，陆荣廷带兵到桂林，当了广西都督。陆是广西南宁府武鸣县人（壮族），他不愿意驻在桂林，就把省会搬到南宁去了。

（三）创办新军。广西是边防要地，清政府计划在广西成立新军一镇（即一师）和一个混成协（即混成旅）。当时建军的主管机构在中央是军咨府，在各省是督练公所，督练公所的督办是由巡抚兼的，以下分兵备处（管军政）、参谋处（管军令）、训练处（管训练）。广西先成立兵备处，以道台庄思针（蕴宽）为总办，钮永建为帮办。庄蕴宽原是广西的候补官，他做过州县官，很有能名，后来升了道台（即兵备道）。钮永建与蔡锷、蒋尊簋到广西较早。蔡锷任南宁讲武堂总办（是光绪三十一年（1904 年）开办的，各省也有，但名目与时间先后各有不同）；蒋尊簋任陆军小学总办，后来因学生闹风潮去职。庄、钮二氏见广西没有陆军人才，就派王勇公到各处招致了一批新军人才：属于日本士官学校毕业的有孙孟戟、陈之骥、赵恒惕、覃鋆鑫、田稼轩、李书城、雷飙、杨增蔚、唐之道、孔庚、尹昌衡等；属于国内各种陆军学校毕业的有吕公望、冷御秋、刘建藩、耿毅、何遂、钱谟、林之渊、杨明远等，共数十人。庄蕴宽不久离开了广西，调到东北，据说是因与张鸣岐意见不合而离开的。钮永建则继蒋尊簋之后任陆军小学总办。庄、钮二氏离职后，继任的是王芝祥兼兵备处总办，杨增蔚为帮办。

陆军小学在光绪三十一年（1904 年）就开办了，总办是蒋尊簋，监督是李书城。据说（我那时尚未入陆小），蒋因用一些学兵出身的浙江人当学长，对学生很粗暴，学生又不懂浙江话，因而大闹风潮，把他轰走了。李书城是站在学生方面的，深得学生爱戴，但后来也去职了。继任的总办是钮永建，监督是雷飙（时若），提调是冷御秋。赵正平是陆小的格致（浅近的物理、化学）教员，他当时在陆小鼓吹革命最力，最为学生爱戴。兵备处的风波之后，钮永建、雷时若、冷御秋都去职，而代以蒋尊簋的同乡董绍箕（号吉生，士官学生）任监督，斯烈（内地学生）为提调，陆小从此似乎就没有总办的名目，革命空气一时也较为沉寂。尹昌衡曾做过第四期的招生考官，当时剪去辫子的人尚少，他在投考的学生中见到剪去辫子的人都录取了，我也是这样被录取的（照我当时的程度，是考不取的）。尹昌衡是一个狂人，好饮酒赋诗谈革命，他的诗句“有志须填海，无权欲陷天”，颇为当时所传诵。

广西混成协干部学堂（简称干部学堂），宣统元年（1909 年）

开办，是专门为培养混成协的干部而办的短期学堂，一年毕业，办了两期（一共200多人），头一个监督是陈之骥，他言论激烈，深为当时陆军学生所景仰。另外还有一些激烈分子在那里当教官和队长，如何遂带领学生跳天桥以表示革命的决心，不幸跳坏了学生的腿，事情被泄露了。这事成为兵备处发生风波的原因之一，结果把陈之骥调走，换了蔡锷。蔡锷是湖南人，因举行学生甄别考试，甄别掉的广西学生太多了（广西学生的程度要比湖南学生差一些），以致引起赶蔡锷的风潮。广西人对湖南人本就存有地域之见，那时自巡抚沈秉堃以下，湖南人在广西做官的人很多，赶蔡锷风潮遂扩大为广西人排斥湖南人的风潮，蔡锷不久就被云贵总督李经羲调走了。

广西陆军测量学校是哪一年开办的，记不清楚了（大约是在庄蕴宽手里办的）。这是当时为了要测绘军用地图而办的技术性学堂，它给广西培养了一些测绘人才，对于完成广西的军用地图等绘制工作也有一些成绩。

此外，还办了学兵营，是专门训练混成协军士的，所招收的学兵都是当年一些颇有知识的青年，是当时酝酿革命的地点之一，孙孟戟、方声涛、蔡锷先后曾当过营长。以上这些，就是当时所谓“新政”的一部分。

再说这个在广西办“新政”的张鸣岐，他曾做过幕僚，为人狡猾，想借着办新政、用新人来沽名钓誉，的确也因此而得了一些虚名。但是那些新人物之中有好些是同盟会会员，他们之来广西，目的是想在广西宣传革命和发动起义。

《指南月刊》是同盟会在广西的宣传机关，也是广西最早的定期刊物。同时桂林还有一个《白话日报》，是地方进步人士办的，与他们有无联络我不清楚。《指南月刊》是尹昌衡、覃鎏鑫、吕公望、赵正平主办的，赵是主笔，吕是经理。我记得最初赵正平写了一篇文章叫《想定敌国论》，文章里以法国为想定的敌国，因为那时正盛传法军要进兵镇南关。甲申中法之战在广西人民的脑子里记忆犹新，这个消息传开，当时发生了很大的影响，桂林各学堂都实行兵式体操，法政学堂的那些候补官儿也都在骆承骧的率领下学立正、开步走，陆军小学生当了他们的教官。那年春节，桂林的统治者敛钱大闹龙灯，赵正平写了一首诗登在《指南日报》上，以示砭刺："神龙不舞舞纱龙，湖海旌旗色色空。×××××××（原句已忘），吾来独自哭南风。"这首诗颇为当局所不满。《指南日报》出了若干期，因言论激烈被迫停版，改为《南风报》。《南风报》亦只出了一期，因为刊载了太平天国翼王石达开的诗："扬鞭慷慨莅中原，不为雠仇不为恩。只觉苍天方愦愦，但凭赤手拯元元。三年揽辔悲羸马，万众栖山似病猿。我志未酬人亦苦，东南到处有啼痕。"（原编者按：此诗据罗尔纲《太平天国史料辨伪集》中《石达开假诗考》一文考证，断为伪作）尹昌衡还在封面上画了一簇竹子，竹叶构成"民族主义"4个字；旁边又画了一只雄鸡引颈长鸣，题了"雄鸡一声天下白"7个大字，比以前更加露骨、更加激烈了。《南风报》因此又被迫停版，改为《南报》，言论仍然是很激烈的。巡警道胡铭槃（浙江嘉兴人）见他们这样的倔强，乃以浙江同乡之谊，邀吕公望（吕是浙江永康人）晤谈，并饷以盛筵，劝他们自动停版，不必用脑袋相拼。经吕再三要求，乃以先送审查然后付印为条件，准许继续出版。广西宣布独立后，赵、吕等都离开广西，此报不复出版。

张鸣岐不时宴请那班新军人物，以示亲近。其中那些激烈分子往往在酒酣耳热之余，大谈其革命主义。某次宴会时，张鸣岐说："革命并不是一件奇怪和可怕的事情，本人立志刷新广西的政治和军事，即是革命，也就是广西的革命领袖。"说毕，又出示他新置的手枪，让大家观看，说这是革命的武器。尹昌衡可能是吃醉了酒，接枪在手，连放 3 枪，将客厅的玻璃窗都打碎了。张氏很不以尹昌衡的举动为然，对他说："广西地方太小，不足以容公，将来四川有事，可以多多借重"，也即表示要尹离开广西的意思。尹大笑说："世事难定，将来不知是谁借重谁啦！"张氏微笑不言，散席后还送每人安南刀一把，以示联欢之意。一班年轻人感情本易冲动，看到张这样厚待他们，还以为张氏真能赞成他们革命呢，情绪就愈加激昂。但是由于上述那些原因——报刊问题、何遂问题、尹昌衡问题，张氏对这班人实际上很害怕，暗地里正布置阴谋，想把他们除去。他把办南宁讲武堂的蔡锷和以前被陆军小学风潮闹走的总办蒋尊簋秘密电召到桂林，派蔡锷为干部学堂监督兼学兵营长，以去陈之骥、孙孟戟，派蒋尊簋为督练公所兵备处总办，并派董绍箕为陆军小学监督、斯烈为提调（董、斯两人是接近蒋尊簋的），以去雷寿荣和冷御秋。同时他把陆军小学监督雷飙和兵备处科长孔庚拘押起来。一班新军人物始知上了张鸣岐的大当，甚为愤激。王勇公当时任干部学堂教员，因这班人都是他请来的，乃到督练公所与蒋尊簋力争。蒋去巡抚衙门向张鸣岐请示，不得要领。张氏并扬言，明日要开军法审判。此讯传出，大家更加震动。吕公望漏夜去见蒋尊簋，长跪两小时，力求转圜。蒋说："大帅已吩咐下来，明日要砍几个脑袋给大家看看，恐怕不易挽回。"吕涕泣说："我们在浙江时，闻秋瑾女士说，总办是革命同志，所以才竭诚拥护总办。现在同志们有杀身之祸，无论如何，要请总办援救。”蒋沉思了很久，才说：“我实在没有办法，你可去求求王芝祥（那时王已升藩台），他的资格比我老，或者可以说话。”吕约同王勇公、孙孟戟、陈之骥3人连夜谒见王芝祥，苦求设法。王先有难色，后来见他们情词恳切，心为之动，即毅然说：“难得你们这样的义气！好！好！拼我的老面子不要，替你们去碰一碰看。”王去见张鸣岐，张仍旧坚持严办。王说：“杀他们必须上奏，如果皇上追问这些人怎样来的呢？大帅恐怕也脱不了关系。”这几句话把张鸣岐说住了，乃以少年浮躁4个字把一些人撤职，并且限定某些人于两个月内离开桂林，特别指定杨增蔚、陈之骥、王勇公、孙孟戟四人要在3天内先行离开桂林。王芝祥转达了这个决定，并劝他们服从，一场大风波才得以平息下来。王芝祥在这件事上很受好评，广西独立时他能被推举为副都督，也是因此。张鸣岐觉得以后仍会有问题，心里害怕，想离开广西。适值两广总督出缺，他凭借在广西博得的一些虚名，加上大量银子的贿赂（据说是用了200万两），因而于宣统二年九月得以升任两广总督，继任的广西巡抚是沈秉堃（湖南人）。

经过上述那些人的鼓吹和组织，革命思想已深入广西青年人的脑中，尤以干部学堂、陆军小学和学兵营，是当时革命活动的重点。尽管受了张鸣岐的欺骗和阻挠，他们的革命活动表面上虽然平静了许多，而暗中进行却更努力。宣统三年，首先是温生才炸死了广州将军凤山。继之又有三月二十九日广州起义，七十二烈士的成仁就义，益发激动了每一个青年人。这时在桂林，大有“山雨欲来风满楼”之势。

陆军小学教员赵正平是在陆小进行反清活动的鼓吹者和组织者。他肯与学生接近，我们在当时都是他的亲近学生。他是《南风报》

的主笔，我们也时常到《南风报》馆去玩，也爱读《南风报》。同学中由于平日言论和志向接近，进而结合成为团体。由同学胡驰骥（四川人，在我们中年纪较长）发起，约我和夏威、黄远镇、黄克绥、冯振邦、陈受祺、粟振国（有三期的，有四期的）在南门街一个叫近松园的小酒馆，作一次歃血痛饮，仪式是把一只活公鸡斩头斩脚，把血沥在酒内，大家呷饮。这是帮会的旧仪式，以此宣誓实行革命。我们还在城北的荒园内租了一所房子作为经常集会的处所，每礼拜日都要到那里集合一次。其实我们除了一些排满言论之外，也没有什么具体的行动。这个小组织是赵正平的外围组织，只有胡驰骥是与赵正平发生直接关系的，其余都是间接的，更谈不上是同盟会会员。这个组织之外，在陆军小学和其他学堂有没有类似的组织，我们不清楚；可能有而我们不知道，因这种秘密组织只有纵的发展而没有横的联系。

那年暑假，胡驰骥要我同夏威到广州湾（现在的湛江，那时尚为法帝国主义者所占据）去走走，走熟那条路，意思是以后好与国外革命党联络，好运军火。我与夏威都是广西容县人，容县接近广州湾，由我家乡到广州湾仅有 3 天多路程。我回家对父亲支支吾吾说要到广州湾。父亲看出了我的动机，他说："小孩子懂得什么革命，不要把自己的命先革掉了。"我的三哥刚由日本回来，他说："革命党的势力很大，听说凡是留学日本的士官学生都加入了，将来一定要革命的。"父亲便不再说什么，但是我到广州湾之行却无形中被制止了。我只得仍然同夏威回桂林上学。

中秋后，武昌起义了，首义是陆军第八镇的士兵，陆军第三中学也有部分学生参加。这个消息传来，自然震动了整个桂林。以前社会上本来就把新军及陆军学生一概认为是革命者，而新军和陆军学生亦以此自命，因此新军和陆军学生更为社会各方所注意。不久，武昌方面派第一期同学任道芳、第二期同学李作砺秘密回到桂林，报告武昌起义经过，人心军心更为激动，跃跃欲试。于是由桂林同盟会的领导者（现在才知道是耿毅先生）与王芝祥商量，要巡抚沈秉堃和平宣布独立，响应武昌起义，以免流血。沈、王见大势已去，乃于九月十七日（农历）与省谘议局议长宣布广西独立，与清政府决绝。并由谘议局推举沈秉堃为广西都督，王芝祥、陆荣廷（驻南宁提督）为副都督，定期举行庆祝大会。

广西的宣布独立，新军和陆军学生自然是主要的力量，因之旧军里有些人就认为以后都是新军的世界了，旧军没有前途了。旧军有些是湘军改过来的，他们不知道革命的道理，仍然效忠清朝，新军、旧军之间本来就有界限，到了这时界限就更深了。

庆祝大会于宣布独立的第二天早晨在皇城谘议局前面举行。那天天还未亮，陆军小学学生武装整队，提着灯笼向文昌门入城。行到文昌门外的石桥时，文昌门内的旧军守兵向我们开枪了。我们虽有枪，但是没有子弹，不能还击。一时队伍大乱，有的同学哭了起来（我们都才十七八岁），有的同学把帽子、枪支都扔了，一哄而退，回到学堂（陆小距文昌门不过两华里）。我同一些同学和学长（类似排长）把扔下来的帽子、枪支收拾完了，才回到学堂。旧军仅在城门里放了几枪，并未出击，但我们学堂恐怕他们攻击，我们又没有子弹，难以抵抗，于是就全部撤退到李家村（距城 20 多里的新军标营），与新军靠在一起，把前哨布在将军桥（离城 10 里），与城内旧军对峙了两天。旧军兵变，是由于在开庆祝会之前要他们剪辫子。

我们同学有的早已剪了辫子，有的是宣布独立后才剪的。旧军从来就没有剪辫子的人，一下子要他们都剪掉，自然有一些人要反对。但这是旧军兵变的次要原因，主要原因是新旧军间彼此的界限和仇恨与旧军的反对独立。这些旧军是王芝祥调来的，由他出来平息了变乱，杀了几十个人，有些逃上山当土匪去了。

旧军兵变平息后，是否参加北伐问题在陆军小学也有争论。一派主张一律参加北伐，一派主张仍然上课读书。结果各行其是，主张北伐的决定组织广西学生军北伐敢死队。我们便分头到桂林中学、初级师范、法政学堂、农林学堂和其他学堂活动，报名要参加的有好几百人。据说因为枪械的关系，结果只成立了 1 队，126 人（分 9 班，1 班 14 人），陆小学生参加的有三四十人，其余都是普通学生。用志愿推举与任命相结合的办法，确定了梁史学长做了广西学生军北伐敢死队的队长，因他平时与我们接近，好谈革命；学长马英武、马子骏、助教封高英做了排长；班长、副班长都是陆小学生（我做副班长）。学生军组织成立后，在陆军小学集中训练一星期就出发了。陆小在相当时期后改为陆军速成学堂。

广西北伐军是由广西陆军混成协和广西学生军北伐敢死队组成的，由协统赵恒惕率领出师北伐。

广西陆军混成协是宣统三年（1911 年）初由学兵营扩充的，那时成立了一标的步兵两营，第一营营长耿毅，第二营营长陶柏清；骑兵营营长刘建藩；炮兵营营长邓鼎丰；加上工兵营、辎重兵营、机关枪队，总共 2000 多人。最初的协统是胡景伊，胡并兼标统，后来才换了赵恒惕。

这两部分队伍最先出发，由桂林经全州、永州，步行到衡州（衡阳），由衡州坐帆船下长沙。那时汉口、汉阳已失，武昌情况十分紧急。帆船到了渌口，就改用小火轮拖到长沙，在长沙耽搁了一日。那时湖南都督焦达峰被杀了，由谭延闿继任都督。由长沙仍然是用小火轮拖带，向武昌前进。由湘江驶进了洞庭湖，一望无边，我们这些在山国的人顿觉开阔了眼界。过了岳阳，转入长江，到了武昌上游 60 里长江南岸的金口镇登陆，在那里住了几天。那时革命军总司令是黄兴，总参谋长是李书城。赵恒惕到武昌去开会，计划如何反攻阳（汉阳）、夏（汉口）。桂军和湘军的一部（1000 多人，据说是一标）统归赵恒惕指挥，成为反攻阳、夏的左翼军。就在金口镇渡过长江，经过一些湖泊，第一日到了汉阳县境的长新镇，在那里停了几日，才进驻蔡甸。蔡甸是汉水上游、汉阳侧后的一个市镇，我们在那里与汉口的敌人隔江相峙。在蔡甸对峙了几日，汉口敌人撤退了，乃渡过汉水，沿着汉水右岸前进到新沟，那时汉口、汉阳正面的敌人逐步撤退，左边在孝感河的毛神渡之敌，与我军隔江对峙，随后也撤退。左翼军占领毛神渡之后，又继续向孝感县前进，占领了孝感县，敌人又退到广水、武胜关去了。

南北和议期间，我军就不再前进了。和议成功，清帝退位，1912 年元旦，南京临时政府成立，我们就在孝感的营地举行庆祝。不久，我们和混成协一起调回汉口，乘民船用小火轮拖带到南京。

广西第一批北伐军出发之后，不久副都督陆荣廷带兵到了桂林，显然是想用武力夺取广西的军政大权。沈秉堃和王芝祥虽然是他以前的上司，但是清朝皇帝没有了，清制关于本省人不能做本省官（指文官）的限制也没有了。沈秉堃、王芝祥以巡抚、藩台的地位宣布独立，并被举为都督，可是他们到底是外省人，而且是不久前的反动统治者，是为一般广西人所不满的。因此，陆荣廷的举动得到了广西若干人的支持。沈、王二人见风色不好，王芝祥先带巡防营6个大队（一大队约一营）出发，沈秉堃与湖南组织了湘桂联军总司令部（程潜任参谋长），沈任总司令，也随后出发，到中途，南北议和已成功了。这是由桂林出发的后一批北伐军。王芝祥率领部队到了南京，兵变后下台。沈秉堃被袁世凯任命为内政部长，未到任就死了。

广西另外一批北伐军是由陈裕时率领的邕标（驻南宁）和龙标（驻龙州，人数都不足）。这两标是庄蕴宽做兵备道的时候由巡防营改的（营长各为陈裕时和程子楷），比混成协成立早一些。这批北伐军乘船到广州，再由海道到上海，与浙军朱瑞一同进攻南京，在天堡城之战中打得很出色。王芝祥的6大队在南京因抢掠哗变被缴械，人员与其他两部广西部队编为陆军第八师，陈之骥任师长，赵恒惕、陈裕时任旅长。民国2年南京讨袁之役，这师人是死守南京最得力的部队。那时陈之骥、赵恒惕、陈裕时都已去职，部队由刘建藩率领。

广西自北伐军出发，沈秉堃、王芝祥离去后，军政大权都落在陆荣廷的手里。他出身绿林豪杰，一变而成为旧军的首领（南宁提督），广西在他的统治下成了旧军的世界。民国2年南京独立失败后，有些陆军第八师残存的广西下级军官和士兵回到广西，他把一部分的巡防营（大部仍旧）编为广西陆军第一师（陈炳焜任师长，继任者为陆荣廷子陆裕光）和第二师（师长谭浩明为陆的妻舅，这师后来分散在广东，仍恢复旧军编制）。其余的旧军，名目繁多，编制不一，有正司令、副司令、统领、帮统等军衔，带兵多少也无定制，都是由陆荣廷自己定的。他的兵力究竟有多少，外人是不容易知道的。据我的估计，在民国 8、9 年全盛时代也不过 10 万人。

袁世凯对于陆荣廷既是多方笼络，也是多方掣肘的。民国元年到民国 4 年的广西省长或巡按使，都是由北京任命的北方人，第一个是张鸣岐。张是陆的旧上司，陆对张还存有一些敬畏，张的任期也较久。以后是王祖同、田承斌，陆对他们就等闲视之了。袁世凯死后，省长或巡按使都是陆的私人，都是广西人，从而形成了旧桂系把持广西的局面。

（选自全国政协文史资料研究委员会编《辛亥革命回忆录》第 2 集，中国文史出版社 2012 年 6 月第 2 版）

广西出师援鄂经过

耿　毅[*]

一　出师前情形

辛亥年八月十九日武昌起义，广西闻风响应，于九月十七日宣布独立，并推沈秉堃为都督，王芝祥、陆荣廷为副都督。是时袁世凯派冯国璋率北洋大军进攻武汉，汉口已被北军占领。广西一般军人均主张援鄂，由我和沈、王两都督商定。在出发前一日，沈、王两都督和议长甘德蕃、副议长黄宏宪并议会议员及省城重要官员设筵饯行。

傍晚，甘议长等请我个人到议会，名为饯别，实为商议广西今

[*] 耿毅：时任广西援鄂陆军混成协参谋长，后任南京国民政府监察院监察委员。新中国成立后，任河北省人民政府委员，河北省文史研究馆馆长。

后的治理问题。甘议长说："此次广西独立，实由新军威逼而成，并非一般官僚所愿，新军一去，这些官僚难免有复辟情事！"言时，声泪俱下。我说援鄂实非得已，北军已将汉口攻下，克强（即黄兴）屡电展堂（即胡汉民）速派兵出援，并接济大炮机枪，诚恐汉阳、武昌再行陷落，大局就不堪设想。我们援鄂，先保住湖北，广西即使有变，尚可回军讨伐。若鄂省有失，湖南亦将波及，即使沈、王衷心拥护独立，广西一省亦难支持。现在援鄂就是保卫广西，如广西有变，君为议长，可率议会同志及各府、县我们同志声罪致讨。甘说："我等文人，怎能阻止他们复辟呢？"我说："广西业已独立，各府、县政权，我们同志和新人物定必另行组织，旧日官僚多已逃跑，如巡警道王秉必、桂林府知府刘某不是先逃的明证吗？如若复辟，各府、县同志定必联合起来反对他们，他们空占省城亦无用处。再广东胡展堂（即胡汉民）都督是我们的同志，云南蔡松坡（即蔡锷）、湖南谭延闿都是明达时势之辈，亦必起来讨伐或声援。况且湖南刘艮生（即刘人熙）老前辈素有革命思想，在桂林时和我们闲谈曾露出真意，现为湖南民政部长，又是王铁老（即王芝祥）的姐丈，王幼时曾从刘读书，对他极其恭敬，此次广西独立，王先赞成，并力劝沈都督，实因湖南独立后刘曾有电给王，劝他独立，王以'千里一堂'复之。这是王的秘书薛仲超告诉我的。可见王虽官僚，革命大义他尚明了，诸公不必忧虑。"蒙民伟说："往时只有议员数人尚想推倒清廷，现在独立的已有十数省，还有何惧！他们不复辟固所甚愿，如果复辟，我到浔、梧一带号召同志必有闻风响应，议长不必担忧。"经此一般快论，疑云尽释。于是大家痛饮畅谈起来。黄宏宪说："各省电贺广西独立都是电都督府和议会，独云南蔡松坡十一日来电，是给何叙甫（即何遂），耿鹤生（即耿毅），谓‘云南业已独立，君等在桂筹划若何？如有困难，滇愿出兵援助，希速复’。此电系独立后接到，如未独立时，巡警道王秉必定要拿办你们。此电想别有用心，抑或报复被逐出广西的恨。”我说：“业已复电，大意谓广西业已独立，毅不日出兵援鄂，望公速率劲旅东下，共同援鄂，愿听指挥。”黄又说：“同盟会支部成立二年有余，究竟会员有多少？你食指上刺过多少次针？”（歃血为盟的仪式，见拙著《辛亥革命时期的广西》一文）我说：“会员实数我不详细，大约有好几千人，针刺数次也记不清了。”甘说：“大概刺过多少？”我说：“大概有 800 多针吧。”秦步衢说：“同志有好几千，何以只刺过 800 多针呢？”我说：“普通同志均由各分部长监盟，不是由我亲自监盟。”于是谈到往昔秘密工作艰险情形，不觉悲喜交集；提起死难的黄花岗诸同志和广西派出的陈更新在海珠奋斗而死等情况，不胜愤恨；对阎飞鸣失败后藏在民床下三日，后当乞丐逃出，得免于难，则不胜庆幸。时已深夜，黄宏宪说：“鹤生明日早行，又得收拾行李和稍休息一下，我们应当散会。”大家举杯起立高呼：“援鄂军万岁！”“广西独立万岁！”“中华民国万岁！”

二　军队出发和进入湖南后情况

翌晨，我率军出发，由桂林到全州。我们因储备粮食无多，经过各地，又不能供应大批军队，只得分批开动，每次以一连为限，行动迟缓。又值秋雨连绵，服装尽湿，我虽骑马，雨衣为雨湿透。加以身带手枪、地图、文件等不下 20 余斤，几乎不能支持。兵士携长枪，推大抱，背负子弹、杂粮袋等也有 50 余斤。平时挑夫、轿夫由桂林到长沙要走十二三日，而军队只行 9 日即到长沙，足见官兵援鄂心切。

到长沙后，往见都督谭延闿，谭说："汉阳昨晚失守，黎都督不知下落，有到葛店之说，武昌情况不明，请稍待几日，候探明真情再行出发吧。"我回寓所即召集军官将汉阳失守及谭的意思向众说明，征求意见。

邓鼎封说："鄂省如此紧急，应速前进，保全武昌。"

刘世龙说："武昌若失，我军不能直临城下，拟在何处驻扎，并如何和北军作战？"

冷遹说："汉阳失守，援鄂湘军退守何处，今晚必报，俟一切情形得知后再说吧。"

当晚雷伯康由鄂来说："北军现占汉阳，似不敢渡江直攻武昌，仅在江岸鸣枪而已。"又得岳州镇守使唐蟒由岳州来电云，湘军已退至岳州。于是再同赵恒惕、冷遹、刘崐涛、陶柏青等商量，议论不一；最后决定由我先去探视，能到何处即向何处开拔。谭延闿派更新轮船送我，只带副官马弁各二人登轮启行。

行至岳州，上岸向唐镇守使探问武昌消息，唐亦不知，只好前进再探。归轮后，发现满轮溃兵（系由汉阳失守退回），声言要回长沙，令速回轮。我说："我到湖北系探清情况后，即开拔军队与清军作战，君等系回长沙休息，似不必太急。"众溃兵议论纷纷，势欲动武。不得已又到镇守使署与唐镇守使商议，唐亦无法可施。最后有一穿士兵服装的军官，力言："我去劝告，倘若不听，即行缴他们的械。你同我去！"我遂又和他上轮。该军官对溃兵说："耿某开往湖北系探听军情，将来率领桂军恢复两汉，尔等回湘休息并非急事，请速下轮。”众皆无语，但不肯下轮。该军官又说：“你们若不听话，即成乱兵，我即调城内大军缴你们的械！你们苦战汉阳半月，功亦不小，长沙方面都甚感佩，倘因此小事竟成乱兵，窃为尔等不取。”众闻此言即纷纷下轮。我紧握该军官的手，极表感谢。此军官是何姓名，系何职务，均未暇问，至今引以为憾。

三　武昌混乱情况

我由岳州鼓轮北上，天高气爽，两岸寂然，犹似太平景象。行至金口，人影憧憧，似搬家然。轮近鲇鱼套，汉阳北军时乱发枪，龟山上大炮亦发数响，武昌江边我军亦不时还击，情状有同儿戏。轮停泊鲇鱼套，由船长领我进城，行历数街，寂无声息。至都督府，官长仅有杜锡钧等二三人及兵士数名。我陈述来意并问黎都督何在，愿共商大计。杜言，都督不久即归，请先到洪山战时总司令部与吴兆麟总司令商谈。于是杜派一军官同我步行出都督府，该军官即大声喊称：“这是广西军司令官前来援鄂，大军即到，大家不要怕北军了。”一时各街巷涌出多人，拍手欢呼，并喊“广西军万岁”。我因军队尚在长沙，不能立即应战，深以为歉。行至洪山总部，部内亦仅寥寥数人。吴兆麟云，已请都督速归，明早可商大计。实则黎元洪已逃至葛店，不过大家不便明言而已。是晚住盐道衙门，此系民政部所设的专招待外宾的招待所。饭后，我到街上想视察下情况。行不数步，即有兵士盘诘。我称系广西军官。他听我系北方口音，疑为间谍，即拟逮捕。幸有招待所人在后，立言此系广西军官不知我省规矩，请速放行；并劝我速归，说街上混乱，易生误会[①]。夜间，不能出门，便和招待所管理人闲谈。忆有旧同学张廷辅[②]过去在此处当排长，询及现在何处，并问能否找他来见面，管理人说：“他现在充当三区司令官，此次革命他功劳甚大。他为排长时即组织同盟会，假名为‘文学社’设在一打铁店楼上。店主人有一女儿知他是革命党，她也加入同盟会，二人遂结为夫妇。在起义前二日，即八月十七日，革命机关泄露，邓、杨、刘三杰被两湖总督瑞澂枪毙，并抄出名单，按名拿捕。他夫妇也被捕入狱，拟即枪毙。军事参议官铁忠对瑞澂说，昨日枪毙三兵士，街上极为惊扰，今再明目张胆地枪毙官兵，恐激成巨变，不如夜间暗行为好。瑞澂然其说，暂缓执行。又将处死被捕党人的消息传到军营后，凡已入会的士兵无不惶恐，均言与其被满人枪毙，不如起义尚可望生。至十九日夜间，各营官兵群起哗变，将省城占据，瑞澂逃走。天明时开狱放囚，张乃得出。你既系他的同学，我可派人请他来和你见面。”少顷，张即派副官两人接我到他的司令部。一见面，他即说：“耿鹤生，你现在输一着了，张廷辅首先起义了，你只好算响应吧。”我说：“我能响应也算革命。”并问他起义详情。他说：“过去的事不必提了，现有大瓶汾酒请你痛饮。”又云：“此间有一女英雄与我同患难和将要同受枪毙之人，不能不为你介绍！”遂

① 闻初独立时，见人使数一二三四五六，若说六音即杀却，说陆音即放行，北人被杀者甚众，所以北军均疑为南北交战，而满人亦盛传其说。

② 张廷辅，系保定陆军学堂同学，有革命性，唯好饮酒乱谈，曾有意请他加入同盟会，一般会员怕他乱说泄露机密，因此未果。年前，我因安徽熊成基起义，曾到安庆。起义失败，我急跑至汉口，遇着张，他说你们所做的事我都知道，你们胆小不敢容我入会，现我在此处已设同盟会支部矣，将来看谁先起义。说毕大笑，遂邀集诸同志相见痛饮，并买火车票送我回保定。

指着我对他的夫人说："他是我的好同学，好同志，你俩应当先干三杯。"边说边饮，饮至天明，我们都大醉，即在地板上睡着了。

四　与黎元洪商议作战计划

次日，黎元洪回省，我到都督府会他，拟和他商议大计。副参谋长程守箴说："安徽都督李烈钧由黄州来省，不如俟他到后再详商作战计划。"晚6点，李烈钧到，亦住招待所。我想找他晤谈，管理人说："李都督不能随便见的吧！"我说："他是同盟会中人，与我有私交。"正谈论间，李都督即自屋内出，彼此见面欢笑，并说："我们又见面了！前在香港分手时说5年再见，不料时局变换如此之快，真是意料不到的事。"我问他怎么当了安徽都督？他说："我在云南督练公所当副参议，北洋军队在直隶省（今河北省）永平府秋操，滇抚令我观操，行至上海，武昌起义，我就到九江帮马毓宝在九江策动独立。安徽巡抚朱家宝本系伪独立，后又想取消，皖人力争，朱即潜逃，省城无人主持。我带兵到安庆，以都督名义维持一切，即请各界赶紧推人当都督，大家即公推孙毓筠为都督。我乃回九江筹集新旧兵数千前来援鄂。"

晚饭后，李约我到街上看看。我说："昨晚到街上因说北方话，巡街哨兵疑我是间谍，几乎被捕。"他说："在此乱世，不可单独出去；你与我偕行，看哪个敢拦阻。"遂喊："我们出去。"即有参谋、副官10余员，宪兵30余名一同随行，街上哨兵莫不举枪致敬。到了都督府，就一直到黎的办公室，黎即起立表示十分欢迎，遂商议作战计划。黎说："我已拟就一个草案，不知可否？——我是想请杜锡钧任第一军军长，在汉口防卫；协和（即李烈钧）任第二军军长，由黄州向京汉路前进；鹤生为第三军军长，由金口渡江向蔡甸方面前进，截击汉阳北军后路。”我说：“现炎午（即赵恒惕）为桂军司令，以他为军长较为相宜。”黎说：“此系你们内部问题，你既客气，由你酌量处理吧。”规划既定后，我即准备回长沙。

五　赴宁会议突遭危险

我正在准备回长沙，突接广西王副都督来电说：“南京大元帅府成立，电请各省派大员到南京共商今后大计，请你到南京出席会议。”我遂将在鄂商定情形电告长沙谭延闿和赵恒惕，并派副官孙方畴回湘面述一切，请速进兵。一面收拾行李，赶赴南京。

当时各省独立，行路困难，即由武昌至汉口，出入巢湖门亦须有出入城护照，否则就不准通行。我请黎督发一出省护照。迨行到巢湖门，卫兵验护照后说：“你的护照是假的，大众出城门的护照字大而少，你的护照字小而多，定是假的。”就将我拘捕起来。我说：“这是出外省的护照，故字多；出巢湖门的护照是仅令守门兵士放行的，故字少。”百般述说，都不听，遂押我到连部。连长是个目不识丁的人，即说：“枪毙！”我说：“都督有令，凡枪毙人须经都督批准。”连长说：“那就送到营部吧。”营长似认识字，说：“这是外省护照，可以放行。”押送士兵不允，并责营长乱放汉奸。营长不得已又将我送至团部。团长说：“枪毙一个汉奸，何用许多手续，即拉出去枪毙好了。”其实团长并未看见我，亦未了解情况，就下这个命令。

于是把我和一个副官、两个马弁拉至门外，叫我跪下，马弁杜连仲向他争辩。此时适张廷辅、蒋翊武到来，一见大惊失色道："这是广西军官，何得乱抓乱押！赶速释放。"团部副官不肯，后和团长商议，团长亦不愿释放，双方争执甚烈。最后决定送都督府，由都督核办。一路上押送的兵士说这是汉奸，冒充广西军官。张的护兵说，这真是广西军官。到都督府，黎亲下楼为我道歉，并留我晚餐，替我压惊。张廷辅说："都督不必张罗，压惊由我照应吧。"于是到张宅吃饭。以前身在缧绁之中，反不觉可怕，现在回想，真是骇人。乱世人命如草芥，观此益信。

翌日，张廷辅派兵一排送我出城渡江乘轮赴宁。到南京后，遍问政府开会事，都说不知。后询到浙军旅长吕公望、参谋长童葆暄，[①]他们亦不知。童同我到卫戍总司令部探问，始知该总司令徐绍桢及各要人均赴沪，仅参谋长一人在部，并告我说："先时上海开会，各省代表会选黄兴为大元帅，黎元洪为副元帅，正拟组织大元帅府，闻孙中山先生由海外归来，大家一齐到沪欢迎。你欲知真相，可到上海一问。"于是我遂赴沪，即到黄克强办事处，处内友人甚多，都说等孙中山先生到后，再另组政府。又到沪都督府晤都督陈其美，参谋部长黄郛，副部长刘基炎，始知中山到沪尚无确期。因念鄂局危急，不能不速回武昌调军援鄂，遂仓卒乘轮回汉，并先电知张廷辅到轮迎接。到汉后，张和蒋翊武等均到轮迎接，遂乘民轮渡江，在张的司令部住宿。翌日，晤黎都督，他说："贵军已由长沙开拔，今明日可到金口。"并交电报数件，电中均为谭、赵等述说军队开

① 吕、童系由杭带兵助宁军攻下南京者。他们是在保定加入同盟会的。

拔之事。接着黎又说："贵军由金口渡江，可由蔡甸直捣汉阳北军后路，但责任重大，要慎重前进，勿轻视敌军。"我当时很以他的话为然。

六　鄂省人民欢迎我军

次日，我步行到金口，与赵恒惕、冷遹、刘昆涛等晤谈，始知部队尚未全到；只见服装、军械，堆积如山，马匹散放，遍野皆是。此处江面有八九里宽，竟无一舟来往，纵有百余小艇，亦不知何时可以渡完。焦急中，遂派副官何镜波到金口同当地商会商议，说本军系为援鄂而来的广西军队，要由此渡江到黄陵矶，请代寻船只。商会刘某（忘其名）说："此地无大船，但小船尚多，不妨多次装运。"于是即请商会中人员到河面尽量寻觅小船和船夫前来。何副官回来报告后，我们就商议怎样运法，每次给价若干，请刘某商酌。不意刘某带来数十人陆续到来，我们谈及船价，他只说，船价好商量，现不必谈，现在船只都已来了。可是到来的尽是打鱼小船。刘说："他们都是有职业的人，听说是援鄂军队，极愿今日运完，一为你们省心，二为表达他们的热情，而且运完了，明日还可做别的事。"刘并说："附近各村都通知了，村中男女老幼都来帮搬东西，他们热情很高，今日定可运完。"

船既靠岸，岸上的人即将东西急搬上船，兵士不能指挥；船只愈来愈多，岸上的人亦愈来愈多，对岸的船和人也都来了。江中船只往来如梭，军队、服装、马匹，仅用6小时即运至对岸。可是到黄陵矶村中间尚隔一湖，黄陵矶的船和人固然帮忙搬运，即金口来的人，将船泊在江边也来帮搬运，至日暮时，所有军需品已安置在村内农民家中了。于是我们遂请刘某介绍黄陵矶负责人清算运价。他们说："你们为援鄂远道而来，不辞劳苦，我们代运一点东西还能要钱吗！这话不必提了。现我们金口和黄陵矶各村都预备了些馒头、猪肉、牛肉等食物，这是我们一点心意，请你们收下，如何吃法，则请你们安排。"我说："运东西不要钱已感激万分，怎好还吃你们的饭。"刘某说："他们已经运来了，还能运回去吗？不必客气，就请分配吧。"正推让间，忽有一护兵嚷说："我们都是吃饭的，馒头怎么能吃饱。"我正竭力阻止，但黄陵矶负责人已接着说："既如此，就叫他们煮饭吧。"我说："我们也能吃馒头，不敢再劳煮饭。"他说："我们本来是吃饭的，见北兵皆吃馒头，所以预备馒头，如早知是吃饭，我们有的是米早就做好了，不必再向兵站借面了。"少顷，馒头和饭抬来数十筐，肉几大锅。至此，只好叫各团、营、连和司令部按人数分配饱餐一顿。

原来黄陵矶负责人黎某（忘其名）亦系当地商会主持人。晚上他来和我们商议官兵买卖东西的问题，因部队带的尽是洋钱角子，而买卖东西的价格则是按铜圆计算的，当地铜圆很少，恐怕惹起麻烦。我说："商会可暂出铜圆票子，以便交易，将来我们移防时，将所有铜圆票交给商会，再由商会换给洋钱，就没有问题了。"

在黄陵矶驻留一日，次日按战备行军序列，搜索前进。所经过的村落，无不箪食壶浆，欢迎我军；同时，并将敌军情况尽量告知我军，所以军行极速，3 日即到蔡甸。

蔡甸系汉阳西边重镇，但北军竟无一人驻守，使我们不胜惊异。我遂和刘昆涛商议，决定夜间侦察汉阳敌情。于是请蔡甸商会派心地忠厚、路途熟识的老百姓二人领我们到汉阳附近侦察敌情。夜间9点钟出发，所经尽系羊肠小道，加以夜间昏黑，行动极感困难。行至美娘山附近小村，有一人说："我有亲戚在此，我到他家去问问，你们在村外等候。"未几，唤我们一同到他亲戚家中谈话。他的亲戚亦热诚招待，并云，"闻黎都督和袁世凯讲和，北军都撤退到孝感，汉阳现无军队，你们去有何用"。他又说，"湖北都是新兵，打仗很缺胆量；湖南四十九标作战勇敢，但人数不多，终于打了败仗。清兵在此地忙于打仗，骚扰尚轻。听说汉口被其用火焚烧，百姓吃了大亏"云云，一直谈到黎明，我们辞别回蔡甸。回到蔡甸后，大家商议认为清政府软弱无能，且无政治知识，推倒不难。袁世凯枭雄之辈，他若占据北方，不知出啥花样。我们既要革命，就需要将昏暗腐败的清政府和北方残暴的军队彻底打垮，共和方能巩固。黎都督不是革命的人，胆量极小，汉阳失守他就跑到葛店去躲，此次讲和，大概他怕再打，会尽量迁就袁的意旨，和了可以保全他的地位。由他们去讲和，我们非打不可。大家都一致同意这个主张。次日开拔到新沟，再次日到东山，据报，距东山8里的毛成渡村驻有清军数千人，我们遂准备攻击敌人。

七　准备进攻敌军

东山和毛成渡之间有一小河，不能徒涉，须用船渡。我和姜公弼、张翔两副官伪穿农民衣服化装到毛成渡河边，假说赴孝感拜年（时在农历正月初二）。沿途侦察道路两旁地形和上下游的渡河点。在上游里许，河边有树数株，中有茅屋系打鱼人所居，内有渔翁一人。我问他："到毛成渡从何处渡河？"他反问："干什么？"我说："赴孝感亲戚家拜年。"他沉吟许久说："你们不是本地人，不像串亲戚的，你若实说，我可以给个方便。"我说："实是串亲戚的。"他说："如果串亲戚当到毛成渡村前面，有渡船随时可渡，何必在这里找渡口？我从前也当过兵，稍有见识，看你们的行径，大概是为打仗吧！毛成渡驻有清兵，把我们的猪、鸭都杀光了，还叫我为他们打鱼，如不打鱼就要捉人。我对他们说，让我到河边看看，如果有鱼我就打来送给你们，他们才给我来。"我看他只一个人，纵然是清军间谍，也没奈我何，遂将实情告诉他。他说："我这里有一只船，上游有两只船，在此就可以做一个活渡桥，你们就可以过河。"我说："白日不方便，今晚你就准备 3 只船做桥吧，如果我们把敌人消灭，一定重谢你。"他说："我不要你们的谢，你们能把清兵赶走，我们能过好日子，就感激万分了。"我走了半里路，心里有点怀疑，遂叫副官张翔留在附近隐蔽，侦察他的行动。天尚未黑，据张副官回来说："你们走后，打鱼人就找了两个人把 3 只船撑到那里，又将两岸削平，不但船可靠岸，人也容易上船。"于是我军准备到深夜 12 点钟行动，兵力的部署如下：先令步兵一团附机关枪一连，衔枚疾行到渡口乘船渡河，伏地不动，到天将明时向毛成渡前进，敌即开枪也不许还枪，伏身急进，接近毛成渡村时即高声喊"杀！"河边上步、炮、机关枪各团、营一齐向敌射击；又令步兵二团及机关枪连占领毛成渡河右岸阵地；炮兵在东边树林高地放列。一闻"杀"声，同时开始射击。至天亮时，仍无动静，心甚惊异。未几闻我军"杀"声震天，但敌军阵地仍寂静如故。正在疑虑，旋据步一团派人报告，敌军在半夜里即已向孝感方面逃走，我军现在毛成渡村内集合待命。我即渡河到村内询问，据该村商会中人说：“敌军旅长姓于，闻我军到邻村，遂甩下许多粮食、子弹及3匹病马仓皇逃去。”情况已起了变化，我遂和赵、冷、刘等商定，敌虽逃走，我军不应停止，宜速前进。于是令刘昆涛等率骑兵搜索前进，其余各队陆续出发；又令杨子明将敌留下的军用品归入辎重行列，粮食散发给该处居民，以补敌人骚扰的损失。我骑兵前进至孝感，据报仍无敌踪；只闻火车站上人说：“段祺瑞闻三义埠军队（李烈钧部）及这方面军队进展极速，遂令全军退至广水。”

八 敌军急退的原因

敌军如此急退，殊出我们意料之外。按敌军兵力，为陆军第二镇、第四镇、第六镇一混成旅，第一镇一混成旅，尚有若干旧军，总数不下6万人，较我军多至数倍，何以如此速退？或许北方已有军队起义，直捣北京？若果如此，我军就应直趋北京，协同作战，不应在广水逗留。照敌军动态判断，大局必有突变，必须探明真相，始得前进。

先是，武汉革命军起，瑞澂逃遁，清廷大为惊惶，派荫昌为军统，带领北军二、四两镇全军及抽调一、六两镇各一个混成旅直逼汉口。列车开至滠口站，两侧均系小湖，军队拥挤一处不能展开，迨革命军骤来袭击，不得不向后退却。荫为满人中之能军者，有此挫折，清廷益为恐慌。奕劻力请起用袁世凯为两湖总督，亲率劲旅进攻武汉，必能获胜。清廷准奏，遂下诏令袁出山，扶持危局。袁电所属将领询问能否剿灭革命军，段祺瑞首先复电说：“革命党纯系土匪动作，我军三日定可将其剿清。”袁意遂决，随到北京商议军情，并观察形势。奕劻又因自己为军机领班，不能胜任；力陈改为责任内阁制，以袁为国务总理大臣。袁既握大权，即令冯国璋代替荫昌为军统，催令急攻汉口；一方面与革命军议和，窥其企图；一方面挟革命军以威胁清廷；一方面又挟北洋军的力量来恫吓南京政府迫使求和，以达其攘夺大权的目的。嗣后，袁遂派唐绍仪为代表，与南京政府议和；南京政府亦派伍廷芳为代表，商谈议和条件。

九　袁知黎不欲战，令段祺瑞与黎讲和

黎元洪非革命党人，革命本非其心愿；加以自汉阳失守后，人心惶惶，谣言四起，黎心极为张皇，只要能“和”，任何条件他都能接受。袁世凯先已商准法国公使转知驻汉口法国领事和黎接洽言和，黎极端赞成。袁又电段祺瑞派代表与黎详商办法。段派徐树铮、吴光新来汉议和，黎派参谋汤则沸到孝感和我军接洽，言段派代表来议和，请准其假道。我和赵、冷、刘等商议，认为溥仪尚在北方称帝，政权仍为军阀把持，此时轻于议和，将来必有后患，非将清廷和旧势力铲除净尽不能议和。请汤转告黎都督，力陈不可言和。一面将距孝感20余里铁道拆除，派兵把守，如有强自通过者，即作俘虏论。汤观此情形，即仓皇回汉。

未几，程守箴来函邀我到汉口，并云黄克强有电给我商议大局情势。适副都督王芝祥亦由桂林到汉，我遂不得不到汉一行。我到

汉先晤程，并阅黄电，电报大意是说：现势已成和局，不必过于主战，拟请贵军移驻南京，不日派徐少秋到汉面述一切。我对程说：“想系黎电黄劝我赞成和议。”程说：“南京孙大总统已允与清廷议和，南京派伍廷芳，北京派唐绍仪在沪业已开议，此间不便再持异议。”但我仍坚持不可轻于言和。程婉为劝说：“现已停战，两军不能长期对峙，也得设法收拾残局。”我说：“如此罢战言和，将来大局不堪设想，不如我负好战恶名，胜固可喜，败则我愿受军事审判。”程云：“王都督等你讲话，我们再谈吧。”我晤王副都督，他说：“黄总长邀我到南京，明日启行，特邀你一谈近来情况。”我说：“黄亦有电令我军开赴南京，到南京后再谈吧。”

晚间，程与杜锡钧又来劝说，我不便再行反对，只好答应同意议和。杜云：“今晚有火车经孝感来汉，请即放行，勿使士兵留难。”我勉强应允，随即回孝感。晚 10 点左右，我偕刘昆涛在距车站 5 里处等候，俟车到后，即按战时投降军使办法，详细检查行李中有无军械始允放行。明知他们决不敢携带军械，不过是故以投降办法辱之而已。

十　各方对议和的态度

未几，徐少秋来密谈，徐谓：“各省革命，由于清廷昏庸，外患日亟，几召亡国之祸，都以推倒清廷，建立民国为职志，一闻武汉起义，各省响应，月余之内，独立者有 14 省之多。其中固有真正革命者；但也有乘机做官、发财的；更有趁火打劫的。议和消息传来，真正革命者谓后患难以逆料，非彻底铲除清廷及旧官僚不可；做官发财者，既已满足了志愿，和则可保禄位，战则胜负难料；趁火打劫者，目的已达，更欲求和。南京政府虽编成20余师，而同盟会所领导者不过三师！因此，言和则群起赞成，主战则应者无几；甚至有到陆军部请求罢战言和者；有要挟发军械，故意为难者。假使政府坚持北伐，必致闹出笑话（闻有人和袁暗通）。孙中山先生新从海外归来，不知内容，尚力主战。黄克强深知其中底蕴，不得不屈从众议，主张议和。”孙、黄后来龃龉实由此始。

我军官兵大都是同盟会员，军械齐备，为各师之冠，亟欲一战；但不能不服从黄的主张，开拔南京：一为卫戍京师；二为镇定人心，尚可从容商谈议和条件。

翌日，到武昌谒黎副总统（南京参议院举黎为副总统），言陆军部调我军到南京驻扎，请代为准备火车、轮船。黎即应允并谓："需要几列火车、几只轮船，令军务部迅速预备。”我云："要火车4列、轮船5只，另外军马400余匹必须另载。”黎云："明晨即可办妥。”并请留吃西餐，一日之内，接洽5次就请吃5次，语言之间，他对我们深表感谢。黎谓："汉阳失守，人心摇动，武昌几致不守，若非贵军救援，大局不堪设想；并得贵军由蔡甸威胁敌人后路，使敌军不得不退，始成和议。对于大局有重大关系；对于鄂省有再造之恩。”言次，屡请干杯致敬。

诸事办妥，我即乘车回孝感与赵、刘详谈运兵各节，并谓黎宋卿（即黎元洪）今日十分殷勤，较之往日亲切万分，接洽5次即请大餐5次。刘云："我辈在此阻绝南北交通，彼与段谈和当有顾忌，我们走了，彼可任意为之，所谓送‘瘟神’不得不速也。”

十一　整肃武昌部队军纪

翌日，我军全部乘火车开到刘家庙车站，候轮船一到即可开行，唯运马匹之轮船尚未开来，我复渡江晤黎商谈。行至汉阳门忽闻枪声大作，未几即有士兵查问。我大声扬言我系桂军，商量要船运兵事。彼检查符号相符始允放行。沿途复屡受检查，行至都督府门前，卫兵不允入内，我说明情由仍不允入。适甘副官长来，遂随甘入内晤黎，始知放枪者系曾广达由四川率领回鄂的部队。他们声言：“尔等在此起义固属有功，我辈在川杀死端方，[①]难道没有功吗？”黎不知城内各军的意图，不敢下令整肃，只说：“听说你受惊了，实在抱歉。”我说：“满城放枪，若长此不理，恐成大乱。”黎云：“现在实无可靠的军队，无法整肃。”言下叹息不止。我说：“我军有步兵一营附机枪一连，在麻布局驻扎，请副总统下令，我即派该营剿办。”黎云：“凡在街放枪者一律缴械；如有反抗者，即行枪毙。此系口授命令，请你照办。”

我出都督府即扬言我系桂军出城公干，沿途尚无留难。行至麻布局即令营长成铭斋带队到街市检查，凡有放枪者一律缴械；反抗者枪毙，此系黎副总统命令，即速执行。于是将部队分成4队，先占街市要点，[②]凡携枪乱行者一律缴械。不到半日，城内秩序恢复如常。我令各队将所缴的枪械运至都督府，并再见黎报告恢复市区秩序情形。

---

① 川汉铁路清廷收归国有，川人主张自修，因起风潮，清廷派端方带鄂军一团赴川镇压。武昌起义，鄂军响应将端方杀死。

② 蛇山高处，通大街处及各街道交叉点。

到达时，正遇许多军官在黎处吵嚷，言桂军无礼将他们的兵士缴枪，甚至连官长亦不准出门，岂不是逼兵造反吗？黎不敢驳斥，唯唯而已。见我进门，即群起质问。我说："我是奉副总统命令剿办乱兵。你们兵士作乱，自己不能整肃，他人代为震慑平静，反说把你们的兵士逼反，岂非无理之至！"众皆无言。未几，有一人问："所缴的枪尽成你们的战利品吗？"我说："我们的枪尽是法国造的六五口径，所缴的枪是汉阳造的，我们的士兵嫌枪不好还不愿要哩！现在全部缴获的枪都已运到都督府大门外，请黎副总统处理，我绝不过问。"我并请示黎："如无其他命令，我就要过江办理运兵事宜了"；并问他运输马匹的船只已否准备好？黎云："已令军务部拨汉冶萍煤船五只，谅足敷用。"并令常副官长迅速办理。我见黎此时心烦意乱，不暇和我多谈，我就不便多留，即渡江办理运兵事。准备二日，即开船东下。后来有人从武昌来云，幸得桂军将城内乱兵平定，城外乱兵才不敢动，否则定成大乱，黎的性命恐亦难于保全。

十二　我军开往南京

船经安庆，暂泊码头，我即入城晤孙毓筠，适他卧病，乃和冷遹、孙孟戟畅谈安徽各种情形。未几，船至南京下关，徐少秋已在码头相候，谓军队入城不能随便，须按马、步、机枪、炮、工、辎行列；入凤仪门，经三牌楼、鼓楼、游府西街到夫子庙，然后转花牌楼、总统府到陆军部。经黄兴总长检阅后，方可到指定地点驻扎。我问他何故？徐云："此中秘密暂且不谈，今晚黄总长请你们晚餐，届时可详细告知。”当即派刘昆涛率骑兵先行，陶柏青率步、机、炮、工兵排列续进，我与赵恒惕在最后。军容甚整，沿途人山人海，均云桂军人强马壮，装备整齐，为从来所未有，以此北伐，必能直抵北京。列行半日始到陆军部，后即排列在小营，受黄总长的检阅。黄训话中说道：“民族革命，吾辈责任已尽；现在虽已成立共和国家，但我们仍要加意保护，有破坏者当以铁血维护之”等语。是晚，黄总长请我同赵、刘晚餐，作陪者仅陆军次长蒋雨岩、司长曾克楼二人。席间痛言：“本想扫除清廷庸劣政治和旧军阀官僚分子，但初起时，各省军队尚称奋勇，及闻议和，吾辈同人尚有直捣黄龙之心，而附和和议者不是盘踞地方，即是拥兵自卫，只求目前名利，不计将来祸患，甚至以军队名义要求罢战言和，并有暗与袁通声气者。黎元洪本非革命者，主和尤力，我若过于强制，他将单独与袁议和。大势如此，我何能独持异议！孙大总统初回国，不知此中内容，责我过于软弱，我只好忍受而已。近日军队尚有不稳消息，今日令贵军在街上游行，即寓镇抚人心之意，使上海和议尚有条件可讲，否则就是向袁投降而已！”言下叹息不止。又言：“贵军与陈元伯（即陈裕时）所部均系广西部队，现编为第八师，明日可与陈商量，赶快成立。”翌日与陈商量；将他所部邕龙标步兵编为第十五旅，我军步兵编为第十六旅，其余骑、炮、工、辎亦由我军编成。至师长一职由谁担任问题，我军多系同盟会员，我又系广西支部长，一般会员当然愿我担任；但此时我已任第三军参谋长，不但不便再兼师长，而且此时王芝祥已被任命为第三军军长，他认为自己是旧官僚，不能不用一个同盟会员为参谋长，意非我充任不可；陈亦力劝，而陈又不愿意赵为师长。当军部业已编好，师长人选问题未决之际，陈之骥适由北京来宁。陈为同盟会员，在日本与陈元伯颇相亲，在广西又任干部学堂监督，陈元伯遂推陈之骥为师长，大家都表示赞成。

十三 上海和议推袁为大总统

未几，上海和议已订立条件：溥仪退位，年给400万元优待费；孙中山先生退职，让位于袁世凯。消息传来，大家哗然。一般军官开会都主张立即出兵北伐，粤军旅长任介眉发言尤为激烈。黄闻之，到会极力安慰，至半夜始散。翌日，众又集会，并到临时参议院见议长吴景濂，言如此议和，吾辈实不甘心，但各省已均表赞同，吾辈军人未便独持异议，唯有一个要求：袁世凯须亲到南京就职。吴议长与各参议员均极赞成，并请唐绍仪转达袁氏。

未几，北京兵变，天津、保定继之。北京受抢劫者甚多，尚无焚烧情事，天津则被烧两条街，保定城内抢掠后东西大街尽成焦土。据当时一般人推测，谓袁本不愿南来，因授意他的心腹军队哗变，为他不能离开北京的借口。此次兵变之后，袁果然藉口不能南来，唐绍仪亦竭力陈述袁的苦处；此间重要人员均谓既已讲和只好迁就。唯提出国务总理及各部总长均须由参议院通过。未几，袁提出国务总理唐绍仪、内务部赵秉钧、外交部陆徵祥、财政部熊希龄、陆军部段祺瑞、海军部刘冠雄、农林部宋教仁、教育部蔡元培、司法部王宠惠、工商部陈其美、交通部梁士诒，交由参议会通过。仅梁士诒未通过，后改为梁敦彦，才勉强通过。

唐绍仪以南京军队尚多，非有大员坐镇不可，遂以黄兴为南京留守，统辖各军。先时此间各部军官以袁既为大总统，陆军总长应由黄兴担任，请唐转告袁氏，袁氏不同意，再三电商，袁终不允。唐对黄甚为抱歉。又因南京兵多，故以留守职请黄担任。黄初不允，唐力劝之，黄对唐言："如令我就留守职，公须加入同盟会，并以王芝祥督直，我方能应允。"唐允加入同盟会，并云王督直一节，俟回北京后与大总统商定发表。

熊希龄就财政总长即在上海借比利时小款300万元。闻熊借得此款，我和王军长与熊交涉，力言广西财政素称困难，此次独立、援鄂，所费尤巨，非大力接济不可，请将借款内拨给广西100万元。熊初不肯，经一再"请逼"，熊始允照拨。后来马君武回桂，此款由伊带交广西政府。

袁见借款容易，立令熊活动大借款。黄兴反对，主张举办国民捐。袁云，南方富庶可以倡办，北方贫瘠不能不借外债，即请黄筹办国民捐为发留守府所辖军队的粮饷。可是应者很少，军队无法维持；袁复派人唆使江西在南京的军队（编为第十四旅）借口无饷哗变，在南京三牌楼附近抢劫甚烈。

十四　我军剿办南京变兵

正在士兵哗变时，适黄兴赴上海，总参谋李书城电话请王军长芝祥派兵速剿。王和我商议，我说："新军十六旅都派在各领事馆、军装局、军械局及交通要点担任警卫，实难抽调。旧军的六大队纪律不佳，恐将乱兵剿灭后而自己也行抢劫。前一日有粤军士兵到我旧军的六大队运动一起叛变，内有我军新由下士提升的李排长秘密报告，说明夜间10点钟先在小营附近放火，然后一起出营作乱。"

我告王，王不信，我劝他到夜间10点左右前往侦察。届时我和王同到小营，不多时果有火警，立到营门监视，果有士兵10余人携枪拟出营门；王喝止，叫其回营安睡，如有外出者，格杀勿论！于是众皆回营。待至天将破晓，我们始回军部。王意以为，昨夜未变，今晚亦未必变，拟抽派两营剿办乱兵。我说："我先抽调师旅司令部的卫队步兵两连（各留一班守卫）和机枪两连到鼓楼附近，据守要点，使变兵不能南窜，然后再用旧军剿办。"王允诺。遂派周参谋带队先行布置，并嘱以步兵太少，机枪位置不宜过于突出，使步兵容易掩护。我遂到鼓楼察看布置，并留在鼓楼上指挥。当晚三牌楼附近枪声不绝，但叛兵并未南窜。天将晓，见小营方面源源而来约有千余人，到鼓楼时询其长官及任务，均不答复，向三牌楼直奔；少时枪声大作，似在激战。9时许，见旧军由三牌楼回来：有一人携两三支步枪者；有背包裹者；亦有将被押的乱兵代背东西者。我令将缴得的枪支、包裹留下，彼等不听，并有以枪向我者。我见自己既不能约束，遂派副官张翔请王军长速来。王来后亦无法制止，各兵直回小营而去，王叹息不止。嗣后枪声已止，地面似亦平静，遂令两连连长各率所部各附机枪两挺分途视察，见有乱兵即行捉拿；见有被抢居民，则力为安抚。我带周参谋率机枪兵回军部。下午3时许，两连长带队回到军部，并有大车5辆上装枪支、军服及居民衣服、被褥等物，云是在街上捡获的。并令兵士将在街上拾得的现洋、银块等都交军部。各兵士纷纷由衣袋内取出共计现洋300元，银子数十块，首饰百余件。王观此情形始信新军比旧军良好，并说："我带兵多年未见有如此纪律。"又说："各兵士所交银洋等，仍交各人作为赏金，如何？”我说：“绝对不可！若如此办理，以后他们得到的战利品就不上交了。不如由军部为他们做一顿饭，多加些肉，使他们饱餐一顿为好。”王立谕副官长买200斤肉，迅速做饭。我传谕云：“诸位辛苦，回营吃饭已来不及，军长已令厨房为你们做饭，并多买肉菜犒赏你们。”各兵士都欢笑不止，感谢军长的关怀。

十五　黄兴辞留守职务

江西军队哗变，原因甚多，而缺饷实一大关键。黄兴举办的国民捐已告失败，军饷无着，曾电唐请将扬州盐税拨为军饷，财政部不允；加以袁世凯未与黄商议就将留守府所辖驻清江浦的第十九师师长孙岳撤职。因孙为同盟会会员，前充第三镇的营长时，曾以革命嫌疑被统制曹锟免职，后来在南京帮助革命，黄给以北伐军总司令名义，统率镇、扬、淮各军与张勋战于津浦路蚌埠、固镇之间，迫张勋退至兖州。和议成，即任为十九师师长，驻清江浦。袁尝言北方无乱党，孙系革命党，故深恶之。袁为总统后，首先将孙撤职，南京军官极力反对并开会要袁收回成命。黄以南北统一，大总统既已让袁，若第一次命令我们即反对，显系吾辈先闹意见，破坏大局，故竭力解劝要众军官听命。各军官虽勉强服从，而口齿间常吐愤恨之词。黄有此各种困难，故电唐转袁辞留守职，并催促早日发表王芝祥为直隶都督。袁当时允黄辞职，并请黄赴北京面商一切。黄以军费无着，遂令各省军队各回本省，不愿回者给资遣散。王的第三军所辖的第八师为同盟会会员组成，人数充足，装备完全，留归中央直辖。第五独立旅原为广西六大队，给资遣散。袁又以程德全为江苏都督，驻节南京。从此，革命力量益遭排挤，而革命果实则尽为袁氏所独吞矣！

（选自广西壮族自治区政协文史和学习委员会编《辛亥革命在广西》，广西人民出版社 2011 年 9 月第 1 版）

辛亥革命时期广西的陆军干部学堂和陆军小学堂

李书城*

光绪三十三年（1907 年），广西督练公所帮办钮永建到日本考察军事时，我在日本陆军士官学校学习。他同我谈到，他与广西兵备处总办庄蕴宽要在广西编练一个陆军混成协，想聘请留日陆军学生若干人到广西，先办陆军干部学堂，训练一批干部，然后招募士兵练成新军，嘱我毕业后到广西去，并代为聘请可靠的同志同去广西。因此，我于 1908 年到桂林，1909 年接任陆军干部学堂监督的职务，并邀约同时毕业的同学陈之骥、王孝缜、赵恒惕、黄恺元、尹昌衡、孙棨、孙方瑜、李乾璜、韩凤楼、覃鎏钦、袁华选、高兆奎、刘洪基、

---

* 李书城：时任清政府军咨府科员兼官报局副局长，后任中华民国军政府参谋长，中国人民政治协商会议第一届全体会议代表。
新中国成立后，任农业部部长，第一届全国人大常委会委员，第一届全国政协委员，第三、四届全国政协常委。

张华甫、孔庚、全恕、雷寿荣等及内地陆军同志冷遹、耿毅、杨卓、杨子明、刘建藩等陆续到桂林任陆军干部学堂的教职员，[①]预备在学生毕业后，即编成一个陆军混成协，作为革命的基本队伍；同时与广东、湖南的同志暗中联络，俟机会成熟，即先在桂林发难，广东、湖南同时响应，以这3个省作为革命的根据地，再向全国扩展，最后夺取北京。

由于广西陆军干部学堂是先由非同盟会员程埋堂、朱兆熊及满旗那玛善等留日陆军学生创办的，学生当中不少落后分子和反革命分子。我们接办以后，用多种方法激发学生的革命情绪，并曾经一度利用桂林报纸的谣传，说法国军队已侵入了广西的镇南关，我遂召集全堂学生讲话，说："报纸所载如果真实，广西尚无新军可以御敌，我们干部学堂有新式枪炮，又有几百个学生都可算是正式军人，如果政府命令我们开赴前敌，是义不容辞，又是一个报国的好机会。我想，你们都是不怕牺牲的好青年，如果愿意上前线杀敌的，就站在左边；如果因个人或家庭有顾虑，想留在后方的，也不勉强，可站在右边。"当时大多数的学生都站到左边，有少数学生则站在右边。我将左右两边的人名记下后，对站在右边的学生陆续淘汰了一些，对站在左边的学生则加意培训。从此全堂的学生都朝气勃勃，革命的气势日益高涨。

---

① 原整理者注：关于当时负责邀约一批士官学生和内地军官学生来桂的人，本文作者说是由于自己的邀约，但耿毅、何遂两先生则说是王孝缜奉张鸣岐之命到北京所邀来；关于这批人到广西的时间问题，李书城先生说是1908年到来的，耿毅先生则说王孝缜、李书城、孙孟戟是1908年到的，其余耿毅、何遂、尹昌衡等数十人都是1909年到桂林的。以上几说显然有出入之处。在未查对考证清楚之前，仍保留原文，不加改动。

不久，桂林陆军小学堂的学生，因为反对他们的总办蒋尊簋，全体学生退出学堂，散住客店。抚台张鸣岐慌了，恐因此被参，找督练公所庄蕴宽总办，共商平息风潮的办法。庄蕴宽要我劝告学生回堂，我应允了，即到学生队伍面前告诉他们说：“我是你们的新监督，如果你们不反对我，即同我一同回堂。”他们跟我回堂后，我即宣布说：“如果我的命令或告诫是不合规章或是不合情理的，你们可不遵从，否则你们须守纪律，并该听我的话！”他们都应允了。我说：“头一个命令，明天不上课，全堂学生由我率领到城外几十里的地方，同陆军干部学堂的学生作野外演习，非因疾病不准掉队！”他们都兴奋愿去。次日，在行军当中我看见几个年幼的学生已经很疲累了，我向他们说：“如果实在走不动，可暂时歇息一下。”他们都说还能走，没有一个肯掉队的。我当面奖励他们说：“军人死且不怕，累又算得什么！”野操回来后，我向他们说：“今天行动了一天，明天要你们静坐一天，每人作一篇文章，须1000字以上，要用楷书写好，考验你们的志趣如何。”次日我出的作文题是：“诸生学陆军的目的何在？祈尽言勿隐”。要他们说真话，不怕犯忌讳。每人做好后，把文章亲自送交我手，我担保绝对守秘密，不发表出去。我看了他们的文章，大多数抱着排满的革命思想。我把他们的名字记下后，将他们的文章都烧了。因此我晓得哪些学生是赞成革命的。连同陆军干部学堂的学生合计起来，已有两三百人是革命的青年，可作将来新军的骨干。我在陆军小学作了一星期的整训后，我即辞去兼职，由冷遹同志继任陆军小学堂监督。

是年冬季，陆军小学堂有一批学生毕业，这时抚台照例是要到学堂主持毕业典礼的。我与几个同志秘密计划，趁抚台到陆军小学堂的时候，先杀了他，即宣布起义。那时桂林只有少数巡防营，归臬司王芝祥统率。王芝祥与庄蕴宽总办交谊尚好，与我们这批留日学生也经常往来。庄还时常谈及国事日非，政府无能，需要改革，才能救亡图存。并称赞年轻人多抱有爱国热忱，是国家前途的一线希望。我们估计庄蕴宽和王芝祥不是革命的敌人，可能同情我们，又估计陆军干部学堂和陆军小学堂，共有新枪数百支，具备最初发难的力量，再得到广东和湖南同志的响应，成功是大有希望的。但同志中有的认为这样太冒险，不如俟新军建成后，力量充实，更有把握，不必急躁。在计议尚未决定的时候，外面有了一些风声，因此抚台张鸣岐指摘庄蕴宽总办招来了一些革命党人，恐将来酿成巨变，要他负责防范。这时庄蕴宽也觉得与抚台再难相处下去，遂决计辞职他去。我为缓和外面风声，也决计同庄总办同时辞职，离开桂林，以便同志们仍能继续留在广西，等待机会成熟，再图发难。庄蕴宽总办虽去，钮永建帮办仍留在督练公所继续任职。我辞职后，陆军干部学堂监督职务由陈之骥同志继任，以后又由蔡锷同志继任。

辛亥革命，我充当革命军总司令黄兴的参谋长。在汉阳作战时，广西陆军小学堂的学生有一、二两班已升入湖北陆军中学，参加了武昌起义。其中有些学生调在汉阳总司令部参谋处服务。当战事激烈时，他们自告奋勇，组织敢死队，同敌人奋战，伤亡了一些人。其中有一个学生李孟庸，少年英俊，上阵时英气勃勃，在阵上中弹重伤，我至今还怀念不已。

在我做广西陆军小学堂监督时的广西学生中，有些后来做了国民党陆军高级将领，如叶琪、黄绍竑、李宗仁、李品仙、夏威、廖磊等。广西陆军干部学堂毕业生中，在湖南赵恒惕部下任师长，旅、团长的也不少，如蒋锄欧、首斌等，都在辛亥革命及讨袁护法诸战役中有所贡献。

（选自广西壮族自治区政协文史和学习委员会编《辛亥革命在广西》，广西人民出版社 2011 年 9 月第 1 版）

辛亥革命时期的广西新军

何 遂*

辛亥革命前夕的情况，概括起来说就是：国势日弱，外患日急，官贪吏酷。尤其是广西，曾经多年战火，起义军四起，官军就乘此机会到处焚村杀人，以达其升官发财的目的。我在1910年调查桂越边防，从南宁入十万大山，走到广东、广西交界的剥鸡隘，又沿边境调查至广西、云南交界的剥隘，所过两处，村落多半成为瓦砾之场，草高没人，沿途七八十里远都找不到一户居民。可见当时焚杀之惨，人民焉得不起来革命，反抗清王朝的统治呢！

我于1908年到广西时，广西地方当局正计划练新军，但仍留旧军，以防新军。当时那班老官僚最怕的是学生与新军，他们以为革

* 何遂：时任广西陆军大学堂军官，后任南京国民政府立法院立法委员。
新中国成立后，任华东军政委员会委员兼政法委员会副主任，司法部部长，第一至三届全国人大代表。

命党即在其内，但又不敢不依从当时朝廷办新军、练新军的命令。于是就用一种“两套并举”的办法来对付。一面慎选学生，挑选那些他们认为不革命的学生才吸收；一面拖延新军成立的时间，而且保留并加强旧军，以防新军与学生革命。广西当时的情形，就是如此。

广西延聘我们这班不受欢迎的人，在当时是经过很慎重的考虑的。他们所付以聘人责任的王孝缜（勇公），其祖父尚书（王庆云，工部尚书），叔父状元（王仁堪），父亲粮道（王仁东）。他们认为这样大封建家庭出身的人，一定不会是革命党。哪知王孝缜不只是革命党，而且还是当时的激进人物。王孝缜于日本士官学校毕业，曾被清廷授以“举人”。那时我已在军官学堂毕业（以后改名陆军大学堂，是从第三期起改的，我是第二期，后来也改称陆军大学堂第二期。这是训练参谋军官的学校，我当时以第九镇上尉参谋资格入学）。保定陆军速成学堂训练的初级军官也在这时毕业。王孝缜就从这一班人中寻到许多当时认为志同道合的人。日本士官毕业生有孔庚、赵恒惕、尹昌衡、周荫人、陈之骥、刘洪基、李书城等；保定速成学堂毕业生有刘建藩、杨明远、耿毅、吕公望等；军官学堂毕业的只我一人，人数共为 72 人（这个数字仅凭我的记忆）。这在当时都可算是比较进步的人士了。广西巡抚张鸣岐表面上优礼这班人，各授以陆军职位，但是这个老官僚是另有计谋的。他一面给新人物以筹备陆军的责任，却又把建成新军的期间拖长，使这班人无兵无权；另一面把旧防营加强，并使其驻在省会及各要区，以资牵制；另外还把新军分开在桂林、南宁、龙州 3 个地方来举办，使其力量分散。办理情况大致如下：

（一）桂林　桂林系省会所在，所办的新军是属于全省性的。

其系统和编制是在巡抚之下设督练公所，主持一切新军的编练事宜。督练公所内分兵备、教练、参谋3处。督练公所置督办一人，由巡抚自兼。另置总参议一人办理所务。但此员未经委派，故所务均由兵备处主办。兵备处置总办、帮办各一，下设3科。1909年总办系庄蕴宽、王芝祥；1910年系蒋尊簋、蔡锷；最后是汤鲁藩。教练处设总办、帮办各一，下有二科，但并未派员，其职务由兵备处代办。参谋处，由军谘府委派赵学方为总办，下有二科。以上是管理机构。至业务机构则有干部学堂、陆军小学、学兵营3部。

干部学堂，负责训练创办新军所需的下级军官，是速成性质的；监督先后为李书城、陈之骥、赵恒惕。

陆军小学，三年毕业。毕业后入陆军中学，二年毕业。再入军官学校，一年半毕业。毕业后充入伍生，实习半年，授为少尉。这是正式的军官。总办先后为蒋尊簋、钮永建、雷寿荣、蔡锷（兼任）。

学兵营，负责养成军士。营长为方声涛。下有步兵3连，每连126人，连长陶德瑶、雷君典，余一人姓名忘记了。骑兵一连，66人，连长刘建藩。炮兵一连，126人，连长邓鼎封。工兵一连，126人，连长姓名忘记了。学兵营训练期满的学兵和干部学堂的毕业生，均为新军骨干，加招新兵就成立了混成协。这支部队，于1912年与南宁、龙州的新军北上援鄂，转至南京编为陆军第八师的步兵十六旅及骑兵第八团，炮兵第八团、工兵第八营。

（二）南宁　南宁系提督所在。所练新军属地方性的。有讲武堂一所及步兵一团。主其事者先为蔡锷。蔡召入省后，郑开之、程子楷先后继之。广西独立后，步兵团归陈裕时指挥，和龙州的步兵团编成6个大队北上援鄂；后至南京，改编为陆军第八师的步兵第十五旅。

陆军第八师是黄兴任陆军总长和南京留守时的主要军队。袁世凯军攻南京，第八师全体官兵战至最后一人，无一降者！牺牲之壮烈，不下于太平天国之坚守天京。

（三）**龙州**　边防道李开佚，右江镇总兵陆荣廷驻此。有步兵一团，团长黄榜标。营长为陈裕时、符振坤、张元文。后来黄辞职，由陈裕时继任团长。陈是李开佚的同乡，士官生，也是同盟会会员。

那些清朝老官僚最害怕新军。有新军之处，必有不止一倍的旧军以监视它。名为练军，实则以筹备为名，拖延时日，敷衍了事。由上述的编制来看，督练公所实际只有一兵备处，而且是一年换人几次，最后索性把旧官僚汤鲁藩用上。汤对新军本一无所知，他们这样做，徒显示其顽固不化而已。仅参谋处因清末亲贵弄权，直接由军咨府委赵学方为总办，下设调查科及筹略科，仅用一人兼两职。我是第一任，也是最后一任的科长。

他们以为换人多次，分散多处，加以旧军监视，就可以平安无事了。实际上我们这些当时所谓革命党的人，内部是很团结的。不止在省内，而且在省外也有联系。看外表，我们人数不多，复处处受到限制，甚至被敌视。到广西的才 70 多人，广西独立时所剩已不到一半。但是这些人都是蔑视旧官僚，苦干硬干的。他们只要能干的就无不干，能联络的就无不联络一致。清宣统三年（1911 年）广州黄花岗之役，有些人就是由桂林去参加的。起义失败逃出来的人，依旧回到桂林来，旧官僚毫无办法对付他们，这就可以知道当时这些人的力量。

在武昌起义前夕，广西成立了混成协，统领是胡景伊，日本士官学校毕业生。官兵不完全招齐，一共只有2000人。新军虽少，但毕竟由于普遍建立了同盟会的组织，依照陆军编制的所有单位都设有支部，影响日渐扩大。就是这些力量，终于导致1911年11月7日广西独立，宣告清政府在广西统治的终结。

（选自全国政协文史资料委员会编《中华文史资料文库》第1卷，中国文史出版社1996年4月第1版）

记广西北伐军学生敢死队

区维琳 *

余19岁时，在桂林中学读书，得悉武昌起义，欢欣鼓舞，喜满心怀。吾等青年，有此良机，何不执戈从戎，驱除鞑虏，解除奴隶生活，建立自由平等富强的新中国。广西陆军小学时已办到第二期，校中爱国之士赵正平（浙江人）等，乃唤起同学，成立广西北伐学生敢死队，从军北伐，并号召桂林各中等以上学校有志之士参加，不数日间，报名参加者达200余人，除体格条件及其他缘故，未准入伍者外，组成的北伐军学生敢死队实有160余人，编为二排。带队官初为浙江人斯烈，后为广西人梁史。梁毕业于虎门陆军速成学堂，成立之后，立即准备出发。

* 区维琳：时为广西北伐军学生敢死队成员。

广西北伐军及学生敢死队均由王芝祥统率，由桂林出发，沿湘江经衡阳、长沙、金口到达湖北汉阳、孝感。

南北停战议和，北军撤防，南京革命政府成立，孙中山被选为民国第一任临时大总统，各省军队各守原防。各省北伐学生敢死队遂集中南京编为入伍生队，后又连同各省陆军小学、陆军中学学生编为预备学校学生。第一预备学校设在直隶省天河；第二预备学校设在湖北省南湖；第三预备学校设在南京。各预备学校学生受训两年，期满毕业，为预备军官。也有送入保定军官学校分科训练，一年半毕业，然后分派各地方军队服务。这是保定军官学校学生之由来和他们毕业后的出路。北伐学生敢死队经过正规的军事教育和训练，最后成为地方军队之军官。他们所率领的军事力量对中国政局起了一定作用。如国内比较出名的有：广西白崇禧、黄绍竑、夏威、梁翰淞、黄鹤龄、俞作柏以及区维琳，福建张贞、吴石，安徽张治中、戴戟，湖南刘建绪、刘建常等，都是各地北伐学生敢死队出身的军界知名人士。

（选自全国政协文史资料研究委员会编《辛亥革命回忆录》第7集，中国文史出版社2012年6月第2版）

辛亥革命片断回忆

封濯吾　口述*

一　留日广西人士参加同盟会及回国

光绪二十九年（1903年）我从容县到桂林参加乡试落第后，感到科举无意义。1904年自费留学日本，入弘文学院师范科，学校的地点在巢鸭。1905年孙中山先生在东京倡组同盟会，留学生中的爱国有志之士踊跃参加。我当时有一腔爱国热忱，与当时在东京的黄兴、马君武素来相识，黄、马二君乃介绍我加入同盟会。我是1905年下半年（记不清月、日）在东京加入的，当时我的名字是封祝椿。入会时，填写志愿书，宣读誓词，誓词中有“驱除鞑虏，恢复中华，

---

* 封濯吾：时任广西谘议局秘书，后任广西省梧州市税务局局长。新中国成立后，任广西壮族自治区文史研究馆馆员。

建立民国，平均地权”4句话。入会以后，同志间的握手是互相用4个手指勾握。据说这是表示我国4亿同胞紧密团结的意思。

1905年下半年，孙中山先生从日本横滨去西贡，我到横滨去送行，马君武当时忙于毕业考试，没有时间随同往横滨，只将中山先生的书籍装了一整箱托我带去。我在1905年，先后介绍留日学生参加同盟会的有：黄如衡（容县人）、何轩堂（容县人）、杨步衡（藤县人）、谭鸾翰（桂平人）、朱金钟（桂平人）、温懿存（桂平人）等。当时广西留日学生参加同盟会的还有容县的封承理、陆显蒲、刘崛、李晓初、刘屹、何剧生、陆汝援、黄绍亭、陆更存、陈汉刚、黄爱存、李觉天、陈既愚、林用卿、黄希陶、封祝森、封高万、杨愿公、叶军国；桂平的卢汝翼、李温谷、李啸岛、江杏初、郑惠铭、姚芳荣、姚芳南、谭赞元；藤县的苏无涯、何聘萃、朱秀裳、周亚洲、蒙经、陈仙石；平乐的周毅夫、郑霭云；武宣的刘玉山、周实之、覃国书；靖西的曾彦、邓鸿绪；桂林的马君武、邓家彦、汪鹍生；柳州的王植槐、杨滋庵、刘扬庭、钟明甫、钟万；贵县的罗佩珩；宁明的罗靳谷等70余人。有些名字我记不起了。

1905年底，我在弘文学院师范科毕业。本来想继续升学，乃是时清朝政府的驻日公使杨枢害怕学生搞革命，他遂与日本政府文部省订定“中国留日学生规则”，取缔学生开会，禁止学生搞革命活动。他颁布这项规则后，全体留日学生实行罢课反抗，在留日学生会馆开会，商量对付办法，大家同意全体回国。1905年底到1906年初，留日学生先后陆续回国。我是于1905年底回到原籍容县的，地方人士推举我为容县学务公所所长。

二　同盟会员在桂林的活动

1907 年，我到桂林出席筹办铁路的会议，藩台余诚格和提学使李翰棻调我到桂林法政学堂担任筹备工作。我到桂林时，朋友于谷村（湖南人，在桂林工业讲习所教书）对我说："1906 年黄兴从香港到梧州，曾经到梧州国民学堂去访问你，其后到桂林又问及你的去处。"于谷村又说："黄兴到桂林是改名换姓的，也不说出他的住处，可能是住在郭人漳那里。"

桂林法政学堂于 1907 年开始筹备，1908 年开学上课，地点在现今桂林叠彩路师范学院中文系地址。藩台余诚格、臬台王芝祥、提学使李翰棻 3 人兼学堂总办；候补道刘人熙任会办兼人伦道德教员；骆成骧（四川人）任监督。第一期有官班学生两班，绅班学生一班。官班学生的来源是从现任和候补的道台、知府、知州、知县、佐贰、佐什等人员中调来的。绅班学生的来源是通知各属学生来校考试录取的。革命先烈韦拔群将军便是当年投考取录的学生之一。学生的膳费、文具费，一律由学堂供给。官班的学生还有津贴：道台每月津贴白银 100 两，知府 50 两，知州、知县各 32 两，佐贰 24 两，佐什 8 两。到了宣统元年（1909 年），凡是考试不及格的，均停止发给津贴。当时在学堂任职的同盟会员有 3 人：黄玉信、姚芳南和我。我们不常见面，也不进行什么活动，只曾经凑过几次钱给同盟会员郑霭云（平乐人）到各地去做革命活动。

1909 年底，提学使调我为优级师范的斋务长兼监学。优级师范监督是廖道传，学校地址在文昌门外。有学生 4 班，学生的膳费、文具费通由学校供给。在学校任职的同盟会员有李镜堂（贵县人，任教员）、刘屹（容县人，任体操教员）和我3人。

1910年底，优级师范迁到皇城内，文昌门外的优级师范原址改办广西高等学堂。提学使李翰棻派我为广西高等学堂的筹备人。高等学堂的监督是唐尚光（全州县人，翰林）。1911年下半年开学上课，有学生两班，学生的膳费、文具费也是由学堂供给的。学堂内除我之外，没有同盟会员。

我在桂林时经常来往的同盟会员有蒋敦世（修仁人）、谭鸾翰（桂平人）、叶军国（容县人）、杨步衡（藤县人）、卢汝翼（桂平人）等。他们都是在五美塘的自治讲习所当教员。当时桂林各学校师生的革命思想逐渐发展，桂林出版的《南报》《南风报》和外地出版的新报刊，订阅的人很多。当桂林陆军干部学堂学生因学堂举行甄别考试认为不够公允发生风潮时，谘议局议员蒙经（同盟会员）等表示坚决支持学生；这风声传到优级师范，学生就起来响应，不参加正在举行的月考，组织罢课。监督廖道传最初想用威力压服，后来见压服不了，迫得准许学生温习一星期功课再参加月考。

三　广西宣布独立的促成

1911年农历八月十九日武昌起义的消息传到桂林，人心大为振奋。同盟会员冷遹等发起游山玩水，借名游玩进行革命活动。起初参加的只有10多人，我是其中之一。游到偏僻的地方，就商议如何推动广西独立，响应武昌起义。其后陆续举行了10多次，参加的人越来越多，最后几次每次都有百来人，成为半公开的革命活动。参加的人，都是由同盟会员邀来的同情革命的机关职员和学校员生。大家认为，要推动广西独立，必须依靠武装。广西的新军，参加革命是不成问题的，成问题的是桂林的旧军巡防营。倘若巡防营参加革命，问题便解决了。领导巡防营的是藩台王芝祥，倘王芝祥同意革命，巡抚沈秉堃也就不成问题。于是大家主张由谘议局带头去向王芝祥请愿独立。九月十六日，谘议局（现在皇城内桂林师范学院地址）集合了 100 多人向王芝祥请愿独立。议长甘德蕃因故离桂，由副议长黄宏宪（容县人，同盟会员）率领到藩台衙门去向王芝祥请愿，要求响应独立。王芝祥不肯在大厅接待我们，结果他向我们索取名片，选定 10 多个人到会客厅见他，其余的人留在大厅等候。到会客厅去见王芝祥的有副议长黄宏宪、谘议局秘书长蒋敦世、议员苏希轼、罗经才、苏俊生、廖治民和同盟会员蒙经、谭鸾翰、杨步衡、朱秀裳、姚芳南、万武、谭赞元、叶军国和我。还有康（有为）、梁（启超）的党徒陈太龙、优级师范教员李镜堂、罗哲初、高级警察学堂提调何聘萃、官书局坐办姚芳荣、法政学堂教员黄玉信等。黄宏宪首先发言，把来意向王芝祥说明。王芝祥接着说："你们这几天假游山玩水之名，搞革命活动之实，情况我全知道了。你们这样乱搞，我王某讲交情，我的大刀是不讲交情的。"黄宏宪跟着应道："我们这次来，不是谈私情，而是来谈大义，谈国家治安。"接着各人纷纷发言。有的说，汉族人做满族的奴隶，是毫无意义的；有的说，广西是协饷省份，湖北、湖南已经独立，广西想替清廷出力也不容易办了。到会的人以黄宏宪、蒙经、陈太龙讲话最多，最有力，驳倒了王芝祥。直到下午，王芝祥才表示愿意接受各人的意见去与沈秉堃商量。

当天晚上，王芝祥便将桂林市上的黄布、黄纸和天然墨一起收买，连夜动员许多人赶写黄色三角旗标语，旗上写着："广西全省人民恭请沈大都督领导广西独立。"第二天（九月十七日）早上，桂林全市的大街上插满黄旗标语，每隔 10 步左右就插上一张。当天中午，在皇城内谘议局开独立大会。到会的千多人，新军最多，从头门口列队站到会场，全副武装，上起刺刀，情绪激昂。同盟会会员和谘议局议员都提前到会；还有机关人员和士绅也到了二三百人。沈秉堃和王芝祥到得最迟，还穿着清廷的官服和拖着长辫子。同盟会员对他们很不满意。沈秉堃和王芝祥都在大会上讲了话。

王芝祥是一个政治野心很大的人。他原籍山西，寄居河北省，举人出身。他来桂林是投靠他的姐夫刘人熙。刘人熙用了几万两银子替他搞得一个州官。他先后任过横州知州、梧州盐法道、广西臬司、藩司等。广西独立后，他存心把沈秉堃赶走，自己充当都督。于是调动巡防营为桂林的高级军政机关守卫；对沈秉堃阳为尊重，阴实掣肘，九月十九日晚上，王芝祥统率的巡防营两个大队士兵突然叛变，枪声大作，全城陷于恐怖状态。沈秉堃本就大权旁落，经此变乱，益感广西军政不好处理，遂于九月下旬借出师援鄂之名逃回湖南原籍去了。谘议局的议员都愤恨王芝祥曾经疯狂地镇压过革命，犯下极大罪恶，因此沈秉堃去后不推王芝祥而推陆荣廷继任都督。王芝祥见风势不好，在十月间也借出师援鄂之名离开广西到南京去了。

巡防营士兵武装叛变时，谘议局全体议员都匆忙逃到东华门外小校场警察教练所避难。教练所所长蒋敦世也是谘议局议员，就负起保护他们的责任。谘议局临时在警察教练所办公，过了两天，叛乱完全平定后，才搬回谘议局。

（韦瑞霖　记录）

（选自广西壮族自治区政协文史和学习委员会编《辛亥革命在广西》，广西人民出版社 2011 年 9 月第 1 版）

我参加同盟会和回广西进行革命活动的情况

刘　崛*

一　留学日本和参加同盟会

戊戌政变后，风气渐开，有进步思想的爱国青年，都争取进学校读书，希冀将来为国家和社会贡献力量。我的姊夫黄宏宪（号用溥），很关心国事，对清朝政府丧权辱国，昏庸腐败，极表不满。当时桂林设有广西体用学堂，是一所新式的学堂，讲授英语、数学、格致等课程。黄宏宪在该学堂肄业，他知道我是想进步想革命的，也邀我去。这样，我就和他一起在体用学堂求学了。

光绪末年，容县陈协五（清朝举人）在梧州国民学堂当校长，

---

* 刘崛：时任中国同盟会广西分会会长兼主盟人，后在国民党党史编撰委员会任职。新中国成立后，任广西壮族自治区政协委员，区文史研究馆馆员。

他与胡汉民很要好，向往革命，请黄宏宪在他学校里担任教务。宏宪当时职务多，忙不过来，就荐我在教务处帮他搞工作，并兼任教课。

陈协五、黄宏宪和我都是好谈革命、醉心革命的，我们对学生灌输革命思想，因此，有一部分接近我们的学生受了我们的影响，思想也有进步。

这个时候，胡汉民亦来梧州中学教书。我们的政治思想倾向相同，所以非常投契。我们对革命理论进行探讨，相互间得到了不少的启发和帮助，还做了不少宣传革命的工作。

那时，庄蕴宽当梧州道台，适遇地方上有一个案件，道台衙门罚得了一笔大款。庄蕴宽是提倡新学的，就利用这笔款在梧州道各州府选拔优秀人才 5 人派送去日本留学。因为我好谈进步，活动力又较强，庄找我去面谈，很赏识我，就把我列名保送。这样我就获得公费留学日本。

我去日本是在光绪年间，比陈协五还要早些，初入东京的法政大学，后转早稻田大学。我到东京不久，就参加了同盟会，介绍人是邓家彦和胡汉民。入会后，我参加革命宣传和组织工作，写的宣传文件及办的刊物相当多，《粤西杂志》是经我筹办的，组织工作也有发展，会员由原来的 10 多人发展到 80 余人，这些同志后来被称作“老同盟会员”。

二　在南洋各地的活动

孙中山先生对我相当信任，几次派我去南洋各处联络华侨，募捐款项，协助宣传工作，办革命刊物写宣传文章。为着向华侨捐款，我到过朝鲜、越南、暹罗、缅甸、印尼、新加坡及南洋各大埠，每处住三两个月不等。广西籍华侨捐助不多，捐助最多的是广东籍华侨，捐上万元至数万元的人为数不少，其中尤以邓某及徐某两位侨胞最为热心踊跃，捐得的款项，亦委托他们代收保管。我前后在南洋各处工作，历时数年之久。

三　两次回广西的革命活动和被捕的经过

我出国后第一次回广西，是宣统年间，因为搞革命，到处被人注意，行动很不便，不久就离开广西。我第二次回广西，是在三月二十九日广州起义失败之后，停留的时间也不是很长，因容县党狱案被悬赏通缉，又逃到香港。我回来的目的，不外想加强联络宣传，相机进行起义。曾与苍梧长洲黎东平联系，他思想颇进步，但不是同盟会会员，因他家离梧州不远，联络工作得他帮助，方便不少。但梧州知府李开侁早就清楚我是同盟会会员，因此对我的行动十分注意，我不能在梧州长住，就是为此。

三月二十九日的广州起义，我和刘古香本是负责组织广西籍的武装参加攻广东督署的。刘古香住在旧仓巷，与李德山秘密组织武装。起义时，李德山率领10多个同志进攻督署。因起义时间提前了一些，我住在城外，未及带人进城，已经发难，清兵关了城门，我们无法入城增援。进攻督署的军事行动失败后，清方搜捕党人十分严厉紧急，我在广州已不可能再住下去，考虑去香港不如回广西对革命有利，于是就连夜搭船上梧州，再作打算。

我到梧州后，原想住下来，徐图开展工作。但梧州地方官吏对党人提防十分严密，我知道在梧州已难立足，就改变计划搭船赴浔州，决定在浔州进行工作。当时浔州知府是彭言孝，他不知道我是从广州来的，浔州同盟会的同志报请他派我为浔州中学堂教员，说我是老早就在浔州居住的，于是我在浔州得以安定地工作下去。

浔州中学学监陈同志、教员朱同志及欧同志都是同盟会会员，他们对革命很热心，在社会活动方面亦很活跃，对我进行革命宣传和组织武装帮助很大。

为了组织实力，准备起义，我曾经积极联络大瑶山一带的绿林，介绍我和他们认识的是藤县温良才的儿子。温良才参加过太平天国革命，其子因平时听父亲谈讲洪秀全革命故事，十分同情革命，非常钦佩孙中山，知道我是孙中山的同志，亦就和我很亲切、融洽。他和大瑶山一带的绿林领袖有很长久的渊源和密切的关系，就向那些绿林领袖疏通，欢迎我去。实力最大、枪支最多的绿林领袖是郭伯牧，又名郭三；其次是陈某，绰号亚杠六。郭有枪两三百支，陈有枪100多支，其他那些头目都是几十支不等。我去大瑶山，要经过象州的东平村，那里有个同盟会会员，我在他家里住宿。东平村附近的东平圩，驻有一个绿营管带，名字叫白有禄。郭三的绿林武装有时亦来东平圩活动，白有禄闻风，即大肆搜索，将形迹可疑或来历不明的人和远路客商，一律加以逮捕审问。我是远路来的人，因此被捕，并解到象州。白有禄认为我嫌疑重大，定要把我杀害。恰巧柳江道台李某来到那里，知道我是一个留学生，不同意不明不白地将我处死，即打电给其在柳州中学读书的儿子，调查我是否革命党或是坏人。他的儿子又向校长（柳中校长）钟明甫了解我。钟明甫是同盟会会员，答复说我不是革命党，也不是坏人，而是一个好人。李道台的儿子信以为实，电复他的父亲。李道台接到复电，即将我释放，并诸多慰勉，又派兵送我至安全地带，嘱我好好回浔教学，我始获脱离虎口，恢复自由。可是，我回到江口，就得到密报，说容县的党狱案已经发生，我被通缉在案，而且是个要犯。于是我就漏夜兼程赶到广东都城搭船出香港。

四　武昌起义时在梧州的活动和梧州独立情况

武昌起义前，我曾 3 次回到南宁和雷鹍池、王金波、谭昌等商谈革命工作。武昌起义时，我正在香港和其他同志策动在广东起义的工作。当时进行革命的主要步骤和计划，决定分作 3 个地区——武汉、上海、广州发动武装起义。我是广西人，参加广州地区的策动，条件较为方便有利，所以被派在香港工作。我是同盟会广西分会会长兼主盟人（这个职务是孙中山先生在东京时委派的），因此，得到武昌起义的消息后，我又赶回广西。

同盟会广西分会的办公地址，起初设在梧州沈公祠一个地方；后来工作人员增多，而我负责的梧（州）、平（南）、浔（州）民军征集所也在那里办公，地方不够用，遂又把药王庙一起都作为我们的办公地址。同盟会广西分会的工作同志，两广、湖南、贵州、四川人都有，人数相当多，主任秘书是容县长崎的徐志翔。

梧州独立前后这段期间，保皇党非常活跃，重要角色是陈太龙、林绎及梁廷栋。梁廷栋对我有意见，但不敢公然攻击我。

梧州九月初十独立，比桂林独立早了好几天，这是遵照同盟会上级的指示而行动的。梧州独立，各方面各党派各团体都有人参加。但由于保皇党的地方封建势力大、人数多，后来在用人行政方面，我们不能不有一些迁就让步。那时我已知道自己不久就要离开梧州，对广西的问题我亦不大注意和过问了。

在梧州独立时，军事的最高指挥由我负责，刘炳宇、刘达庆、刘仙岑（这 3 人非同盟会会员）、刘玉山、陆爱堂（这两人是同盟会会员）等人协助。那几个非同盟会会员都握有武装实力，而那两个同盟会会员则组织有一部分革命武装，都由我委给临时名目。我在梧州附近及大河一带招集绿林，大概有两千人之多，江口以下直至梧州的大小帮口，都接受我的指挥，每帮的枪支都是几十支，没有什么大帮的。我能够和他们联络得很好，都由于翁亚秀从中出力。翁是容县人，住在梧州，家里很有钱，慷慨疏财，好结交江湖豪侠。大河上下游的绿林领袖，都和他感情很好或与他有直接、间接关系，听从他的话。他因和地方官吏作对，被通缉逃到南洋。他很敬仰孙中山，我回梧州，他也回来帮我做联络绿林的工作，所以大河上下游的绿林，都联络得很好，服从我的指挥。这些绿林队伍的伙食，暂由捐款支付。

继梧州独立之后，广西全省宣布独立，陆荣廷要经过梧州到桂林就任都督。他由南宁下到桂平江口时，大河下游两岸的绿林，即在江边两岸山头守卡，不让他通过。陆无奈，派亲信两人送现款数千元来梧向我说情。我原想不给他通过的，适接到孙中山电报，大意说：我们目前最紧要的是推倒清廷，广西的军政可暂由陆来维持。我不能不服从孙中山的命令，这样，才同意陆荣廷到梧州。陆到了梧州，请我到他所坐的大船叙谈。大船上会客厅是前后两间，我到了前厅，陆即出来相见。还没有谈到几句话，李开侁从后厅出来。因为他过去曾通缉过我，一见面我不禁怒火中烧，即拔枪想和他算账。陆见这种情况，急起将我拦阻，李开侁即向后厅避去。陆和我只说了些客套话就互相离开了，并没有谈过什么具体问题。陆去桂林时，李开侁做他的临时秘书长，林竹筠做他的秘书，一起去桂林。

有人说陆荣廷的都督印是我刻好送交他的，这是旁人捕风捉影之谈。陆到梧州，他和我连话都没有多谈几句，根本没有这回事。

陆荣廷对于绿林武装很不满意，对我们同志组织的革命武装亦不高兴。同盟会会员拥护他的，没有什么问题；如果是反对他的，就难免遭到他的迫害。我去南京后，那些绿林武装大都先后被他消灭，同志们组织的革命武装亦先后被他解散，翁亚秀后来竟被他杀害。

梧州独立没有多久，我就去南京当临时政府参议院的参议员，这是广西执政当局怕我在广西摆老资格，使他们不好任意办事，用这个方法把我推出去的。

五　附带谈几个问题

有人说王和顺想做广西都督，这事我当时没有听到。我想即使王和顺想做，亦不可能实现，因为他是绿林出身，又不孚众望，是很难办得到的。以我所知，黄明堂当时可能还有一些希望。

陆荣廷是不是同盟会会员的问题，很多人不清楚。陆荣廷是在东京参加同盟会的，介绍人是曾彦和龙州方面一位姓宋的同志。当时有人主张不许陆荣廷参加，孙中山说：“允许他吧！”后来要发入会证的时候，我又向孙中山请示可否照发，孙中山说：“照发吧！”他参加同盟会的经过，是比较复杂特殊的。

罗佩珩为什么把绿林解散？为什么做怀集县长？为什么又被陆荣廷杀害？这是因为：罗当时如不把绿林解散，怎样维持得下去呢？他的怀集县长还是代理的；他的被杀是因为贪做官，不懂陆的脾气，又不善自处，就难免杀身之祸了。他进攻桂平时，基本部队不多，始终在江口附近，打不到桂平。

容县的党狱案，是梧州知府李开侁和容县的豪绅黄玉雄、苏绍章等勾结起来搞的。起因是我们同志通信时曾将国家的国字只写外边一个大“口”字，不写里面那个“或”字，他们就认为这是革命党的暗号，罗织罪名，将我们通缉，想借此来升官发财。当时被通缉的有陆宠廷、庞定宗、陆涉川和我几个人，被即时逮捕的有黄宝宪（号泄泉，黄宏宪之弟）。幸而我们消息灵通，未被捉到。他们以为我藏在容县活动，料不到我在江口就知道了消息，立即逃到广东都城搭船去香港了。

光绪、宣统年间在东京出版《粤西杂志》，是我与陆涉川负责筹办的，总编辑由卜世伟负责，编辑有六七人。这个刊物只发行了七期。此外还有两个进步刊物，则是别人负责办的。

同盟会广西分会主任秘书徐志翔，为人很正直，做事很负责，民国初年他看到当局措施失当，气愤成疾死了。

陆荣廷到了桂林后，不论同盟会、保皇党、共和党、进步党、立宪派，大多数人都拥护他了。这完全说明当时大多数人都是为了名利、为了做官，谘议局的谘议员大都如此，连一向比较坚定的钟明甫也是如此。能够坚持革命，不受利禄引诱的人是很少的。

（李静生　记录）

（选自全国政协文史资料研究委员会编《辛亥革命回忆录》第2集，中国文史出版社2012年6月第2版）

同盟会在桂林、平乐的活动和广西宣布独立的回忆

李任仁*

广西是有革命传统的地方。自太平天国革命以来，广西的会党、游勇的反清斗争一直没有停止过。中山先生在进行革命活动的初期就很注意这个地方了。早在1898年李立廷在玉林起义时，兴中会就派邓荫南从香港进入广西联系，可惜行抵藤县，李立廷的起义已经失败，只好废然而返。

1905年，同盟会在日本东京成立后，同盟会会员就继续不断地在广西进行革命活动。当时在广西进行革命活动的同盟会会员大致可分为两类：一类是广西的知识分子，到东京、香港、广州、上海

* 李任仁：时任广西平乐高等小学校长，后任南京国民政府广西省临时参议会参议长兼广西建设研究会常委，中国人民政治协商会议第一届全体会议代表。
新中国成立后，任第一届全国政协委员，中央人民政府政法委员会委员，华侨事务委员会副主任，第一至三届全国人大代表，民革中央常委。

等地求学，参加了同盟会，毕业后回到广西工作，同时进行革命活动；一类是外省籍人士，通过种种关系得到广西官方的聘请来广西工作，他们或在来广西前参加了同盟会，或在来广西后参加了同盟会，借工作掩护进行革命活动。前者的活动据点大多在政法、文教部门，如谘议局、法政学堂、中学、师范学堂，等等；后者的据点大多在军事或军事教育部门，如兵备处、新军、陆军小学、陆军干部学堂，等等。通过这些人的努力，同盟会在广西扩大了组织，吸收了大批知识青年和各界人士参加，做了许多宣传鼓动和准备武装起义的工作，成为当时广西革命的主要力量。

广西的知识分子参加革命是经过一段转变过程的。远在戊戌政变前，康有为曾来到桂林讲学，办了广仁学堂和《广仁报》。唐景崧在台湾抗日失败后回到桂林，光绪二十五年（1899 年），广西巡抚黄槐森创办体用学堂，聘请唐氏负责。唐和康有为见解相同，往来很密，在体用学堂里大肆灌输其变法维新的主张。光绪三十年（1904 年），湖南善化人汪贻书做广西学台，他是翰林出身，赞成康、梁的主张，来广西后很提倡看《清议报》《新民丛报》《饮冰室文集》、王船山的《黄书》、黄宗羲的《明夷待访录》以及《天演论》《群己权界论》一类书报；并且在考试的时候，谁的文章有变法维新的思想便予取录，给优贡、拔贡等头衔。他又在 1904 年和 1905 年把考试取录的学生和由体用学堂改办的广西大学堂学生大批送去日本留学。在上面所说的种种影响下，广西的知识分子当时大多是康、梁的信徒，变法维新的热衷者。后来他们看了《民报》《黄帝魂》等革命书报，和同盟会的人们发生接触，以及观察时局的发展，看到清廷顽固腐朽的不可救药，列强瓜分之祸日益迫近眉睫，他们就觉悟到变法维新的改良主义的主张是不可能挽救祖国危亡的。于是他们就逐渐和改良主义决裂，进一步踏上革命的道路，参加了同盟会。1905 年至 1907 年间，广西籍的留日学生在东京参加同盟会的就有 60 多人。马君武、曹汝璟、何少川等人的转变，就是几个典型的例子。马君武是体用学堂的学生，受过变法维新思想的熏陶，原是康、梁的信徒，曾经用“马悯”的笔名在《广仁报》上写过稿。后来他先去广州求学，和中山先生所领导的革命派人士来往接触，继后又去东京，问学于章太炎先生。大受革命思想的影响，终于和康、梁分途而踏上革命的道路。他在东京先和章太炎先生发起“支那亡国二百六十周年纪念会”，及后中山先生到日本筹组同盟会，他是最初参加者和主要人物。曾汝璟是广西靖西县人，曾肄业于体用学堂，由于极力鼓吹变法维新，很得到学台汪贻书的赏识，曾写信奖励他，称他为“边地先觉”。后来他东渡日本留学，由马君武介绍见中山先生，受革命思想影响而参加了同盟会，常常寄革命书报回广西给青年朋友看，又怂恿和帮助靖西县的青年凌发彬、陈鲁、张丙朝、邓鸿韶、邓鸿绪等东渡求学。他毕业后回广西，极得当时在龙州督办广西边防的庄蕴宽的嘉许，聘为边防法政学堂监督，在龙州一带宣传革命，进行活动。镇南关起义时，他曾秘密策动陆荣廷响应，不幸为龙济光所阻，没有成功，他就因这事为龙济光所忌而弃职逃回故里。何少川是桂林人，曾入康有为所办的广仁学堂读书，嗣入体用学堂肄业，受维新派的影响很深，当时他就以为科举制度阻碍文化的进展，不去参加科举考试。1905 年，他东渡日本留学，和革命党人来往，受革命思想影响，终于加入同盟会，参加革命工作。毕业后回桂林，适广西练新军，他接受督练公所的聘请，担任建筑混成协、学兵营的营房工程，继主办工业学堂，一面教育青年，一面宣传革命，和桂林的同盟会同志时常密商革命工作。辛亥革命广西宣布独立时，他几乎遭到巡防营叛兵的杀害。这几个人的道路就是当时知识分子所走的道路。我原先也是康、梁的崇拜者，受过变法维新思想的影响，后来看到《民报》《南风报》等革命书报，和同盟会人士来往接触而转变参加革命和入同盟会。这点，下面还要详细说到。

外省籍革命人士来到广西工作，大体通过两种关系：一是李经羲、郭人漳的关系，一是庄蕴宽、钮永建的关系。李经羲于光绪三十年（1904 年）从贵州巡抚调广西巡抚。他是淮军统帅李鸿章的侄子，调任广西巡抚后恰巧清廷要办新军，他很想借此树立自己的势力。时淮军将领郭松林的儿子郭人漳在江西当常备中军统领，李、郭原是相识，李就咨调郭来广西练新军。郭人漳练新军当然需人协助，就先后请调在江西岳凤梧军任哨官的广西人林虎，在湖南弁目学堂服务的湖南人蔡锷、雷飙等来广西工作。黄克强和郭人漳、蔡锷等原是相识，1905 年同盟会在东京成立后，黄克强就秘密来桂林，住郭人漳军中。继黄克强在桂林吸收的同盟会会员，主要有郭人漳、蔡锷、赵声、林虎、雷飙、胡毅生等人，从而在广西军中种下革命种子。庄蕴宽是江苏人，江阴南菁书院学生，又是江苏省的优贡，先在桂平任浔江书院山长，后调桂平县知县，继调梧州府知府，最后调龙州任太平思顺兵备道，督办广西边防。在当时来说，庄蕴宽的思想算是进步的，他在梧州时创办了梧州中学堂，这是广西创办最早的一间中学。胡汉民未去日本留学前就曾在梧州中学任教。李济深也是这间中学的学生。庄蕴宽到龙州后也要办新军和讲武堂，请他的江苏同乡又是南菁书院的同学钮永建来主持其事。钮永建是同盟会会员，来广西之前已经参加了同盟会。庄蕴宽又办边防法政学堂，曾汝璟为监督。镇南关起义时，庄蕴宽已经调桂林兵备处总办，在龙州的职务由龙济光接替。兵备处是主办全省新军的，需要更多的新军人才，庄蕴宽通过钮永建的关系先聘请王孝缜（勇公）、李书城、孙孟戟于1908年来到桂林工作。这几人都是日本士官毕业生，而且都是同盟会会员。王孝缜是福建人，出身于封建大官僚家庭，祖父王庆云做过工部尚书，叔父王仁堪是状元，父亲王仁东做过四川粮道。因为这个关系，他特别得到信任，不仅庄蕴宽信任他，巡抚也信任他，以为像他这样的世家子弟是不会搞革命的。他们就托王到北京等地约请更多的新军人才到广西工作。于是就先后约请了日本士官毕业生和保定军官速成学堂毕业生耿毅、何遂、冷遹、陈之骥、赵恒惕、尹昌衡、孔庚、吕公望、刘建藩、杨风楼、杨明远、雷寿荣、孙岳、刘洪基、田遇东等五六十人来广西，分别在陆军小学、陆军干部学堂、学兵营、混成协等处工作。他们都是同盟会会员，经过他们的努力，宣传革命主张，传播革命种子，大批青年加入了同盟会，参加了革命。

我是临桂县会仙乡人。我的父亲是开中药店兼行医的。药店开设在会仙圩上，行医就是步行四乡。我因小时父亲打算要我学习中医中药，已经在父亲所开的药店当了3年学徒，学习制药。会仙圩属临桂县南乡。当时南乡的恶霸是团总黄守日和举人文轸。文轸曾当过四川金堂县知县，因贪污被撤职回家闲住。那时彭言孝当临桂知县，黄守日和文轸勾结向彭言孝请求包南乡的酒捐。向例，农民熬酒出卖的才抽税，自熬自饮的就不抽税。但黄守日、文轸串通了临桂县衙门，强迫农民自熬自饮的酒也要缴纳捐税。农民非常愤慨，到处议论纷纷，说拿米熬酒自饮也要抽税，岂不是拿米煮粥自食也要抽税？我父亲下乡替农民医病，听到农民的议论，也看到农民的愤慨。会仙圩上另有一个医生名李会桃，是秀才出身，也在圩上开设药店，经常步行四乡替农民医病，同样碰到这样的情况。李会桃和我父亲是好朋友，二人很怕农民因此而暴动，就商量把几个有代表性的农民找来，替他们做了张状纸，告到临桂县衙门，请求自熬自饮的酒免税。谁知临桂县衙门和黄守日、文轸是串通好了的，状纸一进衙门，黄守日、文轸就知道了。他们想农民是不会写状纸的，一定有人替农民出主意，写状纸。他们查出是我父亲和李会桃二人干的，又串通临桂县衙门加我父亲和李会桃聚众抗捐的罪名，要传到县里受审。那天，恰巧李会桃下村看病不在圩上，而我父亲正好在店里，就被差人传到县里扣押；扣押后也不给见知县，也不审讯。那时是壬寅年（光绪二十八年）的十一月下旬，我才 10 多岁。父亲被传到县里，我也跟着去。父亲被扣押在县衙门礼房，礼房有一姓廖的小职员是认识我们的，对我们说，这件事知县不知道，不过是黄守日、文轸串通县衙门里的师爷干出来的。因此，递禀告状就达不到知县，一定给师爷所搁阻；除非是拦舆告状，才能将禀达到知县。于是他就替我做了一个禀，我伺知县彭言孝乘舆回衙门时就拦舆呈递。彭言孝收了我的禀，对我说："你回来听候批示好了。"我在桂林住了几天就回到会仙去，沿途农民都愤愤不平对我说："你父亲为我们请免酒捐而横被扣押，倘再不释放，我们大伙同去县里坐牢吧。"农民这样愤激，县里当然是知道的，他们怕事情闹大了，又怕告到抚台去，于是在十二月廿七八就把我父亲释放了。我父亲和族中父老受了这件事的刺激，都认为没有一个人读书，没有一点功名是吃亏的，于是就不要我再学习医药，而要我读书求功名了。过了春节，我父亲就到桂林为我找寻读书的地方。他在桂林找到一位廪生张筱兰在盐法道关帝庙开大馆，就回乡叫我和大岩底村的李耀卿一起上桂林读书。过了元宵，我就和李耀卿一同步行上桂林。我还记得那天下着雨，雇一挑工挑行李，行抵桂林就住在盐法道的关帝庙里。这时是癸卯年（光绪二十九年）了，已经废八股，做策论，体用学堂改为广西大学堂。大学堂学生廖延素是哥哥的朋友，我和他常有往来。我看见他常看《清议报》《新民丛报》《饮冰室文集》这类书报。这时同在桂林读书的相识朋友有本乡上庄的张长卿、张敏卿兄弟，大冈埠的唐铭三，他们和体用学堂学生张仁普交好，张仁普教他们看这类书报，并且向我介绍，说这类书报好看，我才向他们借来看。体用学堂是己亥年（光绪二十五年）开办的，办了3年，到壬寅年改为广西大学堂，大学堂的学生都爱看这类书报，成为一种风气。这时汪贻书当学台，考试是做策论，他很喜欢维新变法、救国图强的论调。我在张筱兰的大馆读了一年多，到甲辰年（光绪三十年）也跟着一般朋友去应考，但没有考取。相识朋友张敏卿、唐铭三、李天佐、石孟涵、蒋维尹都考取了。李、石、蒋3人还得到汪贻书的表扬，说策论做得好，接着送去日本留学。这时广西的知识青年到外边求学的很多，马君武早到了日本，他和章太炎先生在东京发起“支那亡国二百六十周年纪念会”的消息传到桂林，知识青年和爱国人士都非常激动，对清廷渐渐从反感而至仇视。同时上海南洋公学学生闹风潮，退学出来成立爱国学社，他们的宣传文字在《苏报》刊发出来，我们看了非常同情。爱国人士在上海张园演说革命、广西人龙积之（泽厚）在上海卖富有票等消息陆续传到桂林，都在知识青年中发生深刻的影响，广西巡抚王之春为此还特别派侦探到上海刺探张园演说革命和龙积之卖富有票的情况。癸卯年（光绪二十九年）王之春调走，柯逢时继任广西巡抚，要办新政，首先办警察，街道上派警察站岗，每天要打扫街道，不许随地小便、吐痰，很遭桂林人的反对，好事者写了一副对子和横额深夜贴在巡抚衙门门上。对子是："逢君之恶，罪不容于死；时日曷丧，予及汝偕亡。"横额是："执柯以伐柯"，把柯逢时的名字嵌上大加咒骂。光绪三十一年（乙巳，1905 年）我又去应科考，这次考取了，算是入了学，当了秀才，得到附生的头衔。这年我已经不读张筱兰的大馆，而是和同乡马展猷、白海门等在文昌门内的白家祠堂自学。

1905 年我进了学，就在那年冬天回到会仙圩去办小学。那时乡间有两种势力：一是办团的，代表封建势力；一是办学的，代表开明进步力量，两者常常是尖锐冲突的。我回乡办学就得和封建势力斗争。会仙的团总是举人黄佐臣。黄佐臣和桂林秀峰书院山长翰林曹驯是通家（黄家祖上某人过继给曹家），他凭借曹驯的势力当上会仙十八团的团总。会仙原来是没有小学的，我之回乡办学就是受变法维新的思想的影响，希望启迪民智，发奋图强。我恐怕自己一个人的力量不够，还约了一些同乡朋友同去。我们准备办会仙小学，推同乡朋友吕璜当校长，我当校董兼教员。办学首先要解决校址和经费的问题。校址我们打算设在会仙圩上的文昌庙，但文昌庙早已为团局占用，我们要拿文昌庙办小学，必须团局全部迁出或让出绝大部分房舍。经费我们打算用地方公款，但这笔款项一向给团局霸着支配，我们要动用，不啻从老虎口中挖出一块肥肉。因此就和黄佐臣发生直接冲突。黄佐臣鼓动十八团的人控告我们，说我们不尊重文昌帝君。我们也不怕他，告他阻挠兴学。官司就打到桂林去了。桂林团务总局是袒护他们的，而劝学所和提学使司则支持我们。这时提学使汪贻书已经去职，由李翰棻继任。提学使司里有一位文案总办林传甲曾在北京大学堂当过教授，后来分发广西提学使司工作。李翰棻和林传甲都是维新派人物，帮了我们不少的忙。官司是我们赢了，校址和经费都要团局交出，但黄佐臣还是抗拒不交。我们查知黄佐臣和他的儿子（是一位廪生）包赌，又把他父子的劣迹告到桂林，这样才把他的势力推翻，校址和经费问题才得到解决。但黄佐臣还不甘心，暗中不断破坏我们，诋毁我们办学是兴洋教，使得农民不敢送子弟入学。我们对付的办法是逐家劝说，登门招生。总算招到了吕演新、吕竞存、白崇禧及其弟尚同等五六十个学生，学校才办成了。

办学初期，我还是满脑子的维新思想，很钦佩意大利维新三杰玛志尼、加富尔、加里波的，常常把意大利三杰的故事对学生讲，介绍学生看维新派的书报，并且常常带学生到各处捣毁神像，破除迷信。文昌帝君的神像也给我们捣毁了。这两年中我们学校不断遭受封建势力的阻挠和破坏，也不断和封建势力发生冲突，展开斗争。如我们学校经费不够，请求把会仙圩上的秤猪捐拨给我们，封建势力又发动十八团的人控告我们，结果又打了一场官司。当时我就这样想：这些封建势力不除，国家怎能富强进步？于是就对迁就妥协维持现状的改良主义维新派思想发生怀疑。这时同盟会已经在桂林展开活动了。陆军干部学堂的庶务朱汉典曾来我们学校参观，并且赠送我们学校一些革命书报。朱汉典是同盟会会员，除了在陆军干部学堂任职外，还在桂林市开设翰芳斋文具杂货店，作为同盟会的秘密机关，秘密贩卖革命书报。朱汉典来参观后还常常和我们联系，不断鼓励我们。我们学校有一位教员名黄焱，是我们会仙圩人，桂林速成师范的毕业生。这间速成师范是私立的，光绪三十三年（1907年）春天成立，借用桂林院前街双忠祠一部分做校址。校长曾广式，教员雷飙、邹代藩、梅蔚南等都是同盟会会员。尤其是邹胡子（即代藩）讲得更激烈。校中公开宣传革命。学生原是一年毕业，因为宣传革命太激烈给官方注意，就提前八月毕业。毕业生一部分为蔡锷保送到保定军校；一部分考入优级师范预科（又称简易科）升学，一部分去当教员。黄焱来到我们学校任职前，就常来坐谈。他常常对学生演讲革命的道理，说及邹胡子的情况，又介绍看革命书报，《民报》《黄帝魂》《天讨》《革命军》等书报也都是我们常看的。因此，我的思想就渐渐脱离维新，而倾向于革命派，并且想继续升学，找寻革命关系，进行革命活动。丁未年（1907年）秋季，我又上桂林考入优级师范预科肄业，读了一年毕业，升入本科；本科读了两年，到宣统二年（1910年）秋天毕业。

这时候桂林的革命活动是很蓬勃的，同盟会会员非常活跃。我当时虽然还没有参加同盟会，但和他们很接近，常有来往。这时期同盟会在桂林的活动，我现在约略记得的有下面这些事情：同盟会支部设在李家村，桂林城里的秘密机关设在福棠街魏宅（现在桂林市政协副主席魏继昌的房子），前进租给同盟会，后进魏家自住。同盟会的组织有广西支部，耿毅为支部长，何遂为总参议，赵正平为秘书长，梁史为陆军小学分部长，杨明远为陆军干部学堂分部长，刘建藩为学兵营分部长，蒙经为谘议局分部长。宣传鼓动刊物先是办《南报》，由于不能立案，后来改办《南风报》，在鼓楼下右边那截街上设发行处（即现在阳桥附近）。我是经常到那里去订报、取报的。贩卖革命书报的机构除了上面提到的翰芳斋外，还有石渠书局。翰芳斋和石渠书局表面上是卖普通书籍文具，革命书籍是秘密卖的，必须是熟识的人或由熟识的人介绍，晚间去买才买得到。《民报》《黄帝魂》《革命军》《天讨》《扬州十日记》等书报都有，我是去买过的。翰芳斋由朱汉典主持，常有革命党人去接头联系，如上面提到的何少川，就常去翰芳斋和朱汉典联系。我在会仙办小学时已和朱汉典认识，这时也常去翰芳斋找他。当时革命空气最浓厚的是陆军小学和陆军干部学堂，法政讲习所（后改称法政学堂）也不坏。谘议局里有许多同盟会会员，可说是掌握在革命党人手里。陆军小学和陆军干部学堂有耿毅、李书城、何遂、刘建藩、陈之骥、王孝缜、冷遹、尹昌衡、赵恒惕、孙孟戟、吕公望等许多同盟会会员在那里，所以革命闹得最凶。法政讲习所是官办的，那时广西巡抚已经换上林绍年，由林绍年兼任所长，内设官、绅两班。官班由刘人熙负责。刘人熙是湖南人，官衔是候补道，思想接近康、梁，是维新派人物，后来当广西布政使的王芝祥就是他的内弟。王芝祥从读书到做官都得到刘人熙的提携培植，对刘人熙的话是很信从的，所以后来广西宣布独立时王芝祥态度转变，同意独立，刘人熙起了很大的作用。绅班由王熙甫负责。王熙甫是同盟会会员，做事勇敢，说话大胆。光绪三十二年（1906 年）法政讲习所开会庆祝皇太后寿诞和预备 9 年立宪，巡抚林绍年也到来参加，王熙甫在会上演说，说立宪是假的，清廷不去，中国就无希望。林绍年听了大不满意，不久就将他辞退。他到上海办阳春社从事戏剧工作，其后在天津被反动政府所逮捕，死在天津，很是可惜。谘议局有同盟会会员蒙经、黄宏宪、蒋敦世一班人在那里，对谘议局的动向能起决定作用。

我在优级师范这 3 年，正是同盟会在桂林进行革命活动很活跃的时期。我入校的时候已经倾向革命派，就自动把辫子剪去，表示决心。陆军小学的学生也在这个时候闹剪辫子。我入校时的作文有这样的句子："于时黄白激战，形见势绌，非彻底改革，则不能图存"，很得到学校当局的赞赏，选为全班作文第二名贴堂。入校时作文第一、二名的都由学校指定当班长，于是我就当了班长。我在预科这一年发生了两件事：一件是林绍年已经调走，巡抚换上张鸣岐。张鸣岐到任后就召开全省运动会，陆军小学、法政学堂、优级师范以及中等以上学校学生都参加了。这次运动会虽然没有出什么事故，但全省中等以上学校学生都聚集在一起，起了联系感情、促进团结的作用。另一件是光绪皇帝和慈禧太后去世的消息传到桂林，学校当局遵照官方指示，要我们哭灵戴孝 100 天，每人发给白布五尺捆腰志哀，我们都不愿意，把白布当裤带用了，学校却奈何不得。其他学校学生都同样不愿哭灵戴孝，把白布乱丢乱扔。光绪三十四年（1908 年）秋季，我升入正科。正科分为 4 类：第一类是史地系；第二类是理化系；第三类是数学系；第四类是生物系。我在理化系当班长。我升入正科的时候已是宣统元年，陆军小学和陆军干部学堂的学生都在闹风潮，革命党人想鼓动学生把风潮闹得更大些，就利用《南风报》发一则消息，说法国的军队已经侵入镇南关。同时外间还传说法国不仅侵入镇南关，而且还向清廷提出要求驻兵南宁。早在几个月前我们就听到日本在海牙会议提出瓜分中国，把两广、云、贵划为法国势力范围的消息。联系起来看，我们就相信法国侵入镇南关和要求驻兵南宁的消息是真的。全桂林的学生都很愤慨，纷纷议论，有的说要做准备，有的说要去抵抗。我们优级师范学生得到这个消息，几个系的班长集合商议。我们的兼任法制教员蒙经是同盟会会员，又是谘议局议员和同盟会分部长，我们想他的消息一定很灵通，几个班长一致同意请他来给我们演讲。我们的体操教员刘屹也是同盟会会员，我们为着避开学校监督的耳目，就请刘屹吹哨子集合，把我们带往操场，不上体操而听蒙经演讲。蒙经说，“列强瓜分和法国侵入镇南关及要求驻兵南宁，确有其事”，同时还讲了一番大道理，说清廷是“宁赠友邦、勿与家奴”的，不能期望清廷有什么办法应付，只有我们青年学生和全国人民在紧急关头起来抵抗，才能救国。我们听了蒙经的演讲，就各班回教室讨论。我先在理化系提出主张，说国家这样危急，我们何必学这些无用的东西，不如请求把学校改为军事训练机关，发枪支、子弹给我们练习打靶，必要时上战场保卫国家。我的主张先得到理化系的同意，及后又得到全校的同意。这时优级师范有两班，第一班是正科，200多人；第二班是预科，也是200多人。我们又认为一间学校改为军事训练机构作用不大，必须全桂林以至全广西的学校都改为军事训练机构，力量才大。于是就决定每班推举代表2人，去和桂林的中等和高等学校联系一齐行动。理化系的代表是我和罗云章，数学系的代表是王乃昌，其他代表的姓名现在记不起了。第二天，我们首先去法政学堂联系。法政学堂的行动比较迟一步，我们去联系时，他们还没有集合全校学生讨论这事，对我们说，待今晚集合全校学生讨论后，才把意见告诉我们。我们回校几天还没有接到法政学堂的通知，而情况已经发生变化了。我们优级师范的监督是广东嘉应州人廖道传，另有一位兼任生物教员吴鼎昌，广东开平人，在提学使司任职，并且住在提学使李翰棻家里。这二人都是康、梁一派人物。吴鼎昌见我们行动起来，就向廖道传建议说，学校出了这样大事，你要主动向巡抚张鸣岐和提学使李翰棻报告才好。廖道传就照他的话去报告了。这时徐锡麟在安庆刺杀恩铭的事件发生未久，官府特别警惕防止学生闹事。张鸣岐得了廖道传的报告，就下令要学校严查革命党闹风潮，并且要严追当代表的学生。张鸣岐又把廖道传传到巡抚衙门，要他交出学生代表的名单，立即开除学籍，严行查办。经过廖道传的恳求，张鸣岐才答应各记大过两次，留堂察看。王乃昌当夜得到捉人查办的消息，他是临桂西乡人，那一晚通宵没睡，第二天清早就跑回乡躲避了。我是第二天早上才知道事情这样严重的。和王乃昌同房的同学告诉我，“王乃昌已经跑了，你还不跑吗？”我只是听其自然，不跑也不躲。吃过早饭后学校挂牌，学生八人各记大过二次，留堂察看，我就是其中一人。

宣统二年（1910 年）7 月，我在优级师范正科毕业后，先在王乃昌等创办的一间私立中学担任修身课，其后又到东乡大圩海洋圩附近的熊村小学教书，但时间都不久，到 12 月我就回到会仙去。恰巧有一个候补知县萧鸿爵来会仙催粮，和会仙的团总伍冠卿勾结搞钱，在马头塘村包赌，得了钱后又捉赌，无非是借捉赌为名，再得一次钱。我们会仙小学的学生吕演新、李兆时、吕士杰是马头塘村人，吃过晚饭回家去，碰上他们捉赌，就一并给他们捉去。学生家属见子弟被捉，赶忙集人去抢，总算把学生抢回了。哪知当天晚上伍冠卿派防勇把我传到团局，萧鸿爵硬说赌仔被抢走，是我派人干的，要我交人，并说事情不搞清楚，不许我出团局。我晚上 8 时进团局，到 10 时还不让我出来。我和他们争辩，最后我说我要回校赶看学生毕业试卷，试卷看不完，学生毕业不成，闹出事情要他们负责。他们没法，才让我出来。回到学校，果然同事和同学们见我去团局久不回来，以为必定出了事，正在闹起来了。我和大家商量，提防他们再来搞。大家推我连夜由陂头走路上桂林，校长吕璜回马头塘关照一下家人，也跟着上桂林，把事情经过报告教育会。教育会得了报告就哄起来，说他们破坏教育。教育会会长唐葆厚去找临桂知县龚子厚，请求立即把萧鸿爵调回来，传人的防勇则枷号示众，否则学生就要闹风潮。提学使司林传甲也为这事去找龚子厚讲话。龚子厚怕事情扩大，只得把萧鸿爵调回县里。三个传我的防勇枷号示众，一场风波才告平息。

宣统三年（1911 年），提学使司派我到平乐当高等小学校长。平乐位于抚河中游，上接桂林，下连梧州，是梧州和桂林的交通中站，形势非常重要。当时平乐县城只有这么一间高等小学，全校高小学生 40 余人，初小学生 30 余人。我过了正月元宵才从桂林动身，下水船快，不两天就到了。二月，我又兼任平乐府蚕业讲习所理化教员。这个讲习所是平乐府所属八县联办的，只招收这八县的学生。校址设在平乐县城对河莫王庙，所长是恭城势江人张继光。他是广东高等蚕业学校毕业生，到过南洋各埠考察，并任华侨学校教员，与白苹州创办《华铎报》，旋在南洋参加同盟会。平乐办蚕业讲习所，才从南洋把他请回来当所长。张继光还约请昭平马江人陈雨时一同回平乐当蚕业教员。陈雨时也是同盟会会员，和我感情很好，无话不谈。有一天，他向我提出要介绍我参加同盟会，并且说恭城会党很多，而且离平乐很近，张所长、周毅夫、莫润庭（都是同盟会会员）都说平乐虽然政治上的重要性不如桂林，经济上的重要性不如梧州，但它处于桂林、梧州之间，倘若平乐的工作做好了，在广西的影响也不小了。我知道他是奉张继光之命吸收我的，我就同意了。于是我就在这一年参加了同盟会，介绍人是陈雨时、张继光。我们高等小学的学生有达 20 岁的，蚕业讲习所的学生年龄更大，有达三四十岁的。我参加同盟会后的活动着重在宣传，常常和蚕业讲习所学生到离校 10 里的桑树林中秘密开会谈革命情况，谈革命的道理。三月二十九日广州起义前夕，常有同盟会的同志由广东方面经过平乐而上桂林。我们常拿倪映典庚戌起义、三月二十九日广州起义和汪精卫行刺摄政王被捕等事和学生谈论，再将孙中山、黄克强的革命活动，特别是镇南关起义的情况向学生介绍。高等小学这边我就约一些年龄较大、成绩较优的学生到野外秘密开会，谈的也是那些内容。离平乐县 10 多里有个地方叫迷山渡（又叫半边渡），那里也有个小学，是陆军小学学生李寿益办的，我的同乡黄焱也在那里当教员。这两人都热心革命事业，常常到县城和我联系，迷山渡那边的宣传活动，由他们二人负责。我们宣传革命越来越凶，常常带几十个学生到街头演讲，宣传倪映典庚戌起义、三月二十九日广州起义、行刺摄政王等事件，因为行动公开，说话激烈，就给官府注意。当时平乐知府是湖南人廖某，平乐知县是广东人王某。王某曾当过优级师范的庶务，和我是相识已久的。有一天，他请我去县衙门吃饭，饭后对我说，“同盟会在广西活动很厉害，经过广州三月二十九日事件后，省里命令各地要严密防范革命党的活动，特别注意学生界，廖知府已经接到抚台的命令，不久就要捉拿革命党人了”，叫我小心谨慎，不可常常出外宣传。我离开县衙门就马上去和张继光、陈雨时他们商量。大家认为风声很紧，须得避一避。于是还未到暑假，我就先回桂林，接着张继光离平乐去香港，陈雨时回昭平马江。辛亥革命成功后，张继光曾回到广西，因贺县兵民冲突，陆荣廷派他去调解，被当地叛兵军官孟希孔杀死灭尸，情况很惨。

我回到桂林时，平乐王知县的内弟梁达德在广东旅桂学堂当校长（校址在桂林鼓楼底）。我和梁达德本相识，便被他请去当教员。王乃昌、马杯瑜也在那里当教员。这时已是辛亥年。不久武昌起义的消息传到桂林。先是三月二十九日广州起义失败后，在桂林的革命党人都韬光养晦，以待时机。如陆军小学、陆军干部学堂、学兵营里的同盟会同志都常常到景福戏院看戏，找花旦荣兰聊天，借以掩蔽。及至武昌起义的消息传到桂林后，耿毅、何遂、冷遹、赵恒惕等人就借游玩山水为名，在野外商谈如何响应，参加的人一次多过一次，有一次达到成百人。武昌起义后，最先响应宣布独立的是湖南，接着九江、陕西、江西、山西、云南、安徽、上海、贵州、江苏、浙江各处也相继响应，宣布独立。这时广西巡抚是沈秉堃，藩司是王芝祥，谘议局的正议长是甘德蕃，副议长是黄宏宪。王芝祥还兼中路军统领，统率巡防营二十二大队。武昌起义是辛亥年农历八月十九日，广西宣布独立是九月十七日，相距几达一个月。在这个月中，谘议局议长黄宏宪（当时议长甘德藩已因故离开桂林）、议员蒙经等多次和沈秉堃、王芝祥协商，请宣布广西独立。当时兵权握在王芝祥手里，沈秉堃的态度视王芝祥为转移。最初王芝祥还想蛮干一下。武昌起义消息传到后，陆军小学的学生和新军想发难袭击省垣，曾从所在地李家村进军桂林城，行抵将军桥因大雨水涨，不能过渡，乃中途折回。但自后风声更紧，人心更浮动了。王芝祥要调巡防营来桂林守城，但巡防营的力量无论在武装方面和质量方面，都比新军的力量差得多，同时尽管桂林不动，广西其他各处都动了。九月十日梧州宣布独立，民军攻打浔州，南宁、柳州也在酝酿行动。同盟会会员沈汉熙在各地联系会党，刘古香在柳州联络了会党数千人，刘崛在梧州一带联络的会党和民军约万人。民军和会党准备起事攻城的风传不绝于耳。桂林商界怕发生战事使地方糜烂，自已利益受损失，也动了起来。因此，桂林商会开会请求宣布独立。谘议局多次对沈秉堃、王芝祥分析形势，指出利害：其一是广西向来是协饷省份，财政入不敷出，全靠湖南、广东等省协饷补助，现湖南已经宣布独立，倘广西不宣布独立，则湖南、广东的协饷定不会来，财政方面怎能支持？二是梧州已经独立，省内各处都在酝酿行动，桂林将成一座孤城，如何能守？其三是新军、民军、会党都准备起事，万一发生战事必致地方糜烂，怎对得起地方父老和各界人士？有一次谘议局的议长议员和各机关学校及商会代表百余人同去见沈秉堃、王芝祥。先由黄宏宪发言分析大局情况后，各代表纷纷发言，有的说汉人做满人奴隶是不值得的；有的说别省无协饷补助广西，纵想替满人出力也不可能维持下去；有的说民心思变，反对清廷政府到处皆是，各处都在举动，倘不宣布独立，糜烂即在眼前。这些话说得沈秉堃、王芝祥无言以对。王芝祥的姊夫刘人熙也从中劝说，做了不少工作；同盟会会员刘洪基、薛家骏当时为王芝祥所重用，在王芝祥衙门办事，也对王做了工作。同时外间风传革命军结集在湘、桂交界的章镇和黔、桂交界的瀫马，有数千人之多。并且各处不稳的消息不断传来，如怀远知县屠杀示威群众，民军蜂起；玉林兵变，罢课罢市；浔州、梧州、怀集都有起义军出现；驻扎柳州的陈朝政部6营见清廷大势已去，和革命党联络改为国民军，等等。沈秉堃、王芝祥权衡利害，最后才同意广西宣布独立。当决定九月十七日开大会宣布独立，九月十九日举行庆祝。推举沈秉堃为都督，王芝祥、陆荣廷为副都督。

广西宣布独立时，我仍在桂林广东旅桂学堂当教员。九月十七日清早，我走到街上就见满街插满“广西独立万岁”“民国万岁”“同盟会万岁”“欢迎沈都督王陆副都督”的旗子。我走到优级师范，才知道这些旗子是在王芝祥藩台衙门里写的。我是优级师范第一班学生，这时第二班学生还未毕业，我和他们是熟识的。那天我到优级师范去玩，第二班的同学就告诉我，这些旗子是第二班同学刘瑞融、刘瑞潞昨晚在藩台衙门连夜动员多人赶写的。我问他们怎么知道，他们说刘瑞融、瑞潞兄弟是刘人熙的儿子，王芝祥的外甥，一向住在藩台衙门里，但今早绝早跑到学堂来，一到学堂就倒头睡在同学床上。同学问他怎的，他说昨晚赶夜写独立旗子，一夜没睡，现在要借同学的床休息。

广西宣布独立后，人心很欢腾振奋，准备十九日晚上举行盛大庆祝，提灯游行。我在鼓楼底广东旅桂学堂里，那晚正要和同学马怀瑜一同出去参加庆祝，哪知刚想开门出校，校丁吴裕急急跑来说，外边枪响，人声嘈杂，不知出了什么事。旅桂学堂有几进深，后进靠近杉湖吊楼。我们走到后进探听，听见边隔巷一带有女子和小孩的哭声，枪声传来很密。及后又听到传说，凡是剪了辫子的人，在街上都被捉去枪毙。我进优级师范那年就剪掉辫子，平日出入常戴假发，这时怕出去碰到麻烦，当晚就不出去了。二十日清早，我借校丁吴裕的便服，化装从杉湖边走出文昌门外磨豆腐的同乡李炳生家里暂住，路上行人稀少，冷落得很。后来才知道十九日晚的事变，是巡防营里一部分湖南兵搞的。营长下令剪辫子，他们不服从，武装叛变，一面抢东西，一面碰到无辫子的人就开枪打。那晚陆军小学、陆军干部学堂的学生入城参加提灯游行，由田遇东带队，刚走到文昌门入八达巷、五岳观、通泉巷一带，恰巧碰上叛军，叛军即开一排枪把田遇东打死。当晚王芝祥就把城外的兵调来，连同自己的亲兵，把叛乱平息了。叛军打死一些人，抢了一些商店民房。谘议局和图书馆前都有死尸。叛军还想抢藩库，因有守库兵保卫，打不进去。抢得东西的叛兵连夜从丽泽门跑过夹山，逃离桂林了。未走的叛兵，王芝祥发给两个月的饷解散回籍。谘议局的议长、议员得到军队叛变的消息，连夜出走东华门外警察教练所躲避（当时所长蒋敦世是同盟会会员）。巡抚沈秉堃那晚也从抚台衙门后墙打洞逃走。我的三弟任义在新军工作，事后对我说，“那晚出来参加提灯庆祝的只是少数人，倘若全都出来，就立即把叛军歼灭了”。他又说，“开会宣布独立那天，新军有两连人出来参加，看见抚台、藩台还是穿清朝的袍褂，认为是假独立，很不满意，当时就想闹事，但被官长制止，才没有行动，不过他们始终认为广西独立是假的”。

广西宣布独立不久，新军混成协出发援鄂，学生军也组织成立，参加援鄂。桂林各界开大会欢迎援鄂军，参加的有各机关、学校、商会及士绅共千余人，场面很热烈。那天我也参加，我还记得那天冷遹代表援鄂军讲了话。这时沈秉堃、王芝祥以援鄂为名，先后离开广西，陆荣廷继任都督。广西宣布独立就是这样过去了。

（选自全国政协文史资料研究委员会编《辛亥革命回忆录》第2集，中国文史出版社2012年6月第2版）

辛亥革命在柳州

阚镨安等 10 人 *

据政协广西壮族自治区文史资料研究委员会按：这篇资料是柳州市阚镨安、杨义、练达、覃子权、龙伟生、冯直斋、宋淮、阚绳武 8 位老先生座谈提供各人亲身经历和所见所闻的资料，其后又补充了翟念劬、龙月卿两先生的意见，加以综合整理。这 10 位老先生

---

* 阚镨安：时为地方绅士。
杨义：时为广西陆军小学学生。
新中国成立后，任柳州市人民政府参事室参事。
练达：时在柳州革命总机关工作。
覃子权：时为援鄂军成员。
冯直斋：时在柳州革命总机关调查部负责检查邮电工作。
龙伟生、宋淮、阚绳武：时为学生。翟念劬：时为学生，后任南京国民政府广西省议会参议员。
新中国成立后，任广西壮族自治区人民政府参事室参事、人大代表，柳州市政协副主席。
龙月卿：时为学生，后任广西护国军第三司令部少尉军需。
新中国成立后，任广西壮族自治区人大代表，柳州市政协副主席。

简介如下。

阚辔安：77 岁，柳州市人，当时地方绅士。

龙月卿：67 岁，柳州市人，当时是中学生，现任广西壮族自治区人民代表大会代表、政协柳州市委员会副主席。

翟念劬：70 岁，柳州市人，当时是学生，现任政协广西壮族自治区委员会常委、政协柳州市委员会副主席、广西壮族自治区人民委员会参事。

杨义：66 岁，柳州市人，当时是广西陆军小学学生，现任广西壮族自治区人民委员会参事、政协柳州市委员会常委。

练达：73 岁，柳州市人，当时在革命总机关工作，后充新兵营排长。

覃子权：70 岁，柳州市人，当时参加援鄂军，现任政协柳州市委员会委员。

龙伟生：62 岁，柳州市人，当时是学生。

冯直斋：72 岁，柳州市人，柳州独立后，在革命总机关调查部负责检查邮电工作。

宋淮：62 岁，柳州市人，宋新洲之妹，当时是学生，现任政协广西壮族自治区委员会委员、政协柳州市委员会委员。

阚绳武：61 岁，柳州市人，当时是学生。

光绪三十年（1904 年）农历五月十一日，陆亚发举事于柳州，十五日退出，转踞永宁、雒容、柳城等州县交界地区的四十八岸及柳城、罗城、融县一带地区，拥众万余人，声势浩大，清廷震惊。他们在清政府调集 9 省大军的会攻下虽然失败了，但这一反清斗争，影响极大。革命党人乘此时机，先后派党人在柳州进行革命活动。

是年张铁臣（江西省人，同盟会会员）、卢焘（广西宜北人，同盟会会员）、陈晓峰（四川人，同盟会会员）、黄岱（湖南永州人，同盟会会员）等先后在柳州设立机关进行活动。张铁臣、卢焘在柳州对河十字街蒋家门楼设樟脑局及在罗城县设樟脑公司；黄岱在雒容高岭塘（今属鹿寨县）设垦殖公司；陈晓峰在柳州四码头（今宣道会地址）开设富贵升客栈，分别作为掩护革命活动的各种场所。他们主要的工作是联络会党、绿林，组织民军，积极做武装起义的准备。

张铁臣原是济字营龚捷三督带的文案，他所办的樟脑局后改为硝磺局，借办硝磺为名，秘密制造军火。

黄岱原是驻柳忠字营的军官，他主办的高岭塘垦殖公司是忠字营的军垦机构；由于内部工作人员如黎文柏等都是革命党人，因此，这个公司就成为革命活动的重要机构。各种重要的秘密会议都在这个地方举行，外地重要的革命党人的来往也都在此居留，如柯汉资、李德山等由香港、广州回到柳州活动就常住在这里。这虽是个军垦公司，由忠字营轮流派士兵前来垦殖，但也招收一些长工，从中吸收革命志士。

陈晓峰主办的富贵升客栈，后改名为华熙客栈，为革命的通信机关，招待革命同志，各地通信和联络的人员来往都在此出入。

为了进行与清军官兵的联系，革命党人王冠三（又名植槐）、宋洪（字新洲）、陈晓峰等又于光绪三十四年（1908 年）在莲花桥（今皇荡巷二十五号）组织“一乐也”俱乐部，为革命活动的机关，借赌博娱乐为名，以拉拢军人。

革命党人除设立上述各机关进行革命活动外，又利用李香廷、韦昌顺等开设的烟叶行及某些娱乐场所作为革命党人与外界人士来往聚会的场所。

由于革命发展的需要，香港同盟会总机关于光绪三十一年（1905年）加派刘古香回柳州工作。刘古香原名起今，柳州人，清庚子、辛丑并科举人，后考入广东虎门将弁学堂肄业，受孙中山革命运动影响，去香港加入同盟会。他回到柳州，借办学以掩护其革命活动。首先和邓承绪创设“龙城求是学会”（会址在二圣庙，即今解放北路东一巷公安局幼儿园），进行革命宣传。1906年至1907年，次第开办柳郡中学堂（柳州府八属中学）、柳郡师范、马邑两等小学堂（马平县立）和蒙养小学堂，并在成立马平劝学所时兼任劝学所总董，负责管理教育行政业务。他在办理教育事业中颇著成绩，社会风气日开，因而声望日隆。他在进行革命工作中，对各地士绅的联系极为重视，如办团的团总和地方自治会的人士杨秀芝、杨森、杨友兰、吴芳圃等和教育知识界的朱奇元、何佩三、翟凤文、梁润生等都很接近。在这些士绅受到影响，逐渐倾向革命后，他便与同盟会的同志邓宝书（号仙舫，柳城大埔人）等从中发展革命组织，吸收先进分子加入同盟会。当时加入同盟会的有柯汉资、梁润生、郭干臣、李德山、李子廷、杨秀芝、王干廷、杨瑞池、莫显成和熊少臣等多人。

1908年，刘古香与许子林、董辖然、刘福卿、刘静三、刘瑞麟等在拉堡葛婆庙开秘密会议，事为警察局长张玉龄侦悉，密报知府杨道霖，杨欲逮捕他。这时候，“一乐也”俱乐部由于许仲山言语失慎，事机泄露；华熙客栈的秘密亦为清吏所识破。而集中四十八寨的会党、民军准备与桂林方面新军约期举事的计划，又不幸为右江镇台李国治所侦悉，以大兵力进攻，陷于失败。陈晓峰痛革命之失败，愤而自杀。革命党人纷纷离柳，刘古香、李德山和李子亭等逃往广州、香港。柳州方面工作则由王冠三负责主持，继续活动。

在几个革命机关被破坏、许多革命同志离开柳州后，柳州的革命工作一时虽然遭到困难，但在王冠三、吕士宾、莫显成、王干廷等积极努力下，工作又逐渐地开展起来。莫显成、吕士宾两同志私人筹资开设莫权利鞋店（今中山路 73 号），作为革命活动的机关。城内已建立了机关，有了革命基地，城区的工作也便于进行了。另外，高岭塘垦殖公司设在郊外，对于联络绿林和民军的工作又是很有利的。因此，柳州的革命工作，仍是进行得很顺利。

1910 年，刘震寰奉派回柳州工作。刘震寰是柳州基隆村人，幼年在刘古香办的马邑两等小学堂读书，受到刘古香的影响，树立了反清的民族革命思想；1909 年考入广西第二师范预科肄业，在桂林就学一年，便离开了学堂前往广东就学；刘古香介绍他加入同盟会后，即回柳州进行革命工作。是时，王冠三等正大力进行运动绿林、组织民军、建立革命武力的工作。刘震寰回柳后，拿出自己的家财，向来宾、迁江、象州、柳城、雒容、忻城各州县绿林活动，在同盟会同志的帮助下，颇具成绩。刘的小名叫作“八三”，各地民军都称他为“八三哥”；他的年纪很轻，这时不过20 岁左右，但民军中人物，对他极为爱戴尊敬。其中在来宾、象州、马平三县活动的曾超廷（曾四）势力最大，约有枪70 支，人一二百，在忻城一带活动的蓝八、廖六各有枪20 支左右，人百余；在迁江、贵县边界活动的陶二、宋五各有枪30 支左右，人百余。由于刘震寰常来往各地绿林中活动，名震一时，清官兵曾到他的家乡基隆村围捕他，房屋半遭官兵焚毁，家财耗损大半。1911 年三月二十九日广州起义失败后，刘古香逃往香港，与胡汉民主持广东、广西联络民军起义，刘古香在广西进行民军运动，主要是靠刘震寰的活动。

柳州同盟会除刘震寰积极进行民军活动外，还有莫显成联系沈鸿英，王冠三也直接与沈鸿英取得联系。沈鸿英原名沈亚英，在雒容、修仁、荔蒲一带为匪，他同情革命后，并积极联系韩彩凤、李天民（大颈四）等。他们共有枪百余支（仅李天民一部就有枪六七十支），人数合计数百。刘震寰亦曾向沈鸿英联系，但沈见他年轻人小，有轻视之心。

1911 年，会党在柳州一带活动，各地人民集会拜台的极为普遍，当时称为满地红。八月，在大潭的鸡窝岸和谷埠街西闸巷蛋家社集会拜台，3 天后，照例“做三朝”，被清政府侦悉，乃于九月初二日派兵在谷埠街周永安堂（药材铺）等处捉去 100 多人，其中有永安堂的儿子周亚生和谢德标、冯五、董老汉、董老送等。会党的文案师爷蒙云山和陈功甫逃走了。清政府逮捕这一大批人后，沈道台就请谷埠街的团总周麟生去，对他说，这百多人全部要杀。周听了大惊，就对沈说：“自古只有杀为首的，不究胁从；若全部杀掉，恐怕影响太大。”柳州知府高墨霖亦同意周的意见。沈道台遂改变了原来全部杀光的决定，于九月中旬在柳州沙街中元码头将周亚生、谢德标、冯五、董老汉、董老送等 9 人（还有 4 人忘其姓名）杀害，并把他们的头颅悬挂在谷埠街蛋家社的大树上示众，群情大愤。

是年 10 月 10 日武昌首义后，广西于九月十七日宣布独立。广东民军革命势力相当强大，各路会逼广州，广东也宣布了独立。

胡汉民即入广州就任广东都督，刘古香为都督府秘书长。当时广西浔、梧一带，有同盟会罗佩珩、苏天涯等率领民军占领平南、藤县等地，向桂平进攻；梧州也早经宣布独立。柳州方面，各地民军声势浩大，在同盟会号召下，集中柳州附近各处活动的计有曾超廷、蓝八、陶二、宋五、廖六、沈鸿英、李天民、杨荣廷、曾祖尧、冯有信、刘麻六、刘成甫、周彝卿、刘福卿、张三嫂等部，共1000多人，声言要攻占柳州。同时在柳州的同盟会会员王冠三、胡岱铭、宋新洲、柯汉资、邓仙舫、梁润生、翟凤文、王干廷、郭干臣、刘震寰等数十人集议决定：一面领导民军在外压迫；一面通过亲友关系向清朝官兵进行说服。如宋新洲通过朱子垣之妻陈文说服了防营分统陈朝政（号宗棠）；蔡劲柏通过刘月卿说服了防营帮统刘炳宇（号统丞）。陈朝政、刘炳宇同情革命后，右江镇台兼防营统领陈鸿初（字仲宾）徒拥虚名，实力已为陈朝政、刘炳宇等所掌握。革命党人并通过刘炳宇向陈仲宾陈说利害关系。王冠三、宋新洲、郭干臣、王干廷等则手执武器进入右江道台衙门、柳州知府衙门、马平县衙门威胁，逼迫清官交出政权。于是柳庆总镇陈仲宾、右江道台沈炳炎、柳州知府高墨霖、马平知县万荣龄等，无不心存畏惧，皆愿听从独立，只求脱身而去。至此，柳州事权已移在陈朝政之手。陈朝政表示拥护革命，并与党人约定，民军集中马厂，不要轻易入城，免生误会。于是同盟会乃在柳郡中学组织右江国民军总机关，通称为革命总机关。推举王冠三为司令，掌握全局；周焕章为秘书长；内务参谋部，邓仙舫、郭干成负责；军需部，韦伯荣、银永亭负责；军械部，杨瑞池、王干廷负责；军法部，刘绍周、刘名世、韦荣负责；执法部，柯汉贤负责；秘书部，梁润生、翟凤文负责；邮电部，何觉负责；外勤部，熊少臣负责。集中马厂的民军，编为两个支队；每支队辖3团。第一支队司令刘震寰，第二支队司令宋新洲，胡岱铭等分任团长，刘月卿为水师统领。巡防营分统陈朝政、帮统刘炳宇等仍暂任原职。高岭塘黎文柏自领其部众，共维治安。编配分派既定，即于农历九月十九日在柳郡中学堂召集柳州地方士绅、各界民众、清朝官吏大会，宣布柳州独立，年号改用黄帝四千六百零九年。所有军民财政概由右江国民军总机关主持。柳庆总镇陈仲宾将他的11队人马交其分统陈朝政、帮统刘炳宇管辖，并与右江道台沈炳炎、柳州知府高墨霖、马平知县万荣龄等弃职携印赴桂林省会缴销。陈仲宾前往搭轮离柳时，放声大哭，沈炳炎、高墨霖、万荣龄等亦极为狼狈。

柳州独立后，革命政府的重要措施为：

（一）发出独立通电，并电刘古香回柳主持。

（二）派胡岱铭到马厂整顿民军纪律。有张三嫂、文师爷等不服，聚众闹事，胡岱铭在混乱中被击毙。并有人纵火烧毁马厂房一部。国民军总机关派员彻查，文师爷被捕，张三嫂逃走，后在河南谷埠为陈朝政部捕获，皆送执法部审讯，处以极刑。这两人被处死刑后，民军纪律始为好转。

（三）派蔡劲柏前往庆远（宜山）向防营督带莫荣新劝说，庆远亦宣布独立。

（四）整编部队，补充装备，准备出师北伐。

广西独立后在桂林成立军政府，陆荣廷以副都督驻在南宁，故于南宁设立军政副府。不久都督沈秉堃、副都督王芝祥均借口北伐先后离开广西。广西省参议会开会，推举副都督陆荣廷为都督。陆荣廷于十月初八日发出庚电就职，并指定柳州、梧州、南宁等处各设立军政分府。柳州军政分府称为“广西省右江军政分府”。分府总长一职，众推刘古香担任，在刘未回柳前，由陈朝政以副总长代行总长职务。刘古香于十一月十三日回到柳州，就任右江军政分府总长职。陈朝政交卸后，则率所部开赴庆远驻防。刘古香就职后，随将右江国民军总机关裁撤，任王狮灵为分府参谋长，梁润生为秘书长，朱奇元、刘海如、钟尧勋等分任民政、财政、司法等职务（后钟尧勋调任柳州警察局长）。派邓拔为北伐大队司令，严兆丰为总教练。北伐大队系以炸弹队为基础，并招收各县知识青年学生扩充而成，共500余人，准备培养成为北伐军的骨干。又派刘震寰整编民军，将各路民军整编为8个队。曾超廷为督带，所部编为二队；蓝八、陶二皆为管带，各将所部编为一队；沈鸿英初为管带，李天民为帮带，所部共编为二队。后以该部枪支多属李天民的，乃升李天民为管带，自编为一队。适冯五阴谋叛乱，命沈捕杀之，将冯部归沈率领，与沈部合编为二队，升沈为督带。任命刘震寰为帮统，各队皆归刘震寰统领。派王冠三为新兵营营长，在马厂训练新兵，为将来整编部队打下基础。

刘古香为了筹划北伐饷糈，乃着手整顿各县粮税，在总机关各部的负责人中，选派了一批县长：朱奇元任迁江县长，黄坤任罗城县长，邓宝书任融县县长，邓士瞻任三江县长；王宏猷任马平县长，钟尧勋任柳州警察局长。

1912年2月，陆荣廷到达桂林，就任广西都督职，这时南北正在上海谈判和议。陆荣廷借统一广西军政为名，于是月26日发出通电，将南宁军政副府和柳州、梧州、龙州军政分府于3月1日起一律裁撤，各军政分府总长一律改为统领，为各该辖军队司令，专管军事。刘古香被任为广西陆军第五统领，刘炳宇、刘震寰为帮统（后刘炳宇调任浔防统领），王狮灵为柳州府长，刘月卿仍为水师统领，各民军帮会首领如曾祖尧、冯有信、宋五、廖六、刘麻六、刘成甫、周彝卿、杨荣廷、刘福卿等各任帮带、哨官等职。所有驻柳州的巡防营（刘炳宇所部共四队）、水师、新兵营和由民军编成的部队，概归第五统领部统辖。

在庆远的陈朝政被任为广西第六统领兼庆远府长，莫荣新为帮统。所有驻庆远的部队，概归第六统领部统辖。

（刘立道　陈显扬　记录；刘立道　综合整理）

（选自全国政协文史资料研究委员会编《辛亥革命回忆录》第2集，中国文史出版社2012年6月第2版）

梧州独立杂记

梁大年[*]

一

辛亥革命，广西系于九月十七日宣布独立，而梧州则已先于九月初十日反正。其所以比省会较早见诸行动者，由于有同盟会负责人刘崛等在梧州广泛开展组织活动，革命力量蓬勃发展。适值九月初九日《梧州日报》突然发出“京陷帝崩”号外，人心震动；保皇党康有为门徒林绎等，亦乘机而起，手挟皮包，径入道署，要求盐运道沈林一交印解任，否则以炸弹相向；一般清吏，在此惊涛骇浪冲击下，只冀屈己以全生，安肯矢“忠”而效死；地方人士亦以顺逆已明，成败

---

* 梁大年：时为广西梧州小学学生。

已定，遂相率筹谋响应，以顺潮流而策安全。以此梧城遂能迅速“光复”。梧州“光复”后，即组织保安公所，保皇党林绎为所长。是日，全城震荡于爆竹声中，连绵不绝，达数小时之久，其热烈气氛尤倍蓰于畴昔之元旦，而群情拥护革命，亦于此可见一斑。

二

梧州反正后不久，广州接着反正。有巫其祥者，由都城集队乘鱼雷艇莅梧。始云系奉广东胡都督之命，继又谓是武汉政府派遣前来主持革命工作，要求接管梧州军政事权，一时市面顿呈紧张状态。地方各界迭经开会筹商对付，有主欢迎者，有主拒之者。主迎之说倡自周巨川先生，认为应以大局为重，相期共济，若引起争端，恐非地方之福。周为梧城耆宿，老成望重，与会者多从其说。时驻梧新军标统任应福适以事离梧，闻讯中途折回，独力辟周之畏葸恇怯。嗣保安公所复先后接到粤、鄂两方复电，均言无派员事，任意因是益决，坚持严拒，且定期限其离境。巫至此亦知难而退，同意自动率队返粤。乃任标统事先已在城南河滩至关底一带布防埋伏，于巫所乘鱼雷艇将启碇时，竟密集火力向该艇攻击，同时停泊在抚河口之“定西”缉捕轮亦鼓轮追逐，该艇仓皇逃避，狼狈不堪，竟将所拖运之驳船亦弃之不顾。船上部众四散逃生，其有受伤与不及逃避者，则悉数束手就捕。是役也，有人尚称颂任之功绩，谓地方赖以保全。然就革命事业而言，则将友作敌，实无异自残其手足！所俘巫部于事后整批成队，骈首就戮。以余所目睹，即日首批押赴白花井执行枪决之人数，即达 60 余人之多；又巫之代表苏懿甫当时犹在塘基街旧五属公馆（即今大中路人委会对面）参加开会，及闻枪声急夺门而出，仅至街旁，亦即被擒遇害。若辈本为参加革命而来，且履梧亦未闻有任何越轨行动，一旦决裂至此，竟累累然以无罪而驱之悉就死地，其非滥刑残杀而何！事变之后，都督陆荣廷徇粤方之要求，曾拨款 5000 元为抚恤费。同时又由地方各界在大校场开追悼会。并于河滨致祭，巫其祥本人亦亲来梧参加。此虽无补于铸成之大错，然官民公祭，亦足以说明当日巫部来梧并非心怀叵测也！

三

自孙中山倡导革命，有志之士莫不闻风兴起。当时革命力量发展之重点，尤在青年学生与新军将士。胡汉民之兄清瑞于光绪末年在梧州府署为刑幕，胡以其兄之介绍，受聘为梧州府中学国文教师。彼利用授课时间，宣扬革命理论，鼓吹推翻专制，学生多为感动。后以其事渐泄于外，为当道所见嫉，始行停聘，示意离梧。如李济深、杨愿公等，皆胡昔日之学生也。至戏剧方面之宣传活动，在宣统元、二年间，曾有粤剧社来梧表演，其名为“优天影剧团”，亦称“志士班”。剧员多为青年知识分子，所排演之剧目，类皆旨在暴露旧礼教制度风尚之腐朽苛酷与不合理，以及反映当时政治之败坏与社会之黑暗。所唱词曲，其特点在纯用白话（即粤语），与一般剧班半官不白之唱口迥异。又喜间以说白及打诨。说白直同演说，打诨多为急口令，语杂诙谐，意存讽刺，吸引观众注意力尤大。群众耳目一新，趋之若鹜，故每场俱告满座。后以戏院人杂滋事，当地官厅亦有所疑忌，始罢演回粤。尽管如此，然以其工作方法之巧妙，寓宣传革命于旁敲侧击之中，在群众心目中，已发生了一定之影响。

四

甘绍相（号日三），梧属岑溪县人。早岁参加革命，为同盟会会员，历在南洋各地报社当编辑。“光复”后当选为广西省议会第一届议员，兼在梧州《广西日报》任事。1913年二次革命，龙济光奉袁世凯命率师攻粤，军次肇庆，密电苍梧县知事赵绍曾，谓甘有参预乱党嫌疑，饬即逮捕归案。赵以甘身为议员，且未取得确据，不便轻率从事，乃先约来署，云有要事相商。甘心怀疑虑，不敢前往。赵复托梧州民团总局团绅钟萼向其解释，谓约谈无非欲稍明真相，以资依据参酌，藉以复命了事，果有他意，则早应下手，何待今日。并央请钟居间作保，以安甘心。甘以钟主持团务数十年，年高德劭，应为当道所推重，谅赵亦不敢不择手段，对钟加以玩弄欺骗，故遂随同入署谒赵。讵料寒暄未毕，而县警即已入座将甘扣押。钟当时力持不可，并声言宁拼老命以维信用，否则何以对人。而赵则谓此事完全由其一人负责，与公无涉，并迭以好言宽慰。钟见势已无可挽回，只得徒唤奈何，不辞而行。县署乃随即派警队至甘所合股经营之五洲药房，加以搜查，并扬言起获大批枪支，故入甘罪，讨龙欢心，造作风声，掩人耳目。其后甘由县解至肇庆龙军行营，即被秘密枪决。至龙对甘之所以如此愤恨，必欲杀之而后快者，亦自有故：盖龙于前清时原任广西提督，及桂抚张鸣岐擢升两广总督，鉴于粤中迭起革命，隐忧未已，非有得力可靠部队，不足以备非常而资镇压，故特奏调龙氏随同到粤，任为统制。“光复”之后，粤方屡请调龙离粤，是时总统为袁世凯，包藏祸心，深欲收龙为己用，乃任命龙为广西护军使，暂驻防梧属。当龙在广西提督任内时，广西都督陆荣廷为右江镇总兵，而龙兄觐光则为左江镇总兵；与陆为儿女亲家，有此姻亲僚属种种关系，故龙之采桂，陆亦表示欢迎。但甘闻知此事，即极端表示反对，并约余堂叔梁庆修联名分电议会及督府拒龙回桂，并请转报中央收回成命，故龙衔之刺骨，甫于出师之际，即急不及待电县逮捕解办，置之死地，以泄宿怨。闻甘自赵约谈，本即思避地，特以对于药房商业不无恋恋。盖甘本寒士，奔走半生，至是始薄有积蓄，以5000金附股创设五洲药房，一旦远扬，律以畏罪潜逃，股金亦将难保。初亦未有虑及龙之怀恨谋己，必欲死之而后快，而犹以为此或出于一时流言，时过境迁，徐图解释，即可化为无事。竟不料遂至身罹横祸，含冤莫白。至余叔于事后闻讯，亦避居县属东安乡。嗣经先祖致函龙氏，请予包容，得复决不轻事株连，始为释然。

（选自广西壮族自治区政协文史和学习委员会编《辛亥革命在广西》，广西人民出版社2011年9月第1版）

平南起义和会攻浔州

潘乃德*

1911 年农历三月二十九日广州起义的前夕，同盟会号召留日学生中的同盟会会员回国活动。各省的留日学生纷纷回到广州、香港。广西籍的留日学生回省者，有贵县罗佩珩、藤县苏无涯、武宣刘玉山、柳州谭昌等。他们由在日本的同盟会总部介绍到香港同盟会南方支部后，得到南方支部的指示，原籍属哪一府的人回到哪一府进行革命工作，并且要联系南洋方面的同盟会会员共同活动，因为革命需要用钱，南洋方面筹款容易。我那时已经参加同盟会，刚从广东工业专门学校毕业。罗佩珩回到香港后，曾来广州找我，和我商量浔州方面的革命工作。我们认为必须联系当地的同盟会会员和由

* 潘乃德：时为广西浔州起义领导人之一，后任粤军第三路军副司令。新中国成立后，任广西壮族自治区政协常委、人大代表。

日本回国的以及原在广州、香港的浔州籍同盟会会员共同活动，才能集中力量，扩大队伍。于是就函约贵县的陈志轩、桂平的徐启祥、平南的卢殿林、武宣的廖和卿到香港密商。我和罗佩珩一同到了香港不久，陈志轩他们也到了香港。我们就一起到南方总支部联系。那时刘古香也到了香港，正和胡汉民、苏无涯、刘玉山等在南方总支部等候我们会商。会商结果，大家一致同意广西各地即准备武装起义，以响应广州的武装起义。大家又认为，各地的活动总得有一个负责人。于是大家向南方总支部提议，推举冷遹负责桂林方面，刘古香负责柳州方面，雷鲲池、周君实负责南宁方面，谭昌、王金波负责南宁和龙州方面（谭、王二人均系邕龙标的军官），周毅夫负责平乐方面，刘崛负责梧州方面，罗佩珩和我负责浔州方面。这一提议得到南方总支部的同意批准。会商决定之后，大家都分头回到广西进行活动，所以三月二十九日广州起义，除了刘古香外，其他的人都没有参加。那时罗佩珩已上了梧州，我则来往香港、广州购买枪械。

罗佩珩原是浔州中学的学生，1904 年在浔州中学毕业就去日本留学。1905 年在东京参加同盟会，1907 年毕业于东京同文学校。毕业后，他曾向东京同盟会总部请求回国进行革命活动，得到同盟会总部的同意，于 1908 年回到浔州府城，合同卢云川等秘密组织革命机关。即与熊祥、曹启先、袁思荣等密谋革命起义，各人分别到桂平、武宣、平南、贵县、藤县各处联络当地的进步人士和散在各地的会党、绿林，宣传孙中山的革命主义，相机组织革命力量。罗佩珩特别向他的同学——浔州中学学生灌输孙中山的革命思想，鼓励他们参加革命。他到了 1910 年才复到日本，向东京同盟会总部汇报工作。

当时在浔州一带宣传革命主义和联络会党、绿林及进步人士的，当然不只是罗佩珩一人，不过他做得更多一些。那时我们这些在日本和广东求学的学生，凡是参加同盟会或者倾向革命的，每逢寒暑假回乡都秘密带《民报》等革命书刊回去给亲戚朋友们看，借以宣传革命。有些人还和会党及绿林人物有了联系。所以在1911年以前，我们在浔州一带做了许多工作。

我们在香港会商后不久，广州三月二十九日起义就爆发了，我们来不及在广西发动响应。这次起义虽然失败，但给浔州的革命同志的鼓舞很大。大家认为革命的时机已经到来，无不摩拳擦掌，准备大干一场。浔州的同志函促罗佩珩从梧州赶快回浔主持。准备武装起义最重要的工作，一是组织队伍，一是筹款和购买武器。我和罗佩珩早就分了工：他负责回浔州组织队伍；我负责在香港购买武器。至于筹款，大家都有责任。筹款的情况大致如下：一是向南洋华侨筹款，刘古香介绍从南洋回国的华侨殷商捐助了10000多元；一是向内地筹款，通过各人的亲戚朋友关系，罗殿林在平南筹到10000多元，陈志轩在贵县大圩筹到18000元，卢云川在桂平罗播李筹到12000元，杨梦松在贵县桥圩筹到七八千元，我在贵县木梓、木格一带筹到20000元，总共筹到80000多元。至于购买武器，原定计划是打算在香港秘密购买驳壳手枪2000支，用重资运动港、梧轮船的外国买办秘密运到梧州。洋鬼子贪钱，得了我们的钱就肯替我们秘密运输，但因购买困难，每次能运入的数量也不多，到广西独立时才运入了100支，子弹倒运入不少。我们运动各地的绿林，就以补充他们的子弹为条件，因为他们子弹少，很需要补充。联络到的绿林有数千人，远在柳州的沈鸿英也有过联系。

1911年9月，罗佩珩、陈志轩、徐启祥、卢殿林、廖和卿等由香港起程经梧州回浔州，先到平南和袁思荣、骆乔翔等联系，得到当地进步人士的协助，就在平南设立办事处，布置一切。并派员到贵县、桂平、武宣、藤县各处联络进步人士、团练、会党、绿林和已组织好的民军，约期农历九月起义。当时的规划是：先取平南为根据地，取得平南后即刻西上会攻浔州；浔州得手即进攻武宣（已先派刘玉山、廖和卿在武宣组织民军），再进军柳州和刘古香会合进攻桂林，并约在平乐的周毅夫率所组织的起义军会师桂林。规划既定，大家公推罗佩珩为总司令，曹启光为总指挥，袁思荣为副总指挥，黄熊祥、徐启祥为前敌指挥，周毅夫为参谋长，骆乔翔为副参谋长。部署既定，即开始行动。周毅夫本是负责平乐方面的，因罗佩珩、曹启光等不谙军事，而周毅夫则是军事人才，所以临时把他调来。

第一个目标是平南，由卢殿林负责进行。革命党人事前在平南已经做了许多准备工作，如同志中的徐启祥是桂平竹社乡垌心村的有名富户，拥有30多万租的田地，寄居平南大乌，开设恒丰米店，奉同盟会南方支部命令在平南进行革命活动。他就以“恒丰米店”为秘密机关，大量变卖田产充作革命活动经费，前后共变卖了二十几万租之多。他和各方面联络都已成熟：绿林、会党方面，联络了桂山、八洞、鹏化一带的帮口千余人，有枪二三百支。团练方面，除了卢殿林所领导的安怀乡谷塘村的数百人和枪200余支外，还有甘健斋领导的六陈一带的数百人和枪百余支。县城方面，有县警长方星桥所掌握的两个队，一个是张奕南（鹏化人）率领的北河八里游击队，驻思旺；另一个是冯云轩（土村人）所统率的游击队，驻平南县龚州书院，两队共有人枪数百。此外还有县武装巡警60名，完全是中学生和知识青年，经过南宁统一训练毕业后分发至平南县成立巡警队，他们的爱国意识和革命思想都很浓厚，到县不久就互相串联，全部参加了同盟会。由于事前的准备工作做得周到，平南的革命起义进行得非常顺利。1911年阳历11月5日发动武装起义，进军平南县城，并未遭到抵抗，即将县城收复。清朝的县官蹇仙桃（贵州人）弃职潜逃。平南“光复”后，成立平南军政府和县议会，由卢殿林摄理县政。

平南得手后，即将卢殿林统率的平南起义军和苏无涯组织的藤县起义军迅速集中平南县城整编，不到3天就整编完毕，由罗佩珩、周毅夫两人率领，分北河、南河、水路3路向浔州进发。经过大湟江口、石咀等地时，民军参加者不少。这时陈志轩、潘法卿在贵县组织的民军和刘玉山、廖和卿在武宣组织的民军，都分头向浔州集中。这次会攻浔州的武装不下10000人，动员相当广泛。桂平的江口、蒙圩、白沙、大宣、石咀等地团练，以及贵县、大圩、石龙、东津、桥圩、木梓、木格、武宣的东乡等地团练都参加进来，绿林参加的有梁国纯、梁亚忠、李亚美等部。团练最多，约10000人；绿林一二千人。

平南“光复”之时，武昌已经举义20多天了。接着阳历11月7日桂林方面也宣布广西独立。当时有人以为广西省内不需要流血革命了，应赶快组织力量北伐。同盟会内部也有这样的意见。罗佩珩赶到梧州和同盟会同志秘密开会，他分析广西的形势说，“广西的独立是靠不住的，政权仍然掌握在陆荣廷反动派手中，主张革命必须彻底，仍应依照原定计划进行，攻取浔州。”大家赞成他的意见，他又驰回浔州前线。

在浔州府城原来也是做了不少工作的。浔州府城的工作原由黄熊祥负责，他运动浔州府署和桂平县署的警察已经成熟，桂平的士绅潘桂岩、程端门、温懿标等也联系妥当，他们都同情革命。起义军以为既有内应，大可和平入城，顺手而得，没有准备攻城的武器和器材。谁知浔州知府贺源清顽固到底，将广西独立的通电压置不发表，准备抵抗；而保皇党的绅士程大璋又大肆活动，既禁止府县警兵开城迎接起义军进入，复勾结旧军官马统带率兵入城防守，同时又与府官贺源清联名电陆荣廷派兵来援。革命军开抵浔州城垣时，见城门紧闭，戒备森严，知事情已发生变化，乃于 11 月 21 日下总攻击令，占领府城外围，向城内猛攻。因浔州城墙坚固，革命军既缺乏攻坚的重火器，又未准备攀缘城墙的器材，遂致围攻 7 天，未能得手。陆荣廷素来仇视革命党，得到贺源清、程大璋等请兵解围的电后，急电驻横州、贵县一带的龙觐光派兵驰援。龙觐光率部顺流而下，包围革命军。城内清军知援军到达，复开城出击。革命军因内外夹攻，腹背受敌，而粮食运输又发生困难，不得不下令退却，突围而走，因退却迅速，损失不大。

陆荣廷在革命军退却后，复施用怀柔手段，派人和罗佩珩谈判，劝罗佩珩解散队伍，以重用罗佩珩为交换条件。旅居广州的广西籍同盟会会员知道这个消息后，连夜派苏无涯西上见罗佩珩，力说陆荣廷之不可靠，劝罗佩珩重整旗鼓，再接再厉，继续作战。无如罗佩珩受了陆荣廷的利诱，做官心切，竟不听同盟会同志的劝告，和陆荣廷妥协，把革命军全部遣散。一场轰轰烈烈的起义斗争就这样烟消云散了。罗佩珩和陆荣廷妥协，遣散革命军后，陆委罗为怀集县长，到任不久，就被陆借故杀害了。

（李　微　记录）

（选自全国政协文史资料研究委员会编《辛亥革命回忆录》第2集，中国文史出版社2012年6月第2版）

广西独立时融县的斗争

胡佩生 *

广西宣布独立后，全省各县的清吏，有誓死反对独立的，也有响应民军独立的。融县（即今大苗山自治县）知县张礼干（浙江绍兴人）是一个最效忠清廷、反对独立的人。他接到广西宣布独立的消息后，在县城地区虽不敢公然反对，但实际上已造成一个恐怖状态。他经常派警检查来往行人，实行宵禁，刺探地方人士的言论行动，对青年学生及平日比较进步、好谈时事的人，更加特别注意暗中监视。检查邮件及来往船只，尤为严密。这些做法，引起了地方上人心的极度慌乱，不晓得张礼干将用什么手段来对付地方人民。于是，地方上的绅耆龙运生、胡学轩、王鳌峰、陆介如、周子廉、胡用宾等，

* 胡佩生：时任广西融县中学校长，后任国民党融县县党部执行委员兼商业部长。新中国成立后，任广西壮族自治区融县政协副主席。

为着安定人心，维持地方秩序起见，先后到县署以谒见为名，向张谈到广西宣布独立的情况，想探明他的真实态度。那时省局未定，清布政使王芝祥虽接受广西军政府副都督的职位，实际上仍然效忠清廷。他拥有省防军宋尚杰等部队几千人，暗中与各县的清朝官吏互相联络，共谋反抗。张礼干与王芝祥的来往甚为密切。因此，当地方上绅耆往县署谒张时,张对宣布独立的事始终不明白表示态度，于是地方人士不知他怀着什么鬼胎。而张手下的警备大队长焦盛贵（湖南人，土匪出身）日间经常带同警兵侦探出外，收买大量火药和棕绳等物，这样更加使得地方人民怀疑惶惧。在那种情形之下，适广西右江军政分府总长刘古香派部下何景琦、何子豪等到融县，与地方人士会晤，说明广西独立经过，并调查张礼干的态度。地方人士遂将张礼干对独立的暧昧态度和他的行动情况汇报。何景琦等认为张确有反抗独立的企图。他们就密报刘古香请求立即派队来融，准备应付张礼干的反抗。右江军政分府接信后，即陆续派民军队伍到达融县。同时地方各乡的团练，亦经地方人士及何景琦等进行联络，定期举义，推翻张礼干，并约定与民军连成一气，共同作战。议定后，暗中组织一个“融县民军办事处”，为联络各方民军和推动革命进行的机构。那时，县衙门的差役、警兵受张礼干之命，四出暗探民军的举动。同时县警兵队也日夜配备武装，如临大敌。其时谣言四起，纷传王芝祥已派省防军由桂林出发，经过古化（今永福县百寿镇）到长安、融县，扑灭民军。谣言引起了地方上的风声鹤唳，一夕数惊。而民军和地方人民及各乡团练，亦恐张先发制人，不及措手，于是进攻县署、打倒张礼干的行动就随之爆发。

到辛亥农历十月初十那一天，形势更急迫了。据地方上平日与县警备队长焦盛贵、陈标来往最密的刘崐成、邓老庆、曾筱润等传出的消息说：张礼干和警备队长焦盛贵率领全部警兵，将于十月初十日夜间冲出县署，进攻民军，并已准备好火药包，同时放火，焚烧房屋。在这危机间不容发的时候，地方人民与各处来的民军、团练，遂决定在十月初十日黄昏时先发制人，进攻县署，将张礼干、焦盛贵及全部警兵包围起来，消灭他们。并以何子豪、宋载之、涂海平负责指挥民军及各乡团练。在进攻之前，由地方人士公电广西都督府，报告张礼干、焦盛贵已经准备率领警队扑攻民军、纵火焚屋等企图。正在发出电报的时候，张、焦二人果然集合警队向民军直扑。民军和地方团练亦同时向县署包围进攻。战斗由初十日黄昏起，相持到午夜，尚未攻入县署。那时民军和地方团练枪弹将近用尽，而张、焦警队仍疯狂猛扑。在这种情况下，民军迫得用洋油焚烧县署的偏舍。火起后，柳州方面新派来的民军一队亦适时开到，加入战斗。张、焦见火势已起，民军的火力又已加强，将近拂晓时，焦盛贵随同张礼干和全部县警突围出走。中途焦盛贵将张礼干抛弃不顾，带同警队及辎重财物逃走。张礼干孤身一人，走投无路。至十月十三日早晨，发现张的尸体在下廓村附近的南景河边，遂将其捞起，由民军办事处将其埋葬。其后张之亲属来融县访查，始将张的骸骨运回浙江原籍。焦盛贵带领县警弃张逃跑之后，听说他带同这些县警窜到湘黔边境，流为匪帮。结果如何，未有所闻。

当战事发作之前，县警备队副队长陈标奉张礼干派遣，带领一部分警队护送张的眷属到桂林。张礼干死后，陈标仍留在桂林未回。地方上热心革命人士邓祖送、邓老庆、曹筱润、刘崐成、艾九寿 5 人，平日因与陈标有交谊，遂向民军办事处表示，愿往桂林劝陈标带领警队转回融县，将警枪归还地方公用，并请安排陈标工作。民军办事处答应了他们的请求。于是邓祖送等就前往桂林找到陈标，力劝其带队回融，保证安排他的职务。在他们双方商洽中，事为王芝祥部下侦悉，遂密报王芝祥，王竟将邓祖送等5人围捕，同遭杀害。其后，据平日与陈标有来往的人说，陈在桂林不久，即将警枪卖掉，将枪款寄回家中经营商业。

张礼干死后，民军办事处为维持地方治安起见，联合地方人士公推典史卜作桢权署融县县长，以安定人心。卜作桢做了县长之后，最主要的是将抢劫拉掳的劫匪处决了一批。另外，那时清政府的法律已废，民国的法律尚未颁布，当时对地方民刑诉讼案件的审理，由卜以县长的名义，邀请地方上有名望的公正人士共同协商、衡情处理。不久，广西都督府正式委任柳城人邓先仿署理融县县长。邓到任后，与地方人士较能开诚相见，县政尚能得到地方的同情。

（选自全国政协文史资料研究委员会编《辛亥革命回忆录》第2集，中国文史出版社2012年6月第2版）

辛亥革命的前前后后

李则纲 *

一 省内的革命宣传和武装起义

辛亥革命前夕，湘、粤、鄂、赣各省陆续爆发起义。地处长江中下游的安庆、芜湖，同为革命党人所注意。

1903 年春，怀宁陈乾生（即陈独秀）和桐城潘赞化二人，因清廷与帝俄签订丧权辱国的密约，从日本回国宣传反对，在安庆藏书楼演说，极其慷慨激昂，求是学堂和武备学堂的学生多人，深受感动，极表拥护。事为当局所知，两校学生多人被迫令退学。此为安庆进行辛亥革命的开始。

---

* 李则纲：曾任国民革命军总政治部考试委员会书记。
新中国成立后，任安徽省政协常委，省文史研究馆副馆长，省博物馆馆长。

1903年农历六月，寿县张树侯（之屏）与界首郭其昌（式五），召集从属在安庆城内放火起义，因无响应未成，郭其昌被杀。

当时安庆是省会所在，为军政要地，重在武装起义；芜湖是工商业集中地区，利于宣传工作。所以后来到了辛亥革命时，芜湖和安庆就各自侧重不同的活动。

（一）革命宣传从芜湖展开

革命党人在芜湖的宣传，以1904年秋李德膏（光炯）迁旅湘公学于芜湖开始。李为安徽桐城黄羹乡（现属枞阳）人，从吴汝纶（挚甫）学于莲池书院。吴以文章名海内，学于莲池书院的多英俊之士。1902年，吴汝纶任京师大学堂总教习，被派到日本考察学制。他随吴汝纶东渡，悉心研究日本强盛的原因及西欧各国所长，以为非教育不足以启迪民智，非革命不能改革政治。归国后，即协助吴汝纶创办桐城学堂。1903年，应湖南高等学堂之聘，教授历史课，结识数学教员——无为人卢光浩（仲农），遂共谋创办旅湘公学，聘黄兴、赵声（伯先）等人任课。这时革命志士，多聚集长沙，消息泄露，国子监祭酒王先谦以结党谋逆，密奏清廷，词连黄兴多人。李光炯以全家性命为质，营救于藩司张筱传（绍华，桐城人），筱传向巡抚赵尔巽进言，搜捕令因而迟延未下，党人得免于害。旅湘公学鉴于当时的政治环境，遂迁至芜湖。

旅湘公学迁到芜湖后，租二街留春园米捐局巷内民房为校舍，改名安徽公学。次年又附设安徽公立速成师范学校，请房宗岳（秩五）从日本回国主持。关于经费的筹措，校内外各种活动，多以李德膏负责筹划和推动。所聘教员有柏文蔚（烈武，寿县人）、陈仲甫（独秀）、陶成章（焕卿，浙江人）、刘光汉（申叔，江苏人，化名金少甫）、苏子谷（曼殊，广东人）、张通典（伯纯，湖南人）、周震鳞（湖南人）以及谢无量（四川人）、俞子夷（江苏人）、邓艺荪（绳侯，怀宁人）等，并有日本某理科专家。陶成章、刘光汉均为光复会会员（刘后来在袁世凯谋求称帝时积极奔走，位列筹安会“六君子”之一）。这时正是东京成立同盟会的时候，他们先后加入同盟会。学生刘文典（叔雅）、常恒芳（藩侯）、孙万乘（品骖）、金维系等 80 多人也踊跃加入。他们既借讲堂为鼓吹革命的场所，又和安庆尚志、桐城崇实、寿县蒙养和芍西、怀远养正和萃华等校联络活动，并与东京同盟会本部及南京、上海、安庆、合肥等地的革命组织互通声气。这样，安徽公学成为安徽境内新文化的摇篮。所以冯自由说：“皖人之倾向革命，实以该校为最早。”

安徽公学师生的活动，声势日盛。革命党人往来沪汉如赵声等，又必过芜湖与安徽公学同志秘密策划，早为清官吏所注意。1906 年孙毓筠（少侯）、权道涵（养之）等谋刺端方及 1907 年徐锡麟刺恩铭等革命事件发生，端方拟逮捕安徽公学师生多人，侦探密布于芜湖。学校环境非常恶劣，党人先后离开了安徽公学，李德膏也暂避于九华山。因此芜湖革命的热潮为之中落，但安徽公学已播下了革命的种子。《安徽俗话报》的发行和岳王会的建立，对安徽辛亥革命运动起的作用也都不小。

《安徽俗话报》创办于 1904 年。当时由日本留学回国的陈仲甫，觉得安徽比江浙各省风气落后，上海、杭州、绍兴、宁波、苏州等地都办有白话报，宣传革命思想，安徽也应该有这样的刊物，遂与房秩五等创办《安徽俗话报》，房负责教育稿件，吴守一负责小说稿件，余稿均由陈仲甫用“三爱”笔名编写。编辑部原设安庆，编好后寄芜湖科学图书社印行，因该馆负责人汪孟邹当时亦倾向革命。同年暑期，陈仲甫把《安徽俗话报》社迁往芜湖，并在安徽公学教课。该报遂成为安徽公学对外宣传的武器。蔡元培说，《安徽俗话报》“是表面普及常识，暗中鼓吹革命的工作”。该报当时的作用，确是这样。

岳王会，系陈仲甫、柏文蔚和学生常恒芳等发起，借岳飞的精忠报国抗击金人的精神，宣传革命。第一次在芜湖开会，烧香宣誓，极为秘密。订有反清章则，供会员遵守。

柏文蔚到了南京，又联络多人，成立岳王会南京分部，部长由柏文蔚担任。常恒芳到安庆尚志学堂教书，又在安庆成立岳王会安庆分部，部长由常恒芳担任。总会设在芜湖，部长由陈仲甫担任。

安庆分部初成立时，有二三十人，经过联络，后来武备学堂的学生和老三营的人，好多都参加了岳王会。1908 年安庆新军起义，为首的熊成基，殉难的范传甲、张劲夫、薛哲；1910 年在广州牺牲的倪映典；1911 年黄花岗七十二烈士之一的宋玉琳，都曾为岳王会的会员。可见辛亥革命前夕，岳王会的组织，在安徽是起过很大作用的。

（二）徐锡麟在安庆刺恩铭

芜湖的革命活动，是利用学校进行宣传，而安庆的活动，则是震惊全国的武装起义，首先是徐锡麟刺安徽巡抚恩铭。

徐锡麟，字伯荪，浙江绍兴人，光复会的领袖。因为他胸怀宽阔，待人真诚，同志深为推崇。他任绍兴府学堂副监督兼算学教员时，绍兴成为同志集中之地。常和他在一起工作的有陶成章、龚宝铨、吕熊祥、赵卓等人。

他们感到革命要有实力，初在绍兴创办大通体操学堂，设法购买枪支，发给学生操练。后来又觉得这样做，一时很难培养出较大的军事力量，不如到日本学习军事，回国可以掌握军队。遂和陶成章、陈志军、陈巍、龚宝铨 5 人捐官到日本学陆军。不料到日本后，为陆军留学生监督王克敏所疑，未达目的。锡麟先回国，又集合同志在绍兴创办大通师范学堂，暗地里进行军事训练，后以道员衔分派到安徽，学校交由女同志秋瑾负责。

徐锡麟于 1906 年到安庆，颇得安徽巡抚恩铭的信任。初任安徽陆军小学堂会办，后又任安徽巡警学堂会办并兼安徽巡警处会办。他认为巡警学堂的学生都有枪支，可以组织武装起义，乃在校内积极向学生宣传革命。又与新军六十一标取得联系，相约共同发难。

1907 年五月二十六日（农历），巡警学堂的学生举行毕业典礼，巡抚恩铭及藩司、臬司大小官员都来参加。当他们齐集礼堂阅操的时候，锡麟即乘隙取出手枪，向恩铭射击，连中数枪。恩铭被他的文武巡捕抢回抚署，不久毙命。锡麟又拿着手枪追击臬司毓秀，毓秀乘混乱逃走。锡麟把破坏起义分子顾松打死后，即率领学生到军械所夺取弹药。哪知弹药都藏在地下室，上面盖了钢板，军械所的总办已带着钥匙溜走了。钢板无法打开，因此不但巡警学生得不到弹药，驻在城内的六十一标管带丁葱清率领一支部队赶来，也无法得到子弹。不久军械局被巡防营包围，经过 5 小时的激战，同志陈伯平在战斗中首先牺牲，城外六十一标又以城门紧闭，无法赴援。敌人发觉起义军弹尽援绝，即冲进军械所，锡麟和战友马宗汉（子畦）以及参加起义的学生都被反动军队俘虏。

锡麟等被捕后，面对军法会审，侃侃而谈。代理巡抚冯煦要他写出供词。他奋笔直书："我本革命党大首领，捐道员到安庆，专为反清而来，做官本是假的，使人无可防备……"词义壮烈，读者都深为感动。

锡麟就义前，两江总督端方电令冯煦将徐锡麟剖心祭奠恩铭。冯煦在无可奈何之下，执行了惨无人道的毒刑。烈士死后葬在城西马山。冯煦乃在大观亭辟一室，陈列烈士的血衣，并写了"来日大难，对此茫茫百感集；英灵不昧，鉴兹謇謇匪躬愚"一副对联，挂在室外，以抒发他的苦衷，也反映了他对前途的悲观情绪。可见清廷的末路，就是那些官僚们也已觉察到了。

协助徐锡麟起义的马宗汉，被捕后，报名黄复，羁押牢狱，后被侦出真姓名，穷追党羽，受尽毒刑，于七月十六日就义于安庆。

（三）熊成基起义

徐锡麟起义失败后，光绪三十四年十月二十六日（1908 年 11 月 19 日），安庆又有熊成基领导马炮营起义。

熊成基，字味根，江苏甘泉人，寄居芜湖。少时喜读兵书，慕岳飞、史可法的为人，立志救国。曾投入安徽武备练军学堂，结识了柏文蔚、郑芳荪（赞丞）、范传甲（寿山）、张劲夫（绳武）等革命志士。武备学堂停办后，到南京考入炮兵速成学堂，毕业后，来皖投效，被任为炮兵营队官。

这时，徐锡麟的起义虽然失败了，革命的热潮仍是高涨。有组织的活动为岳王会和它的外围组织维新会。熊成基、范传甲、薛哲（明甫）等都是岳王会的会员。他们在新军中散发《猛回头》《警世钟》《扬州十日》等书刊，宣传革命思想。因为徐锡麟起义他们没有来得及赴援，深感遗憾，乃决意再行发动。适党人倪映典于 1907 年秋从南京来安庆，担任骑兵营管带，因为他掌握了一营兵力，威望很高，公推为首领，准备于同年农历除夕起事。不料走漏了消息，倪映典被安徽巡抚朱家宝撤职，计划没有实现。

1908 年秋，清廷有调集沿江各省新军在安徽太湖会操之议。安庆党人闻讯，即派人到各省联络军界。江苏陆军也派代表祁山来皖协议。当时安徽巡抚朱家宝准备率领安徽新军三十一混成协前往参加会操。范传甲等遂集议于黄花亭杨氏试馆（党人秘密机关），决定在太湖秋操时起义，并推熊成基为总指挥。拟定太湖秋操起义后即拘禁端方、朱家宝，降服会操新军，再率起义军夺取安庆，然后取皖北，与当地革命党人结合，形成强大的军事力量，直捣北京。不料新军不稳的情况已为清陆军部所闻，电知皖抚不必调新军三十一混成协到太湖会操，并一律禁发枪械，太湖起义的计划又遭失败。

但是他们的革命热情并没有消失，乃改变计划，准备用他们自己掌握的马炮营，先在安庆发动，占了安庆以后，再驰往太湖策动会操的新军响应。就在这时（11 月 16 日），陡然传来光绪和慈禧先后去世的消息，大家极为振奋，熊成基、范传甲、张劲夫等人都认为这是起义的极好时机，乃分头向各营同志联系，大家一致赞成。11 月 19 日，参加起义的代表，又在杨氏试馆举行会议。出席的有熊成基、范传甲、张劲夫、薛哲、薛子祥、田激扬、廖盘贞（磐箴）、洪承点、程芝萱、李朝栋等 10 余人。公推熊成基为安庆革命军总司令，成基即发布作战密令 13 条，决定于当天午后 10 时执行。

散会后，大家分别回营。当夜 9 时，住在玉虹门的马营（骑兵营）和住在东门的炮兵营，即举火为号，马营由张烈、田激扬等赶走管带李玉春，率领全部人马开往北城。炮营在熊成基直接指挥下，由正目张鸿亮、士兵黄节等将管带陈昌镛击毙，全营开赴北门与马营会师后，即驰往菱湖弹药库取出子弹。同时北门外测绘学堂的步兵也参加了起义，这时城外已无敌军，遂用全力攻城。炮兵据迎江寺高地及炮兵营原有阵地，轰击抚署和督练公所。步兵进攻城东北角，骑兵与辎重队进攻西北角，预备爬城而上。

朱家宝本已前往太湖，因光绪和慈禧去世，特驰回安庆，防范事变。当熊成基开始发动起义时，该营左队队官徐召伯秘密入城报告朱家宝，各城门遂被严令禁闭，又调集军队加强防守。

原约城内接应的薛哲，从百花亭率队去开北门，见敌人已有布置，临阵畏怯，半途折回。

讲武堂内的张劲夫，听到城外枪声，准备率队接应，因无武器，在军官的监视下，未能冲出。

驻在关帝庙工程队的范传甲，被该队官长监视极严，营房大门被封锁，冲不出来，无法接应。屡次放火，均为反动军官扑灭。到次日下午2时，才乘隙逃去，跑到杨氏试馆，向同志黄如波探听消息，黄告以形势很坏，起义军难以入城，劝他化装逃走。他悲愤地说："我已准备牺牲，要革命成功，就不怕流血。"又转回营房，打算再发动同志接应。清军统领余大鸿这时已侦知范传甲为革命党首领之一，密谋内应，以起义军攻城甚急，不敢遽加杀害，为了便于监视，即调范传甲到本部充当卫队。当天下午，余大鸿率队出巡，至饮马塘附近，范传甲认为是个很好的毙敌机会，立即举枪向余射击，不幸枪声未响，即被其他卫兵发觉，执送安庆抚署，第二天，殉难于抚署前。

因为城内各路应援都遭失败，革命军虽勇猛进攻，但弹药不足，炮弹又无引火线（引火线藏在城内督练公所），屡次扑城，均未得手，伤亡很重。泊在江心的清军兵舰，先存观望，后见起义军攻城不下，遂发炮袭击起义军阵地。朱家宝从太湖调来的援军又逼近城郊。起义军腹背受敌，迫不得已，于20日晚10时，分两路突围出走。

熊成基率一队，从集贤关到桐城，准备到合肥，联络淮颍同志，再图大举。因沿途和清军姜桂题部发生遭遇战，到合肥时，人数已不满百，并且精神涣散，难以维持，遂只身潜离合肥，经寿县，逃往日本。熊成基去后，余人即纷纷离散。

另一路由程芝萱率领，从安庆直奔合肥，与江防营发生混战，到合肥东乡，不过40人。几天后，也宣布解散。

革命军失败后，清政府即大肆搜捕革命党人，因叛徒告密和奸细侦察，革命党人张劲夫、田激扬、李朝栋、周正峰、胡文彬、张星五、张志功、刘志贤、易桂安等人，均先后被捕，从容就义。此外因革命牵连受害的党人、兵士、学生有300人之多。

薛哲也未幸免，惨遭枭首示众。假使他当时奋勇打开北门，这次起义可能不致惨败。

二　皖人在省外的革命活动

（一）万福华刺王之春

皖人在省外，为了革命，第一个进行暗杀活动的为合肥万福华。他系华兴会会员，为吴春阳（旸谷）密友。

1904年春，福华在上海某校教书，由吴春阳介绍，认识了黄兴、刘揆一诸人，加入华兴会为会员。这时蔡元培、陈自新、章士钊、吴春阳等创青年学社于上海，刘光汉执笔于《警钟日报》，龚宝铨从日本回国，在沪组织暗杀团，福华深受他们的影响。

适前广西巡抚王之春潜居上海。过去他做安徽巡抚，私卖30余处矿产给外国人，在广西又密召法国军队平“内乱”，屠杀本国人民，现在又倡议割东三省与俄罗斯，做出种种丧权辱国的事。春阳、福华、光汉、自新诸人闻之大愤，遂谋暗杀之。乃数王六大罪，从别人那里借得手枪，以吴葆初的名义，骗王到上海金谷香西菜馆小饮。王至未见吴，疑而欲去，福华出枪击之，不幸未中，福华被捕下狱，辛亥革命成功后才出狱。和此案有关的青年学社、《警钟日报》都被封。黄兴、章士钊等被捕于上海工部局，后营救得释。

（二）吴樾刺五大臣

万福华刺王之春失败后，又有吴樾在北京刺五大臣的事件发生。

吴樾，字梦霞，后改孟侠，桐城县人，幼时聪明好学。20岁到上海想进广方言馆，未果，乃北上，由族人吴汝纶介绍入保定高等师范学堂。刻苦求学，尤喜读革命书报。进而联络苏皖同志，创办两江公学，自兼教员。又创办《直隶白话报》，自任主笔，热心革命事业，为朋辈所推重，与湖南陈天华、江苏赵声交谊甚笃。1904年夏，赵声因考察北洋新军制度，到保定与他会晤，意气极相得，临别赠以诗云：“淮南自古多英杰，山水而今信有灵。”

万福华刺王之春未中，樾闻之，深为感奋，唯惜其大材小用，擒贼不擒王，乃蓄意刺杀铁良。因铁良为清廷大员中最骄横的人物之一。这时杨笃生适在北京秘密制造炸弹，乃由赵声介绍，从杨处获得这项武器。

1905年7月，清廷派载泽、戴鸿慈、绍英、端方、徐世昌等五大臣分赴东西各国考察宪政，以便归后借“立宪”二字，欺哄国人，缓和革命。吴樾深恐革命受其影响，遂放弃原来计划，于9月24日载泽起程的时候，先怀炸弹到北京车站，准备把五大臣一网打尽。不料刚上车，炸弹走火，未及抛掷就爆发，本人竟以身殉。事虽未成，在北京发生这样的爆炸案件，不仅使清廷要人震惊落胆，而且真是“震动全球”，对辛亥革命的发展，起了极大的推动作用。

吴樾于当年春间，已写好意见书（原文载《民报》），说明不惜杀身成仁的原因。行事前，特置酒食与同住友人告别，托词将往天津，夜间作家书，并留一纸条于枕下，嘱同寓桐城试馆的人速将他的行李移藏别处，以免受累。樾殉难时，年仅28岁。

（三）孙毓筠等谋刺端方

清两江总督端方，为清权贵中最贪横的人物。在南京（按：清无南京建置，应为江宁）时，除尽力搜刮东南金石书画外，对革命党人极为仇恨，尤注意上海、安庆、芜湖等地。多次指令所属官吏，严防党人，不惜逮捕屠杀，党人恨之入骨。

1906年10月萍浏醴起义。东京同盟会员纷纷请命杀敌，总部乃命宁调元、杨卓林、胡瑛、孙毓筠、廖德璠、张汇滔、段云、李根发、权道涵、程恩普等回国，策动长江一带响应。到了南京，皖籍同志程恩普、张汇滔先回皖北。孙毓筠、段云、权道涵留在南京，并带炸弹4枚，与新军赵伯先、柏文蔚联络，谋刺端方。事泄，于12月6日在长安栈被捕。经过多次审讯，坚不承认谋刺端方，只说党人痛恨铁良。孙毓筠因为是清宰相孙家鼐的侄孙，端方与孙家鼐有师生关系，乃轻判监禁5年（孙毓筠后来做了洪宪时筹安会“六君子”之一）。权道涵、段云则押解寿州牢狱永远监禁，辛亥寿州“光复”始欢迎出狱。

（四）倪映典在广州燕塘起义

黄花岗之役前夕，有倪映典广州燕塘的起义。

倪映典，原名炳章，合肥人。幼时从父亲学医，因愤清政腐败，谋为军人，为国效力。1904年考入安徽武备学堂。这时安庆有岳王会的组织，映典与熊成基等加入，接受革命思想。毕业后，复入炮兵学堂。1908年，以赵声推荐，为江南三十三标炮兵将校。因孙毓筠刺端方事发生，跑回安徽，任骑兵管带。这时熊成基正策划起义，映典至，气益壮。不久为端方所觉。来电调他，将加以危害，因赵声在粤任标统，乃将原名炳章改为映典到广东，仍投身军队，充炮兵营见习官。演说时事时，声泪俱下，同营多为感动。不久辞去军职，在广州设机关部，专以运动新军为事。起义前，到香港同盟会支部，向冯自由等报告运动已经成熟，请即电促黄兴来粤主持。黄得电到港，商定于一月（农历）某日起事，俟映典回广州，布置就绪，黄兴与赵声即同往发难。

广东新军分3标，第一标驻燕塘，第二、三标驻北校场，军官多为广东陆军速成学堂和虎门讲武堂的学生，加入同盟会的很多。1910年除夕，二标新军与巡警发生冲突，正月一、二日，激成殴斗，各标都加入，范围扩大，愈演愈激烈，不可收拾。

映典回到广州，见革命活动已经暴露，迫不及待。三日晨，乃急入炮工辎各营，全营皆跃起欢呼，唯管带齐汝汉反对，即击毙齐汝汉。众推映典为司令，率一标各营夺取广州。但城垣已有重兵防御，与清统领吴宗禹相遇于茶亭，吴劝他降，映典挥众激战，亲率一军进至横枝岗，为敌截住，乃大呼冲锋，不幸中流弹殒命。

新军以缺乏子弹，伤亡既重，又丧失领导，不得不溃散。

燕塘起义失败，港中同志大为激愤，亟谋再举。而有广州三月二十九日之役。后来黄兴等检讨失败原因，认为姚雨平误了事，并说："倪映典只身入军，而3000人皆反，人之贤不肖，相去远矣。"对倪映典鼓动燕塘起义评价甚高。

（五）宋玉琳等在广州殉难

1911年4月27日广州黄花岗之役，皖人有宋玉（豫）琳、石德宽、程良率江淮子弟97人踊跃参加，同时殉难。

宋玉琳，字健侯，怀远人。为广东新军军官，起义时，从黄兴攻两广督署，转战至华宁里，与敌激战，力尽被执。清吏严讯时，侃侃而谈，供认起义不讳，问官及听众无不动容，殉难时年32岁。

石德宽，字经武，又字景吾，寿县人。21岁时，与宋玉琳、范受三等入安庆志愿兵营，即老三营。加入岳王会，被推为岳王会皖北分部纠察员。后赴日本求学。1910年与熊成基谋刺载洵于哈尔滨，不成，熊成基被捕殉难，德宽复逃至日本。广州起义前夕，以同志电催回国。至广州，担任联络工作，不幸消息泄露。于4月26日被捕，审讯时历数清廷罪恶。于28日就义。年26岁。

程良，怀远人。毕业于安徽陆军小学堂。广州起义时，和宋玉琳从黄兴攻督署，转战至华宁里，力尽被执。受讯时，李准诱其投降，骂曰："余与清奴，无可言者。"问起义的事不答，问他的姓氏、籍贯亦不答。所以当时传有哑党人就义的事，就是程良。那时他年仅28岁。

宋玉琳、石德宽、程良3人的名字，都光荣地列于黄花岗七十二烈士碑上，表现江淮儿女的革命精神。

三　安庆独立及各地的“光复”

（一）省会安庆的独立

安庆虽然经过以前两次起义的失败，但当武昌起义的消息传到安庆，新军谋变的风声，愈来愈大。安徽的巡抚朱家宝为了防止革命发生，除命巡防营统领刘利贞加强防备外，又急电两江总督张人骏迅派张勋江防营五营来皖加强震慑力量。并把倾向革命的新军各标营的枪械弹药一律收缴。命六十二标三营管带桂丹墀立率所部开到英山，名为防御武汉革命军东下，实是分散新军力量。

革命形势迅速发展，人民都热望本省早举义旗。在安庆的党人吴春阳、管鹏、韩衍等于九月九日开会于萍萃楼旅馆。六十一标、六十二标和马、炮、工程各营、陆军小学堂、陆军测绘学堂均派有代表参加，决定当晚起事，推举胡万泰为总指挥。8时，先由六十二标举火为号，六十一标和马、炮、工程各营继起。因消息泄露，六十二标统领顾筱轩先将发动起义的阚朝鼎、李乾玉扣留，胡万泰又临时畏缩，不知避到什么地方。六十一标不见举火，未敢举动，十日下午，六十二标赶走了顾筱轩，救出阚朝鼎、李乾玉，进攻巡抚衙门，六十一标也参加作战。终以枪械不及江防营和巡防营，不免溃败，一部分退往桐城。朱家宝即将留省未走新军全部解散。这次起义又以失败告终。

安庆九月九日起义虽然失败，但下游的上海于九月十三日起义，江苏程德全于十五日在苏州宣告独立，浙江又于九月十日“光复”，上游马毓宝在这个时期于九江独立；省内，九月十五日“光复”了寿县。在省内外形势威胁下，朱家宝还想扑灭革命火焰，拟逮捕城内革命党人，但因皖绅童挹芳说：“党人皆挟有猛烈炸弹，如逼其走险，恐全城俱毁。”朱乃不敢发动。

因革命形势的鼓舞，绅界童挹芳、洪思亮、黄书霖和谘议局长窦以珏等联合劝朱家宝仿苏抚程德全的做法，宣布独立，但为朱家宝所拒绝。九月十七日谘议局联合商界，决议十八日由地方自行宣告独立，军事、警务、财政都由谘议局办理，朱家宝的去留，听其自决。适这时朱家宝得袁世凯的密电，嘱其随机应变，以待时局变化，朱家宝乃接受宣布独立的建议，于九月十八日宣告独立，被举为皖军都督，王天培副之。朱家宝嗣因感到和王天培并立不便，先把都督位置让给王天培，继又嗾使刘利贞鼓动流氓藉反对剃辫子，把王天培赶走，又恢复了他自己的都督位置。及黄焕章的浔军到安庆抢劫藩库、商店，围攻都督署，朱家宝才仓皇从后墙挖洞逃出，由圣公会教士送出安庆。

朱家宝去后，皖人遂组织皖省维持统一机关处，内分 3 部，军政部、民政部、财政部分别由桂丹墀、洪思亮、黄书霖负责。秘书长由韩衍担任，暂行维持。皖省维持统一机关处成立后，即召集临时参事会，十月二十二日，全场一致票举孙毓筠为皖军都督，同时，上海同盟会本部，关于皖军都督，亦选孙毓筠。

孙毓筠来皖，过大通，为黎宗岳所阻，折回芜湖。即由芜湖军政分府派兵护送，并有柏文蔚派先锋军一营协助。十一月初到安庆，正式成立军政府，下设军政、民政、财政、教育 4 司，裁撤各地军政分府。唯黎宗岳抗不遵命。民国元年（1912年）3月，南京临时中央政府明令陆军第一军军长柏文蔚统率水陆各军迫近大通，黎宗岳本人逃走，大通军政分府即日撤销。安徽除倪嗣冲占据一隅外，全境遂告统一。4月孙毓筠辞职，柏文蔚继任，1913年6月被袁世凯免职。

在安庆独立过程中，吴春阳、韩衍二人的事迹，不能不专门说一说。

1. 见义勇为的吴春阳。吴春阳（旸谷），合肥人。少时痛心清政腐败，即立志为国家为人民牺牲个人。21岁，与蔡元培、高荫藻、秦效鲁、陈自新等人，创青年学社于上海，从事革命宣传。

1904年，万福华刺王之春，春阳与万福华素为密友，实与其谋。事败，福华入狱，春阳幸免。次年东渡日本，在日本与志士宫崎藏寅藏相友善。

1905年，孙中山先生到日本东京，倡议组织同盟会，春阳为首先拥护者之一。同盟会成立后，即回国，在芜湖发展同盟会同志多人，到合肥主办合肥学务分会，组织同志创武毅会，与柏烈武等的岳王会互通声气。

这时安徽有志青年多投身军队，未一年，春阳亦到安庆进炮兵弁目养成所，与炮营范传甲、常恒芳等密切联系。及倪映典从南京来安庆，密谋发难，事泄，春阳逃至寿春，任职芍陂学校，暂行隐蔽。一年后，又到安庆，联络军队谋举事。省大吏闻风，捕之甚急，乃急返合肥，主办城西学堂。名虽办学，实暗行革命宣传，3年之间，影响甚大，不料为乡绅李国筠（李鸿章的侄孙）所攻，乃离开合肥到上海。

他到上海时，正是武昌起义的前夕，上海同盟会机关派他“光复”安庆，乃即回省策划。到安庆时武昌已举义旗，安庆因起义一再遭受挫折，朱家宝防范又严，不易发动。忧愤成疾，不得已扶病到武昌乞援。

黎元洪因战事方急，无力支援，欲任以参谋，襄助军事。他不肯就，说：“北军已据武胜关，武汉处处受逼，大势一去无可为，公假我一混成协军火，合吾皖原有枪械，当率长淮胜兵万人，出颍、亳，分驱周家口、信阳州，捣北军后路。彼后方路线自大河以南，绵亘千里，处处受敌，猝不及防，公击其前，我袭其后，彼将不战自却，然后胜负可得而计也。”黎元洪信其说，乃任以鄂皖联络员，但终无实力相助。

九月七日，春阳回安庆，更促诸同志发难，遂有九月九日新军第一标围攻安庆之举，不幸又告失败。

春阳愤极，又潜往武昌乞援，奈黎元洪无兵可分。乃遣詹大悲偕春阳告援于九江都督马毓宝，马派黄焕章率浔军相助。春阳先率学生军数十人东下，拟“光复”芜湖再图安庆。舟至安庆，见城头已树立“光复”旗帜，大喜过望，遂入城，极受欢迎，王天培以都督相让，不受，被举为经略。隔日，黄焕章亦率浔军来安庆。

黄焕章的军队组织不纯，纪律甚坏。该军刚刚到安庆，春阳适得芜湖电告，起义有阻障，非他去不可，遂急往芜湖。既“光复”了芜湖，方谋集合兵力，下攻南京，忽有黄焕章浔军抢劫藩库商店蹂躏安庆之事。

春阳得急电，愤极，回到安庆，即欲以大义责黄焕章，同志均谓黄焕章粗暴，不可理喻，勿轻犯其锋。他厉声说：“焕章假借民军，行同盗贼，践我土地，虐我人民，吾皖素称多志士，今事至此，竟无一人仗义执言乎？”直往焕章住处，面数其罪，果被扣留。同志与皖绅闻讯都大惊骇，多方营救无效，卒遇难。在被扣的时候，曾写诗言志，有句云：“拼着头颅酬死友，敢将多难累生灵。”遇难时，年 28 岁。

2. 革命奇士韩衍。韩衍，号蓍伯，江苏丹徒人。颇负才气，同盟会员。曾打入袁世凯幕府任文案，以刺探秘密，事泄，离开袁世凯。后以友人介绍来安庆，一度任督练公所文案，复辞去，专做革命活动。组织读书会，与孙养癯等创《安徽通俗公报》，对革命活动起了宣传作用。

辛亥安庆独立，朱家宝逃走之后，安庆局势很混乱，他联络李德膏、史推恩（恕卿）等组织皖省维持统一机关处，商定一切，维系人心。自任该处秘书长。安庆局势，赖以粗定。

为了积极准备北伐力量，与易月村（白沙）、管鹏等创立青年军，成员俱系富有革命性的青年学生，自任该军监督，并自编讲义授课。与队员共饭食，同甘苦，以是甚得青年欢心。青年军的军旗缀以人字形的徽志，表示奉行人道主义。当时安庆秩序，颇得力于青年军的维持。

韩衍的生活很朴素，身材短小，常穿一套褴褛布衣，面部黧黑且多斑点，头发蓬乱，胡须满面。每疾趋街衢，辄多引起人们注视。

《安徽船》日报，是他一手创办的，可说是他的阵地，也是青年军的武器。他利用该报，对社会黑暗，口诛笔伐，尽情揭露。妒忌他的人，说他是过激；恨他的人，骂他是狂妄。他赠该报社诗云：“怀宁驿口浪滔滔，万马声中第一篙。寄语诸君须坐稳，前途月黑正风高。”似乎他已预知辛亥革命的前途不可乐观。

这和他在《青年军讲义》里说的“门外天如墨，一灯惨作花”是同样的情调。当革命正在发展的时候，他不朝光明的方面着想，只注意黑暗的一面，所以他的活动，在当时起了积极作用，也起了消极作用。总的说，他是安庆辛亥革命队伍中的一个奇士。

一日夜间，从都督府归寓，中途遭刺，论者谓与柏烈武继任安徽都督问题有关。

（二）寿县的“光复”和淮上军的活动

寿州很早就有革命同志活动，孙毓筠办的蒙养学堂、李兰斋办的芍西学堂，都是传播革命的地方。1906年底，张江滔等受了东京同盟会总部委派，回到寿县，更积极活动。为避人耳目，设信义会，吸收会员，实为同盟会支部。

1907年3月15日，张江滔等人拟趁城北四平山庙会起事，消息泄露，临时中止。不好再用信义会名义，乃改组为寿州农会，继续活动，与教育会联络。这时乡团团长王庆云（龙亭）也参加了农会组织，得到乡团支持，势力大张。广州之役，张汇滔（孟介）、郑赞丞代表淮上同志参与密谋。广州失败后，淮上同志益奋。

武昌起义消息传至寿州，张汇滔、王龙亭、岳相如、袁子金、徐石君等积极筹议响应，凤台、定远、凤阳、怀远各县都派代表参加，决议九月十五日夜，武装夺取寿州。出乎意料，十四日夜晚预伏城内军民即已发动攻势，清军不敢抵抗，文武官吏闻风先逃，十五日晨城门大开，起义军凯歌入城，宣布独立。

寿州“光复”的次日，即成立淮上军司令部，总司令一职，张汇滔因坚欲领兵北伐，辞不肯就，公推王庆云担任，张纶、袁子金副之。司令部成立后，着手整编军队，得步兵18营、马队1营、炮兵2营。除留一部分警卫寿州外，分3路向皖北各县推进。

第一路由袁家声（子金）、杨穗九（冠英）、岳相如率领，东取怀远、定远、凤阳、蚌埠。在未到怀远时，即有怀远代表刘楚南前来欢迎。取怀远后，向凤阳、蚌埠前进，驻凤阳、蚌埠清军统领杜清远率部投诚，收编后，革命军声势益大。这时住在南京的张勋，正率军和攻城的革命军相持不下，听说凤阳已为淮上军所占，怕切断后路，仓皇搭津浦车北遁。淮上军听到这个消息，即在蚌埠小南山架大炮截击，敌军不能前进，后以敌愈聚愈众，混战一夜，张勋趁机逃脱，伤亡极其惨重，到徐州后，只剩数百人。

第二路权养之、段云、洪鼎（振九）率领，出征合肥、六安、霍邱，未至合肥，合肥已宣布独立。六安、霍邱清军均闻风逃跑。“未发一弹，未折一兵”，很顺利地“光复”了这些地区。

第三路张汇滔、孙多荫率所部西行，先取颍上、阜阳，知府常绍派兵拒战，以兵败遁逃，预伏颍州城内的同志程恩普率众接应，同时亳州、太和亦均派代表迎降。张汇滔使宁隽元守太和，使程恩普率兵由涡阳趋亳州，自己略取蒙城。程恩普“光复”涡阳后，十月十日兵至亳州，原约投降之清兵统领李钟明突然变卦，程恩普遭到袭击，败退。这时张汇滔因颍州府所属各县已“光复”，正拟西进豫东，侧击平汉路，支援武汉，不料袁世凯使倪嗣冲侵入安徽。

倪嗣冲（丹忱），阜阳人。初为鲁省县吏，以贪污革职，后为袁世凯荐任河南布政使兼武卫军左翼长。阜阳“光复”后，他的胞弟倪毓棻及阜阳大地主宁继泰等逃到河南，促他出兵。于是他从周口侵入安徽，得太和后，探知阜阳守兵很少，急行南下，围攻阜阳。

张汇滔坚守，给清军重大打击，倪乃变更计划，利用城内戚友刺探军情，勾结原投降革命军的巡防营内应，开门迎敌。清军入城后，张汇滔还率众巷战，左右护张汇滔突围而出。是役牺牲数百人，仅张汇滔同族就有 57 人殉难。倪嗣冲入城后，更把外地人集中起来，令他们报数“一”“二”，凡口音不同于当地的寿州人都遭屠杀。这时倪已接清廷停战议和电报，但仍违约动兵。

阜阳失守，安庆党人因倪嗣冲违约动兵及其严重暴行，非常愤怒，即组织北伐军，以段志超为司令，管鹏为参谋长，率步、骑7营讨倪。合肥军政分府也派兵1 团随同北伐。到正阳关，与第一军柏文蔚部卢慈甫会师，沿颍河，抵阜阳。12 月10 日与倪部激战于城东，大败倪军，倪本人退缩城内。次日复开城三路出战，又惨败退回。这时倪嗣冲惶恐万状，屡电呼吁清陆军部与河南巡抚齐耀琳救援。不幸革命军以迭获胜利，疏于警惕，致为倪嗣冲所乘，中途败挫。及再集合兵力，准备继续进攻，因1912 年2 月12 日，和议告成，北伐军遂停止作战，使祸国殃民的倪嗣冲侥幸窃据皖北。

（三）合肥的独立

辛亥革命前，合肥已有同盟会会员在活动。如吴春阳等组织合肥学会兼办城西小学，进行革命宣传。

武昌起义前夕，上海同盟会派孙品骖（万乘）回合肥。孙到后，即组织武装力量，联络民团及县衙卫队，准备起义。庐州知府穆特恩（旗人）闻风先逃，只合肥知县李维源（松圃）还想抵抗，经过说服，李亦接受独立。九月十九日下午，召集大会，由孙品骖主持，宣布独立。公推孙品骖为总司令，成立庐州军政分府，下分民政、巡警、财政、参谋、执法五部。积极推动庐州府属各县独立，并分配兵力，协助北伐。

全省军政统一后，庐州军政分府遂奉令撤销。

（四）宿县由假独立到“光复”

扼津浦路要冲的宿县，当寿州、合肥先后独立时，宿县军阀雷震春（原为清江北提督，被撤职家居），为了破坏革命，与当地官绅密谋假独立。乃召集各界，以宣布独立为幌子，组织保安军，雷自任总司令。原宿州知州李铭楚任保安军执法官。12月2日张勋北逃过宿州，他特地跑到车上和张密谈。不久，他也丢掉总司令的位子跑走了。

雷震春走后，张勋在徐州集合残兵，并勾结鲁军，南袭占领宿州。直到12月20日，北伐军第一军军长柏文蔚和粤军司令姚雨平进攻固镇，才击败张勋。经过奋勇追击，24日“光复”了徐州，因南北议和，停止前进。这时宿州才真正挂起“光复”旗帜。

（五）芜湖的“光复”

芜湖是革命党人活动很早的地区，1906年以后，革命同志先后离开。武昌起义时，虽然社会人心激动，渴望速举义旗，但因领导无人，未能发动。及吴振黄从上海、刘醒吾从武汉同时来到芜湖，才积极活动起来。这时寿州、安庆都已宣布“光复”，清政府的芜湖负责军政人员，有的逃走，有的经联络即表示赞成独立，遂于九月十九日宣布独立，成立皖南军政分府。公推吴振黄为总司令，刘醒吾为军政部长。

军政分府成立后，即派员“光复”宁国、宣城、当涂各地，各该员到时，阻力甚少，均次第更换旗帜。

宁国和太平两府“光复”以后，皖南各县，都传檄而定。只大通一地，为黎宗岳所据，不受政令。到次年二月，黎宗岳才被迫逃走。

（六）安徽的讨袁之役

辛亥革命由于资产阶级的妥协，让窃国大盗袁世凯攫夺了政权，已为人民所不满；袁执政以后，更激起南方各省革命同志的愤怒。1913年3月20日，袁又使人暗杀了宋教仁。孙中山先生即在沪召集会议，主张讨袁。湘、粤、皖、赣、滇、黔、川各省军民的反袁空气都非常激昂，但因会议意见未能一致，没有发动。

当时江西李烈钧、安徽柏文蔚等反对袁世凯杀害宋教仁和向外国大借款最为激烈。袁世凯大借款成功后，一面用重金收买湘、粤、皖、赣军人，一面先发制人，派李纯率北军南下，进窥江西。布置妥帖，即于6月间先后免去李烈钧、柏文蔚（烈武）的都督。

针对袁世凯这样倒行逆施，孙中山先生又在上海召集国民党（这时同盟会已改为国民党）同志举行会议，决定兴师讨袁。并派黄兴到南京，朱执信到广东，李烈钧回江西，谭人凤回湖南，龚振鹏回安徽，同时发动。李烈钧7月9日到湖口，7月12日江西即通电独立，爆发讨袁第一声。黄兴7月12日到南京，15日宣布独立。

赣、宁独立的消息传到安徽，人心极为振奋。袁家声、岳相如、张汇滔、范光启、龚振鹏、郑芳荪、凌毅等就在正阳关召集军事会议，以领导无人，会未开成。龚振鹏跑回芜湖，他人也多离开，会议无结果而散，给了倪嗣冲一个进攻的机会。

柏文蔚被免职后，袁世凯派来都督孙多森，到安庆没有几天，见群情汹汹，无法抗拒，乃逃之夭夭。孙多森走后，7月17日，安庆也树起讨袁旗帜，公推宪兵司令祁耿寰代理都督，积极组织讨袁军。全市人心非常奋发。电灯厂厂长洪忠凯，谋组织青年军，到师范学校登记时，暑假留校学生全部摩拳擦掌地踊跃参加。由此可见一斑。洪忠凯后为倪嗣冲杀害。

讨袁军正在积极进行活动时，早被袁世凯收买的第一师师长胡万泰嗾使部下柴宝山团兵变，围困都督府，祁耿寰冒险冲出，仅以身免。胡等举刘国栋为都督，刘为日本士官生，这时受袁世凯命，来皖活动，故被举为都督。不几天，芜湖龚振鹏、管鹏等与胡军战于大通，胡万泰兵败，与刘国栋离开安庆。

袁军的布置：

1. 段芝贵沿京汉路南下，护卫武汉，进攻江西；

2. 冯国璋沿津浦路南下，窥取南京；

3. 倪嗣冲由颍州东进，占正阳关，断绝南京和徐州的交通。

讨袁军也分 3 路：以南京一、八两师合徐州冷遹第一师沿津浦北上；李烈钧与岳州程潜进攻武汉；柏文蔚任安徽讨袁军总司令，指挥皖北各军，扫除倪嗣冲。

柏文蔚以皖北事急，从南京先赴皖北，讵到蚌埠仅 3 日，黄兴急电，促其回南京。这时胡万泰亦跑到南京，表示非柏到安庆不可，柏和胡遂同时回安庆。

柏到安庆，皖籍党人管鹏、张汇滔等也联翩而至。即委龚维鑫为都督府参谋长。代行都督职权，管鹏为内务司司长，代行民政长职权。正拟仍赴皖北督师，不料宁、赣军情同时发生变化：黄兴离开南京，江西又失湖口。形势极为不利。

讨袁军起，袁世凯即命待机蠢动的倪嗣冲抄袭讨袁军的后路，又加派李辅勋、王明臣两部军队归他指挥。他即从阜阳出动，击败了津浦线卢慈甫的讨袁军；并占正阳关，攻下寿州、六安。由合肥、桐城直趋安庆。这时胡万泰又嗾其部下兵变，进攻督署，柏文蔚冒险从督署逃出安庆，回到南京。胡万泰迎降倪嗣冲，袁世凯即命倪嗣冲做安徽都督，为安徽置下一个土皇帝。

（选自安徽省政协文史资料研究委员会编《安徽文史资料专辑》第 5 辑，1981 年）

辛亥革命在安徽

李公案[*]

辛亥前，在日本加入同盟会的安徽留学生纷纷回国，参加革命活动。吴春阳（旸谷）、丁象谦（六皆）、管鹏（鲲南）、管曙东、方诗言、王元甫（天培）、凌毅（焦庵）、郑赞成（养源）、常恒芳（藩侯）、高荫藻（际唐）、汪建刚（叔潜）、陈策（勤宣）等皆到安庆，筹谋"光复"安庆。

先是1907年，安徽巡警学堂会办徐锡麟乘巡警学堂学生举行毕业典礼之机，当场击毙巡抚恩铭，举行起义。次年，熊成基乘太湖秋操的时候，率马炮兵起义。这两次起义虽然都失败了，但革命思潮在安徽群众中影响极大。革命志士纷纷来皖，在安庆城内萧家桥

---

* 李公案：曾任国民政府南京最高法院书记官。

萍萃楼旅馆秘密成立了皖省维持统一机关处，分头联络同志继续发动革命。方诗言同志当时在旅馆慷慨题诗，句云：“国破谁能补，空余泪不干；剑长临敌少，家近欲归难。夜雨敲窗急，江涛入梦寒。壮心何所寄？客路独盘桓！”革命热情溢于言表。方同志面黑，我们送他一个绰号，叫“方铁匠”，可惜不久他就牺牲了。

当时安徽巡抚朱家宝在高涨的革命形势之下，惊慌失措，既欲与革命党人联络，宣布独立，又与清政府暗中勾结，首鼠两端，投机取巧。谘议局局长童挹芳（字茂轩）怕地方“糜烂”，奔走于朱家宝与革命党之间，斡旋宣布独立。革命同志等一面联络新军，准备发动起事，一面也对朱家宝进行说服，晓以民族大义，希望他倾向革命。谘议局于九月十八日宣布安徽独立，朱家宝虽有联络，但为时势所迫，心中不免存观望之念，故不为革命同志所信任。朱家宝不能自安，突然下令逮捕“和尚头”（革命党人都是剪去发辫的和尚头，故朱以逮捕和尚头为目标），于是一夜之间，革命同志纷纷逃出安庆，混乱情形持续两日。此时皖省军民革命风声更为紧张，朱家宝心慌，亦于夜间潜逃。革命同志一部分人在安庆者当即公推王元甫为皖省都督。但王元甫有负众望，为大多数皖人所不同意，因而他应付安庆局面只有 5 天，旋即离去。安庆遂成群龙无首之局，吴旸谷因此赴长江上游请示。这时又有江西浔军黄焕章率乌合之众数百人来安庆，大肆抢劫，全城糜烂，秩序大乱。吴旸谷自武昌赶回安庆，见此状，不胜愤慨，只身入黄焕章军中，当面责问黄焕章及其参谋长王泽（一说是副司令）殃民之罪。黄、王恼羞成怒，竟当场枪杀吴旸谷。革命同志对黄、王匪军一致攻击，黄自知获罪于皖人，不能在安庆立足，悄然他窜。直至南京独立后，孙毓筠出狱，经皖人公推为皖省都督。孙到安庆主持军政事务后，安庆秩序始渐趋稳定。

数月后，南京临时政府派驻浦口的革命第一军柏文蔚到皖接充安徽都督，并兼民政长。柏文蔚率部到皖，安庆秩序才完全恢复。全体同志为吴旸谷复仇，要求柏文蔚电江西都督李烈钧逮捕黄焕章解皖，在安庆御碑亭处决，皖省军民全体称快。

安庆发动革命的时候，同盟会同志在庐州（合肥）、芜湖两地也同时分头举事。现在先说庐州部分。合肥是庐州府首邑，一般青年士子、学者名流，思想都比较进步，武昌革命起义后，同盟会同志孙万乘（品骖）、王善德（兼之）、方朴言、李次宋、吴阳初、李诚安、吴杏园、沈气含、戴管吾、余立奎、胡渭清、殷季樵、吴伯夔、周淀青等自沪、宁各地纷纷到合肥，组设秘密机关部，联络革命同志，组织民军，一面与地方驻军联络，准备起义。当时合肥驻军旗下绿营管带名季光恩，合肥知县名李维源，他们看到清廷大势已去，几度曲折之后，终于赞成革命，表示愿意服从民意，宣布庐州独立。

孙万乘等于九月十九日在合肥大书院召开地方群众大会，季光恩、李维源都到会。由李次宋代表机关部宣布庐州独立，组设庐州军政分府。当场公推孙万乘为总司令。群众欢声雷动，鞭炮齐鸣，全城悬旗庆祝军政分府成立。

合肥军政分府下设民政部，暂推李维源担任；财政部推邓鹤仙、李馨斋担任；军政部推刘亮章（文明）担任；巡警部推张践初担任；执法部推许拙云、李次宋担任；秘书处由徐曦（炎东）、夏邱龙担任；王兼之办理总务。此时民众革命热情虽高，但军政分府初创，财政颇觉拮据。未宣布独立之先，曾公推刘铁岩等3同志秘向合肥首富、李鸿章之侄孙李国松（健甫）筹款10万元。刘等3同志以锡皮包香橼，上裹手帕，佯作炸弹，携带前去。李某接待入客厅坐定，态度恭谨，问明来意，满口应承，但不言数字。刘等即将“炸弹”置于方桌中间，李很惶恐。侍者敬烟时客人们假意嘱其动作小心，以免引起爆炸。李国松这才答应由合肥新老两当铺以及同泰钱庄陆续支拨应用。

此时组织初创，需款孔殷。王兼之和我协商赴运漕筹划经费。运漕是安庆36个厘金局中税收较丰者，我刚由江西到合肥，觉着担任此事义不容辞。但运漕尚有李家仓房及运隆钱庄各一处，均有款项可筹，乃请加派黄海平同志负对钱庄筹款责任，李佩伯同志负对仓房筹款责任。3人同到运漕，不料当时芜湖军政分府已先派熊子嘉率兵一营，驻在厘局。我等去时，彼磨刀霍霍，气势汹汹。经我与他细谈之后，始知其为熊成基之兄，乃是革命同志，事可相商。熊当时表示要我赴芜湖与芜湖军政分府吴振黄总司令协商。次日，我到达芜湖，因我与军政部部长刘醒吾、警察厅厅长李伯度、革命军第一团团长郑西平皆系旧友，故他们招待殷勤，相聚甚欢。在宴会上决定运漕税款由庐州、芜湖两军政分府共同派人征收，共同分配支用。我即回运漕，当提现款1万元，与熊子嘉偕赴合肥军政分府复命。王兼之欲派我主持运漕税局，因我不愿担任，遂改派许世钦（用午）前往。据闻许以后贪污了七八万元。

这时正是安庆革命遭遇挫折的时候，同志们纷纷来到合肥。在张公祠召开皖民大会，推童挹芳为主席，大家决议公推同盟会会员孙毓筠（少侯）为安庆都督（孙新由南京出狱来肥），又决定在芜湖创办军事机关报，并定名为《安庆日报》，推我为总经理，我慨然接受。合肥、芜湖两军政分府共拨银2000两，赴上海购办印刷机器、铅字。那时我年纪尚轻，办报少经验，首先到南京见范鸿仙（铁血军总司令，在沪办《民立报》多年），向他求教。范介绍我到上海民立报馆参观，并介绍铅字老手（忘其姓名）负主持排印事务，为我之助。

芜湖《安庆日报》聘夏印农为总编辑，鲍际唐、焦龙元为编辑，日出两大张，根据同盟会“驱除鞑虏，恢复中华，建立民国，平均地权”的宗旨，进行革命宣传。

下面再略谈芜湖革命的经过情形。

芜湖是安庆南北交通枢纽，辛亥时革命同志在安庆、合肥、芜湖三地分头进行革命活动。芜湖海关道李宝林和芜湖县朱绣封虽属清朝官僚，但因大势所趋，亦同情革命。由于海关尚有相当武装，经革命同志与其联系后，革命工作的进行比安庆、合肥两地较为顺利。

芜湖于同年九月十九日和合肥同日宣布独立。在芜湖大花园成立军政分府，公推吴振黄同志为总司令，李宝林仍为芜湖关监督，朱绣封仍为芜湖县县长，刘醒吾为军政部部长，李伯良为警察厅厅长，郑西平为革命军第一团团长，胡泳澄（季方）为革命军第六十团团长。未几，李宝林辞职，由潘赞化、李幼卿为芜湖海关正副监督，管理海关、常关，共有五关、十三卡，分布皖南北各处。

南京“光复”，临时政府成立之后，芜湖和庐州两个军政分府同时撤销，民政统一归省府管辖，军事上成立革命军陆军第十五师，以孙万乘为师长，师部驻芜湖。同盟会在芜湖设立支部，以殷之辂主持其事。

以上是辛亥革命时我在安庆亲见亲闻的一些史实，提供参考，并希熟知情况的老同志予以补充订正。

（选自全国政协文史资料研究委员会编《辛亥革命回忆录》第4集，中国文史出版社2012年6月第2版）

辛亥革命元老柏文蔚的生平

胡锡畴*

1912年7月，由于淮上革命军总司令部奉令结束，我到了安庆，专谒柏烈武①，承蒙他委为都督府秘书。1917年以后的3年中，柏派我在安庆《新建设日报》社任总编辑。1927年5月我到合肥，与柏见面，又蒙他任我为三十三军司令部参议；同年8月，该军移驻蚌埠，召开全军党代表大会，我被选为特别党部执常委兼总务部长。1930年柏因为反蒋，命我到鲍刚部、张人杰部、华文选部做秘密策反工作。另外我在抗战流亡过程中有赖于柏的经常接济。有了以上种种关系，早拟就耳闻目见详详细细地写一篇柏的革命史料，乃以年老多病，记忆力衰退，率尔操觚，有所不敢。适挚友王坦夫把一向保存柏的

* 胡锡畴：时任安徽都督府秘书，后任南京国民政府安徽省政府顾问。新中国成立后，任江苏省文史研究馆馆员。本文原标题为《辛亥革命元老柏烈武的生平》。

① 柏文蔚，字烈武。

亲笔遗稿慨然交出，几经捧读，惊异其内容丰富，遂大胆地动起笔来。但由于水平有限，错误挂漏在所难免，希望阅者补充纠正为幸。

一

柏烈武原名文蔚，是安徽寿州人，出身于没落地主家庭。幼年束发读书，稍长考中秀才。清末皖省创办武备练兵营，以备培养编练军之弁目，当时革命志士厕身其间者有柏烈武、倪映典、熊成基等，他们就在这时加入了同盟会。柏烈武旋又告别双亲，到关外图事，与吴禄贞等在奉天督练处工作。辛亥年的二月，督练处奉令改组，变三处为一处，由蒋方震主持，柏烈武被裁汰。闲居日久，举债累累，乃商诸挚友廖燮堂夫妇借得川资，赴呼兰向“天边羊”（赵姓）告贷。而“天边羊”赋性慷慨，话未听完，便付与卢布500元，合中国钱780余元。不仅将旅邸的积欠扫数还清，而且清理了一些朋友的旧债，还剩些钱可暂维现状。八月二十一日突见报载武昌起义成功，革命军不犯秋毫。二十二日接到范鸿勋（原名光启）、郑赞成（原名芳荪）急电，促柏南下，劝勿稽迟。二十三日又接陈英士来电，促其火速启程。柏因召集旅奉同志开紧急会议，讨论奉天方面革命事宜，由廖燮堂与梁实卿、梁卓卿昆仲担任联络。

柏烈武只身南下，九月初一到达上海，与陈英士、范鸿勋、郑赞成等晤面。基于时局紧张，立即在陈英士家开会，决定黄克强负责武汉方面的工作，柏烈武担任南京方面的工作。这时清军攻打武汉，不啻电掣雷轰。柏烈武初三日遄赴南京。黄克强[①]初四日即乘红十

① 黄兴，字克强。

字会船趋汉口。柏到南京之日，第九镇下级军官及头目来见者凡数十人，气皆旺盛，而主持大计者，则为凌毅、李华侬诸人；研究军队装备，都以新军有枪无弹为虑。柏烈武复回上海，与陈、范、郑诸人谋。其时代陈英士管财政者为杨普森，杨奉命先拨数千元交柏购置手枪。又设制造炸弹的工厂于牯岭路，由范鸿勋主持。巴泽宪（黄花岗之役幸免于难者）精制弹术，3日之间制成1200颗，又购手枪300支悉数交柏。柏即率敢死队百余人用被褥毛毯，包裹以行，乘火车安然运抵南京内桥机关。这时南京军队分为4种：

（一）新军第九镇归徐绍桢（号固卿）统制；

（二）江防军十六营归张勋统制；

（三）旗营无建制，千余人，直属于江宁将军铁良指挥；

（四）督标绿营，改为巡防军，亦无建制，2000余人，为督署卫队，直属于总督张人骏指挥。

张勋不明顺逆，所部皆功名利禄之徒，不易推动。巡防军系淮军旧侣，以乡谊为重，对革命表同情。新军骨干三十三标、三十五标，都是新征入伍的兵，经赵伯先、林凉之输入反清思想，印象甚深。至三十四、三十六两标，为淮军改编；骑标、炮标、辎工两营，亦是新征入伍，下级军官，多半是学生出身，反清情绪早达高潮。军事会议决定，先以巡防军2000人发难，急攻铁良，夺取枪弹；三十三标在三牌楼响应，抢清凉山之火药库。命令是在九月初八日发出的，原定于初七日午后10点钟开始动作，乃以事机不密，为敌探所知。张人骏勃然大怒，严令徐绍桢迅将全镇开拔秣陵关，并限于初十日12点钟以前办理竣事，否则以违抗论，决以江防军剿灭之。徐绍桢与张勋有隙，又因全镇官兵有枪无弹，只得遵令退出。该镇十七协协统孙铭在外未回，十一协协统杜汇川驻镇江，三十三标标统王光照逃走，以伍崇仁代，炮标标统陈懋修逃，无人接统，军心浮动，遏抑颇难。徐绍桢驻秣陵关，既不敢入城，亦不敢举义。张勋传令，闭城拿人。与柏烈武同来之人，纷纷藏躲。内桥机关仅留李华侬夫妇二人，上江公学校长凌毅一人，与柏烈武共 4 人而已。当此生死存亡，间不容发关头，4 人镇定如常，幸免于难。十三日清晨，炮标排长侯城，辎重营正目李朝栋，由秣陵关来，邀柏前往。是晚 6 时，趁月光荡小舟同行，凌与李氏夫妇则留城中。柏舟至上方桥，见两岸已有人来接，内一人问柏管带来了没有，侯、李出来说，柏管带已来。忽然掌声雷动，盖全镇正副头目及士兵代表，均在此迎接。柏即到三十三标伍崇仁处住宿。是夜士兵刺伤旗营队官和排长三人。十四日徐统制闻柏烈武到，遣使请至镇部。柏与伍崇仁计议妥当，下令各正副目做起义准备，若徐公能反正，柏烈武等拟推徐为都督，开始进攻南京。遂于午后 6 时往谒徐公，徐公喜不自胜。是时镇部门前特殊拥挤，徐公命柏出向大家宣告，众始退去。徐绍桢诚恳表示，陈标统去职，此缺拟请柏烈武负责。柏郑重表示，只请徐公能领导反正，虽微如弁目，亦所愿为。恰巧孙协统新由日本归来，施久客兄弟及正参谋长沈桐午均在座，当即商榷举义问题。柏烈武主张先从南京发难，次镇江，次苏州，再次上海，而徐、孙、沈、施诸人，则主张先从上海发难，以次攻南京，少数服从多数，计划乃定。

二

徐公命柏烈武往上海，运枪炮子弹，发给群众，以做进攻准备。

十五日柏烈武往上海，经南京入城，下午7时，得沪电，上海“光复”，柏连夜折回，报告徐公，并陈意见数条：1. 张勋、铁良粗识军事，恐乘我无备来攻，公宜由上方桥退马群，据镇江，俟补充完备再反攻；2. 城内巡防军，宜不断联络，物质上应予以便利，促其归心；3. 无论如何，必俟子弹补充完备，方可举事，不得冒险。十六日午前10时，又得沪电，江苏巡抚程德全反正，苏州“光复”。同时张勋遣使曾芸生、杨绍先二人（皆柏烈武在武备练兵时同学）衔张命与柏言和，提出条件如次：甲、反正后，拥护张制军为都督；乙、保全铁良将军全家生命财产；丙、张自己不要升官，但要保存其巡防军编制，若能答应，即刻悬挂白旗，以免祸及地方。柏当时提出，张能策动反正，个人极表欢迎，但此间全权由徐统制掌握，应与徐协商决定。曾、杨二人，去仅两小时复返，传语张与徐积不相能，无说话余地。柏又提出到镇江召集会议，解决这个问题。曾、杨称善而去。柏烈武乘机由秣陵关赴镇江，转往上海，领枪弹10万粒，炮弹300发，炸弹2000颗，手枪500支，派人用包裹携带，运至镇江存放。第九镇三十六标由江阴移来驻镇江，标统已逃走，该标第三营管带林述庆（号颂亭）操纵全标。柏初至镇江，林已秣马厉兵，待机而发。当时在镇江的，有林之夏、陶骏保，第九镇第一任参谋郑为成，第九镇最初之炮标标统等。当由林述庆领导会议，决定于九月十八日，宣布独立，克复了镇江。当时旗营虽稍有反动，旋即平复，林述庆自为镇江都督。当柏烈武运械弹至镇江后，知第十七协协统孙铭（号少江）及书记唐曼公已先在，但因与林述庆意见不合，不敢出面，恐为所害，柏旋至江口旅馆中。孙问计于柏，柏即阐明自己主张，遵照秣陵关会议计划，将械弹运至秣陵关与马群，请徐统制就都督职，露布全国，进攻南京，并应保持第九镇这一系统，任何人不得破坏。孙闻柏言，乃告柏曰："你辞统制去后，十五日、十六日两日报告，内有张勋与你接洽的问题，颇引起徐公左右的嫉妒。且以为全镇官兵，只知有柏管带，不知有徐统制，最使他们日夜忧惶；今闻你言，知道你器量宏伟，吾心已安，但林述庆别有居心，为之奈何？"柏说："此事暂不必多谈，容我们回到马群，见了统制，再行商讨。"乃决定用车运械弹，由陆路启程，二十一日午前6时，由镇江西关河金鸡岭出发，行未10里，而南来九镇的败兵，大批退下，知已全镇覆没，官兵如鸟兽散。据报徐统制轻信人言，不待弹药运到，即下令进攻，当时步兵三十三标，及工辎马炮等营，虽无子弹，亦随同前进，终因弹药不济，而遭到失败。柏与孙铭等即停止前进，折回镇江。柏当时负责召集九镇散兵，当即下令数通，到句容、溧水、溧阳、宜兴等处，使所有溃军，聚合镇江，以待整编，又遣使赴沪报告，另函陈英士，请其设法补充。此时徐统制遁居上海，适黄克强也从汉口来沪，而镇军之林述庆、陶骏保，亦都在沪。黄克强、陈英士误听徐公左右一面之词，冤杀陶骏保。柏闻信赶到上海，向黄克强、陈英士说明原委，且陶骏保在镇江谋独立，与徐统制在南京的失败，风马牛不相及，如此残杀，对革命事业，大有损失。柏说此话时，宋教仁亦在座，对柏言极表同情，立令追回正法林述庆的命令。次日凌晨，柏与林述庆潜行至高昌庙，乘江贞兵轮回镇江，布置一切。而上海决议，公推徐绍桢为联军总司令。消息传来，林述庆表示反对，林凉生劝止不从，乃不辞而别，脱离镇军。柏复继续劝解，说明利害，并说明陈英士所拨步枪3000支，款20万元，全数在此，当前最重要、最关键的是充实整编自己的部队，不然大敌当前，徒作意气权利之争，是智者所不为。林为柏所动容。柏乃袖出欢迎联军总司令徐绍桢文稿，林与柏遂共同签发。联军总司令部，设在镇江西关，徐与幕僚都集中于此。柏与林述庆亦联翩往见徐公，讨论进攻南京事宜。但徐终以第九镇全部归柏领导，不大适宜，而幕友不明大义者，复挑拨是非，仇视柏部。适张勋代表曾芸生，顾子彬（顾是杨绍先以后改派的）到镇江，接洽和平谈判诸问题，反被联军宪兵捕去，执法官王某，不容分说，竟将曾、顾二人残杀了事；又柏部之侦察兵，在江边巡查,宪兵见是柏部符号，亦捕交军法处棍责，鲜血直流，抬送柏部，柏部官兵见之大哗。柏不得已，特到总司令部，请示徐公，报告以上二事，而徐公尚且不知。柏亦震怒，力主严办，而军法官王某已闻风远逃。张勋根联军无信，残杀其代表，妥协遂成绝望。自此以后，柏与联军隔阂日深，林述庆以夙与徐部势如水火，每次军事会议，意见多有冲突。柏决计不在联军范围内作战，自请将镇军全部归林述庆率领，加入联军协攻南京。柏并愿率先锋两营及学生队300余人，由镇江渡江，经六合县，攻浦口，断张勋后路，提出联军会议，得多数通过，乃成定案。林述庆向南京出发时，柏送至高资。时林携有布告数捆，具有江苏林都督字样，柏切实劝其以大局为重，勿作权利之争。林乃将布告抛掷车下，柏仍不放心，乃邀第一协协统刘成，第二协协统伍崇仁，在车上讨论，说明吾人革命，是为了推翻清廷、为国立功，途径甚广，万不可为了眼前虚荣，误了我们远大前程，万望二君，善辅林述庆同志，率队渡江，争先北伐。江苏都督究属何人，大可置之不问。从此分手，期在浦口会合。刘、伍二君，深为感动，柏即与林述庆告别，转回镇江，当夜率部渡江，向六合县进发。柏烈武统兵作战，一往无前，但他总以林述庆与徐绍桢的破裂为顾虑。因此，他在百忙中，以私人名义致林述庆手札一通，内容如下：都督者一省之纲领，事权赖以一，政令赖以专，必有忠良明智深谋远虑之才，始能胜任而愉快。况省设都督，不过组织一临时机关，将来榛莽荡平，定由共同选举，乃孚众望。此时人人皆有攫取都督之观念。窃恐党援互树，枝节横生，戈操同室之中，衅起萧墙之内，杨秀清之争权，石达开之失智，洪杨之败，不是活生生的前车之鉴吗？据柏说，林述庆反复捧读此函，汗如雨注，整夜未眠。

十月二十二日，柏率部行抵距离浦口 25 里之葛汤集，有瓜洲镇赵鸿禧、缉私统领徐宝山等败兵千余人，向东逃窜，柏派参谋、副官 10 余人，带兵分途向前查询，并劝阻勿退。据溃兵口称，3 日不得一食，敌又迎头痛击，故避此谋食。柏在六合，遂备牛肉咸菜 6000 份，馒头 10000 斤，白米 1000 石，大行李已跟随到达。并指定就葛汤集附近及以西一带宿营，今晚和明早给养，由镇军第一司令部领取，即命令各溃兵，如再向葛汤集退者，杀无赦。此令一出，当晚即发出给养 2500 余份。柏夜间巡视，见有士饱马腾之概，赵鸿禧不知去向。据探徐宝山在山谷茅屋内吸鸦片，亦欲夜间向六合逃走。柏乃收集败兵，会合自己之部队，下令拂晓进攻浦口。二十三日午前 8 时，先锋第一营管带张永正，在枪林弹雨之下，率全营冲过宝塔山与猪头山，占领了浦镇，第二营管带朱鸿宾，亦率部猛进；柏烈武本人，率镇部人员及学生队，于午前 10 时入浦镇，并占领张勋大营为司令部。当柏率领部队进占浦镇后，徐赵之兵，借搜敌为名，故入民家骚扰，一日数起。柏乃派学生队捕杀数人，并特令查街，如有私入民屋者，格杀勿论。由是人心安定，徐赵亦稍敛迹。不数日而徐赵于夜间逃离浦镇，潜往扬州。先是张勋因恐浦口归路被截断，已乘夜送张人骏、铁良过江北去。张本人不敢久居南京，于十月二十三日率众退入浦口，适柏军进攻，乃夺车北遁，而联军尚无所知。柏在浦口，候至二十四日，各军才分头入城，同时林述庆之苏军都督布告，已高揭通衢，与徐互不相下，于是群情愤慨，已呈现豆剖瓜分之恶劣现象。按联军会攻南京时，兵力最雄厚者为镇军第一镇，其次为朱瑞所统浙军的第一混成旅，其次朱熙所统的苏军第一标，约 1200 人，刘之洁所统扬军一标，约 1200 人，其他老巡防队，沿途来归者，如许殿爵、赵鸿奎等，亦有 1000 余人。这些军队，相当信仰徐绍桢，对林述庆则多不知林为何许人。林称都督，反映最坏，最可疑者，镇军第一镇，大半反林，陆续带队报徐绍桢，而林述庆尚在闷葫芦中。此时如朱先志、李玉昆、余长青 3 部，皆易旗帜脱离镇军，而镇军炮兵，竟在北极阁安设炮位，准备轰击林述庆，形势异常紧张。柏烈武派中军李士善，持大令调镇军渡江北伐，则全镇人马，仅余半数。二十六日晚，由上海派来代表宋教仁、范鸿勋、郑赞成来浦口，邀柏过江，至城内向各方面排解。柏与宋教仁等至南京，由宋主持会议，一致认为林述庆、徐绍桢两人任江苏都督皆不孚众望，乃公推程德全担任江苏都督。当时柏即与宋、范、郑 3 人，到旧藩署，向程德全转达一致公推他任江苏都督的意旨。程则一再谦逊，并对林述庆多所訾议，深深地感觉到要林交卸都督，恐有波澜。柏当即表示，负完全责任，程始首肯。此时林述庆因环境不佳，正在窘蹙当中，当柏与宋、范、郑访问他的时候，相见之下，喜愧交并，由宋教仁说明经各方面商定，推举程德全任江苏都督，并请林担任江苏北伐军总司令。林当即表示，江苏都督，只要不是徐绍桢，我都同意。当即商定林让出都督府，迁往三江师范学堂，并交出都督印信，以便程德全早日就职。林立即将都督印交柏，柏与宋、范、郑 3 人，将都督印送交程德全，已夜间 12 时了。次日一早，柏即协助林述庆迁至三江师范学堂，午后程德全迁入都督府就职，秩序恢复，稍觉可观。适张勋反攻蚌埠，江北告警，柏遂渡江返浦口。联军自入南京后，因权利地位之争，纷扰旬余，几濒于土崩瓦解，柏与宋教仁、范鸿勋、郑赞成，奔走多时，事稍平息。是时孙中山先生，尚在美国未归，黄克强回上海休息，在南京的各部队，大部分都附和革命，真正的革命党人，仍属少数。当时在南京开会，研究在孙中山先生未回国前，拟推举黄克强任大元帅，统率各军领导北伐。不意此项提议，反遭到一般官僚政客与附和革命各部队所反对。柏乃就商林述庆，拟以江苏北伐军名义，通电欢迎黄克强在浦口或临淮关组织元帅府领导北伐，绝不与一般官僚政客和冒充革命者群居南京，作燕雀之争。林拳拳于军饷问题，柏认为陈英士在上海一切有办法，可以无虑。当即联名，发出通电，次日由各报刊登。过去持异议者，现在皆表示欢迎，于是元帅府设在南京。十一月中旬，林述庆计划在扬州组织北伐军总司令部，柏认为不如在临淮关，因临淮关是津浦线要道，南京门户，且本党同志居多；扬州之徐宝山，非我族类，其心必异，至今豚尾犹在，一旦有警，肘腋堪虞。林不听，乃携步枪 8000 支，金陵厂制山炮、大小 50 余门，子弹用帆船满载 20 余艘，开往扬州，未及二周，为了强迫剪发，而总司令部卫兵 200 余人，被徐宝山缴械。柏乃严电徐宝山责问，另请元帅府查办，幸林述庆孑然潜逃，来到浦口，羞愤无地。此时柏烈武为第一军军长，徐宝山是第二军军长，都归北伐军总司令部节制。柏即建议，第二军既已不听命令，当以第一军为基础，在临淮关组织总司令部，准备北伐。林因受此打击，万分灰心，表示不愿再干，遂渡江回福建原籍，从此不通消息。

三

当黄克强在南京组织元帅府的关头，清第一军军长段祺瑞，在武汉领衔劝清帝退位。清廷举朝忧惶，见国运已终，准备退位，交袁世凯主政议和。清第二军军长冯国璋，本系带兵进攻南京者，至是犹秣马厉兵，虚张声势。柏烈武率革命军队，在蚌埠宿县一带，严阵以待，听候命令。十一月上旬，孙中山先生回国，在南京就临时大总统职，黄克强新任陆军总长兼参谋总长，其他各部总长，亦均就职，与袁世凯进行和议谈判。但北廷条件甚苛，南京政府，一部分人一味迁就，更令袁世凯轻视，直至忍无可忍，和议乃告破裂。十二月十六日，柏奉参谋本部命令，大旨谓和议破裂。克日进军北伐，兵力未到徐州以前，所有各军统归第一军军长柏烈武指挥。柏得此命令以后，颇感棘手，因各军长官各不相下，各自称雄，受人指挥，非所心愿。柏亦不以总指挥自居，对各军用通报，不用命令，并征集各军推派负责高级参谋，组织参谋团，既便于发号施令，又可以联络紧密。但浙军朱瑞仍自由行动，不听调遣，粤军姚雨平，接到通知后，复信有十二不解之表示；最奇者本军宪兵司令陈干，自奉令前进那一天起，即自称鲁皖军总司令，收集苏北、皖北各悍匪，如李三秃子、胡老耀等，啸聚 7000 余人，由凤阳至宿县，即有匪众万余人。誓师词有“吾军驱逐张勋，进攻徐州，只要大家拼命，子女玉帛，皆为我有”等语。此令一出，则该部焚烧抢掳，无所不为，如此情形，军令实无法统一。柏烈武乃决计自力更生，从整顿本军内部开始，争取强有力之友军合作。此时沿津浦路的部队，除本军外，尚有粤军，兵精械足，柏亲自往见姚雨平于蚌埠，就十二不解，一一加以解释。粤军参谋长林震与众不同，当时表示，凡属同盟会老同志，此刻皆应勠力同心，不可稍存芥蒂，姚亦颔之。粤军缺马，柏即拨骑兵两队，柏军炮兵缺子母弹，粤军即送去子母弹 300 发，彼此互相协助，一本至诚，联络参谋，终日往来，进退一致。其他部队，柏亦尽到最大努力，与之联系。十二月二十日由蚌埠围攻固镇，当时以柏军与粤军为主力，柏军攻右翼，粤军攻左翼。张勋军顽强，三退三进，以致柏军与粤军伤亡甚重。粤军在左翼，有进无退，跃进超过柏军二里许，柏烈武亲率学生队 200 余人督其后，威迫张勋渡河，与粤军平行前进，攻克固镇，势如破竹，莫敢撄锋。其他各军，亦争先恐后地向前推进。是时袁世凯以战争不利，又来电言和。柏以为各军在未到黄河以北，还没有巩固的可能，故仍破釜沉舟，昼夜前进。十二月二十四日，柏军冷公剑与葛应龙部，会同粤军，进攻徐州，正在弯弓盘马，作斩将搴旗打算的期间，忽得参谋本部电令申斥，勿得再进等语。柏奉令后，自忖忠纯，不敢再进，当即检阅各军，大事犒赏，北伐至此，告一段落。

四

辛亥年除夕正午 12 时至下午 6 时，只 6 个小时内，连接参陆两部急电四通，召柏速回南京。柏原先意图，俟再越三日军事部署就绪，回南京报告军事情形，且孙中山先生回国，柏正在前方督师，尚未见面，亦拟当面请示机宜。今既电召，当即召集会议，将应办事项，责成各主管部门，妥慎处理，并下令预备车辆动身。当时津浦车厢，全被张勋运走，柏向陈英士商借沪杭车40辆，由交通处长邱润初运至津浦路以供军用，而各军皆占车厢为兵舍，不能下车。柏所调来者，仅敞车四辆，官兵200余人，马20余匹，即乘此4辆敞车，于除夕之夜，开往南京。拂晓车抵浦口，渡江至本军后方病院小憩。约7时，往总统府，晋谒孙公，晤谈之下，慰勉有加。柏当将军事情况，略为报告，并陈明北洋军实力尚在，不予以严重打击，急于讲和，恐难有良好结论。孙公曰："大家愿讲和，不愿从事兵戎，只要袁有诚意讲和，岂能要大家牺牲。你在此早餐，稍事休息，一切军事问题，可与克强面商，其他事体，以后我们再讨论。"于是早餐后，柏即辞出。当柏烈武见孙中山先生的时候，正是壬子年元旦日，也就是中华民国元年。柏离开总统府，即往陆军部，问黄克强急电相召之意。黄当即告柏，刻下各军将领，均集中南京，北方代表唐绍仪，已到3日，且袁世凯急待其报告，若解决无期，恐袁即借口称兵，不可不特别注意。今日下午1时，召集各军会议，故特约你来参加。最重要的，有3个问题：1. 总统，2. 建都，3. 陆军总长。第一、第二两个问题，不是我们今天会议所要研究的对象，但是我们可以提出自己的意见。今天我们所要研究讨论的，是第三个问题，也就是军事问题。此间各军代表已集议多次，主张颇有出入，我们可就此时，交换一下意见，请你提出主张作为参考，以便在会议席上，提出研究。柏当即表示："我们的同志们，在孙中山先生领导下，举一百日的革命军，扫数千年的专制荼毒，共和聿成，国体丕变，不特海内同胞，额手称庆，即国际朋友，也衷心赞佩。陆军总长一席，关系非常重大，无论如何，丝毫不能让步。溥仪虽然退位，而袁世凯自诩为四世三公，即使抢去大总统，他亦不会过瘾，肯定地说，他是要做大皇帝的。我们与其空口言和，反为所算，何如积极战斗以决雌雄。"黄即含笑说："烈武所见，与陈英士完全一致。"本日下午1时，柏到陆军部参加会议，所有到会同志，不约而同地对陆军总长这个地位，坚决不肯放弃，并推戴黄克强，依旧担任，深孚众望。除在大元帅时期，已有第一、第二两军外，现在为着扩充实力，又成立第三、第四、第五军，共组织5个军。其理由是，一旦和议破裂，即可随时出征。北方议和代表唐绍仪，到了南京，住在总统府，召集各方代表会议，柏亦应约前往。唐当即宣布袁的意见，和战须在3日内决定。而会场发言人甚少，柏即提出陆军总长一席，南方各军，一致推重黄克强，继续担任，此时和战关系，极端重要，请唐代表转达北方。柏并恳切表示，日内即遄返前方，战守待命。此时唐绍仪已由孙中山先生介绍，加入了同盟会。虽为袁氏代表，实倾向南方，故闻柏言，极为喜悦。散会后，柏即私访唐氏，相谈甚欢。唐对同盟会极其忠实，通过仔细咨询与分析，认为南方实力，不及北方，最为可虑，遂私与孙中山先生计划决定，武力既不可恃，还是运用政治手段，使革命势力，向黄河以北发展。密议以第三军军长王芝祥，任直隶都督，任柏烈武为山东都督，黄克强则改为南京留守，掌握5个军的军事，保全实力，以待变化。柏当时想到南方实力，实属有限，加以各军纷歧，党内人心涣散，唐代表这种主张，亦算是苦心孤诣了。事实上，在柏奉电赶来南京的时候，所有总统问题、建都问题，皆早已决定，只有军事部门，尚有暗礁，大费踌躇。而袁世凯来电，明目张胆地说，南京如不能接受他的条件，和平破坏，彼不负责，并以召回唐代表相要挟。此时，南京方面，怵于凶氛，一切照办。众目睽睽的陆军总长则内定为段祺瑞，黄克强改为南京留守，负责处理南方军事。此时官僚政客，皆联翩北上，弹冠相庆。唯陈英士不就工商总长，并通电表示态度。柏烈武回徐州，将军队重新安排后，即回浦口暂住。壬子年 4 月 1 日，南京临时大总统孙中山，宣布解职。4 月 2 日，参议院决议，迁都北京。此时柏之兵力，北抵徐州，南至浦口。就是说，徐州以南之津浦铁路沿线，都在柏之势力范围以内。袁世凯特派章聿骏（号季诗）来浦口，持交通银行支票 100 万元，婉言相赠，并云："大总统闻贵军长甚清苦，特命聿骏以此 100 万元，前来慰问，作为老亲养膳之费，望贵军造一官兵花名册，直接送交总统，以便转交统帅办事处存案，参陆两部，可以不理。以后贵军的军饷，准就近由津浦南段，如数截留。闻津浦南段，每月可收入 90 余万元，贵军月饷，只要 70 余万元，是绰有余裕的。多余之款，可按月交部，其他一切，亟盼贵军长到京，与大总统当面一谈。"柏竟严辞谢绝曰："我家虽贫寒，然双亲皆俭朴，养膳之费毋须如此之多，且军人以服从为天职，断不许自作主张。至本军隶属问题，敢请与黄留守研究决定，当无不遵命。"章连住 3 日，不得要领而去。与此同时第二军军长徐宝山，见钱眼开，只收到 25 万元的贿赂，即将其子送往北京为质。

五

南北和议告成以后，南方军事由黄留守负责。而安徽尚有庐州军政分府、芜湖军政分府、大通军政分府，不受安徽都督孙毓筠的节制，形成了割据局面。黄留守与孙中山先生命柏前往赞襄，藉谋统一。柏奉命后，即电劝三处分府，早日取消，顾全大局。庐州军政分府孙万乘、芜湖军政分府吴振黄，均系革命党人，得电后，先后将军政分府撤销，唯大通黎钟岳，系共和党人，又有葛光庭、刘国栋从中作祟，竟置之不理，且与孙毓筠为难，欲取皖都而代之。柏另委共和党人吕希垣前往缓颊，亦无效，而吕也一去不返，并不知所往。柏不得已，乃派人直接与其重要军官接洽，晓以大义。该部军官胡聘臣，遂领导全部官兵投诚。柏亲率兵舰二艘，步兵一团，驻荻港。限二小时内兵舰起碇，步兵随之而进。迨至大通下游 10 里附近，大通各部队伍，已排队欢迎。方知黎钟岳等已向武汉逃去。柏率海陆军入大通，妇孺无惊，点验各部，不及 3000 人，编为一个混成旅，即任胡聘臣为旅长，电请留守府批准备案。是役，计由南京留守拨款 8 万元，发给军饷及犒赏，微嫌不足，又由大通商会，借垫 8000 元，了此公案，大通人民及商会，都表示满意。大通问题解决后，柏呈报到宁，留守府即通知孙督，作速派遣行政人员，接此大通一切事务。柏烈武正欲料理回南京，孙督特派汪律本、孙棨二人，持他的亲笔函，来邀柏急往安庆，商榷许多困难问题，并云孙督若不是正在病中，即亲到大通面洽。按大通与安庆，近在咫尺，且柏为北伐军总司令，名义上，皖军亦归其指挥，当时南北虽已停战，对安徽军事，亦有与孙毓筠研究的必要。柏遂即与汪、孙二君，同赴安庆。在与孙督晤面之下，孙即取出袁世凯电报，略云：孙督病假一月，安徽都督，着柏烈武代理等语。柏当即表示，津浦线军事重要，不能脱身，整理安徽各军，亦责无旁贷，但安徽都督职务，却不能代理。并面责孙督曰，南方军事，由黄留守主持，你不应径向袁世凯请示。孙即表示，安徽各地军队复杂，尤其省城重地，武人骄横，要饷要粮，动以手枪相逼，以我多病和懦弱之身，你若不来，我实无法应付。当时陈独秀、管鹍南（原名管鹏）、汪律本、孙棨等均在座，柏与孙督同省同县，从小即在一起，以后从事革命，又是患难弟兄，公谊私情，柏对孙之艰难，却不能置之度外，经独秀、鹍南等研究，须首先整顿安徽内部。柏当以皖军总司令名义，改编青年军，归并 27 个独立营为第一旅，枪毙了骚扰徽州的傅家桢，申斥胡万泰，再敢目无法纪，决以军法从事，所谓杀一儆百，势在必行。以后安庆的秩序，也就安定了下来。柏恐孙以代理总督相纠缠，潜至东门，乘轮返浦口，次日过江到南京谒黄留守，始知留守府已呈请取消，正办结束。柏见此情形，怒不可遏，当面责问黄克强何故撤销留守府的组织，是否得到中山先生的指示？是否取得各军的同意？将来南方各军，如何维系？黄默然无言。柏怅然回浦口。留守府既已撤销，南方军事，已失重心。唐绍仪现为袁世凯内阁总理，虽曾坚持第三军军长王芝祥，为直隶都督，固不为袁世凯所采纳。即第三军的第八师，留驻南京，也拨归苏督程德全所辖制。第五军系粤军，全军回粤，第四军为浙军，全军回浙。柏统第一军驻浦口，江苏人张謇、马良以“苏人治苏”相号召，要柏离开江苏，并托人接洽，拨开拔费 16 万元，要求柏将军队迁往蚌埠。柏正在擘画中，适安庆葛应龙所部，叛变一营，全城惶恐，不可终日。地方团体领袖 20 余人，群集浦口请愿，要求柏即刻返皖。是时，陈独秀亦由安庆来浦口密商，以袁世凯用威逼利诱手段，革命党内部早已被分化，南方留守府，既已撤销，各军涣散，军事堡垒，早不在南京，浦口绝无久居之必要。且孙毓筠在安庆处境，危在旦夕，故催柏速回安徽，来保存部分革命力量。于是返皖的方向乃定，先将军部迁往蚌埠。民国元年（即 1912 年）6 月下旬，与陈独秀等赴安庆，就任安徽都督兼民政长职。斯时安徽财政枯竭时有捉襟见肘之苦。本党一部分同志，主张积极扩充军备，以防袁氏，如陈独秀、管鹏南、凌毅、卢仲农、谢叔骞、张三振等。另一部分人主张结纳袁氏，以巩固地位。代表人物为孙毓筠、胡万泰、孙棨等。此时柏之秘书长为陈独秀，机要秘书为王树笙，参谋长为徐子骏，高级参谋为徐介卿，所有各种机要，统由此 4 人与柏熟商解决。当时的方针，决定以孙中山先生意旨为转移，由陈独秀负责，与上海陈英士接洽办理，决不能违背革命；至于整顿和扩充军备，则由徐子骏、徐介卿负责；柏本人在管鹏南、卢仲农、谢叔骞、张三振等协助下，将所有机构充实整理，尽量安插本党的革命同志。全省财政，必须量入为出，军费计占全省收入 1/3，而教育、实业、交通、司法等，则占 2/3。半年以内初具规模，如统一币制，厘定钱粮，继续建筑芜屯、安正公路，督修圩堤等计划，均在分期施行。全省 60 县，增加中小学校 70 余处。但官僚政客和党内不识大体者，每因未能满足个人欲望，便大发牢骚，摇身一变地投向袁氏，并向中山先生造谣进谗者。而袁世凯屡次派人来皖，币重言甘，冀柏氏与之合作。

六

民国 2 年（1913 年）癸丑，柏烈武已 38 岁。3 月中，谭延闿派欧阳振声来皖，研究湘皖联盟问题。居未 3 日，传闻宋教仁被刺，柏与欧阳绕室彷徨，终夜不能入睡。次日清晨，果然凶耗传来，知宋教仁已被刺身死。欧阳闻讯，放声大哭，柏亦心如刀割，涕泗滂沱。当促欧阳振声兼程返湘，与谭延闿磋商，作万一之防范。柏连日召集有关人员，密议对策。适李烈钧派文群并一部分军事人员，亦由江西来皖，密商协同作战计划。除决定皖赣军事布置与协同作战的计划外，并立即密设军用电线500余里，由安庆经六安，直达霍邱县之叶家集。盖因倪嗣冲之重兵，在周家口阜阳一带，必须充分严防。方针决定后，文群等即回江西。4月上旬，中山先生与黄克强，先后从日本回国，至上海，柏亦潜行至沪，李烈钧亦于是日赶到，会商反袁，但意见存在差距。中山先生主张宣布暗杀宋教仁的主犯就是袁世凯，兴师讨伐。柏与李烈钧、陈英士皆赞成，但黄克强不同意，他主张以法律手续解决，孙、黄二公争执甚烈。结果黄主张孙电广东，黄电湖南，在征求谭、胡意见后决定。因湘粤是革命根据地，不能不得到他们的同意而贸然兴兵，孙公认为也有理由，乃分电谭、胡。旋得复电皆主张以法律解决，不主张用武力。谭延闿并有9项不可用兵的建议，故即决定先以法律解决，柏与陈英士、李烈钧不同意用法律解决，乃到陈英士家，密商究竟如何做法。柏当时提出经济问题以及补充械弹，对陆海军的部署，兵工厂的扩建，都有全面详细的规划，然此不但未得到陈英士的同意，而中山先生亦未予以重视。此时的国民党，已不如反清时期的同盟会，全党没有一个统一的决策来进行讨袁，且湘、粤、闽、皖、赣5省联盟中之福建都督孙道仁利禄熏心，忽然以保境安民为借口宣布退盟。此时柏烈武与李烈钧决定以皖、赣两省为津梁来开展讨袁的运动；但中山先生，则主张由广东先发动，其他各省，以次响应，较为稳妥。说到这里，柏与李等即分别返省。4月底，苏督程德全，宣布宋案证据，原来主使暗杀者，就是袁世凯的国务总理赵秉钧。此时主张以法律解决的人们，终于拿不出一个好办法来对付袁世凯。而袁世凯向英、法、德、日、俄5国银行团，签订协定，借款2500万镑。消息传出后，举国皆发指眦裂，对于袁世凯，恨不能寝其皮而食其肉。某些外国恐中国政变，款储汇丰银行，迄未解交。中山先生与银行团交涉，不承认此项借款，请银行团保留勿给。银行团回答，可延缓一个月，若有一省独立，即将借约取消，否则，当按月交款。然预定广东首先发难也者，竟一再拖延。柏烈武与李烈钧虽通电反对，但已无法挽回。袁世凯得此巨款，大肆收买粤、湘、皖、赣各省的高级军官，如粤之黄和顺、赣之陆廷训、皖之胡万泰等，皆入袁贼之彀中。湖南军械库，又被袁派奸人乘隙焚毁，大火熊熊五昼夜不息，所有械弹，都付之一炬。柏便与李烈钧研究，大势如此，已不可为，但无论如何，要唯中山先生之马首是瞻。联盟的5省，仅余4省，且彼此意见不同，而孙、黄的意见亦不一致，事实上，已形成了被动的局面。6月30日，接袁世凯电报，撤柏之安徽都督职务，调为陕甘筹边使，安徽都督，由孙多森接任。在此前数日，江西都督李烈钧、广东都督胡汉民均已被撤职。湖南的谭延闿尚未被撤职，故该省形势，尚较和缓，而南方联盟的4督，决不能免被撤。此时李烈钧除向孙黄请示外，并电粤湘皖3省，商议对策。柏当时复电，认为在宋案发生后，本党即应举兵讨袁，那时联盟五省，实力尚属雄厚，袁世凯的大借款，尚未成功，各省军队，尚能为国扫尘，万矢一的，乃以举棋不定，坐失时机，以致五省之一的孙道仁，宣布退盟，投靠了袁世凯。各省军队内部多已发现有不稳的动态。湖南军械库被焚，使本党损失很大，现在袁世凯先发制人，决与本党为敌，优胜劣败，摆在眼前，只好洁身引退，以待将来。胡汉民接到柏烈武的电报，当即复电，表示同意。而李烈钧突然亲赴安庆，仍欲起兵讨袁，嘱柏烈武暂勿交卸。柏乃派安丰轮送李烈钧往南京，并约定将该轮留在南京，俟李烈钧公毕，仍回湖口入赣，当时并派参谋长徐长骏会同耿伯钊，沿途护送。至一星期后，徐、耿乘船回皖复命，知李已不回赣。柏乃遵令交卸。安徽都督当即由孙多森接任。柏返南京，闭门谢客，不问时事。一日，忽柏之老弟俊武，自上海返宁，据云，李烈钧已秘密回江西，黄克强有来南京计划，柏对此不闻不问。此时中山先生派朱卓文、冷公剑等来南京，联系第八师军队。有桂籍、湘籍团营长 8 人，发动反袁。八师师长陈之骥早已参加革命，为同盟会会员，因系日本士官毕业，且为冯国璋女婿，见其军队内部，既已动摇，故陈亦赞成讨袁。7 月上旬，中山先生派汪精卫送黄克强到南京，被公推为总司令，参谋长一席，由宁方推举第八师旅长黄保苍兼任。3 日后，黄克强亲来相约，乃同到司令部。柏当即陈明眼前军力薄弱，此时讨袁，徒作孤注一掷。黄即说明孙中山先生在上海召开本党会议的情形，决定兴师讨袁，并命柏担任安徽军讨袁总司令，立即将安徽讨袁军总司令特任状交柏。领袖委派，柏亦不便推辞。但接受任务后，即提出个人意见，柏认为袁世凯老奸巨猾，对任何人都无诚意，反袁是我的根本主张。奈本党有一些同志抱着与袁合作的幻想，因循苟且，屡失机缘。现在已到山穷水尽的阶段才下决心讨袁，未免迟了一步。但是只要我们能够坚拼苦斗，流尽碧血而不辞，还是大有可为，又何怕之有？可是全党同志，须同心协力，以中山先生为唯一导师，不管受任何折磨，仍坚如金石，庶有前途。迩来本党同志，被袁世凯收买者，大有人在，应该加以高度的注意，凡是怀疑的人，决不可畀以重任。其他如军饷的筹措，械弹的补充，应由上海统筹办理，源源接济。这些问题，黄克强一口答应，并云转报中山先生。柏即辞黄回寓，与独秀、子骏、介卿、树笙等会商，组织安徽讨袁军总司令部。7 月 15 日江苏都督程德全宣布独立，脱离北京政府。22 日，黄克强宣布就讨袁军总司令职，下令讨袁。袁世凯闻讯，颇为震惊，当即派 3 路大军南下。第一路为段芝贵，由京汉线南下。第二路为冯国璋，以张勋为先锋，由津浦路直攻南京。第三路为倪嗣冲，由汴梁周家口经颍州、正阳关进攻安庆及太湖方面。讨袁军方面，指定武汉及九江上游，由李烈钧负责；津浦线，由黄克强负责；颍州、正阳关、太湖方面，由柏烈武负责。是时湖南诸同志，亦集中岳州，进窥武汉，使敌军不敢长驱东下，鹿死谁手，正未可卜。此时南京城内，袁探到处活动，柏授意洪承点、章梓二人，设法清除敌探，以保安全。洪、章立即行动，很快地捕杀陈懋修、濮健诸等敌探，可是此事大为程德全所不满，认为这是仇杀。柏烈武已觉得程有异志，临行前，密向黄克强建议，谓程德全系江苏巡抚，与袁世凯有相当渊源，此次顺应潮流，宣布独立，决不可靠，万不能使其离开南京。陈之骥是冯国璋女婿，但他的部下，多为本党同志，陈的个人行动，也得留心，必要时须加以软禁。汪精卫向不负责，此番来宁，应坚留，勿任再去，使其在此，参与指导工作。7 月下旬，柏由南京出发，至蚌埠，立即集合皖军，向颍州方向移动。同时召集担任津浦线各部队将领会议，布置联络和出动事宜。忽接黄克强急电，要柏回南京，有要事面议。柏到南京，径往总司令部晤黄克强，知安庆兵变，驱逐祁耿寰，举刘国栋为都督，局势大变，若不及时解决，皖省即为袁世凯所有。而在正阳关开军事会议的一般同志，皆麇集芜湖，一筹莫展。按祁耿寰系同盟会会员，奉天人，日本警察学校毕业，随柏进关。柏任皖督时，彼为省会警察厅厅长；柏交卸时，彼即改任宪兵司令，为人极有胆略，留其在皖，自有作用。故南京宣布讨袁，安庆亦即响应，逐走孙多森，公推祁耿寰为护理都督，以待柏至。讵料胡万泰、顾琢塘两人，密令其部下柴宝山围攻都督府，祁双手持二枪，左右射击，舍命冲出，仅能幸免。刘国栋系士官学生，早衔袁命回皖。以安徽与南京唇齿相依，如安徽问题不能尽先解决，则随时有窘蹙颠覆之忧，故自任为安徽都督。柏得知内中情形后，即请黄克强以总司令名义，电芜湖之范鸿勋，管鹏南速往安庆，设法处理，3 日尚未得复，适胡万泰亲到南京，打听消息，由孙棨引胡见黄克强，意欲黄委胡为安徽都督，但黄早已知胡万泰被袁世凯收买，绝不肯与虎谋皮，而胡又不便自荐，遂作顺水人情，推荐柏回任安徽都督。8 月上旬，柏由南京回皖，刘国栋闻风逃走，安庆表面，似较平静，而袁探满城，无比恶劣。胡万泰两面讨好，因得罪了倪嗣冲，地位动摇，自不消说，万不得已，遂装成蝉寂自安，很少蠢动。此时皖籍党人，管鹏南、范鸿勋、张汇韬等，相继回到安庆。柏委龚维鑫为都督府参谋长代行都督职权，委管鹏南为内务司长，代行民政长职权，其他诸人均分别委派工作，布置就绪，即拟仍返前方督师北伐。乃忽接黄克强密电，谓“蠢贼环攻，无能为力，弟已他往，望兄提前隐退，留此身以待后用”。既而连接葛应龙，端木横生来电大旨相同。并知自离南京后，黄克强左右，已潜伏着互相倾轧的危机，竟有本党同志，潜至总司令部，促黄克强退出南京，袖出讨黄旗帜一面，并云街市已挂满此旗，汪精卫不特没有留在南京，且回上海已久，而程德全亦遁迹苏州，稍迟恐将及祸，悔之即晚。

变生仓促，黄克强决定秘密退往上海。在黄克强退走消息传出后，胡万泰来见柏烈武，面有喜色，公然对柏说，黄克强既走，军事无主，都督计将安出？柏知胡必有变，通知各部人员，严加戒备。次早，卫队营长叶开鑫来报告，谓胡万泰、顾琢塘叛变，柴宝山正在部署围攻督署中。柏令叶在督署前后左右，缜密应变，须镇静毋躁。俄而胡万泰来电话，谓兵心愿望，请都督交出祁耿寰、范鸿勋、管鹏南等，并云这些人，在都督面前，鼓舌摇唇，无中生有，使官兵不能安心。柏答曰，这些人，都是我的患难同志，彼存我存，彼亡我亡，绝不能接受你的要求。实际上，此时范、管等人已早离开，在柏身边者，仅祁耿寰一人。延至午前7时，四面炮声大作，柏之卫队，已有异状，营长叶开鑫，亦避不见面，柏之身边，仅余150多人，据门而守，中校副官陈斌，中弹阵亡。迨至午后4时，警士万忠惠，持枪到督署门口报告，谓胡万泰司令部，受西门外狗头山炮台攻击，胡率所部，向集贤关退走，南门无人，可以出城，并可乘船东退等等。盖在午前4时，胡兵未攻督署前，柏令要塞炮队营长洪自胜，携十二生丁口径要塞炮2尊，设在西门外狗头山，此时胡之司令部被炮轰，因而退去。柏即乘此机会，下令向小南门退出，至南门外，卫队仅余70余人，祁耿寰寸步不离，乃雇民船3只，渡江至八都湖，意欲集合水警船艘，向东渐退，徐图恢复。适水警第一区长夏兴，集合巡舰8艘，有兵80余名，愿同阵东下，当会合一处，顺流至芜湖左近。是时胡万泰、顾琢塘已经降敌，并率队追柏之残部，团长常守昆，在荻港战死。先是有人报告，龚振鹏由正阳关回芜湖以来，态度大变，恣意残杀，枪决民众，日有所闻，惹得英领事出而干涉，状极森严。都督府秘书长陈独秀，师长袁家声，见其残酷，纠正颇多，净友掬诚，反被捆绑，正拟枪决，幸张永正迫以兵力，龚振鹏始稍敛淫威，姑留两条性命。然陈、袁虽未死，已饱受虚惊。似此情形，柏烈武当然不能轻易上岸，遂乃泊碇，并作戒备。亲笔函约龚振鹏，略谓安庆之变，始于南京之崩溃，下游已无望，现拟由安庆经祁门，婺源赴江西，与李烈钧结合，由湘赣夺取武汉，足下如有意，请来行营，面商行止。龚振鹏之为人，刚正，愿革命，唯头脑简单，柏由陆军部调龚来皖，充当旅长。当龚去芜湖赴任时，柏曾将讨袁计划告彼，但龚与段祺瑞是同乡，彼竟在无意之间，将机密泄露于段。龚在正阳关开军事会议时，据云，对柏有不满的流露，恐系听了别人的闲话。但此次接到柏信，立刻到江边见柏，柏见龚和颜悦色，毫无恶意，当即离舟，同陈到龚之司令部，聚谈甚欢。次日忽有江苏同志数人，由南京来，谓黄克强虽去，大家皆不甘心，乃将陈之骥赶走，公推何海鸣为总司令，张尧卿为都督，南京仍复独立。不过从政者能力不强，对内对外，缺憾甚多，你倘能立刻前往，恢复旧观，当亦极易。原来柏以为下游无望，始有退转江西之企图，现南京既可着鞭，实不忍放弃而之他。遂嘱龚暂留芜，将军队加以整顿，然后到南京协助，龚亦极表乐从，柏即乘鱼雷艇，前往南京，正待启缆时，适张静江、戴季陶赶到，云奉孙公命，来慰劳军队，至南京，不能入城，故即到此。张由皮包内取出 3000 元汇丰纸币给柏，柏赴南京，嘱张、戴径回上海复命。柏到南京后，秩序大乱，对内则各方争权，对外则地方绅商无人联系，遂敦劝何张，各抛私见，敌忾同仇，覆巢之下，岂有完卵。何逼张将都督印交柏，柏绝不接受。至是，地方乃派人出面交涉，谓柏若不接都督印，地方不负筹款责任，柏问接都督印后，款从何来？答曰：南京仓库，存稻 17000 余石，造币厂尚存红铜200石，约可出铜圆3000余串；白银40万两，可出银圆70余万元；可支持3个月之军饷。柏力劝何张合作，相见以诚。次晨，张被何所逼，将都督印送来交柏，意颇不适。柏觉内变可虑，然势已至此，不得不勉为其难。时第八师有桂籍团长3人来见柏，熟商该师师长人选，略谓陈师长去后，该师无主，若柏督不想办法，一星期后，该师只有风流云散，彻底垮台。言下痛哭流涕，柏殊感动，安慰而外，并征询彼等之意见何在。3人则异口同声，第八师师长，非柏兼任不可。柏兼师长职后，稍事犒赏，军心大振，是时，天宝城原在张勋之手，柏使步兵第二十九团，一鼓作气，将天宝城夺回，但一日间，三得三失，两军伤亡，已在3000人以上，二十九团，原为1700余人，至以点验，只余900余人。柏以都督而兼师长，实有不能兼顾之势，乃以参谋长方焕章代行，整理补充，仅一星期，各兵种已达8000余人，柏计划补充至万人，由雨花台方面，迂出上方桥，围攻铁厂敌军主力。城内米粮可食三月，又可由芜湖常川运米，亦无阻碍。造币厂已开工，每日可出银圆16万元，银角一万，铜圆500串，柏以为事尚可为。不料内变突生，张尧卿运动军官，驱逐何海鸣，群情激昂，以何海鸣不懂军事，而又贪污，所筹之款，多为其亲近所瓜分，何某不除，终为后患，军心大动，杀气弥漫。柏遂提出折中办法，即军政军令大权，今后由柏负责，总司令名义，仍由何海鸣担任，其他一切问题，须俟张勋消灭后，再作计较。柏提出意见后，多数表示服从，但部分激烈分子，不表同情，且扬言出兵雨花台时，先杀何海鸣，然后出发，张尧卿复在暗中策动。柏军内部有部分杂牌军队，为临时所集合者，多系湘人，何即凭藉这部分军队，牵制第八师，是晚下令，不准出城。于是集中雨花台，预备攻打铁厂之军队，不能出城，打乱了整个军事计划。当派参谋长方焕章奔走调停，亦无济于事，双方剑拔弩张，一触即发。柏也悔不该来，决心带所从部队，仍返芜湖去江西，再图革命。8月23日夜，柏至汉西门外之江东门，拟取道大胜关、采石矶，以达到芜湖再转江西，而前方已溃败不堪，据报大胜关，已为敌军冯国璋占领。各地军队，非常混乱，团长廖传仪经合肥回芜湖，被夏永伦所杀，常守昆阵亡后，军队全部流离，不知下落。安徽决不可再回，柏感大难，忽下水凤阳丸号轮船驶至岸边，柏从静室窗口内，见日人穴水泰胜经过，即命招之相见，穴水泰胜见柏大惊，当即告柏奉驻汉口守备司令官命令，送信给仓喜大郎者。柏由日人口中，知湖南已取消独立，李烈钧全军失败，李纯已入南昌。柏乃决定，乘凤阳丸赴上海，并挽穴水同往，穴水坚辞，谓南京有要事待办，不能相随甚歉。乃将所有西装、和服多套，赠柏等更换。柏与同人更衣后，乘凤阳丸至上海，知袁世凯悬洋10万元购柏，期在必得，柏文蔚不敢回家，住虹口胜日馆，乘隙与父母妻子一见后，于8月28日，搭八幡丸出走长崎，二次革命告一段落。

柏烈武到长崎后，柏母思子心切，亦来长崎，赁南山半西式房屋以居。一日闻东京来人谈，中山先生在东京，改组国民党为中华革命党，希图再举，唯与各省党人，多不融洽，仿佛有分裂的趋势，若不及早挽救，党内仍将多事，处处堪虑。此时李印泉、程潜、熊克武诸同志，邀柏速赴东京面商，同时推派冷遹前来相迎。柏遂至东京，住程潜家中，会商结果，柏以为辛亥以后，许多官僚政客，加入本党，现有重新整顿的必要，但一定要把同盟会老同志团结起来，不能任其天各一方，视同志如陌路。柏于次日，往谒中山先生，孙先生即问柏今后活动办法。柏即提出整顿本党意见，要团结革命老同志，长期奋斗，并云吾人亡命在外，一切行动，均宜审慎，在短期内，应秘密回国，各尽所能，还要留意敌人，勾结日本政府，无理干涉。孙先生颇以为然，约柏来东京辅助，并要柏担任军务部长。柏当即表示，以家眷都在长崎，必须回去，料理妥帖，方能前来长侍左右。柏退出后，想到党的改组，须与各方面周旋，知各省同志，对加入中华革命党，意颇怏怏，且有一部分人，欲拥黄克强，另行组党。乃特约李烈钧晤黄克强，黄对加入中华革命党，要打指拇印，无论如何，不能同意，即分道扬镳，亦在所不惜。当时在座者，有各省重要同志多人，都尊重黄克强，对黄的主张，甚表同情。因知黄克强不久将赴美，未便多谈，即行辞出。柏乃私谓李烈钧曰："将来调和孙黄，你我要负很大责任。"

9月下旬，柏回至长崎，觉得军务部长职务，除黄克强可担任外，当时无其他适当人选。柏函中山先生，表示要辞去军务部长，并要求在长崎略住，再来东京。

1915年5月，在东京诸同志因袁政府与日本政府订立"二十一条"，丧权卖国，愤激万端，招柏至东京讨论对策。柏至东京，与部分同志见面后，即往谒中山先生。孙先生即命柏补办加入中华革命党手续，由陈英士代为填表写番号，柏始正式加入。柏当即请示，拟通电反对日本对中国提出之"二十一条"，孙先生经思索后，命居正回信云："孙先生不愿出名，由你们大家通电即可。"柏当与黄克强、陈炯明、钮永建诸人，联名通电，反对日本向中国所提出之"二十一条"，并请国人一致对外。此电发出后，大招日人之忌，随即处处为难，含沙射影，大造谣言。大阪《每日新闻》《朝日新闻》

各报，冷嘲热骂，无所不用其极。柏乃转回长崎，早作离开日本之计。此时日本朝野上下，对柏等极端轻蔑，且黄克强早已赴美，李烈钧去法，陈炯明、熊克武等人亦皆在南洋。住在长崎南山者，仅柏与白愈植二人。此地已不可留，柏、白二人决定同往南洋，于 1915 年 5 月下旬，离开日本，当时行动，甚为秘密，于深夜登船出港，当地警士，均未察觉。柏等一行抵香港后，日领事报告政府，政府询问长崎县，始知柏等已去，大加斥责。

6 月初，船抵新加坡。华侨林义顺，因受陈炯明之托，以汽车在海洋码头相候，故抵新后，即寓于陈炯明处，而谭石屏、周震鳞亦先期至此，但因水土不服，经常生病，已在料理归装。适李烈钧亦由法国来新，闻柏至，乃于次晨，偕同熊克武、林隐青（原名林虎）、俞咏瞻（原名应麓）诸同志来候，相见甚欢，唯对筹款事宜，因门户太深，不能融洽。故筹款阻力甚多。是时中山先生，在日本组织中华革命党，通告南洋华侨国民党各支部，一律改为中华革命党支部，因华侨居留政府不许可，名称无法更换，故华侨同志，经常碰壁，发生了许多纠纷。柏与白楚香，竭力调解，先将李烈钧和陈炯明两筹款处合并，改为水利促进社，开会公推柏与白楚香赴各埠筹款，奔走半年，结果收荷兰纸币 93000 余盾，英纸币 1 万余元，共合中国钱 12 万数千元。柏亦因气候不惯，患病甚剧，回新医治。10 月上旬某日，陈炯明来晤，云当日晚回香港，盖因杨度、孙毓筠等所谓六君子，发起“筹安会”，冒称学术团体，公开进行帝制运动，全国沸腾，群起而攻之，故须迅速赶回。关于筹安会的成立，柏已有所闻，曾与李烈钧密商多次，并知云南唐继尧与李烈钧有友谊，且已苦心经营数月，云南颇有生机，当请陈炯明暂候，与李烈钧一商。

陈炯明以此行绝对秘密，在一星期内，无论如何，不能告知。此后他托柏转告李烈钧，乃告辞而去。

10月间，李烈钧邀集刺绣女学生多人，织坛垫、椅披等物，要柏题字，如“西南保障”“国家柱石”字样。柏问何因，李烈钧告柏，此为赠唐继尧之礼物，盖唐并非同盟会同志，无论帝制或民主，只要有官做，他都接受，现在不便与之通信，姑以此等语言试之。柏深佩李烈钧办事，聪明细致，礼物送去后于10月下旬即有回信，给人印象甚佳。李烈钧在星洲得信，知唐继尧对赠品甚惬意，已默许本党同志。即函知方韵松，就近由香港入滇，李烈钧亦随即离星洲而入云南。迨云南护国军兴，李烈钧率第二军出百色，陆荣廷宣布广西独立，响应云南。柏在星洲（新加坡），得唐继尧电，聘柏为筹款总代表。柏以责无旁贷，将唐电转达南洋各埠，各埠复书，皆极踊跃，仍以“水利促进社”对外。柏此时精神愉快，身体逐渐康复，适有龚振鹏者，忽来星洲，自称是唐继尧筹款代表，到处招摇。柏当与徐子骏、金禄光、张秋白3人研究，以为龚在此捣乱，事不易办，乃决计回上海，总代表职务，决定到上海后，设法卸去，未了事务，乃托徐、金、张3人，在此继续负责。是时柏经手已募有12万元，须刻一征信录，尚有未收齐之款1万余元，嘱即催汇。布置就绪，柏遂回上海。

1916年3月上旬，柏由新加坡回至上海。是时袁探布满英法租界，并有暗杀组织，登岸时必须警戒，有老同志陈策（号勤宣）带领多人到码头迎柏，护送柏到法租界寓所。而各省本党同志，此时皆集中于上海。时孙中山先生，以中华革命党为号召，派人在上海活动。居正在山东潍县周村一带，起兵约万人，尚未为各方所注视。

柏以为似此情况，将无成绩之可言，因倒袁主力，尽是些地方军人，如云南的护国一派，除李烈钧等数人外，其余如蔡锷、戴戡、梁启超等，原系君宪派，民国成立以后，君宪派又与北洋军阀官僚，合组民主党，后改为进步党，唐继尧即该党西南领袖之一。柏烈武与李烈钧，初意以利用同一目标，组织一部分实力，俟罪大恶极之袁世凯消灭后，再图扩展。

1916 年 4 月上旬，黄克强由美洲回日本。日政府对黄表示尊重，甚为亲近。尤以黄个人名义，借贷日币 300 万元，练兵一军，以备应急，并与日人商妥，以柏烈武充任军司令。遂命张孝准衔命来沪，与柏商量组军步骤。黄克强并指定曾继梧、陈复初为师长，赵恒惕为旅长，其余旅团长，由湘淮军人中，选择任用。柏即派林凤游赴天津，招待曾继梧、陈复初等 60 余人来沪，赁义和里五楼居住，又定练兵地点。可是浙江都督吕公望，必尽先与之面洽，因北京轮船罢工停驶，沪杭铁道不通，只有乘戴生昌小轮，尚可前往，柏略事化装，至杭州，见吕公望，接谈甚为顺利，驻军地点，东至湖州，西至泗安，给养由吕派员办理。恰巧沪甬船已通航，柏即绕道宁波回上海。

6 月上旬，袁世凯陷于众叛亲离，在四面楚歌声中，戴罪而死于北京城。自袁死后，黄克强来电，停止练军，柏即将人员遣散，并亲赴杭州，与吕公望办理结束手续，优游于灵隐天竺间者旬余，忽得沪电，知陈英士被刺身死，乃匆遽回申，为陈英士治丧。无何孙中山先生与黄克强，亦先后来沪，柏见孙先生于其寓所，谈及英士的惨死，唯有相对落泪而已。

1927 年，柏烈武在三十三军任内，看到蒋介石“三二三”在安庆的穷极凶残，“四一二”在上海的血腥屠杀，动辄以“清党”为名，比袁世凯和北洋军阀，真有过之而无不及，遂义愤填膺地拍发巧电一通，予以谴责。谨慎如贺耀组、叶开鑫等，也敢于签名。而蒋介石最迷信路易十四，常自诩朕即国家，柏烈武何如人斯，居然犯上，于是将柏的三十三军军长头衔，一笔勾销，另委张克瑶接替，同时又笑里藏刀地任柏烈武为北路宣慰使。这种空中楼阁，明明是欺骗行为，柏氏当然拒绝。柏是中国旧民主革命的元老之一，对于蒋介石篡党祸国，唯我独尊的行为，非常鄙视，并出诸其口，而蒋介石表面上对柏仍虚与委蛇，实际上则恨之入骨。蒋在撤销柏的军长后，又运用更毒辣的手段。记得柏家住昆山县时，柏氏已经吃素信佛，闭门谢客，不问政治。所有往来的人，不是和尚，便是喇嘛，忽然一天深夜里，有人敲门，求见柏氏，原来是他的老部属，刚一讲话，他就号啕大哭地说“这次深夜求见，是冒生命危险来的。我已加入了蓝衣社，请老上司立即离开这里，否则将有不测之祸”等语。第二天柏就从昆山到南京，把这件奇特的事情告诉了于右任等，他们都力劝柏移住南京，以免遭人暗害。

1937 年，抗战军兴，柏将家眷安置后，只身南游，到湘西永绥县亲戚家中居住。光阴荏苒，倏忽 8 年，为了关心抗日，曾到达重庆数次，不为蒋介石所理睬。有一次，柏只带一个老仆，乘公共汽车赴渝开会时，中途汽车失灵，寄宿在旅馆内，稍不留意，把皮包遗失，所有逐日生活费，与一切重要文件，都不翼而飞，呼天莫应，迫不得已，面请吴鼎昌，设法搜寻，以免窘蹙，而吴鼎昌是蒋介石的鹰犬，除阳奉阴违外，同时又电蒋介石请示办法。柏感到身濒绝境，特访老友萨镇冰，萨乃道义中人，一方面急找吴鼎昌，请其立予帮忙；另一方面，又盛设酒席，款待故人。而柏对当时政治腐败，十分不满，遂情不自禁地在萨镇冰约游花溪之际，赋诗示讽，字里行间，充满悲愤。俄而文件等物，送回来了，皮包与生活费，则去向不明。多情的萨镇冰，对柏既资助若干，聊资挹注，又借得一辆汽车，敦促赶路。柏走后，吴鼎昌阅报，看到柏的原诗，又接到蒋的回电，急电芷江宪兵司令王某告以柏的汽车，是从朋友处借来，无通行证，应加以扣留，可是在王某接到吴电时，柏已驶过芷江。

抗日胜利后，柏既是国民党中央委员，又是国府委员，随波逐流地到了南京，蒋介石竟不给以一席之地，柏只有忍气吞声，住在外甥家中。有一日柏悄悄地扶杖郊游，到陵园一看，偏偏遇着蒋介石，坐了一辆汽车，前呼后拥而来。蒋刚下车，瞥见柏氏，昂头天外，问柏最近政见怎么样？訾诋气氛溢于言表。柏答，衰朽无用，不久下乡，还有什么政见可言呢。迨夕阳西下，踯躅归来，忿忿地对着外甥问："你读过《左传》没有？上面有'举趾高，心不固矣'两句话，此番日寇投降，谁亦知道，是共产党拼出来的，而蒋介石不仅贪天之功，以为己有，而且对我这个老年人，轻蔑连牛马不如，他的猖獗，一至于斯，被人粉碎，就在目前。"从此柏也多病了，据医生诊断，是肝症发作，遂移沪就医，于 1947 年初秋，病逝于医院，是年 72 岁。柏遗有五子四女，除心印、心静、心铭三人已夭折外，尚有子女 6 人，在社会主义建设中，各有建树。

（选自全国政协文史资料研究委员会编《文史资料选辑》第 107 辑，中国文史出版社 1987 年 1 月第 1 版）

安庆辛亥革命始末

史沛然*

一　安庆城清驻军编制及分布情况

辛亥年，安徽巡抚朱家宝忠于清廷，藩台沈曾植亦忠于清室。军队有新军、旧军之别。新军系陆军各种部队。旧军乃系老巡防营，又名绿营，与新军编制不同。当时，陆军名曰三十一混成协。混成协编制为步兵两标，每标 3 营，每营 4 队（分前、左、右、后），马、炮各一营，工程、辎重各一独立队。混成协协统为赵理泰，步兵六十一标标统为胡殿奎，六十二标标统为顾琢塘，马、炮营管

* 史沛然：时任清军第六十二标第二营队官（连长），后任国民革命军第三十三军混成旅旅长，南京国民政府安徽省参议院议员。
新中国成立后，任安徽省安庆市人大代表，安庆市政协副主席，安徽省文史研究馆馆员。

带何某，工队队官为吴太洪，辎重队队官朱某。新军还有陆军小学校。总办系刘国栋；测绘学校，总办系王金海。旧军方面，有镇台、协台、参将、管带、哨官之分，并设有巡防营，每营分4哨。驻安庆巡防营约有数营。抚台朱家宝拥有卫队及守卫约达两营，驻在巡抚衙门内暨北门外菱湖嘴等处。工、辎两队驻北门外南庄岭协司令部内，六十一标驻护城圩内旧机场址，六十二标驻集贤关外，马营则驻教养院之现址，炮营驻迎江寺东边。

巡抚朱家宝为清廷忠实封疆大吏，执掌全省文武大政，为人贪婪颟顸。当时之政治腐朽无能，达于极点，无官不贪，无吏不酷，人民痛苦，如水益深，如火益热。

二　策划武装起义之情况

辛亥年秋八月（农历，下同），湖北省武昌革命军起义，将两湖总督赶走，宣布独立。当时，全国人民痛恨清廷暴政，各省纷纷响应推翻清廷残酷之统治。

省内革命志士，迭次在萍萃楼旅馆（即今之奚家花园附近）秘密集议，商讨革命起义具体事宜。筹划者有吴旸谷、胡万泰、史逢甲（即沛然）、李乾玉、陈安仁、吴士英、路靖坤、韩菁伯、王孟起、杨佩龙等。当时商定，巡抚卫队、巡防营由吴旸谷、王孟起等分途接洽；六十一标部队由胡万泰、陈雷等担任；六十二标部队由史逢甲队官、李乾玉排长二人负责；马营由督队官路靖坤主持；炮营由该营队官陈安仁、排长吴士英承担起义事宜；工、辎两队和陆军小学推史逢甲联络；测绘学校推李乾玉联系。其他，如督练公所、全省谘议局及高等师范学校推韩萶伯、杨佩龙相机进行策动。在八月二十六、二十七日复秘密聚会，决定在九月初七日夜，步兵两标和马炮两营同时起义。

迨至是日夜，炮营由陈安仁、吴士英将该营管带赶跑，立举义旗。六十二标和马营，因驻扎距城太近，未能响应。巡防营正在待动间，旋被朱家宝侦觉，将张勋部队之江防营四营，调至城内守城保卫，将原巡防营兵士枪支一律缴库。六十一标和马炮两营，在初八日亦遭遣散。六十二标标统顾琢塘，从九月初一日，即令官兵一律不准请假，每晚 8 点钟，全标官兵一律熄灯睡觉，不准互相聚谈，防范谨严，无隙可乘，以致未能于初七日夜响应炮营起义。

延至初十日，史逢甲与李乾玉等决定，命第一营排长张淦泉，乘午时卫兵换班，将领队官谢元标用手枪击毙（手枪子弹系史逢甲给的 10 发）。击毙谢元标后，顾标统即命守标本部保卫子弹（当时标本部存有步枪子弹 10 万发），二营前队队长孙象离命全队开枪还射，顾本人亦用手枪、马炮射击。至此，张淦泉子弹已尽，势已不支，遂退却。史逢甲等大声疾呼，各队官兵携枪上刺刀向标本部冲锋前进。标统顾琢塘和队官孙象离均跳楼逃走，未加追击。标本部贮存之子弹全部分配，并将白竹布撕成布条，士兵一律缠在右膀，官长挂在左肩斜拖右膀胁下，作为革命起义符号，并立即集合站队。官兵一致推史逢甲为司令。史逢甲当即宣布，清廷皇朝万恶统治达 300 年，横征暴敛，欺压人民，我省为拯救人民，顺平民心，要武装响应武昌革命起义。当场，官兵无不欢呼若狂。随即分派各队任务，向安庆北门挺进。前卫部队系陶冶民队官负责；前卫尖兵排系程祥玉排长负责；其余各队，一概为总队，由刘坤厚、赵扬、杨揖清、蒋子翘等，分别照原队名义率领；李乾玉、马汇芳、张淦泉、何甲三等，担任临时参谋及其他副官等职。前卫步兵到达南庄岭时，始知协司令部空无一人，菱湖嘴巡防营只剩空营房，官兵不知去向。迨全标战斗部队抵达北门，即开枪向城射击几枪，以为城上守卫可用“武昌”二字秘密口号互为问答讯号（事先约好，到北门用“武昌”二字为城内响应开城的秘密口号），就可开城迎接大队进城。讵料城上守兵未予开城，反猛烈还击。适城内有人跳城而出，报告情况，始知原巡防营已撤守，守城部队系张勋驻扎安庆的江防营，并有楚材等 4 艘兵轮，游巡江面，吴旸谷等不知逃往何处，城内无有革命同志主持响应。因此，大家在测绘学校监督王天培房内商讨，先派陶冶民队官带兵一排，携洋油数箱，至北门，将城门烧毁，因城上射击太猛，不得抵近城门而回。复令刘坤厚率领全队，由饮马塘附近城边用长梯登城，已至城边，又被守兵击伤士兵二人，不得已又退回。最后，派龚声贵排长带兵一排，至百花亭附近城边爬城，迨已天亮，龚仍退回。一夜攻城未下，大家无策可施，均云史逢甲目标太大，嘱暂离避，队伍由李乾玉带回标营。

朱家宝于十一日，电奏清廷，安徽为乱党史逢甲、陈安仁、吴士英等煽惑军队造反，已被击溃，请通缉拿获归案法办云云。

此九月上旬，安庆革命军起义情况之梗概。

三　朱家宝被迫独立和浔兵来皖

九月中旬，江、浙均先后宣布独立，张勋已将江防营和兵舰调至下游南京。史逢甲、陈安仁由乡返省，始寻谘议局，窦子敬议长等要朱家宝独立。朱知清廷大势已去，兼无实力自卫，即宣布全省独立，自任都督。胡万泰（应为吴旸谷）至浔，请九江都督马毓宝派兵至安庆。马即派黄焕章率领一团军队到皖，驻现龙门口之高中学校内。过了两日，黄官兵围攻朱家宝，声称要发饷，朱乘围墙缺洞出北门逃走，不知去向。黄兵同时攻打藩台衙门，抢劫藩库，库中尚存白银被抢一空。延至天黑，又抢四牌楼、三牌楼大街各大商店，西北门外精华之区抢劫如同水洗。吴旸谷由芜回省，向黄质询，黄恼羞成怒，即将吴枪杀，城内革命志士相率逃避一空。胡万泰、史恕卿、韩蓍伯、段井帮、史逢甲、陈安仁、潘瑨华、王天培、王孟起等，在测绘学校内，组织安徽革命统一机关，原六十一标驻防英山之桂先峰一营，亦调回驻扎北门，财政由史恕卿筹划，派潘瑨华等至申，迎孙少侯来省主持皖政，并写一信与黄焕章，限渠率原队回浔，否则要以武力驱逐出境。此时，满城遍贴浔皖"大都督"马安民布告，皖人尤愤。黄知作恶太多，不容于皖人，见信后，于次早，乃率原队潜退回九江。马虽有野心，但亦无力耳。

不久，孙少侯由申来皖，任安徽都督，合肥军政分府孙品骖、芜湖军政分府吴振黄、大通军政分府黎宗岳先后次第撤销。安庆军暂编为一师，由胡万泰为师长，合肥、芜湖亦编为一师，师长由孙品骖担任，军队编制甫定。军权统一，民政、财政、教育、文化等事业，咸焕然一新。

此辛亥革命秋九月初七至初十夜起义始末。

（丁伯华　整理）

（选自安徽省安庆市政协文史资料委员会等编《安庆文史资料》第 1 辑，1981 年 5 月）

安徽辛亥革命鳞爪记

郑青士*

一　杨洪胜在安徽

辛亥武昌起义前夕，被清政府两湖总督瑞澂杀害的三烈士之一的杨洪胜烈士，曾在安庆进行过革命活动，对于安徽新军起义起了很大的鼓动作用。

杨洪胜，南京人，他的父亲于清同治年间游宦湖北，做过荆州江陵县典史，后来就在湖北落了籍。洪胜兄弟5人，4个哥哥都早死，他是“硕果仅存”的一个。清朝末造，建立新军，他应征入伍，以一普通兵累升为副目、正目（班长）。余大鸿由湖北新军标统升任

① 郑青士：为杨洪胜烈士亲属。

安徽新军协统时，他随从来皖，仍充正目。他在军队中广泛地联系士兵，宣传革命思想，如“扬州十日”“嘉定三屠”的惨痛亡国史实，娓娓而谈，往往声泪俱下，感人最深，收效最大。洪胜是我祖母的内侄，与我为表亲，每逢节日或例假，他总要来我家，和我在一起谈论清朝对汉族人民的残暴统治以及太平天国革命的兴起和失败，曾国藩、李鸿章如何认贼作父，残害同胞，清朝政府如何腐败无能，丧权辱国，把大好河山拱手让列强宰割，等等。我那时还是十七八岁的少年，受了他的熏陶，热血沸腾，也慨然有献身革命的思想。我祖母知道了我们的言论，大起恐慌，把洪胜叫到面前，训诫一番，叫他不要惹灭门之祸，不要害了自己，还害了郑家一家。不久，余大鸿调回湖北，洪胜仍随余同去。武昌首义，他是革命党重要人物之一，不幸事机泄露，先一日牺牲了。洪胜没有结婚，湖北地方又无亲族，故其身世经历很少人道及，兹就回忆所及，略述如上。

二 萍萃楼

清朝宣统年间，安庆有一家客栈，牌号萍萃楼。店房坐北朝南，大门遥对着姚家口十字街上的斜坡。安庆地方原是个鱼米之乡，生活费用很低，住一天客栈，一宿三餐，只要两角钱。说也奇怪，这家客栈，迎来送往，生意十分兴旺；可是开设没有很久，本钱竟亏蚀精光。原来这个客栈的主人姓毕，名华斋，寿县人，和革命党人柏烈武是同乡，而且还有些瓜葛。他开设这家客栈的作用，与其说是为了便利淮上各府州县来省城的旅客，不如说是为了便利淮上各府州县来省城的革命同志。我那时常到萍萃楼走动，探望住在里面的一些老主顾。这些老主顾一住就是好几个月，挂账而去，回来再住，再住再挂账，习以为常。店主人不仅不向他们伸手索欠，摆面孔给他们看，有时候还要资助他们路费。他这个客栈的资本，就这样一天天亏耗下去，终至伙食开不出来了。他坚持不闭歇，没饭吃就干赔房间给客人住。到了宣统末年安庆“光复”前夕，萍萃楼特别热闹，饿着肚皮来就宿的客人川流不息。有时，革命党人的秘密会议也在里面开。这时是客栈主人特别艰苦的时候，也是客栈主人特别兴奋的时候，因为革命的烈火已在武昌燃烧起来了。

三 龙圣祠巡警分校

清末，安徽革命熊熊之火旋扑旋起，特别是徐锡麟安庆举义，枪杀恩铭，更是轰轰烈烈，鼓舞人心。辛亥前夕，有英山人段瑞兰者，亦忧时有志之士，他师法徐锡麟，在安庆龙圣祠办起一个高等巡警分校，对革命事业做出了一定贡献。

段瑞兰先在北京与段祺瑞认了同宗，由段祺瑞给他写了一封介绍信，以皖绅的资格来到安庆，见了安徽抚台朱家宝。这时段祺瑞已是清室掌兵大员，“一言九鼎”，因此朱家宝大为信任。段瑞兰对朱并不要求高官厚禄，只建议开办一个安徽高等巡警学堂。这个分校专设绅班简易科，一年毕业，毕业后，充实各府州县警务长之人选。投考资格，限于士绅，如无功名，捐上一个监生头衔，也可报名投考。

当时，安徽省正奉部札，各府州县均应设置一个警正级的警务长，乡镇也要设立警察派出所。安徽高等巡警学堂，3 年毕业，不能适应急切需要。朱家宝正为此事踌躇，得着段的建议，非常高兴，立即采纳施行。这个分校设于北门外龙圣祠内，专办绅班简易科，段被委为提调，主持一切。

段受任后，即召集在安庆的革命同志，商讨聘请教员、招考学员等具体问题，决定教员完全由自己同志担任；同时增设夜班，教员一律加入夜班肄业，取得学籍，以加强力量，凡是不担任教员的同志，则一律报名投考，充当学员（原有学历，好多人不便拿出来，就捐上一个监生头衔报考）。投考的一般学员，除笔试国文和算术外，特别着重口试，以考察其政治思想情况，决定去取。计共录取日班学员 120 名，夜班不考试，亦无定额。开学后，对于术科非常重视，每日上下午进行两次军事操练。教员是靳少斋、孙绳武等，我也帮助教练军操。这个分校只办了一期，辛亥革命爆发，就停办了。

与龙圣祠分校有关系的一些人物，对辛亥革命出了不少力量，做出了一定贡献。靳少斋在孙少侯任皖军都督时，充都督府卫队营营长，不久调任水上警察厅厅长；孙品骖在合肥组织军政分府，担任司令，旋改任师长；金幼舟任孙品骖的参谋长；李辛白则在芜湖军政分府任职。我于“光复”凤台县后，回到安庆，在参谋本部任谍报参谋。

癸丑讨袁失败，倪嗣冲以近水楼台，做了安徽督军，革命党人受到他的残酷镇压，死的死，逃的逃。段瑞兰在此危难关头，意志不馁，仍思设法打入倪嗣冲内部相机行动。复经段祺瑞具函向倪推荐，倪委派他为督军公署军法科科长。他并引荐龙圣祠巡警分校学员杨允中为军法科科员，对于发交审判的政治犯多所回护，设法开脱，以是渐为倪所怀疑。不久，被叛徒告密，段、杨两人就同时在蚌埠牺牲了。

（选自全国政协文史资料研究委员会编《辛亥革命回忆录》第4集，中国文史出版社2012年6月第2版）

庐州军政分府组织的来龙去脉

曹步萧*

武昌起义，革命军占领了武汉三镇，黄河、长江、珠江流域的州府城市，桴鼓相应，纷纷宣告“光复”，组成军政府。现将庐州军政分府过渡组织的来龙去脉概述如下。

一　同盟会在合肥的地下活动与发展

同盟会于1905年夏成立时，总部设在日本东京。时合肥庐州中学堂的毕业生中有一部分东渡日本留学，如吴春阳（字旸谷）、吴春生（字阳初）、高荫藻（字季棠）、蒯寿枢（字若木）、殷葆

* 曹步萧：曾任国民政府财政部科长。
新中国成立后，任安徽省文史研究馆馆员，合肥市政协常委。

田（字季樵）、王善达（字兼之）、王天培（字元辅）等人，他们都参加了同盟会。

1905年底吴旸谷由日本回原籍合肥，建立了同盟会的秘密分支机构，对外以合肥学会名义作掩护，首先参加的有李诚安、胡渭清、张践初、沈威、范质夫、范肃甫、范章甫、龚石云、龚嘘云、殷羲樵、王和甫、杨宪贞、刘焕文、黄梅村等多人。吴旸谷留学日本，学成归国，先取得了合肥城西小学堂堂长，后又升充县劝学所所长。殷季樵任教育会长，殷羲樵任模范学堂堂长。胡渭清任文昌宫小学堂堂长，所有教习人选多由同盟会员担任，整个教育领域，都操在同盟会会员之手，同时王兼之担任自治研究所坐办，又兼充县商会坐办。因此同盟会员多渗透到文教部门和商会等地方法团，组织日益壮大。在此有一插曲：过去逍遥津别墅主人龚淮西参加投资的戴生昌轮船公司内河小轮，驶抵合肥码头，船上悬挂的是日本太阳旗。当时在同盟会革命思潮影响下，民气激昂，认为在木国内河的船只，竟悬挂外国旗帜，有辱国体，学生群众纷起抗议，龚淮西迫于群情激愤，不得不把日本太阳旗扯下，以息众怒。

二　革命中清廷官绅动态

当时庐州知府是满族人穆特恩，地方驻防绿营都司是满人常某，庐州府管辖舒（城）庐（江）无（为）巢（县）合（肥）5县，拥有统治一方的权力。合肥虽属首县，不敢擅专。知县是汉人李维源（字松圃），另省地方武装巡防营管带季光恩（字雨农，合肥人）亦驻防合肥。当时合肥所谓官绅代表人物，首要是四品京卿李国松（字健父，号木公），李是当时云贵总督李经羲的长子，是李鸿章的近房侄孙，他以在籍四品京堂身份担任县宪政筹备自治会总办，县商会会长，在合肥凭借其门第煊赫一时。安徽巡抚朱家宝（恩铭被徐锡麟狙击殒命后，遗缺由汉人朱家宝署理）应李国松请求，檄调巡防营管带季光恩移驻合肥，作为巩固李国松绅权的武装力量。

此时，王兼之任自治会和县商会双重坐办，与李国松朝夕相处，与县府官吏亦频繁接触。官吏只知王是留学日本的新秀，并不知其是同盟会员，因此，王便挟其优势，探听虚实，当时都司统率的绿营兵丁，都吸食鸦片，不堪一击。唯巡防营季光恩部系新式装备，拥有毛瑟枪 200 多支，而淮军将弁刘、张、周、唐四乡圩户地主武装也拥有新式的枪械，装备齐全。

革命党在实力上处于劣势，考虑到只能智取，遂扬言革命党将用炸弹炸满人某官某吏，把知府穆特恩、都司满人常某，吓得连夜弃职逃遁，李国松经王兼之劝说，亦携带细软挈同眷属仓皇离肥避至苏州。

树倒猢狲散。季光恩的弟弟季九仙亦在营中任哨官，思想倾向革命，与乃兄观点不合，几致同室操戈。通过王兼之以自治会、县商会双重身份进行游说，晓以利害，季光恩和知县李维源知大势已去，只有弃暗投明。同时上海同盟会总部范鸿仙派孙品骖（即孙万乘，肥东人）来肥，通过县衙门“马快”（侦缉队）徐茂和（孙品骖乳母的儿子），联系县衙门卫队阎红脸、陆华庭两人集结 110 支人枪，编成革命军敢死队，兵力充实，声势浩大，因此季光恩等均一一就范，在不流血中合肥和平“光复”，地方未遭涂炭。

三　庐州军政分府的组织

穆特恩知府、常都司夜遁，巨绅李国松远避苏州，王兼之便与汉人知县李维源进行谈判，协议如下：

（一）巡防营担任城防警备。

（二）民团维持城内治安。

（三）敢死队驻天后宫，担任机动应变警卫任务。

（四）县署改为军政分府民政部，部长一职由李维源担任。

（五）县署人员继续任职，不予变动。

（六）县衙库存枪支弹药，点交军政府接管。

（七）废除清廷龙旗，改换五色共和旗帜。

1911年农历九月十九日下午，同盟会在天后宫广场召开大会，公推孙品骖为庐州军政分府总司令，决定在大书院成立军政分府，下设立5部3处：

（一）民政部——李维源任部长，在原县衙办公，不久李辞职改由周履平继任。

（二）巡警部——张践初（名之章）任部长，部址设在博济医院内。

（三）财政部——邓鹤仙任部长，部址设在文昌宫。

（四）参谋部——刘亮章（名文明）任部长，在军政分府办公。

（五）执法部——许拙云任部长，在军政分府内办公。

（六）秘书处——徐炎东（名曦）任处长，戴膏吾副之。

（七）经理处——李馨斋任处长，葛质夫副之，负责筹款。

（八）顾问处——聘绅商学各界人士为顾问，未设处长。

以后又推选方绋言为副司令，李弘绪为参事长，增设交际处，由王兼之任处长，金维系副之。

由于“光复”前夕，人心浮动，田赋钱粮滞纳，县库空虚，因此军政府财政开支，全仰向地方筹款。据老人回忆，当时东大街几户钱庄如德和庆、鸿义发、益兴隆等李姓存款均予冻结。李姓投资入股商业物资，亦予彻查封存，几户钱庄均用笆斗盛装银圆由枪兵护送，送至军政府。军政府出安民布告，以示与民更始，晓谕士农工商各安生业。

同盟会合肥支部部长是李绪昌,所有同盟会员皆任军政府要职。考虑到袁斗枢率领各圩户乡团进城，人枪超过巡防营实力，因此军政府发表袁斗枢为协统，季光恩为标统，季九仙、李海波、郭子清分任一、二、三营营长。夏永伦（叙堂）为卫队营长，黄鲁珍为炮营营长，余立奎为模范营营长，熊楚伯为宪兵队长，周虎青为炸弹大队长，下辖两中队，由鲍哲文、范章甫分任中队长。

军政府乘胜前进，派方绋言率领300名士兵“光复”庐江。李性存率兵数十名“光复”舒城。李馨斋、季九仙率兵300名赴无为，行抵襄安，闻无为已“光复”，乃回。巢县亦于21日“光复”，未发兵往。为响应南京、切断张勋辫子军北逃后路，派张信斋率兵500名“光复”和县、含山。

1912年元旦，孙中山先生就任大总统，任命柏文蔚（字烈武，寿县人）为安徽都督。柏驻安庆，实施军民分治，撤销各地“光复”过渡机构的军政府，庐州军改编为国民革命军第十五师，仍由孙品骖任师长。下辖两旅4团，由袁斗枢、刘文明分任一、二两旅旅长。团长仍由季光恩等人担任，营长为叶粹武、夏叙堂、季九仙等分任，师参谋长一席由刘文明兼任，该师拥有枪3000支、大炮4门、马

100 余匹。2 月师部移驻芜湖，扼守长江，屏障金陵。孙中山先生一行巡视芜湖，即孙品骖护卫迎送。由于军民分治、军政府过渡机构撤销后，成立县公署，由省都督府任命县知事，绾掌县政。

上属史实时间过程，仅为期 3 个月。

（选自安徽省政协文史资料研究委员会编《安徽文史资料全书·合肥卷》，安徽人民出版社 2007 年 12 月第 1 版）

芜湖“光复”记

张九皋*

一　武昌革命的炮声传来芜湖

1911年农历八月十九日（10月10日）的晚间，邹秋士刚巧在他的同乡家里饮酒，直到深夜还没有散。另有一个同乡在电报局工作，这时值夜班回来，立刻向大家报告一个惊人的好消息：今天晚间武昌新军起义，已经占领武昌，鄂督瑞澂登上楚豫兵舰逃亡。他说，这是汉局向沪局通报时透露出来的消息。

邹秋士得到这个消息，兴奋若狂，立即舞着手杖回报社。时已拂晓，报版已经上机，当即将这个好消息插入，不过因情况不甚了解，

---

* 张九皋：时为《皖江日报》创始人之一。

所以措词含混，只说武昌方面有剧烈的枪炮声不断传来，真相还不清楚。到了武汉起义的第二、三天，从各方面传来的消息就更多了，尤其是从下水江轮旅客中访问所得的消息，以及汉口出版的报纸，可据以作较详细的报道。《皖江日报》将采访的消息，随时写成大字报贴在报社大门墙上，同时编印成“号外”散发，最多时一天发行 3 次，消息比较上海报纸到芜更快两三天。所以每天报社内外守候新消息的群众川流不息，热烈情况也和上海望平街一样（这条街是上海报社集中地）。

还有许多劳动群众和卖报的，自发地集合起来，预订报纸和号外。他们分别乘坐小轮或步行前往芜湖周围各城镇叫卖，此往彼来，不绝于道，藉以满足群众先睹为快的热望。《皖江日报》发行的数量，不断增长，印刷方面原有设备已不能适应客观形势的需要，不久就从上海购来对开新印机一架和一些急需的器材。那时，《皖江日报》的编辑、印刷、发行 3 部分工作人员，紧张而忘我的劳动情景，简直非言语所能形容；很多负责人员因无人替换，往往连续工作三五个昼夜。今日回忆及此，仍感到是难能可贵的。

二　芜湖一个月

从武昌起义到芜湖举起“还我江山”的旗帜，组成军政分府，时间恰巧一个月。在这一个月里，概括地说，清吏方面是“首鼠两端”；而进步人士方面则是“群龙无首”。

清吏方面：这时驻在芜湖的最高清吏为徽、宁、池、太、广兵备道（简称皖南道），又兼任芜湖关监督的赵上达（仲韬，湖南人）。

初因芜湖河南道署被洪水淹没，特迁到北岸长街湖南会馆内办公。赵得到武昌起义消息和皖抚朱家宝的电示，当即召集芜采营参将兼皖南巡防营统领李振标（葆舲，湖南常德人）、芜湖县令朱祖圻（绣封）、巡警总办丁翰年（幼兰）开会，决定分段负责巡查。每晚在湖南会馆会哨一次，以备不虞。

这时皖南地区拥有兵力最强的是巡防营统领李葆舲，所部共有4个营：第一、二两营驻芜湖枣树园（即今体育场）和江口；第三、四两营分驻宣城、广德两地。每营官兵300余人，武器齐全，都经过相当时期的训练。教习是潘春山。

李葆舲初因在上海购来新式手枪数支，在衙练习射击，不知如何走火，子弹反射，伤及手部，骨碎筋伤，这时正在治疗中。他平时深居简出，每晚也去湖南会馆会哨，一路上前呼后拥，戒备甚严。至于县署和警务公所两部分，人数太少，枪亦太旧，无足轻重。巡警总办丁幼兰更胆小如鼠，一周以后便托故逃走，不知去向。他们观望等待着省城的动作和布置，平时只管维持地方治安，对于人民群众宣传活动，虽有所知，也不敢轻易干涉。

在芜湖举义前两天晚间，他们接到皖抚朱家宝宣布独立的通电，如释重负。赵上达尤其高兴，立刻召集李、朱两人商议，并彻夜守候省方续电。不料到了农历九月十八日天明，又接安庆来电，朱家宝已经越墙逃走。赵上达慌了手脚，只好等候李葆舲表态。

进步人士方面：自武汉首义以后，芜湖方面进步人士，即自发地互相联系，暗中商讨响应。他们一方面联络秘密的帮会组织，其中大部分为手工业工人，一方面计划策动芜湖东乡万春圩富有斗争性、集体性的佃农为主力，起来行动。这个圩有土地万顷，招来佃农两万多人开垦，并规定佃农有永佃权。

1907年秋收时，佃农因不甘屯垦公司那些大地主的压迫和剥削，积恨难平，乃聚众暴动，抗不缴租。同时，夺回公司仓库中已收去的租谷，收缴了清水河巡警的枪械。这时适值徐锡麟在安庆刺杀皖抚恩铭以后，革命高潮接踵而来。江督端方得报，大为惊慌，被迫对公司施加压力，对佃农欺骗让步。

虽然帮会和佃农，已经暗中作了初步的联络，但由于没有武器，而且时间上也来不及组织和训练，不能应付目前急迫的事变，困难仍然很大。权衡之下，最便利的办法是策动原有的清军巡防营起义。随由“迪智群”中的潘春山，去与巡防营一营队官张小山秘密联系。

这时进步人士方面，有一个最大的缺点，就是各自为谋，群龙无首。为了尽快联合各方面的力量，必须有一个得力的人出面组织，因此大家都推举吴伯岚前往汉口联系。吴不久即从汉口回芜，偕来无为县人吴振黄（安徽陆军小学学生）。据传吴振黄持有鄂军都督黎元洪派他“光复”芜湖的委任状。随后巢县人刘祺（醒吾）也来到芜湖，刘为留日陆军学生，与孙少侯、权养之等有关系。吴、刘来芜湖后，因分住泰安、大方两客栈，与各方面联系不便，即以吴伯岚家为秘密机关（在今中山路大众电影院南面）。经过一周时间的紧张活动，大体上已布置就绪。由于伯岚的父亲吴幼卿均参与机密，代为筹划，故极有条理（吴为芜关小吏，浙江人，与《鸠江日报》和《商务时报》承办人吴少斋同族，文化程度较高）。当时内部大多数人对吴振黄的言行感到不满，所以拟议改拥吴幼卿任军政分府的领袖。吴幼卿力拒此议，并竭力劝解。他说，如果在举义之前，内部先分裂，非但于事无补，还必然招致极大的危险。因此最后决定仍拥吴振黄主分府。唯军事实权则由刘醒吾主持。

三　举义前夕化险为夷

这时皖北方面同盟会的阚兰溪，也到了芜湖。通过李葆舲之子李培之与李发生关系，劝李秘密准备宣布独立，以免坐失时机，后悔莫及。李初尚犹豫，畏首畏尾，迨得到朱家宝出走消息，其意始决。但是迟走了一步，非但各方面联系和准备已经来不及了，而且所部巡防营向背也已大成问题。

吴振黄、刘醒吾等也探得李葆舲决定宣布独立，城内城外形成对立的局势。遂决定先发制人，提前于农历九月十九日午刻举义，分途进袭警务公所（此地初为全真宫道观，背负赭山，面对镜湖，居高临下，足以控制全市。以后一直为军事据点。反动派统治时期，在此曾发生过五六次彻夜的争夺战。今为工人俱乐部）。因所内已空无一人，当即占领，未遇抵抗。同时街头也发现臂缠白布的巡逻队伍，贴出芜湖军政分府吴振黄的起义布告。各街市商店居民均自动地挂出“光复”的旗帜。

军政分府已派出人员到长街湖南会馆，收缴皖南道以及芜关监督的印信。其他衙署和“裕皖”“裕宁”两官钱局，安徽、江苏两米捐局的印信均在同时分别收缴。

城内李葆舲方面，亦赶于午后实行独立，由阚兰溪等率队先到芜湖县署收缴印信。双方对峙形态，到此完全揭开，随时随地有发生冲突的可能。那时，虽然有人奔走调停，但毫无结果。有人就打急电给安徽同盟会的吴旸谷，请他赶来芜湖解决这个对立的危机。吴旸谷于第二日赶到，对立危机就此过去。他参加一次大会以后，又因安庆方面局势混乱，即匆匆赶往安庆。

当日芜湖方面双方僵持至晚间9时左右，地方各界人士会同吴、刘推的代表有20余人，赶往城内芜采营与李葆舲作最后商谈，并邀李之亲戚程素渠参加，从中斡旋。各界人士以大义相责，请李以人民生命、财产为重，和平解决。如果趋于极端，则地方糜烂，即为不可避免。潘春山等则称：不能和平了结，即以炸弹相拼，同归于尽。这时形势万分紧张，双方均握手枪炸弹，准备流血。延至11时左右，李葆舲始决定放弃军政，取消独立，接受地方各界所提和平条件。各代表出城回到警务公所已经半夜，在公所又举行全体会议，对组织军政分府的人事安排问题作了最后决定，一直忙到天明。芜湖人民最值得庆幸的事，就是推翻清专制王朝在芜湖统治的过程中，未流一滴血。

四　军政分府正式成立

次日天明，正式宣布芜湖军政分府成立。推举吴振黄为分府司令，刘醒吾为军事司令部部长，潘春山为宪兵司令，李辛白为民政部部长，朱绣封为行政厅厅长，刘芳州为司法厅厅长，谢泽同为教育厅厅长，陶玉堂为财政部部长，赵应和为外交部部长，李葆舲为芜湖关监督，齐月溪为分府秘书长，吴伯岚、陈慕南等均在分府任职。韦师洛、马春霆、李警众、李小池、柏孟坚、宋介眉等均在军事司令部分任参谋、秘书、副官等职。至于军事方面，先就巡防营驻芜的两个营改编，以张小山任第一营营长（张为北方人，未久即回北方，改委陈步毅继任），郑西平（合肥人）任第二营营长。同时，委派韦师洛（太平天国北王韦昌辉之孙）、李小池（清长江水师提督李成谋之孙）等前往太平府（即当涂）改编水师营（清长江水师提督驻在地）。虽然人枪不多，散处各地，但必须收缴改编，以巩固芜湖下游防务。又派李培之等前往宣城改编饶飞鸿（清武科解元）部为芜军第三营。广德州与浙江交界，驻有巡防营傅家轸部，并附有炮队，因纪律不佳，故调回芜湖整编为炮兵营。不久即扩编芜湖为两个团，委郑西平为第一团团长，傅家轸为第二团团长，其实人枪仅足半数，宪兵人数亦少，大概只有一个排。

当时青年学生志愿从军者极为踊跃,故组织学生队为新生力量，委任江葆衡（芜湖人，原籍徽州，安庆陆军小学毕业）、江汉为队长。先设队部于二街三圣坊徽州小学内，后因参加人数不断增加，原址容纳不下，乃迁往东门校场街，改名陆军奋武学校。

在芜湖举义前后，上下游的军事概况，在这里必须略为提及。上游安庆因浔军黄焕章部到达，一度趋于混乱，同盟会的吴旸谷即于此时为乱军所害。安、芜间重镇大通，已由黎宗岳策动盐务缉私营起义，组成大通军政分府（缉私营的实力，在皖南来说，仅次于巡防营，官兵多湘籍。据传，以后在湖南形成小军阀的叶开鑫，当时即在黎部）。下游南京方面，江苏第九镇新军正向踞守南门雨花台的清军张勋部进攻，因缺乏子弹而失败。大部分东退镇江，一小部分有二三百人，于九月二十日西退芜湖（因不知芜湖已经“光复”，故将所持武器沿途埋藏，并改换便服），当由芜军司令部派员招待，参加芜军。以后，这部分苏军，又由芜湖转往镇江归队，与林述庆部相合，参加浙沪联军，反攻南京。同时芜军亦派郑西平团前往当涂一带布防，阻截张勋部西窜。唯张勋部一部分窜至江宁镇、铜井，即行渡江北逃，未入皖境，故未发生战事。

芜湖“光复”后，军政分府吴振黄有何建树，群众毫无所闻，但都看到他穿着最好的呢军服，戴着金边军帽，披着黄缎阔大带，骑着肥壮的大白马，时常招摇过市，以表威武。有一天夜里，吴派分府中的敢死队跑到城南索面巷寿州人张汉卿的寓所，用刀斧将张砍死。分府中人员对吴振黄这样的行为大感不满。吴又派人将张之尸体拖到中山路上的北京路口，绑于电线杆上，宣布张的罪状，造谣惑众。据传张与孙少侯有亲戚关系，因在酒楼中攻讦吴振黄，故遭此毒手。事后吴又派人向地方正直人士大肆恐吓，如果再有人批评他，即以同样的手段相对待。这是最丧失人心的一件事。

五　大通黎宗岳反抗统一

1912 年春，安徽都督孙少侯从南京来芜，着手统一军政工作。到芜后首先改编芜军，委任刘醒吾为皖军第三旅旅长，郑西平、傅家轸仍任第三旅第一、二团团长。这时军政分府人员已经星散，名存而实亡。所有行政事宜，均由新委任的芜湖县长和警察厅长负责。同时淮上光复军东征先遣队王占一部，亦从寿州赶来芜湖，迎接孙少侯都督。孙少侯即由王部担任保卫，开往大通，改编黎宗岳部。

孙少侯到达大通后，当向黎宗岳提出统一安徽军政计划，首先改编所部军队。孰料黎宗岳竟拒绝改编，表示反抗。双方由此发生冲突，战斗结果，王部因武器太差（所用大多数为最旧的抬枪和刀矛），不支东退，保护孙少侯仍回芜湖。孙少侯经此挫折，乃由芜改乘江轮前往安庆，就任安徽都督。旋令省军沿江东下，向大通进军。另电芜军刘旅令傅家轸团进驻铜陵一带，包围夹击黎部。黎宗岳自知不敌，即率亲信悄然离开大通。所部有一股携械逃入山区，其余由省军改编。故令傅团仍驻铜陵，预防逃兵窜扰。未久，孰料傅部竟借口欠饷，突然叛变，大肆抢劫地方人民财物。芜军旅长刘醒吾勃然大怒，当率郑西平团西上，以最敏捷的行动，包围傅部，将叛军缴械，逮捕了团长傅家轸以及为首叛变的官兵10余人，解回芜湖。随又将傅家轸解送安庆，听候处置，其余首要均在芜湖处决。傅在安庆经过军法审判，亦处死刑，旅长刘醒吾为此引咎辞职。

是年夏秋间皖军都督由柏烈武继任，当派军务处胡配庚来芜，将芜军核实整编，缩成两个营。这时不但军政分府早已取消，旅团长等名称亦不复存在。这两个营经整编后，即并入陆军第十五师孙品骖部，仍驻芜湖。十五师师部设在芜湖，部队在芜湖驻扎一部分，其余的分驻合肥、寿州、正阳关等地。

由前清巡防营蜕变而来的芜军两个营，虽然经过整编，而军风军纪的败坏，依然如故。某日晚间，藉口欠饷，突然哗变。拥至长街繁盛地区，抢劫商店，抢完从河南岸逃入山区，商民损失很大。事后追捕叛兵，分别严惩，唯商民损失，终未赔偿。但是大家知道，欠饷确是事实，只得被迫铤而走险，不单是军风军纪的问题。

孙品骖受此影响，不久也下了台。所部第十五师又缩编为安徽陆军第二旅。旅长一职，改委合肥人龚振鹏（龚任前为范鸿仙部铁血军旅长）。旅部亦设于芜湖，仍驻两个营。枣树园第一营营长周抚东；江口第二营营长程芝宣；机枪连驻守旅部，连长为北方人韩居武。

芜军从前清两个每营300余人的巡防营，在一年多的时间内，经过反复地扩编和缩编，最后还是两个营，不过在人数上略有增加。但官多兵少，仍然是当时部队的普遍现象。武器方面，虽然得到补充，但在两次叛变中散失不少，实际上只添了几挺机关枪。所谓实力，如此而已。

六　孙中山先生来芜与国民党

民元时期，首先在芜湖活动的政党，自然为同盟会改组的国民党。国民党在芜湖设有支部，办有机关报，如《安徽民报》《安徽日报》，军政界人士加入国民党的人数也多。当时国民党支部的主要负责人，可能是殷绍乘（之辂）。孙中山先生被迫辞退临时大总统，让位给窃国大盗袁世凯以后，于1912年夏秋间来皖旅行，视察过芜湖。中山先生在芜湖的欢迎大会上报告了南北议和、避免战争的情况，讲了本人辞退临时大总统让位给袁世凯的经过。他说，这是旨在求得全国军政的统一，好在建设方面去尽最大的努力，等等。

这次参加大会的人很多。教育界参加的更多，有李光炯等所办的安徽公学以及官办的皖江中学等学校的学生。学生都是整队来的。大会闭幕后，孙品骖陪同中山先生前往广东会馆，出席旅芜同乡会招待的欢迎晚宴。晚宴前后赶来很多青年要求谒见中山先生并申请入党。据说国民党这次吸收的青年党员为数是最多的。宴毕，孙品骖等即陪送中山先生回兵舰休息。该舰随即溯江上驶。皖军都督柏烈武接到芜湖电报，乘安丰舰迎至安庆下游。

当时，在芜湖其他政党的活动有共和党及社会党。共和党设有支部驻芜，负责人为黄卓如，同时李辛白脱离军政分府民政部长后，即与于逊成在中山路创刊《共和日报》，可能与共和党有关系。但是该报的寿命，也只有半年左右，随着政局的变化和经济无法维持而宣告停刊。这一年政党活动的目的，就是选举第一届众议院议员。芜湖地方当选的国会议员为崔法（星门，原籍太平县），他受到共和党的支持。这就是他的政治背景。选举以后，共和党的支部也就无形地趋于消灭了。在这里有一个错误记载，必须提出来，就是民国 8 年新修的《芜湖县志》。刊载星门为民国 7 年第二届议员，彭昌福为民国元年第一届议员，这是弄错了。根据有关事实和我们记忆，可以肯定地说，崔是民国元年第一届议员，彭是民国 7 年第二届议员。因何发生这样颠倒的错误，那就不得而知了。

七　安徽公学与皖江中学

芜湖地处中江，交通和经济条件，都较安徽省会安庆为优。所以在辛亥革命前后本省和各地爱国人士往来联系，均以芜湖为中心。因此文化、教育事业也得到很快的发展。对革命的宣传，也能扩大影响，仅从教育方面来说，当以安徽公学和皖江中学与革命最有关系。

（一）安徽公学

清末科举停后，学校代之，桐城李德膏（光炯）先生在湖南长沙从事教育工作，曾与该省革命党人黄兴等有过联系。这时又与无为人卢仲农发起，办安徽旅湘公学于长沙。不久即迁来芜湖改名安徽公学。时为 1904 年。

1905 年桐城房秩五刚从日本归国，李光炯即请房主持附设之师范速成班，以期迅速扩大教育界的队伍。当时公学所聘教习，皆国内最著名的人士，如刘师培、陈仲甫（独秀）、苏曼殊、谢无量、周震鳞、柏文蔚、江彤侯等。

与此同时，李光炯又和桐城阮仲勉等在芜湖西门内城办起第一个“女子公学”，专收女生，成为以后省立二女中的前身。这些学校都是从安徽公学的基础上发展起来的。在辛亥以后，安徽公学改为省立第二甲种农业学校，简称二农。接着芜湖人鲍植亦创办甲种商业学校，简称甲商。（同时芜湖商会亦创办工商学校，推于逊成任校长）这时李光炯办学的方向已经转向职业教育方面。

大概在五四运动以前，李光炯又与光明甫、江彤侯、沈子修、卢仲农、陈梅庭、时绍武等发起创办芜湖公立职业学校。先与实业界广东米商霍守华发生关系，筹集巨金，在东门建筑校舍，购置机器，分机械等科，计划为工业建设培养人才。

（二）皖江中学

皖江中学亦于1903年或1904年间办起来的，由皖南刘树屏一手经营（刘为江苏常州人，进士）。在赭山山头建筑校舍（即以后省立“五中”的前身）。所聘教习，很多是国内知名人士，如陶成章等。刘树屏还在东门城内，就中江书院旧址创立芜关公学。“光复”后改称芜关中学，并附设芜关小学。所以芜湖一地，在辛亥革命前后学校之多、学生之众，在安徽一省来说，是首屈一指的。

八　社会党与农民活动

在辛亥革命以后，芜湖还发生过一桩有关农民运动的大惨案。

在民元时期，社会党领袖皖南旌德县人江亢虎，从上海来芜，宣传、演讲（上海报纸副刊作家冯叔鸾，笔名马二先生，亦随同来芜），同时建立了社会党芜湖支部。这时芜湖东北乡农民中有邢荡湖等几个青年学生，也参加了社会党。并在中山路创办机关报，名曰《讽报》，日出一张，主编为赵誉船。他们活动的内容虽然不甚清楚，但是可以看出，那时他们已经掀起了一种冲击性的微波。到了民国2年，芜湖尚未宣布独立和讨袁以前，驻芜皖军旅长龚振鹏密派连长韩居武率队前往邢荡湖等活动的住所搜查，并将邢等逮捕。宣称搜得保皇党“海龙会”四方形大木印一颗。3日后邢等5人（从大通方面捕来二人）即遇害。

当时社会上对此案很怀疑，但都敢怒不敢言。现在我们可以明显地看到，这是官僚、地主互相勾结，对敢于反对封建制度的农民中的知识青年横加的诬陷和迫害。

还有另一起有关农民运动的案件。前芜湖体育会副会长、太平人王艺轩，于民元时期在芜湖集合同志组织“农业促进会”，其宗旨是与乡区农民联系灌输农业新的知识，改良种植方法，以共同增强生产。这个组织还办了《农业日报》，从事宣传，日出一小张，由其同族王伯琴任编辑。因为王伯琴当时在《皖江日报》担任各县通讯版编辑，所以《农业日报》就在皖江印刷部代印。发行约有5个月左右，终因经济无法支持而停刊。但是王艺轩力图促进农业的思想和活动，并没有停止，他依然到处奔走努力宣传。民国2年军阀倪嗣冲统治安徽后，王艺轩因事前往安庆，竟被倪嗣冲特务机关以“乱党”的罪名将其逮捕。经过他的夫人查培雅奔走营救，半年以后，始由大通商会通过安庆商会负责保释。据传王在被捕审讯期间备受酷刑，内伤甚重，获释后往上海医治无效，不久去世。王艺轩遭受迫害，估计也是官僚、地主们对新生力量有戒惧。看来这就是被迫害的原因。

（选自安徽省政协文史资料研究委员会编《安徽文史资料选辑》第5辑，1982年11月）

六安州“光复”记

史慕山*

1911年，六安“光复”，那时我才18岁，正在六安中学读书。这里所记有些是我亲眼所见，有些是我父亲史普年和我的堂兄史远绩向我说的，事隔50余年，纰缪之处在所难免。

我父亲史普年是吴韵松、张仲舒、孙万乘介绍加入同盟会的；我堂兄史远绩（字羲宇）是光明甫、吴胜元介绍参加同盟会的，叔侄两人都以反清为己任。但我的伯父史鸿年却十分顽固，因此他二人的活动不但在社会上不敢公开，在家里也要严格保密。1907年五月间徐锡麟刺杀皖抚恩铭后，我父从南京写信来家，赞扬徐锡麟等三烈士“名扬千古”。我伯父看到这里，随手拿墨笔把“名扬千古”

* 史幕山：时为安徽六安中学学生。

涂去，在旁边注上“遗臭万年”4字。这封信我一直保存了50年，到20世纪60年代始焚于火灾。可见在政治认识上，虽是兄弟，也是仇人。

我小时较机警，心里明白父亲一定是个革命党人。有一天，我怀着好奇的心情，偷看他的笔记本，被他发现，责备了一顿，说没有本人同意不该看别人的东西，又向我说了一篇革命的大道理，然后又叮咛我不准随便乱说。父子的感情接近了。

辛亥这一年夏季，父亲匆匆由上海回来，又匆匆到寿州，又到合肥，由合肥又到安庆。我心里明白他是在为革命奔走，但我再也不敢说了。

六安“光复”之前，是一个直隶州，辖有霍山、英山两县，与豫、鄂两省接壤。六安当时有志之士如张仲舒（1912年去世）、章子瞻（1960年去世）、朱蕴山、吴芸农（解放前死于上海）、刘文恒（解放前死于合肥）、史普年（1952年去世）、史远绩（解放前死亡）、程炎勋（解放前死于南京）等，均加入同盟会。中间经过徐锡麟刺恩铭，熊成基在安庆起义，吴樾炸五大臣，宋玉琳、石德宽、程良参加黄花岗起义等事件，皆为皖地烈士舍身所为，震动特大。如六安东南乡高西园、黄谦斋、李殿平诸先生在高峰寺、广王城等地设立学社，宣传反清思想，因此革命志士日增。总之，六安“光复”之前，革命形势已具有一触即发之势。

“光复”之前，六安最高清廷官员为知州田毓璜（江苏泗阳人，光绪壬寅进士），最高武官为参将李轸（约等于军分区司令，河南开封人）、守备梅文彩（字焕庭，寿县回民）、把总朱宏瑞（寿县回民）。其中朱宏瑞为同盟会员，与柏文蔚、张之屏、毕靖波、王龙廷等关系密切。张汇滔、王龙廷等在寿县组成淮上军后，朱即与淮上军互通声气。他首先利用同乡关系，疏通了梅文彩，获得梅的全力支持，继又以僚属关系，说动李轸。至此，整个六安州武装力量都囊括于革命的旗帜之下，只有六安州知事田毓璜一人尚无所知，但预料也会感到大势已去，忐忑不安。

九月初四日上午，李轸、梅文彩、朱宏瑞公宴田氏于钱粮征收处，并邀请城中巨绅董复初、赵吉斋、杨伯炎、夏龙飞、汪鉴湖等作陪，张仲舒、关芸农列席相陪。席间李轸以请示州主保卫地方为由，说明革命军声势浩大，清王朝已衰败，皖省各县亦多“光复”，六安也不能坐视等，请示“田大人”发落。不料田毓璜等李轸说完之后，马上答道：“李大人（按清制参将品秩高于知州）的话我很钦佩，我在此时此地，亦无妥善办法，我服从大家意见，大家怎么办，怎么好。”李轸又转问士绅，士绅们也异口同声地说：“诸位大人为我们六安地方谋幸福，我们别无意见，遵命行事。”

最后，经过研究，由朱宏瑞到寿县请淮上军派队来六，主持“光复”大事。初五日，六安各界纷纷欢送朱宏瑞为代表往寿县请兵，不到一两天，城乡群众都知道革命党要到六安来了，要改朝换代了。

九月十三日，淮上军先头部队王传禄（字寿亭，寿州人）带领60余人枪，先到六安，士兵们衣履破烂，枪亦陈旧，六安有的人背后叫他们为“讨饭兵”，但革命的艰苦奋斗精神，给了老百姓一种深刻的印象。大家称赞这种精神是非常可贵的。

九月十六日，朱宏瑞于上午9时回六安，11时淮上军权道涵（养之）、毕靖波（少山）、朱锦堂、陈炯伯、段大文等轻骑简从地到了北门外菜市湾。六安军民人等早就在此迎接，五色共和大旗插在城门楼上，群情极为振奋。

九月十七日，各方协商，成立了“六安淮上军政分府”，由权道涵任都督，陈炯伯副之。毕靖波为参谋长，梅文彩副之。朱锦堂为安抚长，张仲舒为秘书长，李轸为总参议，田毓璜为民政长。六安的老兵，整编为一营，吴歧山为营长（同盟会员，寿州人），王传禄为副营长。至此，六安兵不血刃，一举推翻了2000多年的封建专制制度，奠定了民主革命的基础。军政分府的政绩是：

（一）于二十日派王传禄到金寨，二十一日派关芸农到霍山，又派段大文到英山，分别策动“光复”大业。因各县早有内应，霍山为沈子修、郭杞人；英山有金鲤门、段业骅，于是不久即纷纷“光复”。

（二）军政分府规定男子剪辫，女子放足，不准聚赌，不准吸食鸦片，不准呼大人、老爷，有职衔则呼职衔，无职衔则呼先生或同志。衣服崇尚短装。唯剪辫一事，城内闹得最凶，青年人开风气之先，手拿剪子，见辫就剪。号称六安名士宋访游被剪了辫子，作了打油诗一首自嘲，诗云：“辫子已随剪刀去，此头变为葫芦头。辫子一去不复返，葫芦千载空悠悠。”

这时城乡一片欢腾，龙灯、狮子、各种杂要一齐上街，热闹非凡。张仲舒借此机会写下不少宣传革命的花鼓歌教艺人们演唱，使群众懂得了不少革命道理，他并创办了《六安白话报》，用木刻活字，日出油光纸四开一张，专载各地“光复”及一切新政消息。当时助编还有张青士、史普年二人。六安之有报纸，实自此开始。

（三）军政分府对散兵游勇滋事也处理得很及时。当时清江北提督段祺瑞领衔，率北洋军人通电宣统下野，由袁世凯“暂维大局”

与民军议和，一时北洋军心涣散，部下有哗变者。段的士兵多是合、六、寿、凤一带百姓，纷纷逃回，有一哨官姓毛率队来六安，由吴歧山收编为特务队，当地人呼之为“清江粮子”（按粮子即吃粮的兵，毛队是清江来的，故有此称）。他们倚仗枪支好、地方熟，不守军规，十月初六安驻军与朱宏瑞营发生冲突，竟把朱营士兵刘道明打死，毛队全部开拔到东二十里铺，依靠伪团防局董陈文彬、陈正，勾结劣绅聂梧轩、李子惟、丁功煊、史家璜等，反对革命。陈又到刘老圩刘六麻子家借得开花炮两尊、毛瑟枪多支，准备攻打六安，推翻军政分府，扬言初十攻城。军政分府临事镇静，临时召开各界紧急会议，决定以和平解决为主，请城关士绅陪同田毓璜民政长前往晓以大义，剖陈利害，陈文彬见知州亲自出马，名正言顺，毛队士兵又知道革命军不追查责任，听其缴械，于是一哄而散。

总的看来，六安州“光复”后，军政分府做了很多工作，政绩是比较显著的。

（选自安徽省政协文史资料研究委员会编《安徽文史资料选辑》第5辑，1982年11月）